ŒUVRES COMPLÈTES DE J. MICHELET

HISTOIRE
DE LA
RÉVOLUTION
FRANÇAISE

TOME CINQUIÈME

ÉDITION DÉFINITIVE, REVUE ET CORRIGÉE

PARIS
ERNEST FLAMMARION, ÉDITEUR
26, RUE RACINE, PRÈS L'ODÉON

Tous droits réservés.

HISTOIRE
DE LA RÉVOLUTION
FRANÇAISE

V

IMPRIMERIE E. FLAMMARION, 26, RUE RACINE, PARIS.

ŒUVRES COMPLÈTES DE J. MICHELET

HISTOIRE

DE LA

RÉVOLUTION

FRANÇAISE

ÉDITION DÉFINITIVE, REVUE ET CORRIGÉE

TOME CINQUIÈME

PARIS

ERNEST FLAMMARION, ÉDITEUR

26, RUE RACINE, PRÈS L'ODÉON

Tous droits réservés.

HISTOIRE DE LA RÉVOLUTION FRANÇAISE

LIVRE IX

CHAPITRE PREMIER

LOUIS XVI ÉTAIT COUPABLE.

Objet des chapitres suivants. — Circonstances atténuantes en faveur de Louis XVI. — Mensonges du roi, constatés par les royalistes. — Appel du roi à l'étranger. — On n'avait, en 1793, aucune pièce décisive contre lui. — Son jésuitisme politique, son attachement aux doctrines de la raison d'État et du salut public. — Tradition royale de la raison d'État et du salut public. — Les rois et princes, formant une famille, méconnaissaient, trahissaient aisément la nationalité. — Chaque nation devenant une personne, le viol d'une nation est le plus grand des crimes.

Nous allons être emportés tout à l'heure par le drame révolutionnaire, sans pouvoir nous arrêter. Du procès du roi à la catastrophe des Girondins, à la Terreur, nulle halte possible.

Et ce drame cependant, ce n'est pas, il s'en faut bien, toute la Révolution.

I. — Elle offre, à côté, un fait immense, qui en est indépendant et qu'on pourrait appeler le grand courant de la Révolution, courant régulier qui coule, invariable, invincible, comme les forces de la nature. C'est la conquête intérieure de la France par elle-même, *la conquête de la terre par le travailleur*, le plus grand changement qui ait jamais eu lieu dans la propriété depuis les lois agraires de l'Antiquité et l'invasion barbare.

II. — Ces deux mouvements ne sont pas tout encore. Sous la conquête territoriale et le drame révolutionnaire, on découvre un monde immobile, une région douteuse, où il nous faut descendre aussi, le marais, trouble et pesant, de *l'indifférence publique*. On l'observe surtout dans les villes, spécialement à Paris, dès la fin de 1792. Marat la déplore en décembre. Déjà les sections sont peu fréquentées, les clubs sont presque déserts. Où sont les grandes foules de 1789, les millions d'hommes qui entourèrent, en 1790, l'autel des fédérations? On ne le sait. Le peuple, en 1793, est rentré chez lui; avant la fin de cette année, il faudra le salarier pour qu'il retourne aux sections.

III. — Dans cette apathie croissante et pour y remédier, se refait, se recompose la redoutable machine, qui s'est relâchée dans l'année 1792, la machine du *salut public* en son principal ressort *la société des Jacobins*.

Tels sont les trois graves objets où nous devons nous arrêter avant de couper le câble et d'entrer dans le torrent d'où nous ne remonterons pas.

Tout cela avant le procès du roi; sans cette connaissance préalable, on apprécie mal le procès lui-même. Mais nous ne suspendrons pas jusque-là l'attention du lecteur, sans doute intéressée d'avance à cette question d'humanité et de droit. Nous dirons tout d'abord, et sans délibérer, notre conviction sur la culpabilité de Louis XVI. Chose absolument indépendante de la narration du procès. Le procès était impossible en 1793; on n'avait nulle pièce décisive contre le roi. Le procès est faisable aujourd'hui; nous avons en mains les pièces, des preuves irrécusables.

Louis XVI était coupable. Il suffit, pour s'en convaincre, de mettre en face, d'une part, ses allégations, d'autre part les allégations contraires, les accablants aveux qu'ont faits, surtout depuis 1815, les royalistes français et étrangers, les plus dévoués serviteurs du roi.

Hâtons-nous de dire que toutefois il avait en sa faveur de graves circonstances atténuantes. La fatalité de race, d'éducation, d'entourage, lui constituait peut-être une sorte d'ignorance invincible. Chose étrange, parmi ses nombreux mensonges (que nous allons constater), il ne se reprochait rien et se croyait innocent. Coupable plus qu'il ne pensait, du moins n'était-il pas indigne de la clémence publique. Ses velléités de réformes, son ministère de Turgot, la gloire maritime de son règne, Cherbourg et la guerre d'Amérique demandaient grâce pour lui.

Rapprochons ses allégations et les démentis que leur donnent les royalistes.

I. — *Je n'ai jamais eu l'intention de sortir du royaume*, dit-il, le 26 juin 1791, dans sa déclaration aux commissaires de la Constituante. — Il avait dit le 20 juin à M. de Valory, le garde du corps qu'il emmenait au voyage de Varennes : *J'irai coucher demain à l'abbaye d'Orval,* abbaye située hors du royaume sur terre d'Autriche (publié en 1823, page 257 du volume *Affaire de Varennes,* collection Barrière). Nul témoignage plus grave que celui de M. de Valory, qui donna sa vie au roi dans ce périlleux voyage, et, survivant par miracle, déploya en 1815 son fanatisme royaliste comme président de la cour prévôtale du Doubs.

II. — *Je n'ai aucune relation avec mes frères,* dit le roi dans la même déclaration du 26 juin 1791. Et dix jours après, le 7 juillet, dit Bertrand de Molleville (*Mém.*, II, 171), *le roi expédia ses pouvoirs à Monsieur.* — Les mémoires judiciaires de Froment, premier organisateur des Vendées méridionales, nous ont appris, vers 1820, que le roi avait *pour agent ordinaire près de ses frères* l'Allemand Flachslanden.

III. — *Je n'ai aucun rapport avec les puissances étrangères, je ne leur ai adressé aucune protestation* (déclaration du 26 juin 1791). Les *Mémoires d'un homme d'État* (I, 103) nous donnent textuellement *la protestation qu'il avait adressée* à la Prusse, le 3 décembre 1790, et témoignent qu'il en avait adressé de semblables à l'Espagne et aux autres puissances. Mallet du Pan fut spécialement envoyé, en 1791, aux princes allemands, et chargé d'expliquer de vive voix ce qu'on ne voulait pas écrire.

Le jour même où le roi accepta solennellement la constitution et reçut en quelque sorte l'amnistie nationale, nous l'avons vu rentrer pleurant de colère, humilié du nouveau cérémonial, et, dans cet accès, écrire immédiatement, *ab irato*, à l'Empereur (Mme Campan, II, 169). Le témoignage assez léger de la femme de chambre devient grave quand il s'agit de cette scène intérieure, si frappante et si pathétique, dont elle fut le témoin avec plusieurs autres personnes.

IV. — S'il nia toute relation avec les puissances, à plus forte raison *nie-t-il avoir appelé leurs armées*. Cependant MM. de Bouillé, dans leurs justifications, adressées aux royalistes, ont été obligés de dire nettement ce qui en était, avec leur franchise militaire. Le père s'en explique déjà dès 1797. Le fils (*Mém.*, 1823, page 41) parle plus clairement encore; envoyé pour préparer le voyage de Varennes, il exigea un écrit du roi et de la reine. « La reine disait dans ce billet la nécessité de *s'assurer les secours des puissances étrangères et que l'on allait y travailler avec chaleur...* La lettre du roi était de sa main et détaillée. Il disait *qu'il fallait s'assurer des secours étrangers* et patienter jusque-là. »

Il donna tout pouvoir à Breteuil pour traiter avec l'étranger, tous les écrivains royalistes l'avouent sans difficulté.

En 1835, la *Revue rétrospective* a publié la lettre que la reine écrivait à l'Empereur son frère, le 1ᵉʳ juin 1791, *pour obtenir de lui un secours de troupes autrichiennes,* dix mille hommes pour commencer; mais, une fois le roi libre, dit-elle, *ils verront avec joie* les puissances soutenir leur cause.

M. Hue, valet de chambre du roi, qui, au 10 août, le suivit des Tuileries à l'Assemblée, le vit, dans les Feuillants mêmes, envoyer un gentilhomme, M. Aubier, au roi de Prusse. — Dans quel but? L'invasion immédiate des armées prussiennes ne l'indique que trop. Dans toute l'expédition, de Longwy à Verdun, de Verdun à Valmy, un agent personnel de Louis XVI, M. de Caraman, est auprès du roi de Prusse (*Mém. d'un homme d'État*, I, 418), sans doute pour balancer l'influence des chefs des émigrés, pour conserver à l'expédition le caractère d'un secours demandé par Louis XVI, dirigé par lui-même pour agir à son profit.

Captif aux Feuillants, au Temple, il craignait les émigrés et ses frères autant que les Jacobins. Il prenait ses précautions contre eux près des souverains, il appelait ceux-ci de préférence. Lecteur assidu de Hume, plein du souvenir de Charles I*er*, qui périt pour avoir fait la guerre civile, il voulait l'éviter plus que toute chose. Il pensait que les étrangers, entrant pour mettre l'ordre en France, n'y apporteraient pas les passions furieuses des émigrés, leur esprit de vengeance, leur insolence, leur esprit de réaction. Son premier plan était d'introduire l'étranger, mais dans une telle mesure que lui-même pût rester maître; il eût appelé un corps considérable de Suisses, les vingt-cinq mille hommes qu'autorisaient les anciennes capitulations, un autre corps d'Espagnols et de Piémontais, douze mille Autrichiens seulement, peu ou point de Prussiens; il se défiait de l'Autriche et encore plus de la Prusse. Ce ne fut qu'au dernier moment, après le 10 août, qu'il se jeta dans les bras de cette dernière puissance.

On peut dire qu'en réalité ses frères le perdirent. Implacables ennemis de la reine, ils ne seraient rentrés que pour lui faire son procès, et ils auraient annulé le roi, en s'arrogeant la royauté, comme lieutenance générale. Louis XVI craignait surtout le comte d'Artois, le pupille du fourbe Calonne, le prince des fous. Ce qui pouvait être le plus agréable à cette cour d'intrigants, c'était la mort de Louis XVI. On dansa à Coblentz (si nous devons en croire un livre très royaliste) pour le 21 janvier.

La Convention ignorait parfaitement cette situation de Louis XVI, à l'égard de l'émigration. Elle en eût eu quelque pitié, si elle eût su que cet homme infortuné était entre deux dangers et craignait sa famille même.

Elle n'ignorait pas moins les faits réels et graves qui incriminaient Louis XVI.

Pas un de ceux qui l'accusèrent à la Convention, ni Gohier, ni Valazé, ni Mailhe, ni Rulh, ni Robert Lindet, ne surent rien, n'articulèrent rien de positif. Ils déclament généralement, ils divaguent, ils cherchent dans les ténèbres, veulent l'atteindre à tâtons, et il leur échappe. Ils l'accusent de trois sortes de choses : ou *de choses amnistiées* (Nancy, Varennes, le Champ de Mars) par son acceptation de la constitution en septembre 1791; — ou *de choses incertaines* et difficiles à prouver (a-t-il donné de l'argent pour payer un décret? a-t-il volontairement négligé d'organiser l'armée? a-t-il tiré le premier au 10 août?); — ou bien enfin *de choses qui ne peuvent motiver l'accusation que très indirectement* (ils lui reprochent, par exemple, de n'avoir eu qu'un jour de la semaine pour recevoir les lettres de France, tandis qu'il ouvrait tous les jours, à la réception même, les lettres de l'étranger).

Nous qui savons les faits maintenant et marchons dans la lumière, il nous reste un point obscur.

C'est d'expliquer comment un homme né honnête, qui crut rester honnête et jusqu'au bout se dit innocent, put mentir sur tant de points, en sûreté de conscience.

Et je ne parle même pas de ces actes passagers

que les politiques accordent sans scrupule aux circonstances, et qui semblent faire partie de la comédie de la royauté. Je parle de discours habituels, de conversations combinées de manière à faire croire, jusqu'en juin 1791, à son zèle constitutionnel, lorsqu'il rédigeait en même temps la déclaration du 20 juin, où il dément, désavoue toutes ses paroles, maudit ce qu'il a loué, s'avouant ainsi et se proclamant double, faux, menteur, dans l'acte le plus authentique.

L'éducation jésuitique qu'il avait reçue et la licence de mentir que ses prêtres lui donnaient n'est pas suffisante peut-être pour bien expliquer ceci. Dans sa dépendance même, il les connaissait cependant, ne les estimait pas toujours et ne leur eût pas obéi, s'il n'eût trouvé leurs avis conformes à ce que lui permettait sa conscience royale.

Le fond de cette conscience, nous le savons par le témoignage du plus grave de tous les témoins, de M. de Malesherbes, c'était la tradition royale, venue directement de Louis XIV; mais bien plus ancienne : le principe du *salut public* ou de la *raison d'État*. Du temps de Philippe-le-Bel, on se servait du premier mot. Mais au dix-huitième siècle, sous Richelieu, Mazarin, Louis XIV, le second mot prévalait. Louis XVI, dès sa jeunesse, était fortement imbu de l'idée que le salut public est la loi suprême, qu'en son nom tout est permis.

Son valet de Chambre, M. Hue, raconte, dans ses *Mémoires*, qu'enfermé pendant la Terreur près de

M. de Malesherbes, il allait le voir la nuit et recueillait religieusement ses dernières paroles. L'illustre vieillard lui parlait sans cesse de Louis XVI, de ses bonnes intentions et de ses vertus. Sur un point toutefois, la réhabilitation des protestants, il avouait avoir rencontré près du roi de grandes difficultés. Une loi qui, non seulement excluait les protestants de tous les emplois, mais qui ne leur permettait pas même de vivre et mourir légalement, lui semblait une loi dure à la vérité : « Mais enfin, disait-il, c'est une loi de l'État, une loi de Louis XIV ; ne déplaçons pas les bornes anciennes. Défions-nous des conseils d'une aveugle philanthropie. — Sire, lui répondait Malesherbes, ce que Louis XIV jugeait utile alors peut être devenu nuisible ; d'ailleurs, la politique ne prescrit jamais contre la justice. — Où est donc, répliqua le roi, l'atteinte portée à la justice ? *La loi suprême n'est-ce pas le salut de l'État ?...* » Cette maxime traditionnelle rendit le roi inflexible. Malesherbes n'obtint pour les protestants que la suppression des lois pénales portées contre eux, et leur réhabilitation fut moins obtenue qu'arrachée dix ans après, sous Loménie, c'est-à-dire par la Révolution même, qui déjà frappait à la porte, menaçante et terrible.

La doctrine du *salut public*, attestée contre les rois, n'en avait pas moins été tout le fond de leur propre politique, le grand mystère d'État, *arcanum imperii*, que l'on se transmettait dans les familles royales. Les Jésuites l'enseignaient pour les rois contre les papes eux-mêmes, s'ils n'obéissaient aux Jésuites. Louis XVI avait reçu cette doctrine par deux canaux à la fois, par son gouverneur, La Vauguyon, Jésuite de robe courte, et par la tradition de Louis XIV, par le respect héréditaire de la famille pour la mémoire auguste du grand roi et du grand règne.

Ce prince commode (vrai Jésuite politique), d'accord avec la pratique du Jésuitisme religieux, avait permis aux rois toute chose, y compris l'assassinat. Une maison, honnête sous d'autres rapports, la dévote maison d'Autriche, ne se refusa point l'assassinat de Waldstein, d'autres meurtres moins célèbres. Louis XIV, un honnête homme, accorda à la raison d'État autant qu'à sa dévotion la proscription de six cent mille Français. Qui remplit toutes les bastilles sous Louis XV, qui les tint remplies soixante ans (et cela dans un temps si calme)? Qui, sinon la raison d'État?

Combien plus ce principe traditionnel, dans la crise des plus grands dangers, dut-il absoudre Louis XVI à ses propres yeux des faux serments, du mensonge habituel, de l'appel à l'étranger?

Mais le même principe se retournant sur son maître, on reprit impitoyablement les arguments monarchiques pour prouver que la raison d'État demandait la mort du monarque. La Révolution, devenue reine, entrant dans les Tuileries, trouva là ce vieux meuble royal et tout d'abord en fit usage en le cassant sur la tête des rois qui s'en étaient servis.

Le roi, à vrai dire, était moins coupable que la royauté. Celle-ci, faisant des souverains une classe d'êtres à part qui ne s'alliaient qu'entre eux, constituait une seule famille de tous les rois de l'Europe. Ils étaient devenus parents et trouvaient trop naturel de s'aider en bons parents, ou pour ou contre leurs peuples. Le roi de France, par exemple, plus proche parent du roi d'Espagne que d'aucun Français (plus même que des Orléans, plus que des Condé), eût, sans scrupule, appelé contre la France *ses cousins*, les Espagnols.

A mesure que l'idée des nationalités se fortifiait, se précisait, devenait sacrée parmi les hommes, les rois, n'étant qu'un même sang et formant une race à part hors l'humanité, perdaient entièrement de vue la notion de patrie. Ils allaient ainsi au rebours du courant du genre humain ; on peut dire sans passion le mot passionné de Grégoire ; oui, littéralement parlant, sans accusation personnelle, en qualifiant les plus honnêtes comme les plus déloyaux, *les rois devenaient des monstres*.

L'originalité du monde moderne, c'est qu'en conservant, augmentant la solidarité des peuples, il fortifie pourtant le caractère de chaque peuple, précise sa nationalité, jusqu'à ce que chacun d'eux obtienne son unité complète, apparaisse comme une personne, *une âme* consacrée devant Dieu.

L'idée de la patrie française, obscure au quatorzième siècle et comme perdue dans la généralité catholique, va s'éclaircissant ; elle éclate aux guerres des Anglais, se transfigure en la Pucelle. Elle s'obscurcit de nouveau dans les guerres de religion au seizième siècle ; il y a des catholiques, des protestants ; y a-t-il encore des Français ?... Oui, le brouillard se dissipe, il y a, il y aura une France, la nationalité se fixe avec une incomparable force ; la nation, ce n'est plus une collection d'êtres divers ; c'est un être organisé ; bien plus, une personne morale ; un mystère admirable éclate : *la grande âme de la France*.

La personne est chose sainte. A mesure qu'une nation prend le caractère d'une personne et devient une âme, son inviolabilité augmente en proportion. Le crime de violer la personnalité nationale devient le plus grand des crimes.

C'est ce que ne comprirent jamais les princes, ni les grands seigneurs, alliés, comme les rois, aux familles étrangères ; ils ne connurent point d'étranger. On sait avec quelle légèreté les Nemours, les Bourbons, les Guises et les Condé, les Biron, les Montmorency, les Turenne, amenèrent l'ennemi en France. Les leçons les plus sévères ne pouvaient leur faire comprendre le droit. Louis XI y travailla, Richelieu y travailla ; et l'histoire, docile esclave des seigneurs qui la payaient, a maltraité la mémoire de ces rudes précepteurs de l'aristocratie... Et, sans eux pourtant, comment auriez-vous compris ce que sentait tout le peuple, comment seriez-vous devenus des sujets et des Français, grosses dures têtes féodales?

Il y avait déjà deux cents ans que la Pucelle avait dit : « Le cœur me saigne de voir couler le sang d'un Français. » Et ce sentiment national s'était si peu développé dans l'aristocratie française que, quand Richelieu mit à mort un Montmorency, allié des Espagnols, pris les armes à la main et répandant sans scrupule le sang de la guerre civile, ce fut pour toute la noblesse un sujet de scandale et d'étonnement.

Les nations n'ont-elles donc pas aussi leur inviolabilité? La France n'est-elle pas aussi une personne, et une personne vivante, une vie sacrée à garantir par les pénalités du droit? Ou bien serait-ce une chose envers qui tout est permis?

Tuer un homme, c'est un crime. Mais qu'est-ce, tuer une nation? Comment qualifier ce forfait? — Eh bien, il y a quelque chose de plus fort que la tuer, c'est de l'avilir, la livrer à l'outrage de l'étranger, c'est de la faire violer et de lui ôter l'honneur.

Il y a pour une nation, comme il y a pour une femme, une chose qu'elle doit défendre, ou plutôt mourir.

Ce ne sont point les savants qu'il faut consulter ici, ni les livres de droit public. Le livre, ce sont nos provinces ravagées par l'étranger. Telle ne s'est rétablie jamais. La Provence, dans plusieurs parties, est aujourd'hui ce désert que fit, il y a trois cents ans, la trahison de Bourbon. Elles le savent bien aussi, nos campagnes de l'Est, depuis 1815, ce que c'est que le crime d'amener l'étranger. Si l'égoïste des villes a pu l'oublier, le paysan n'oublie pas le jour où, rentrant chez lui, il trouva ses bestiaux tués, sa grange brûlée... Malheur à ceux qui nous ont fait voir de telles choses, à ceux qui ont ouvert la porte au Cosaque, qui, dans la maison du Français désarmé, entre la femme qui pleure et la jeune fille qui tremble, ont assis le maître barbare!

Ceux qui, de près ou de loin, amenèrent ces événements, sont à jamais responsables. Ce crime est le seul pour lequel il n'y ait point prescription.

Plusieurs royalistes loyaux, ceux qui, en 1813, suivirent à l'aveugle leur légitime impatience de briser le joug impérial, devenu insupportable, ont été durement punis; parmi leur triste succès, ils n'ont pu eux-mêmes jamais s'absoudre d'avoir (au moins indirectement) ouvert la voie à l'étranger. J'en eus une preuve très directe, que je dois donner ici. Elle m'a bien fait sentir que, si l'irritation, l'illusion, l'instinct même de la liberté, ont conduit parfois les hommes à violer la patrie, immense aussi est le remords, l'inquiétude qui leur reste des jugements de l'avenir.

Au moment où je publiais le commencement de l'*Histoire de France*, je vis arrriver chez moi un homme vénérable par l'âge, d'un caractère respecté, l'un des meilleurs royalistes, l'ancien ministre, M. Lainé. — Il vint pour une recherche qu'il voulait faire aux Archives dans l'intérêt d'une commune, que prétendait dépouiller je ne sais quel personnage; sorte de procès malheureusement trop ordinaire, alors et depuis. Cette question nous rapprocha, et, malgré la dissidence de nos opinions générales, M. Lainé me parla de mon *Histoire* commencée et m'encouragea. « Vous en viendrez à 1815, me dit-il; eh bien, n'oubliez jamais que, si nous nous sommes décidés à planter le drapeau blanc à Bordeaux, c'est que plusieurs parlaient de faire occuper la ville par les Anglais et d'arborer le drapeau rouge. » M. Lainé, malade alors, très près de sa fin, faible d'haleine, long, maigre, un fantôme (je le vois encore), parla sur ce triste sujet avec une force, une chaleur qui me surprirent et me touchèrent; je sentis l'aiguillon profond qu'il portait au cœur et je respectai en lui, non l'âge seulement et le talent, mais le caractère, la moralité et le remords.

CHAPITRE II

DÉSORGANISATION APPARENTE DE LA FRANCE
(OCTOBRE-DÉCEMBRE 1792).

Pourquoi le procès semblait nécessaire. — Agitation des campagnes et changement général dans la propriété. — Nul événement n'arrête la vente des biens nationaux. — On en avait déjà vendu pour trois milliards. — Le paysan ne crut jamais au retour de l'Ancien-Régime. — Le mouvement est fortement compromis. — La population des villes se décourage. — Elle devient indifférente aux affaires publiques, décembre 1792. — Tableau de Paris, spécialement du Palais-Royal. — La société parisienne énerve les hommes politiques. — Influence funeste du monde financier. — Décomposition de la Gironde. — Individualités peu associables. — Esprit légiste ; esprit scribe ; factions méridionales. — L'autorité n'était dans aucune fraction de ce parti. — Nulle décision, nul génie d'action. — Vergniaud et Mlle Candeille, décembre 1792. — La *Belle Fermière*.

Louis XVI était coupable, mais on n'avait aucune preuve certaine de sa culpabilité. La France était victorieuse, conquérante, le monde se jetait dans ses bras ; quel danger immédiat avait-elle à craindre, de novembre en mars ? Aucun du dehors, vraisemblablement. Le salut public exigeait-il qu'on précipitât le procès du roi et qu'on le poussât à mort !

Si l'on cherche à s'expliquer l'ardeur et la persistance que tels politiques du temps montrèrent à le perdre, on en trouvera sans doute une explication trop facile dans l'opposition acharnée des partis de la Convention, leur sombre furie de joueurs, les uns et les autres ayant joué leur tête sur la tête de Louis XVI. Mais on serait trop injuste envers ces grands citoyens, si l'on ne reconnaissait aussi qu'ils portèrent dans cette lutte un patriotisme sincère, et crurent vraiment ne pouvoir fonder la société nouvelle qu'en mettant à néant la société ancienne dans son principal symbole. Ils crurent que l'une n'était pas, tant que l'autre vivait en lui, et que la mort de Louis XVI était la vie de la France.

Tout le monde était effrayé de la désorganisation universelle. On voulait un gouvernement. Les Girondins croyaient ne pouvoir l'inaugurer que par la punition du massacre de septembre, les Montagnards par la punition du massacre du 10 août, par la mort du roi, qui, disait-on, l'avait commandé.

La souveraineté se constate par la juridiction. Toute seigneurie ancienne s'était toujours inaugurée en faisant acte de justice, posant son prétoire, plantant son gibet. Beaucoup croyaient que la Révolution devait en agir de même, poser sa souveraineté, en jugeant et prenant le glaive, en faisant acte de foi envers elle-même, prouvant qu'elle croyait à son droit.

La société leur semblait tomber en poussière, s'en aller aux quatre vents. Il y avait hâte de réunir, de gré ou de force, ces éléments indociles, de recommencer l'unité dans un nouvel édifice social. Quelle en serait la première pierre? Une négation vigoureuse du monde antérieur. Que firent les Romains pour fonder leur Capitole et le douer d'éternité? Ils mirent dans sa fondation une tête sanglante, sans doute la tête d'un roi.

Deux choses semblaient effrayantes plus qu'aucun danger extérieur, *la paralysie croissante des villes*, où les masses devenaient étrangères aux affaires publiques, *l'agitation des campagnes*, où toute propriété semblait bouleversée, dans les unes et dans les autres l'anéantissement de l'autorité publique.

La campagne, cette France dormante, qui remue tous les mille ans, faisait peur, donnait le vertige, par son agitation toute nouvelle. Le vieux foyer était brisé, le nouveau à peine fondé. L'ancien domaine déchiré, divisé au cordeau, ses clôtures arrachées; les meubles seigneuriaux vendus, brisés, jetés par les fenêtres, fauteuils dorés, portraits d'ancêtres, faisaient le feu, cuisaient le pot. Les communaux, ce patrimoine du pauvre, longtemps envahis par le riche, étaient enfin rendus au peuple. Lui-même abusait à son tour, ne connaissait plus de limites; tout risquait d'être communal.

Les animaux dociles font tout comme les hommes; intelligents imitateurs, ils ont l'air de comprendre parfaitement que tout est changé; ils vont, ils se confient aux libertés de la nature, ils font tout doucement, eux aussi, leur 1792. La démocratie animale envahissante, insatiable, franchit les clôtures, les fossés. Le bœuf broute gravement la haie seigneuriale. La chèvre, plus hardie, pousse ses reconnaissances au sein des forêts séculaires; sans pitié, sa dent niveleuse blesse à mort l'arbre féodal.

Les forêts nationales n'étaient guère mieux traitées. Le roi nouveau, le peuple, n'avait pas grand égard pour son propre domaine. Le paysan, pour faire une paire de sabots, choisissant tel sapin, marqué par la marine, qui eût fait un mât de vaisseau, l'attaquait au pied par la flamme, le gâtait, le coupait, l'abattait. Il saccageait, rasait dans la montagne le bois même qui l'hiver eût soutenu les neiges, arrêté l'avalanche, protégé le village.

Il ne fallait pas un regard vulgaire, une mesure d'attention commune, pour reconnaître, au milieu de tous ces désordres accidentels, l'ordre nouveau qui se fondait.

Une même voix, sur tous ces bruits, s'élevait pourtant distincte, une jeune voix joyeuse, immensément forte et puissante, le *Ça ira!* de la conquête, et non la voix de l'anarchie.

Parmi les bandes de volontaires qui, sans bas ni souliers, s'en allaient gaiement vers le Nord, vous auriez vu aussi, sur toutes les routes, d'autres bandes, non moins ardentes, celles des paysans qui s'en allaient à la criée des biens nationaux. Jamais armée à la bataille, jamais soldats au feu, n'alla d'un cœur si âpre. C'était la conquête pour eux, c'était la revanche sur l'Ancien-Régime; deux fois joyeux, et de gagner, et de gagner sur l'ennemi.

Affaire tellement capitale et suprême pour la Révolution, qu'elle ne sent pas même les crises de la

Révolution. Elle influe sur les crises et n'en reçoit pas l'influence[1]. Elle va sourde et aveugle, insensible? intrépide? On ne sait, elle va... Elle va d'un cours invariable, d'une régularité fatale, tout droit et d'une ligne ; c'est une raideur de cataracte, irrévocablement lancée.

Acheter ou mourir. Le paysan, il l'a juré, quoi qu'il arrive, achètera. Les événements n'y font rien : on déclare la guerre, il achète; le trône tombe, il achète; l'ennemi vient, nulle émotion, il achète sans sourciller. La nouvelle des soixante mille Prussiens lui fait hausser les épaules; que ferait cette petite bande pour l'expropriation d'un peuple?

A cette époque, on avait vendu pour TROIS MILLIARDS *de biens nationaux* (rapports du 21 septembre et du 24 octobre). Des livres et des lois, la Révolution avait passé dans la terre, elle avait pris racine.

Solide par la masse, la vente l'était bien plus par

---

1. L'année 1791, paisible en comparaison de celles qui suivirent, cette année où l'Assemblée donna tout à coup des facilités excessives aux ventes, avait été signalée par une vente énorme de 800 millions en six mois. On devait croire que la violente année 1792, toute pleine d'incidents tragiques, devait voir s'arrêter la vente. Ajoutez que cette année mit en vente des immeubles infiniment peu vendables, des églises, par exemple, qu'on n'achetait que pour démolir; immeubles considérables qui ne pouvaient guère avoir d'acquéreurs que des compagnies, et qui avaient à attendre que les compagnies se formassent.

Autre obstacle : au 14 août, la Législative a ordonné le partage des biens communaux. L'effet d'une telle loi agraire, si elle était exécutée, devait être d'arrêter les ventes; on était sans doute moins impatient d'acheter, lorsque la loi donnait, lorsqu'on se voyait au moment d'être propriétaire, sans bourse délier. Donc, 1792 aura peu vendu? Nullement. La vente continue, un peu moins rapide, il est vrai, mais toujours énorme, immense : 700 millions en sept ou huit mois.

le mode de vente et la division infinie. Les parties coupées en parcelles, les parcelles en atomes, et presque pas un qui n'en eût. Des millions d'hommes. directement ou non, de près, de loin, et sans le vouloir même, étaient dans cette glu : si ce n'était comme acquéreurs, sous-acquéreurs, associés, intéressés, c'était comme prêteurs, créanciers, débiteurs, comme parents enfin, comme héritiers lointains, possibles. Foule effroyable en nombre, non moins en force, en passion, en détermination de protéger les siens. En toucher un, c'était les toucher tous. Un procès à un acquéreur eût fait sortir de terre plus d'hommes que l'invasion. Des intérêts sensibles à ce point, mêlés, enchevêtrés ainsi, étaient bien forts, inattaquables. Une révolution fondée là dedans était solidement fondée. Représentez-vous une forêt énorme, mais une forêt vivante et si vigoureuse qu'en peu de temps tous les arbres ont mêlé, tressé à la fois branches, rameaux et racines, poussé les uns dans dans les autres, de sorte que l'œil ne trouve plus entre eux ni jour ni séparation. Viennent sur la forêt tous les orages du monde, on les défie de l'arracher.

Mais justement parce que la création nouvelle était mêlée et compliquée, on la comprenait moins; on n'y voyait que le hasard, le désordre extérieur, on n'y distinguait pas l'ordre profond que la nature cache au fond de ses œuvres. On s'effrayait précisément de la complication du phénomène, et c'est elle qui faisait sa force.

Les politiques criaient : « Nous périssons. » Le

paysan riait. Il n'eut pas un moment de doute. Il ne lui vint jamais l'idée ridicule que l'Ancien-Régime pût se rétablir.

Pour revivre, avait-il vécu? Fut-il jamais un être? Misérable damier de cent pièces gothiques, il n'avait rien d'organisé. Il était hors nature, si fort contre nature, qu'à peine détruit, le lendemain, on n'y pouvait plus croire. Il avait déjà reculé dans le passé, dans le monde des chimères; c'était comme un mauvais rêve pendant une longue nuit. Ce carnaval de moines, blancs, bruns, gris, noirs, de gens d'épée poudrés, frisés, portant des manchons de femmes, du rouge et des mouches, était fini, et bien fini; le jour était revenu, les masques partis. C'était chose peu vraisemblable que toute l'Europe s'entendît, dépensât quelques milliards, un million d'hommes peut-être pour ramener les capucins.

Fainéant! c'est la rude malédiction de l'homme de travail, le mot dont il appuie sur la bête paresseuse, dont il admoneste l'âne récalcitrant ou le mulet indocile. *Fainéant! tu ne travailles pas! eh bien, tu ne mangeras pas!* C'est son sermon ordinaire. Et c'est aussi la formule d'excommunication dont il usa en lui-même pour exproprier tout l'Ancien-Régime.

Que les *fainéants* revinssent jamais encombrer la terre de leur inutilité, il ne put jamais le croire. Que la propriété, rendue à son créateur primitif, au travail, lui fût ôtée encore, retombât aux mains des indignes, cela lui semblait monstrueux. Il avait, en instinct, cette maxime au cœur : *Propriété oblige*.

La Révolution était donc fondée, très bien fondée, et dans les intérêts et dans l'opinion, dans la ferme foi qu'avaient les masses agricoles qu'elle était durable, éternelle. Qu'il y eût en cette fondation un grand trouble extérieur, on ne pouvait pas s'en étonner. La nature ne serait pas la nature, ni la crise une crise, si mille accidents violents, mille excès, mille désordres, ne se produisaient dans un changement si rapide.

Le grand point, celui qui devait attirer le regard du législateur, c'était que le mouvement ne s'embarrassât pas, ne tournât pas contre lui-même.

Son excès était son obstacle, la passion même que les masses y portaient. La Révolution, en offrant le bien au paysan pour un si mince acompte, avait prodigieusement augmenté encore en lui son attache à l'argent. Il devenait difficile d'en tirer l'impôt. Donner un sou, au moment où ce sou, bien placé, pouvait le faire propriétaire, c'était pour lui un trop grand crève-cœur. Ce cher argent, il le choyait, le serrait, le cachait jusqu'au jour bienheureux où, la criée se faisant à la maison de ville, le petit sac apparût fièrement et sonnât sur la table, au nez des envieux.

Pour la même raison, beaucoup serraient leur blé, attendaient la cherté pour vendre et la faisaient. Les lois les plus terribles contre l'accaparement et le monopole n'avaient nulle action; la peine de mort ne les effrayait pas; ils aimaient mieux mourir que vendre. Une paysanne me disait : « O le bon temps que le temps de mon père! Il cachait bien ses sacs... Le bon temps! on avait alors tout un champ pour un sac de blé! »

De bonne heure des associations d'acquéreurs de biens nationaux s'étaient formées, et fort honorables ; des amis achetaient ensemble. On a vu l'association projetée de Bancal et de Roland. Pour les compagnies proprement dites, la première occasion qui les forma fut, je crois, la mise en vente des églises supprimées, des couvents, commencée au printemps de 1792. Ces gros immeubles, peu susceptibles de division, peu utiles (la France alors avait peu de manufactures qui pussent les occuper), furent achetées à vil prix, on pourrait dire pour rien, par les premières *bandes noires* ou *chambres noires*, qui les démolissaient. Les bandes ne se bornaient pas à l'innocente opération d'acheter ensemble des lots indivisibles, elles étendaient leurs spéculations sur tout objet, en se liguant, machinant de toute façon, pour dominer la vente, se faire la part du lion, rançonner le sous-acquéreur.

La rapidité de l'opération, l'excessive urgence des besoins publics, le désordre inséparable d'un si grand mouvement, ne facilitaient que trop la fraude ; il était temps, grand temps, qu'une autorité clairvoyante eût l'œil aux intérêts du peuple.

Ce qui ne fait pas moins sentir, à ce moment, le besoin d'une autorité qui gouverne, c'est que la grande masse des villes, spécialement de Paris, délaisse toute action publique, semble ne vouloir plus gouverner. Le peuple ne va plus guère aux assemblées populaires, aux clubs, aux sections, etc.

Il faut là-dessus en croire Marat : « L'ennui et le dégoût, dit-il, ont rendu les assemblées désertes » (décembre 1792, n° 84).

« La permanence des sections est inutile, dit-il (12 juin 1793)... les ouvriers ne peuvent y assister. » Robespierre dit précisément la même chose (le 17 septembre 1793); il allègue le même motif et demande une indemnité pour ceux qui y assisteront.

La Gironde est là-dessus d'accord avec la Montagne. Elle atteste les mêmes faits. Dans une section qui contient trois ou quatre mille citoyens, vingt-cinq seulement ont formé l'assemblée (décembre 1792). — Ailleurs on dit trente ou quarante. — Un agent de Roland lui écrit, dans un rapport du même temps : « Il n'y a quelquefois pas soixante personnes par section, dont dix du parti agitateur ; le reste écoute et lève la main machinalement. »

Que signifie ce changement ? Où est la vie maintenant ? Où va donc la foule ? Ces multitudes énormes qui prirent part aux premières scènes de la Révolution ont-elles fondu, disparu, ou se sont-elles cachées ?

La masse ne trouvant nulle amélioration au gouvernement du parlage est déjà bien découragée. Nous dirons par quel art on opère encore, dans les grandes journées, la descente des faubourgs.

La gent timide des bourgeois s'est, tout entière, depuis septembre, cachée dans son trou. Elle en tire à peine la tête, pour jeter parfois dans la rue un regard troublé et rentrer bien vite. La garde nationale est devenue sourde ; elle n'entend plus l'appel. Les voleurs du Garde-Meuble eurent beau jeu pour faire leur opération ; le poste était resté désert, et, quoi qu'on fît, on n'avait pu y ramener personne.

Mais, si les corps de garde, les clubs et les sections étaient de moins en moins fréquentés, en revanche les lieux de plaisir l'étaient davantage. Les cafés étaient toujours pleins ; les spectacles étaient combles ! il y avait queue aux maisons de jeu, à d'autres pires encore. Ni l'impression récente des massacres, ni le drame sanglant du procès du roi, ne suffisaient pour interrompre l'affaire grave et capitale des Parisiens, le plaisir. Les royalistes, s'ils pleuraient, pleuraient le matin sans doute ; pour le soir, ils couraient comme les autres aux amusements, brillaient aux balcons des théâtres, riaient à la comédie, riaient encore plus aux pièces sérieuses de sujets patriotiques.

L'affaire du roi allait mal, mais le royalisme allait bien, c'était leur opinion. La discorde de la Convention était trop visible. La Commune gisait dans le sang de septembre et ne pouvait s'en relever. Les départements, chaque jour, étaient plus hostiles à la tyrannie de Paris. Septembre avait fait du bien. La mort du roi, si elle avait lieu, quelque fâcheuse qu'elle fût, allait faire du bien encore.

Tels étaient les raisonnements des royalistes. Beaucoup d'entre eux, sous divers déguisements, étaient rentrés ici, dans l'idée généreuse et folle de délivrer Louis XVI. Puis, voyant la chose impossible, ils se résignaient et profitaient de leur séjour pour toute autre chose; ils se plongeaient avec une incroyable avidité dans les plaisirs de Paris. Les défenseurs du roi martyr, les chevaliers de la reine, faisaient leur campagne au Palais-Royal, entre le jeu et les filles. Les filles pensaient très bien; elles étaient naïvement, courageusement royalistes, heureuses de cacher, d'aider de toutes manières les amis du roi. Ceux-ci, parfaitement en règle, bien munis de passeports qu'on achetait à bon compte, pourvus de cartes civiques qu'on escamotait pour eux dans les sections, se moquaient de la police; au fond, elle n'existait pas. Les visites domiciliaires, annoncées d'avance, exécutées lentement et à grand bruit, étaient plus effrayantes aux imaginations que réellement à craindre. Les plus compromis allaient et venaient hardiment. Ils vivaient le plus souvent au centre même, autour du Palais-Royal; ce quartier central était énormément peuplé, bien plus qu'aujourd'hui. Les quartiers lointains, le Faubourg-Saint-Germain, la Chaussée-d'Antin, étaient à peu près déserts. L'herbe poussait dans les cours des hôtels abandonnés et dans les rues même. En bien cherchant les maîtres de ces hôtels que l'on croyait à Coblentz, on les eût trouvés couchés dans le grenier d'une fille, dormant dans l'arrière-soupente d'un magasin de théâtre, ronflant sur la banquette d'un tripot.

Comme les insectes ou les rats, on devinait leur présence, on ne les trouvait nulle part. Ils trouvaient leur sûreté au fond même de la souricière.

Les patriotes irrités faisaient de temps à autre des razzias aux théâtres, et l'on n'y allait pas moins. Ils en faisaient dans les jeux, qui avaient toujours la même affluence. Tel parfois était arrêté ; les autres n'en étaient nullement découragés. Quand la patrouille était partie, victorieuse et bruyante, après avoir brûlé les cartes, cassé, jeté par les fenêtres les dés ou les dames, on se rajustait bientôt derrière elle, intrépidement on recommençait. « En voilà pour une fois... l'orage est passé. — Si l'on revient, si l'on arrête?... — Ah! bah! ce ne sera pas moi. »

Les émotions trop vives, les violentes alternatives, les chutes et rechutes n'avaient pas seulement brisé le nerf moral, elles avaient émoussé, ce semble, chez beaucoup d'hommes le sentiment qui survit à tous les autres, celui de la vie; on l'eût cru très fort dans ces hommes qui se ruaient au plaisir si aveuglément, c'était souvent le contraire. Beaucoup, ennuyés, dégoûtés, très peu curieux de vivre, prenaient le plaisir pour suicide. On avait pu l'observer dès le commencement de la Révolution. A mesure qu'un parti politique faiblissait, devenait malade, tournait à la mort, les hommes qui l'avaient composé ne songeaient plus qu'à jouir : on l'avait vu pour Mirabeau, Chapelier, Talleyrand, Clermont-Tonnerre, pour le club de 1789, réuni chez le premier restaurateur du Palais-Royal à côté des jeux ; la brillante coterie ne fut plus qu'une compagnie de joueurs. Le centre aussi de la Législative et de la Convention, tant d'hommes précipités au cours de la fatalité, allaient se consoler, s'oublier dans ces maisons de ruine. Ce Palais-Royal, si vivant, tout éblouissant de lumière, de luxe et d'or, de belles femmes qui allaient à vous, vous priaient d'être heureux, de vivre, qu'était-ce en réalité, sinon la maison de la mort ?

Elle était là, sous toutes ses formes, et les plus rapides. Au Perron, les marchands d'or ; aux galeries de bois, les filles. Les premiers, embusqués au coin des marchands de vins, des petits cafés, vous offraient, à bon compte, les moyens de vous ruiner. Votre portefeuille, réalisé sur-le-champ en monnaie courante, laissait bonne part au Perron, une autre aux cafés, puis aux jeux du premier étage, le reste au second. Au comble, on était à sec ; tout s'était évaporé.

Ce n'était plus ces premiers temps du Palais-Royal, où ses cafés furent les églises de la Révolution naissante, où Camille, au café de Foy, prêcha la Croisade. Ce n'était plus cet âge d'innocence révolutionnaire où le bon Fauchet professait au Cirque la doctrine des *Amis*, et l'association philanthropique du *Cercle de la Vérité*. Les cafés, les restaurateurs étaient très fréquentés, mais sombres. Telles de ces boutiques fameuses allaient devenir funèbres. Le restaurateur Février vit tuer chez lui Saint-Fargeau. Tout près, au café Corazza, fut tramée la mort de la Gironde.

La vie, la mort, le plaisir, rapide, grossier, violent, le plaisir exterminateur : voilà le Palais-Royal de 1793.

Il fallait des jeux et qu'on pût sur une carte se jouer en une seule fois, d'un seul coup se perdre.

Il fallait des filles ; non point cette race chétive que nous voyons dans les rues, propre à confirmer les hommes dans la continence. Les filles qu'on promenait alors étaient choisies, s'il faut le dire, comme on choisit dans les pâturages normands les gigantesques animaux, florissants de chair et de vie, qu'on montre au carnaval. Le sein nu, les épaules, les bras nus, en plein hiver, la tête empanachée d'énormes bouquets de fleurs, elles dominaient de haut toute la foule des hommes. Les vieillards se rappellent, de la Terreur au Consulat, avoir vu, au Palais-Royal, quatre blondes, colossales, énormes, véritables atlas de la prostitution, qui, plus que nulle autre, ont porté le poids de l'orgie révolutionnaire. De quel mépris elles voyaient s'agiter aux galeries de bois l'essaim des marchandes de modes, dont la mine spirituelle et les piquantes œillades rachetaient peu la maigreur !

Voilà les côtés visibles du Palais-Royal. Mais qui aurait parcouru les deux vallées de Gomorrhe qui circulent tout autour, qui eût monté les neuf étages du passage Radzivill, véritable tour de Sodome, eût trouvé bien autre chose. Beaucoup aimaient mieux ces antres obscurs, ces trous ténébreux, petits tripots, bouges, culs-de-sac, caves éclairées le jour par des lampes, le tout assaisonné de cette odeur fade de vieille maison, qui, à Versailles même, au milieu de toutes ses pompes, saisissait l'odorat dès le bas de l'escalier. La vieille duchesse de D... rentrant aux Tuileries en 1814, lorsqu'on la félicitait, qu'on lui montrait que le bon temps était tout à fait revenu : « Oui, dit-elle tristement, mais ce n'est pas là l'odeur de Versailles. »

Voilà le monde sale, infect, obscur, de jouissances honteuses, où s'était réfugiée une foule d'hommes, les uns contre-révolutionnaires, les autres désormais sans parti, dégoûtés, ennuyés, brisés par les événements, n'ayant plus ni cœur ni idée. Ceux-là étaient déterminés à se créer un alibi dans le jeu et dans les femmes, pendant tout ce temps d'orage. Ils s'enveloppaient là dedans, bien décidés à ne penser plus. Le peuple mourait de faim et l'armée de froid; que leur importait? Ennemis de la Révolution qui les appelait au sacrifice, ils avaient l'air de lui dire : « Nous sommes dans ta caverne; tu peux nous manger un à un, moi demain, lui aujourd'hui... Pour cela, d'accord; mais pour faire de nous des hommes, pour réveiller notre cœur, pour nous rendre généreux, sensibles aux souffrances infinies du monde... pour cela nous t'en défions. »

Nous avons plongé ici au plus bas de l'égoïsme, ouvert la sentine, regardé l'égout... Assez, détournons la tête.

Et sachons bien toutefois que nous n'en sommes pas quittes. Si nous nous élevons au-dessus, c'est par transitions insensibles. Des maisons de filles aux maisons de jeux, alors innombrables, peu de différence, les jeux étant tenus généralement par des dames équivoques. Les salons d'actrices arrivent au-dessus, et, de niveau, tout à côté, ceux de telles femmes de lettres, telles intrigantes politiques. Triste échelle où l'élévation n'est pas amélioration. Le plus bas peut-être encore était le moins dangereux. Les filles, c'est l'abrutissement et le chemin de la mort. Les dames ici, le plus souvent, c'est une autre mort, et pire, celle des croyances et des principes, l'énervation des opinions, un art fatal pour amollir, détremper les caractères.

Qu'on se représente des hommes nouveaux sur le terrain de Paris jetés dans un monde pareil, où tout se trouvait d'accord pour les affaiblir et les amoindrir, leur ôter le nerf civique, l'enthousiasme et l'austérité. La plupart des Girondins perdirent, sous cette influence, non pas l'ardeur du combat, non pas le courage, non la force de mourir, mais plutôt celle de vaincre, la fixe et forte résolution de l'emporter à tout prix. Ils s'adoucirent, n'eurent plus « cette âcreté dans le sang qui fait gagner les batailles ». Le plaisir aidant, la philosophie, ils se résignèrent ; dès qu'un homme politique se résigne, il est perdu.

Ces hommes, la plupart très jeunes, jusque-là ensevelis dans l'obscurité des provinces, se voyaient transportés tout à coup en pleine lumière, en présence d'un luxe tout nouveau pour eux, enveloppés des paroles flatteuses, des caresses du monde élégant. Flatteries, caresses d'autant plus puissantes qu'elles étaient souvent sincères; on admirait leur énergie et l'on avait tant besoin d'eux! Les femmes surtout, les femmes, les meilleures, ont en pareil cas une influence dangereuse, à laquelle nul ne résiste. Elles agissent par leurs grâces, souvent plus encore par l'intérêt touchant qu'elles inspirent, par leurs frayeurs qu'on veut calmer, par le bonheur qu'elles ont réellement de se rassurer près de vous. Tel arrivait bien en garde, armé, cuirassé, ferme à toute séduction; la beauté n'y eût rien gagné. Mais que faire contre une femme qui a peur, et qui le dit, qui vous prend les mains, qui se serre à vous?... « Ah! Monsieur! ah! mon ami, vous pouvez encore nous sauver... Parlez pour nous, je vous prie; rassurez-moi, faites pour moi telle démarche, tel discours... Vous ne le feriez pas pour d'autres, je le sais, mais vous le ferez pour moi... Voyez comme bat mon cœur! »

Ces dames étaient fort habiles. Elles se gardaient bien d'abord de montrer l'arrière-pensée. Au premier jour, vous n'auriez vu dans leurs salons que de bons républicains, modérés, honnêtes. Au second déjà, on vous présentait des Feuillants, des Fayettistes. Et, pour quelque temps encore, on ne montrait pas davantage. Enfin, sûre de son pouvoir, ayant acquis le faible cœur, ayant habitué les yeux, les oreilles, à ces nuances de sociétés peu républicaines, on démasquait le vrai fond, les vieux amis royalistes, pour qui l'on avait travaillé. Heureux, si le pauvre jeune homme, arrivé très pur à Paris, ne se trouvait pas à son insu mêlé aux gentilshommes espions, aux intrigants de Coblentz !

La Gironde tomba ainsi presque entière aux filets de la société de Paris. On ne demandait pas aux Girondins de se faire royalistes ; on se faisait Girondin. Ce parti devenait peu à peu l'asile du royalisme, le masque protecteur sous lequel la contre-révolution put se maintenir à Paris, en présence de la Révolution même. Les hommes d'argent, de banque, s'étaient divisés, les uns Girondins, d'autres Jacobins. Cependant la transition de leurs premières opinions, trop connues, aux opinions républicaines, leur semblait plus aisée du côté de la Gironde. Les salons d'artistes surtout, de femmes à la mode, étaient un terrain neutre où les hommes de banque rencontraient, comme par hasard, les hommes politiques, causaient avec eux, s'abouchaient, sans autre présentation, finissaient par se lier.

Plus directement encore, le monde de la banque pénétrait dans la Gironde par le Girondin Clavières, banquier genevois, devenu ministre des finances. Clavières était républicain, honnête homme, quoi qu'on ait dit. Il donnait prise, comme Brissot, en se mêlant de trop de choses. Du ministère des finances, il agissait dans tous les autres, à la guerre, à l'intérieur. C'était une tête ardente, inventive, un peu romanesque. Chassé de Genève en 1782 pour son républicanisme exalté, il voulait alors fonder une colonie, une société nouvelle, désespérant de l'ancienne ; cette colonie se fût établie en Irlande ou en Amérique. Dans cette dernière pensée, il envoya, à ses frais, Brissot aux États-Unis pour étudier le terrain. Mais la Révolution, qui éclata bientôt, lui montra dans la France un bien autre champ pour ses expériences politiques et financières. Clavières fut comme le Law de la Révolution ; il inventa les assignats, donna son invention aux constituants, à Mirabeau, qui la mirent en valeur. Il eut dès lors pour ennemis tous ceux qui, avant ces billets, émettaient des billets eux-mêmes, les gens de la Caisse d'escompte, corps puissant où figuraient plusieurs fermiers-généraux. Il eut en même temps contre lui nombre de banquiers politiques, êtres équivoques, amphibies, qui, comme consuls, agents des gouvernements étrangers à différents titres, menaient de front hardiment les intrigues et les affaires. Nommons en tête le ministre des États-Unis, Governor Morris, intime ami des Tuileries, donneur d'avis infatigable, témoin haineux de la Révolution, dont il exploitait les crises à la Bourse. On a publié ses lettres. On peut y lire son regret au massacre du Champ de Mars : c'est *qu'on ait si peu tué*. Il avoue hautement (17 mai 1791) la légitimité de la dette des États-Unis, les conditions onéreuses auxquelles la France emprunta pour leur prêter. En septembre 1792, au moment où la France, près de périr, poussa aux Américains son gémissement d'agonie, leur demandant comme aumône une partie de cet argent qui jadis les avait sauvés, Morris refusa froidement d'autoriser le payement en donnant sa signature.

Tous ces joueurs à la baisse avaient hâte de voir la Révolution sombrer, s'enfoncer, et, comme les vers qui minent un vaisseau de ligne, ils tâchaient, à fond de cale, de percer un trou. Le ministre des finances, battu de la presse conjurée, de Marat et autres, était travaillé par en bas de ces dangereux insectes. Clavières donnait prise aux attaques; tout au rebours de Brissot, de Roland, qui allaient avec des habits râpés et limés au coude, Clavières se plaisait dans le faste. Mme Clavières, envieuse du génie de Madame Roland, la primait au moins par le luxe. A la voir trôner aux salons dorés où figurait naguère Mme Necker, on eût pu croire que rien n'était changé, qu'on était encore en 1789, la veille des États-généraux.

La rapide décomposition de la Gironde éclatait à tous les yeux. Elle avait été un parti tant que l'élan de la guerre (contre le roi, contre l'Europe), au commencement de 1792, la poussa d'ensemble, lui donna unité d'action, sinon d'idée. Après le 10 août elle présenta des fractions, des groupes, disons mieux, des coteries, qui furent retenues ensemble par la haine de septembre et des fureurs de la Montagne. Ces groupes mêmes offraient des diversités intérieures que nous allons signaler; ils se résolvaient en individus. Ce parti tombait en poudre.

L'éclatante individualité de tels et tels Girondins ne contribuait pas peu à cette dissolution. Vergniaud planait dans des hauteurs inaccessibles à ses amis, et il était seul. Le sombre Isnard, enveloppé de son fanatisme, restait sauvage, insociable. Madame Roland, qui, à tant de titres, pouvait attirer, retenir, lier les hommes par le culte commun qu'on avait pour elle, était hautaine et souvent dure; sa pureté ne pardonnait rien; son courage ne ménageait rien; tous approchaient, mais avec crainte; environnée, admirée, elle était seule ou presque seule.

On peut dire la même chose de cet étrange Fauchet, le mystique, le philosophe, le tribun, le prêtre, tête chimérique, n'ayant ni tenue ni mesure, souvent vulgaire ou ridicule; parfois, quand l'éclair le frappait, transfiguré dans la lumière et parlant comme Isaïe... Un fol? un prophète? L'un et l'autre, mais incapable, à coup sûr, d'entraîner personne. Qui l'aurait suivi? les curieux? ou peut-être les petits-enfants?

La Gironde, nommée je ne sais pourquoi la Gironde, comprenait tout élément, toute province, toute opinion. Il n'y avait que trois hommes de Bordeaux; les autres n'étaient même pas tous méridionaux; à côté des Provençaux, des Languedociens, il y avait des Parisiens, des Normands, des Lyonnais, des Genevois.

Les professions n'étaient guère moins diverses.

Toutefois les avocats dominaient, l'esprit légiste était une maladie de la Gironde. Chose étrange! dans ces jeunes hommes, émancipés, élargis par la philosophie du dix-huitième siècle, on retrouvait par moments des traces de l'étroitesse du barreau ou d'un formalisme timide, diamétralement opposé à l'esprit révolutionnaire. Cela éclata dans la discussion où ils soutinrent contre Danton « que le juge devait être nécessairement un légiste ».

Autre défaut de la Gironde, l'esprit journaliste, *bellétriste*, pour dire comme les Allemands. Brissot en était le type ; plume rapide, intarissable, la facilité même, il eût écrit plus de volumes que ses ennemis de discours. Madame Roland, plus sévère, écrivait pourtant beaucoup trop. Tant de paroles, tout éloquentes ou brillantes qu'elles pussent être, n'en fatiguaient pas moins le public, excitaient les envies, les haines. Rien n'énerve plus un parti que de donner sans cesse sa force en paroles, de fournir par une infinité d'écrits, toujours discutables, matière aux disputes. Ajoutez les escapades, souvent imprudentes, des enfants perdus qu'on a peine à retenir. Les Roland eurent à regretter dans leur guerre contre Robespierre de laisser Louvet aller étourdiment à sa tête, accuser sans rien prouver, aboyer sans mordre. Brissot avait sous la main un jeune homme hardi, brillant, doué d'un emporte-pièce que le trop facile Brissot n'eut jamais dans les mâchoires ; ce jeune homme, Girey-Dupré, qui rédigeait *le Patriote*, publia un matin une chanson, un noël, dont Robespierre et Danton, toute la Montagne, furent si cruellement mordus qu'ils durent sentir à jamais la brûlure dans la morsure. Danton surtout était atteint, et de part en part ; on lui arrachait son mystère, son masque d'audace ; le noël impitoyable le réduisait, dans la Passion, au rôle de Ponce-Pilate, qui se lave les mains et ne dit : ni oui ni non.

Esprit légiste, esprit scribe, deux maladies de la Gironde. Une troisième, c'était le très mauvais héritage des factions du Midi. Les Provençaux Barbaroux, Rebecqui, ces violents modérés de la Convention, dont les paroles étourdies compromirent plus d'une fois les affaires de la Gironde, la compromettaient plus directement encore par leur étroite intimité avec les hommes d'Avignon. Ceux-ci, très ardents Français, ardents révolutionnaires, avaient donné leur pays à la France, à quel prix affreux, on le sait. Barbaroux, à la tête de ses Marseillais, avait ramené triomphants dans Avignon ces hommes de la Glacière, les Duprat, Mainvielle, Jourdan. Et en récompense ils avaient aidé l'élection de Barbaroux, lui avaient donné les voix d'Avignon. Quand celui-ci réclamait contre les hommes de septembre, ils auraient bien pu lui répondre : « Et vous ? qui vous a élu ? »

Les vieilles rancunes du Midi se mêlaient indiscrètement aux questions générales. Le rapporteur qui avait obtenu de la Législative l'amnistie d'Avignon était le protestant Lasource, illustre pasteur des Cévennes, éloquent, honnête, sincèrement fanatique, qui n'oubliait pas, sans nul doute, qu'Avignon n'avait fait qu'imiter Nîmes. A Nîmes, en 1790, les catholiques commencent; les révolutionnaires d'Avignon suivent en 1791; Paris, en 1792. Mais Lasource, excusant les uns, n'avait pas grande autorité pour incriminer les autres.

Les protestants étaient une cause de dissolution dans le sein de la Gironde. Près du violent Lasource siégeaient les *modérés*, tels que Rabaut-Saint-Étienne et Rabaut-Pommier, deux constituants d'un noble caractère, qui toutefois n'allaient guère en avant que par des mouvements gauches et faux. Rabaut-Saint-Étienne ne soutint ni à l'Assemblée ni dans son journal l'attaque de Louvet contre Robespierre. Mais il fit de *Robespierre prêtre, au milieu de ses dévotes*, un portrait spirituel, amer, d'une haine si méprisante qu'on sentit que c'était un prêtre aussi qui avait dû le tracer. Robespierre n'avait rien senti des attaques de Louvet, mais ici il fut percé.

Brissot, non plus, nous l'avons vu, n'avait point appuyé Louvet, point secondé les Roland. Les journaux de la Gironde allaient tous à part, tiraient à droite ou à gauche, sans se consulter. *Le Patriote* de Brissot et Girey, *la Sentinelle* de Roland et Louvet, *les Annales* de Carra, *les Amis* de Fauchet, *la Chronique* de Condorcet et Rabaut, semblaient, dans certains moments, représenter cinq partis.

Où était l'autorité? Partout et nulle part. Ni dans le génie de Vergniaud, ni dans la vertu de Roland, ni dans le savoir-faire du grand faiseur Brissot, ni dans l'universalité encyclopédique de Condorcet.

Et l'initiative, l'ordre, le commandement dans les moments décisifs? Impossible, on le comprend.

En octobre, par exemple, les Girondins étaient très forts sur le pavé de Paris. La majorité des vainqueurs du 10 août, Marseillais, Bretons ou autres, leur étaient encore favorables. Les nombreux fédérés, appelés de toutes parts, ne juraient que par la Gironde. Le Marseillais Granier, vaillant homme, qui le premier entra hardiment aux Tuileries pour gagner les Suisses et les sauver (lui-même il fut près d'y périr), s'était déclaré, en octobre, ennemi juré de Marat. Tels étaient aussi les sentiments du bataillon des Lombards (celui qui fit la première ligne à la bataille de Jemmapes). Tout cela était, en octobre, sous la main de la Gironde, et elle n'en sut rien faire. Les fédérés furent gagnés par les Jacobins ou ils s'écoulèrent : Granier, par exemple, s'en alla comme lieutenant-colonel à l'armée de Savoie, le bataillon des Lombards alla à celle du Nord. Dans l'hiver, la Gironde regretta trop tard d'avoir laissé perdre ces forces; elle ne sut pas maintenir ce qui lui restait de fédérés dans le même esprit.

De cette incapacité absolue pour l'action, de cette impuissance d'aboutir aux résultats, il arrivait une chose, c'est que les esprits vains et chimériques (Louvet, Fauchet, Brissot même) devenaient plus vains, se livraient à leurs romans, suivaient plus étourdiment encore telle lueur ou telle autre. Le grand esprit de Vergniaud, plus loin de la terre et moins averti des réalités, allait d'autant mieux planant dans ses rêves, insoucieux de la mort, dominant la vie, souriant avec mélancolie aux menaces du destin.

Il avait un monde en lui, un monde d'or qui le rendait peu sensible au monde de fer : la possession de son génie, de son libre cœur, dans l'amour. Une femme belle et ravissante, pleine de grâce morale, touchante par son talent, par ses vertus d'intérieur, par sa tendre piété filiale, avait recherché, aimé ce paresseux génie, qui dormait sur les hauteurs; elle que la foule suivait, elle s'était écartée de tous pour monter à lui. Vergniaud s'était laissé aimer; il avait enveloppé sa vie dans cet amour et il y continuait ses rêves. Trop clairvoyant toutefois pour ne pas voir que tous deux suivaient les bords d'un abîme, où sans doute il faudrait tomber. Autre tristesse; cette femme accomplie qui s'était donnée à lui, il ne pouvait la protéger. Elle appartenait, hélas! au public; sa piété, le besoin de soutenir ses parents, l'avaient menée sur le théâtre, exposée aux caprices d'un monde si orageux. Celle qui voulait plaire à un seul, il lui fallait plaire à tous, partager entre cette foule avide de sensations, hardie, immorale, le trésor de sa beauté auquel un seul avait droit. Chose humiliante et douloureuse! terrible aussi à faire trembler, en présence des factions, quand l'immolation d'une femme pouvait être, à chaque instant, un jeu cruel des partis, un barbare amusement.

Là était bien vulnérable le grand orateur. Là craignait celui qui ne craignait rien. Là il n'y avait plus ni cuirasse ni habit, rien qui garantît son cœur.

Ce temps aimait le danger. Ce fut justement au milieu du procès de Louis XVI, sous les regards meurtriers des partis qui se marquaient pour la mort, qu'ils dévoilèrent au public l'endroit qu'on pouvait frapper. Vergniaud venait d'avoir le plus grand de ses triomphes, le triomphe de l'humanité. Mlle Candeille elle-même, descendant sur le théâtre joua sa propre pièce, la *Belle Fermière*. Elle transporta le public ravi à cent lieues, à mille de tous les événements, dans un monde doux et paisible, où l'on avait tout oublié, même le danger de la patrie.

L'expérience réussit. La *Belle Fermière* eut un succès immense ; les Jacobins eux-mêmes épargnèrent cette femme charmante qui versait à tous l'opium d'amour, les eaux du Léthé. L'impression n'en fut pas moins peu favorable à la Gironde. La pièce de l'amie de Vergniaud révélait trop que son parti était celui de l'humanité et de la nature, plus encore que de la patrie, qu'il serait l'abri des vaincus, qu'enfin ce parti n'avait pas l'inflexible austérité dont le temps semblait avoir besoin.

CHAPITRE III

RECOMPOSITION DES JACOBINS AVANT LE PROCÈS DU ROI
(SEPTEMBRE-DÉCEMBRE 1792).

Nécessité des Jacobins, fin de 1792. — Leur double rôle : la censure, l'initiative révolutionnaire. — Purent-ils le remplir? — Ils ont donné une sorte d'unité à la Révolution. — Combien leur société fut concentrée, exclusive. — La société jacobine avait faibli en 1792. — Les élections de septembre se firent dans le local des Jacobins. — La société jacobine reprend force. — Elle frappe la Gironde en Fauchet, 19 septembre. — Elle frappe la Gironde en Brissot, 10 octobre. — Elle intimide les réunions mixtes de représentants. — Elle dissout une réunion mixte de membres de la Convention, octobre 1792. — Prudence de Robespierre, qui reste muet, octobre 1792. — Robespierre craint d'avoir trop poussé la Convention. — Il demande, par l'organe de Couthon, que les Jacobins blâment les exagérés, octobre 1792. — Les Jacobins blâment les exagérés et s'en repentent, 14 octobre 1792. — Robespierre se résigne et suit les exagérés.

Dire la décomposition, l'impuissance de la Gironde, les signes de désorganisation que donnait la société tout entière, c'est-à-dire la nécessité des Jacobins.

A défaut d'une association naturelle qui donnât à la Révolution l'unité vivante, il fallait une association artificielle, une ligue, une conjuration qui lui donnât du moins une sorte d'unité mécanique.

Une machine politique était nécessaire, d'une grande force d'action, un puissant levier d'énergie.

La presse n'était point cela ; elle est insuffisante à une telle destination. Son action est immense ; mais, parmi tant de choses contradictoires qu'elle dit, cette action est vague, flottante. De paroles en paroles, souvent elle manque le moment, elle n'arrive point à l'acte. Plusieurs, dès qu'ils ont lu, relu, amusé leur passion du bruit des journaux, sont satisfaits et ne font plus rien.

L'Assemblée n'était pas non plus la force dont nous parlons. La grande masse de la Convention, cinq cents députés au moins, timides, incertains, défiants, souvent pensaient d'un côté et votaient de l'autre, nageaient, flottaient, sans avancer.

La situation demandait une force qui, sans prendre précisément l'Assemblée à la remorque, marchât devant elle, écartant sévèrement ce qui lui ferait obstacle, ce qui la pouvait tromper, lui triant, épurant d'avance et les hommes et les idées, la maintenant sur la ligne étroite, inflexible, des principes.

Grand rôle, qui supposait une autorité extraordinaire. Il impliquait deux choses fort diverses, qui exigent des vertus rarement conciliées : *la censure morale et politique*, force négative, *l'initiative révolutionnaire*, force positive.

La censure exige surtout du censeur que, pour censurer, critiquer, écarter le mélange impur, il ait un principe très pur, une idée du droit très simple et très forte. Les Jacobins flottèrent toujours, on le verra, entre deux idées. Ils se renouvelèrent plusieurs fois, sans devenir plus conséquents. Organisés par l'avocat Duport et les Lameth, comme machine de polémique et de surveillance, ils changèrent peu de caractère. Leurs velléités morales, sous Robespierre, restèrent impuissantes. L'acharnement aux personnalités les écarta sans cesse des principes qu'ils posaient. Il fallait une censure, ils ne furent qu'une police.

Quant à la grande initiative révolutionnaire, ils ne l'eurent jamais ; aucun des actes solennels de la Révolution ne sortit des Jacobins. Nés après la prise de la Bastille et le 5 octobre, ils furent étrangers à l'appel des Fédérations. Ils se déclarèrent nettement contre la guerre, contre la croisade de délivrance universelle, pensant qu'avant tout la France devait songer à elle-même et faire son salut. Ils n'eurent qu'une part fort indirecte au 10 août, à la création de la République.

L'initiative révolutionnaire demandait un don suprême qui se trouve rarement dans une société disciplinée, où la cohésion ne s'achète que par l'immolation commune des forces trop hautes. Ce don, c'est la magnanimité et le génie.

Ces grandes facultés, peu disciplinables, étaient mal vues des Jacobins, en suspicion chez eux. L'aversion, au reste, était réciproque. Le génie (Mirabeau, Danton) se sentait mal aux Jacobins.

Les hommes forts, les spéciaux, Carnot, Cambon, ne mirent jamais les pieds chez eux.

La haute lumière du salut (que personne n'eut

au reste dans cette sombre mêlée d'une affreuse nuit de combat) demandait, avant toute chose, la grandeur de cœur, qui élève aussi la pensée. Les larges et bienfaisantes mesures qui de bonne heure auraient calmé les âmes, emporté d'emblée la Révolution en lui rendant inutiles la plupart des violences, elles ne pouvaient être inspirées que par une qualité absolument étrangère au caractère jacobin, quelle ? La bonté héroïque.

La lutte les absorba ; lutteurs acharnés, ils se prirent successivement aux obstacles, les minèrent, les frappèrent d'en bas. Il fallait les dominer, et frapper d'en haut. Frapper ? Non, enlever le monde du haut de la Fraternité.

Ils eurent la foi, sans nul doute. Mais cette foi ne fut ni aimante ni inspirée. Ils furent les ardents avocats, les procureurs acharnés de la Révolution. Elle demandait d'abord des apôtres et des prophètes.

Qui niera, avec tout cela, les services immenses qu'ils ont rendus à la patrie ? Leur surveillance inquiète des actes de l'Assemblée, leur regard défiant sur les hommes politiques, leur rejet sévère des faibles et des tièdes, donnèrent à la Révolution un nerf incroyable. Ce qui les honore encore plus, c'est qu'à peine sortis de l'Ancien-Régime, souvent corrompus eux-mêmes, en haine de la corruption royaliste, ils voulurent des mœurs. Ils firent des efforts sérieux pour se réformer, réformer les autres. Noble effort, qui, avec leur patriotisme ardent et sincère, doit leur compter dans l'avenir. Qui peut voir aujourd'hui encore, sans émotion, sans une sorte de respect et de crainte, les trois portes des Jacobins dans la noire et humide petite rue qui tient au marché? Elles menaient par derrière au cloître. L'entrée principale était rue Saint-Honoré; mais celle de la petite rue dut souvent être préférée par les principaux meneurs. Robespierre, Couthon, Saint-Just, montaient ce sombre escalier. La rampe de fer travaillée au goût du dix-septième siècle, l'écuyer sale en vieux bois qui, du côté du mur, vous prête aussi son appui, tout cela n'a pas bougé, et sur ce bois, sur ce fer, vous sentez encore la trace brûlante des mains sèches et fiévreuses qui s'y sont appuyées alors et les ont marquées pour toujours.

Ce vieux méchant local de moines, démeublé et délabré, avait gardé je ne sais quoi qui, dès l'entrée, gênait l'esprit, mettait le cœur mal à l'aise. Tout était étroit, mesquin. Le cloître d'un style sec et pauvre, l'escalier médiocre (pour deux personnes de front), appuyé sur quatre évangélistes de demi-grandeur[1], la bibliothèque peu vaste, avec un tableau janséniste, la chapelle nue, ennuyeuse, baroquement échafaudée de tribunes étouffées par-dessus des tombes de moines, tout cela était d'une impression pénible. Il n'y avait pas beaucoup d'air; on respirait mal.

---

1. Attribués à Jean Goujon et placés aujourd'hui au Louvre. On avait coiffé saint Jean du bonnet de la liberté.

Telle maison, tels hôtes. Les nouveaux, comme les anciens, avaient pour idée fixe une étroite orthodoxie. Les vieux Jacobins, dans la robe serrée de Saint-Dominique, avaient eu la prétention de savoir marcher seuls sur la ligne précise de la foi catholique. Et les nouveaux Jacobins se piquaient d'avoir seuls le dépôt de la foi révolutionnaire. C'était une compagnie tout exclusive, concentrée en soi. Ils se connaissaient entre eux et ils ne connaissaient qu'eux; tout ce qui n'était pas jacobin leur restait suspect; ils se défiaient, quoi qu'on pût dire pour les rassurer, ils se détournaient, ils ne voulaient pas entendre, ils secouaient la tête d'un air d'incrédulité. Ils avaient leurs mots à eux, leurs saints et leurs dévotions, des formules qu'ils répétaient : « Les principes d'abord ! les principes !... » — « Surtout il faut des hommes purs », etc. Vous n'entendiez autre chose, lorsque, vers sept heures du soir, cette foule, à cheveux noirs et gras, en grosses houppelandes du temps, dans une pauvreté calculée, s'en allait dévotement au sermon de Robespierre.

La raideur de l'attitude, la fixité extérieure, leur furent d'autant plus nécessaires qu'en réalité leur *credo* fut très flottant. Quelques changements qu'opérât la situation, quelques déviations qu'elle imposât à leurs doctrines, ils affirmaient l'unité[1].

---

1. Une question curieuse s'élève ici. Pourquoi les Jacobins faisaient-ils illusion sur leurs divisions intérieures, tandis que celles des Girondins apparaissaient si nettement au grand jour, d'une manière si compromettante ? — Une des réponses qu'on peut faire, c'est que les Girondins agissaient principalement *par la presse*, qui illumine toute chose, qui fixe impitoyablement

Cette unité apparente, cette fixité dans certaines formules, cette intolérance pour ceux qui, animés du même esprit, ne disaient pas les mêmes mots, servirent la Révolution dans plus d'une circonstance et lui furent parfois fatales.

La France de 1792, dans son jeune élan immense de république et de combat, au premier coup de la trompette, sembla un moment oublier ses fatigants précepteurs. Le grand souffle de Danton, le joyeux canon du 10 août, l'emportaient à bien d'autres fêtes. Si haut tonnait la *Marseillaise* qu'on n'entendait presque plus le marmottement jacobin. (Les principes d'abord, les principes !)

Le 10 août se fit sans eux et, ce qui est assez piquant, il se prépara chez eux. Dans l'enclos même des Jacobins était un grand bâtiment qui, quelque

en pleine lumière ce qu'on a montré une fois. Les Jacobins ne regardèrent jamais la presse que comme un moyen secondaire ; ils employèrent de préférence les communications verbales, la circulation orale d'homme à homme et de club à club, les paroles qu'on peut toujours interpréter, démentir même. *L'association, la prédication,* furent les moyens des Jacobins. Ils tiraient à petit nombre les pièces mêmes qu'ils tenaient le plus à répandre, à trois mille seulement les discours de Robespierre. Mais, de ces trois mille, on envoyait les deux tiers à deux mille sociétés ; la diffusion devenait véritablement immense. Le discours pouvait être vague, sans inconvénient. L'interprétation orale en déterminait le sens.

Ces moyens, qui avaient été ceux du Moyen-âge, furent aussi ceux des Jacobins ; moyens dont l'avantage principal était de conserver plus aisément une certaine apparence d'unité dans les doctrines. La fameuse *unité catholique* eût été impossible à affirmer, dans la lumière de la presse ; elle put très bien se feindre, dans le demi-jour de la publicité verbale, comme l'avait le Moyen-âge. *L'unité jacobine* put aussi s'affirmer, se soutenir jusqu'à un certain point, subissant à l'intérieur et sous le masque fixe d'une parole identique les changements que réclamait la Révolution dans ses phases rapides. Les Jacobins furent quasi prêtres ; ils soutinrent invariablement, de changements en changements, leur orthodoxie.

temps, servit de caserne. Là, peu avant le 10 août, peut-être même avant le 20 juin et la première invasion des Tuileries se réunissaient la nuit les plus ardents patriotes de l'Assemblée législative. Ils ne venaient là qu'à minuit, une heure ou deux après la clôture de l'Assemblée et des Jacobins. A cette réunion venaient, pêle-mêle, des hommes qui, plus tard, se divisèrent en Girondins et Montagnards; près du Girondin Pétion siégeait le Montagnard dantoniste Thuriot. Nous ignorons entièrement quelle fut la part de ce conciliabule de représentants dans le renversement de la royauté. Cette petite assemblée nationale autorisa-t-elle le changement de la Commune, donna-t-elle le signal et l'ordre à Manuel et Danton, eut-elle connaissance du comité insurrectionnel qui travailla au 10 août? Nous l'ignorons. Ce qui est sûr, c'est que les représentants ne se fièrent point à la société, trop mêlée, des Jacobins, que cette société, qui gardait obstinément son titre des *Amis de la constitution*, n'aurait nullement accepté la responsabilité de ces actes audacieux, d'un succès si incertain. On a vu avec quel soin Robespierre se préserva de tout contact avec le comité insurrectionnel. L'hôtesse de Robespierre, craignant qu'on ne le compromît, ne voulut pas même souffrir ce comité dans une chambre de la même maison et mit littéralement la Révolution à la porte.

Marseille, comme bien d'autres villes, ne correspondait plus avec les Jacobins. C'était sans leur avis et peut-être à leur insu qu'elle avait recruté, envoyé cette élite de vaillants soldats, qui fut l'avant-garde du 10 août. L'inertie de la société ne fit pas tort à ses membres dans cette circonstance. Beaucoup furent appelés, sinon le 10 au moins le 11, à la nouvelle Commune. Ils profitèrent en grand nombre de la victoire, furent placés de préférence dans les fonctions de toute espèce, jurys, missions, présidences ou secrétariats de sections. Le club fut laissé désert.

Une chose était à craindre : c'était que les Jacobins, tout en réussissant comme individus, ne périssent comme société.

Déjà la correspondance avec les sociétés de provinces était tout à fait désorganisée.

Qu'adviendrait-il de la société de Paris si, pendant qu'elle se dépeuplait de jour en jour, la réunion nocturne des représentants, qui se tenait dans le même enclos, allait prendre corps, se fortifier, s'enraciner? Ne finirait-elle pas par remplacer l'ancienne société, lui prendre son nom (qui, après tout, n'était que celui du local) et s'appeler *les Jacobins*? La société, menacée à ce point, devait faire pour vivre un effort décisif ou se résigner à périr.

Telle était la situation. Elle fut simplifiée le 2 septembre, et la question tranchée. On trouva moyen de faire les élections de Paris, dès ce jour, au sein même des Jacobins. Robespierre, sans prendre une part directe au terrible événement, en profita à merveille.

Le corps électoral, appelé ce jour même par la Commune pour élire les députés à la Convention, vint tremblant à l'Hôtel de Ville, cinq cent vingt-cinq électeurs seulement[1]. Ces pauvres gens se rassurèrent en nommant président, vice-président, les plus fameux patriotes, Collot d'Herbois et Robespierre : on leur persuada alors de ne point faire l'élection au lieu ordinaire qui était une salle de l'archevêché, mais de prendre un lieu plus tranquille, fort éloigné des massacres, le local des Jacobins. Ils n'y furent pas tellement tranquilles qu'ils ne reçussent, le 4, le 5, pendant qu'on tuait encore, les visites très effrayantes de soi-disant volontaires qui, partant pour les frontières, venaient crier qu'ils ne partiraient pas l'âme tranquille si l'on ne chassait pas du corps électoral tel ou tel aristocrate. Robespierre fit décider qu'on ne laisserait pas voter un seul de ceux qui avaient signé les fameuses pétitions constitutionnelles des huit mille et des vingt mille. On sait les élections. Elles portèrent à l'Assemblée, outre Robespierre, Danton, Desmoulins, etc., les hommes de septembre, Sergent, Panis et Marat.

C'était un vrai coup de maître d'avoir fait du club désert le théâtre populaire du grand événement du jour, les élections de Paris. La vieille boutique fut réachalandée : on y était, on y resta. Les élections faites, la société s'assembla, peu nombreuse encore,

---

[1]. Ces détails si importants sont consignés dans les registres de la Commune. (Archives de la Préfecture de la Seine.)

il est vrai, mais s'appuyant sur le point de départ que le corps électoral dominé par Robespierre lui avait laissé : *épurer la Convention*, réserver au peuple la faculté de révoquer ses députés ; *épurer les décrets de la Convention*, en les soumettant à la revision, à la sanction populaire [1]. L'Assemblée future, avant d'être nommée entièrement, était déjà placée sous la tutelle des clubs et sous le coup de l'émeute.

La foule reprenait lentement le chemin des Jacobins. Tout septembre et tout octobre, il y eut encore peu de monde. En octobre même, un membre s'étonna de voir moins de Jacobins que dans sa

---

1. Dans l'adresse où la société exprimait ce vœu et qu'elle envoyait à ses sœurs des provinces, elle en ajoutait un autre, énoncé, il est vrai, indirectement, mais dans une clarté parfaite, le vœu de la mort du roi : « Le chef, le prétexte des machinations respire encore », etc. La chose n'était pas mûre, on ne la mûrit (voir le tome précédent) que par les adresses des sections et des sociétés de provinces. — Des scènes patriotiques de caractère fort divers se succédaient au sein de la société et lui rendaient l'importance. L'envoyé de Dumouriez, Westermann, vint lui offrir l'étrenne de la guerre, le premier Allemand qu'on avait fait prisonnier. Des gens qui se croyaient lésés venaient se plaindre aux Jacobins ou demander leur appui. Un soldat vient solliciter de la société qu'elle donne à un de ses camarades (poursuivi, on ne sait pourquoi, par l'autorité) un défenseur officieux. Une commune, Bry-sur-Marne, veut que les Jacobins interviennent pour qu'on répartisse mieux ses contributions. Parfois on fait des collectes pour des malheureux ou des volontaires qui partent. La société refuse d'intervenir pour les ouvriers dans les questions de salaires, mais leur nomme des défenseurs. Elle écoute avec un vif intérêt un enfant qui sait par cœur la *Déclaration des droits* et le président embrasse le petit prodige, aux applaudissements des tribunes ; sur quoi un membre propose de faire jurer à tous les enfants qu'un jour ils tueront les rois. La société prend part au chagrin des canonniers d'Orléans, dont le corps se voit cassé pour avoir escorté, sans les défendre, les prisonniers massacrés à Versailles. — Parfois les dénonciations se présentent aux Jacobins sous des formes dramatiques qui peuvent toucher la sensibilité d'une société essentiellement philanthropique. On amène une aveugle enceinte pour dénoncer les administrateurs des Quinze-Vingts. La société nomme pour défenseurs aux aveugles de rudes et redoutés patriotes, Tallien, Legendre et Bentabole.

petite ville, où l'assemblée, dit-il, est toujours de six ou sept cents. La société fraternelle d'hommes et de femmes, qui siégeait dans un local tout voisin, vient se plaindre aussi de sa solitude, demander aide et conseil.

La terreur seule, la crainte de l'excommunication jacobine pouvait rendre force à la société. Il lui restait une grande autorité dans l'opinion ; elle en usa hardiment pour intimider la Convention, ne frappant, il est vrai, que des députés jacobins, ne réclamant de juridiction que sur ses propres membres, mais de manière à imprimer en tous la terreur de ses justices.

L'expérience se fait sur Fauchet. Ce personnage léger, chimérique, qui se croyait à la fois révolutionnaire et chrétien, évêque du Calvados, et comme tel, peu en rapport avec ses confrères de la Gironde (voltairiens en majorité), est le premier des Girondins que les Jacobins frapperont. C'est comme un membre extérieur de la Gironde auquel on s'attaque d'abord. Son crime était d'avoir demandé un passeport pour le ministre Narbonne au comité de défense générale : « Un passeport ! avait dit Bernard (de Saintes), président du comité ; un passeport ! je viens d'expédier celui qu'il mérite, et c'est un mandat d'arrêt. » Fauchet alors se troubla, balbutia ; en réalité, il ne connaissait pas Narbonne, mais il soutint, ce que personne ne crut, que le passeport lui avait été demandé pour Narbonne par une personne inconnue. Aux Jacobins, il nia et fut convaincu. Fauchet sans doute était coupable d'avoir voulu soustraire à l'examen juridique un homme responsable, un ministre, qui n'avait pas rendu ses comptes. Et pourtant, dans un tel moment, quand tout le monde prévoyait le massacre de septembre, quand il y avait si peu de chances d'un examen sérieux, d'un jugement équitable, qui de nous n'aurait commis cette faute d'humanité ?

Fauchet fut rayé le 19 septembre. Peu de jours après, la société, enhardie, en vint à Brissot, qui fut rayé le 10 octobre.

Elle se posa ainsi inflexible, impitoyable. Un de ses membres les plus violents, Albitte, ayant hasardé un jour quelques mots d'humanité, ayant dit qu'en punissant de mort les émigrés qui combattaient contre la patrie, on devrait épargner du moins les émigrés de la peur..., ce fut une indignation générale, des murmures vivement improbateurs. Albitte, effrayé, fit amende honorable, déclara son repentir, rougissant d'avoir cédé à ce mouvement instinctif de sensibilité et de faiblesse.

La société reprenait son ascendant de terreur. Elle déclara *qu'elle exclurait de son sein tout député qui tiendrait à une société non publique*, en d'autres termes, qu'elle ne permettrait pas à la Convention de continuer ce qu'avait fait la Législative, que les représentants fort nombreux (deux cents à peu près), qui s'assemblaient hors du club, dans la même enceinte, *ne pourraient être Jacobins*.

Véritable tyrannie. En écartant tout esprit de

parti, on devait convenir qu'une infinité de sujets, politiques et diplomatiques, qui ne pouvaient être traités à la Convention devant les tribunes, ne pouvaient pas davantage être confiés au public, tellement mêlé, qui fréquentait les Jacobins.

La *réunion* (c'est ainsi qu'on appelait les deux cents), mêlée de Girondins et de dantonistes, avait excité non seulement la jalousie des Jacobins, mais leur crainte. Quelqu'un y avait proposé, après le 2 septembre, de mettre Robespierre en accusation.

Donc point de milieu, les Jacobins ressuscités menacent et montrent les dents : « Point de milieu ! soyez avec nous, ou bien soyez contre nous. »

Celui qui prit peur le premier fut Guirault, l'adjudicataire de l'enceinte et des bâtiments des Jacobins. Voyant l'excommunication de ses terribles locataires déjà suspendue sur sa tête, il pria les deux cents députés de ne plus le compromettre et de ne plus revenir. Désobliger la Convention, c'était peu de chose ; mais désobliger une société si violente et si rancuneuse, qui ne lâchait jamais prise, c'était un danger très grand. Guirault vint aux Jacobins et fit ses excuses.

L'impérieuse société, non contente d'avoir chassé les députés de son voisinage, les mit en demeure de venir aussi s'excuser, d'assister à ses séances. L'exigence était grande, hardie, de vouloir que les hommes de la nouvelle Assemblée, à peine au courant encore, tenus le jour à la séance, la nuit aux commissions, trouvassent encore le temps de venir au club, d'écouter l'infini bavardage d'une société si mêlée, des parleurs infatigables qui ne quittaient presque jamais la tribune des Jacobins, Chabot et Collot, Collot et Chabot. Le comédien de province, hardi par l'ivresse, lançait ordinairement les choses. Puis le capucin venait appuyer avec des farces ; sa face, allumée de luxure vers les tribunes des femmes, faisait rire, même sans parler. Fort supérieur à Collot, parfois plein de force et de sens, cet excellent bateleur, spirituellement trivial, mettait l'assaisonnement; il allait remuant, salant, au goût de la foule, aussi bien et mieux que n'eût fait son père, le cuisinier de Rodez.

On a vu comment, le 23 septembre, la guerre commença par la presse du côté de la Gironde, par la parole aux Jacobins. Chabot, ce jour-là, tenait le fauteuil de président et Collot parlait: « N'est-ce pas chose scandaleuse de voir des députés qui se disent Jacobins et qui font des réunions hors des Jacobins? Que vont-ils chercher ailleurs, ces patriotes? N'est-ce pas ici la serre chaude qui fait germer la plante républicaine qui étend ses rameaux sur l'empire français? *N'est-ce pas ici seulement* qu'il faut la cultiver?... »

Cette sommation fut entendue, et Pétion, le lendemain, revint enfin à la société dont il était le président nominal. On a vu cette séance. Tout s'y dessina nettement. Chabot dit qu'il fallait, avant tout, *forcer la Convention* de constituer un gouvernement. En réponse aux articles de Brissot qui dénonçait un parti *désorganisateur*, Chabot dénonça un parti *fédéraliste* qui voulait démembrer la France au profit de l'aristocratie. Accusation calomnieuse, mais qui sembla confirmée par les menaces insensées de l'étourdi Barbaroux.

Les dantonistes, voulant à tout prix garder l'avant-garde de la Révolution, faisaient alors des avances aux Jacobins et les flattaient de leur mieux en médisant de la Gironde. Cependant il est probable qu'ils conservaient l'espoir de continuer la réunion mixte qui eût prévenu le divorce absolu de la Convention. Thuriot (exprimant ici, je le crois, la pensée de Danton) demanda encore, le 1er octobre, que les Jacobins révoquassent leur décret d'exclusion; il dit que la réunion n'avait lieu qu'à minuit, après la séance; il ne dit pas, mais tout le monde dut comprendre, qu'on y traitait des affaires qui, demandant du secret, ne pouvaient être divulguées aux Jacobins. Ces paroles sensées ne firent que ménager un triomphe à Collot. Le déclamateur soutint, aux applaudissements des tribunes qu'il ne pouvait y avoir de secret pour le peuple souverain, qu'on ne pouvait rien faire qu'avec le peuple, qu'on devait tout faire sous les yeux du peuple, c'est-à-dire traiter les plus secrètes affaires de diplomatie, de police, en confidence des agents royalistes et des espions étrangers, mêlés au peuple des tribunes.

La société confirma son arrêté d'exclusion. Les deux cents cédèrent, ne s'assemblèrent plus. Chose grave. Dès ce moment, on ne pouvait plus se rencontrer sur un terrain neutre, mais toujours au champ de bataille, ou à la Convention, ou aux Jacobins, toujours sous les yeux des tribunes, avec le masque officiel, dans la tenue obligée de gladiateurs politiques. Tout espoir d'accord entre les partis cessait. Tout gouvernement par la Convention elle-même était impossible. Elle allait être obligée d'agir par des comités, de petits groupes que les Jacobins influenceraient, domineraient, ou qui, sortis des Jacobins, deviendraient, comme il arriva, les tyrans de l'Assemblée.

Que faisait pendant tout ce temps Robespierre? Rien et toujours rien, du moins ostensiblement. Durant cette exécution, cet acte de dure pression que les Jacobins exerçaient sur l'Assemblée, il faisait le mort. Résurrectionniste habile, il avait profité du 2 septembre et des élections de Paris transportées aux Jacobins pour galvaniser la société, la remettre sur ses jambes. Mais une fois relevé ainsi, relancé dans la vie et l'action, l'être singulier voulait croire qu'il allait tout seul, monté sur Collot, Chabot, n'importe, mais non pas sur Robespierre. Le fonds propre au Jacobin, par-dessous son patriotisme, très vrai et sincère, c'était (Robespierre le savait bien par lui-même), c'était l'orgueil et l'envie. Si, dans ces commencements l'habile restaurateur de la société, à qui elle devait tant, n'eût pris des précautions extraordinaires pour se faire moindre, se tenir sur le second plan, paisible et muet, le Jacobin, pour coup d'essai, eût fort bien pu se tourner contre son père et créateur, mordre sa nourrice.

Donc Robespierre restait tranquille à sa place, tirant les mannequins parlants et ne parlant pas. A peine dit-il un mot le 3 octobre, et un mot le 5. Le 3, on parlait de lui pour le faire maire de Paris : « Non, dit-il, nulle force humaine ne me ferait quitter la place de représentant du peuple. » Le 5, on parlait d'envoyer aux sociétés affiliées le nom des députés revenus aux Jacobins, pour leur dénoncer indirectement ceux qui ne revenaient pas. Robespierre, avec une modération que tout le monde admira, demanda l'ordre du jour : « toute mesure coercitive étant, disait-il, indigne d'une société d'hommes libres ». La société trouva que Robespierre avait trop bon cœur et trop de facilité ; elle ne l'écouta pas et elle envoya les noms.

Sa douceur et sa patience éclatèrent encore, lorsqu'un membre ayant osé dire que la députation de Paris déshonorait la capitale, Robespierre calma la fureur des Jacobins et demanda, pour toute peine, l'ordre du jour et le mépris.

Cette conduite porta ses fruits. Robespierre, sans même parler, frappa, par Collot et d'autres, le coup décisif qu'il méditait depuis longtemps, l'exclusion de Brissot et sa condamnation solennelle par la société, avec une publicité immense, plus meurtrière que n'eût été le mandat d'arrêt, dressé le 2 septembre, pour le mettre à l'Abbaye. Quelles qu'aient été les fautes de Brissot, son esprit remuant, inquiet, son ardeur à remplir toutes les places de ses amis, sa crédulité misérable pour La Fayette et Dumouriez, on est confondu pourtant en lisant l'adresse que les Jacobins lancèrent, et qui, envoyée à deux ou trois mille sociétés jacobines, lue par elles à la tribune, répétée de bouche en bouche, multipliée ainsi en proportion géométrique, dut arriver, en huit jours, à la connaissance à peu près d'un million d'hommes, tous désormais convaincus qu'une cause examinée de si près par l'*incorruptible* était décidément jugée, tous condamnant sans examen et jugeant à mort, sur la parole de Caton.

Il n'y a aucun exemple, dans la mémoire des hommes, d'une pièce si calomnieuse. Jamais la fureur de l'esprit de corps, le fanatisme monastique, l'ivresse de confrérie s'animant à huis clos, et, de degré en degré, marchant sans contradiction dans la calomnie jusqu'aux limites de l'absurde, n'ont trouvé choses semblables. Brissot, entre autres crimes, a méchamment rédigé la pétition républicaine du Champ de Mars, *pour donner aux royalistes l'occasion d'égorger* le peuple. *La Gironde a calomnié*, avant le 10 août, *les fédérés des départements*, — accusation vraiment étrange, effrontée, impudente même, qui montre jusqu'où les rédacteurs comptaient sur la crédulité des Jacobins de province. Qui ne savait que c'était la Gironde qui avait appelé en juin vingt mille fédérés, et que, sur le refus du roi, le ministère girondin s'était retiré? Qui ne savait que les fédérés du 10 août, ceux de Marseille du moins, avaient été embauchés, amenés par les Girondins Rebecqui et Barbaroux? Au moment même, en octobre, la Gironde faisait venir à Paris les fédérés des départements, que les Jacobins repoussaient.

Quelles étaient les dispositions de la Convention, de la grande masse, du centre? Elle ne s'émouvait pas trop du coup frappé sur la Gironde. Comme une bande d'écoliers sournois, elle s'amusait de voir son précepteur et pédagogue, Brissot, fouetté lui-même aux Jacobins. Ce qui lui plaisait beaucoup moins, c'était l'excommunication que ceux-ci avaient lancée contre une réunion mixte de deux cents députés de toute nuance, et Montagnards même, leur interdisant en quelque sorte de s'assembler près d'eux, à la porte du saint des saints. Qu'était donc cette société, recrutée si légèrement, qui, sans mission ni titre, jugeait la Convention, les représentants élus de la France avec pouvoir illimité? Quel était ce pouvoir supérieur au pouvoir suprême? Était-ce un concile? un pape?

Robespierre heureusement n'avait pas dit un seul mot. Il faisait parler et ne parlait pas. Ne s'étant point avancé, il pouvait reculer sans peine. Reculer lui-même? Non, mais reculer par un autre. C'est ce qu'il hasarda de faire par l'organe de son ami Couthon, le premier des Jacobins après lui. C'était un jeune représentant auvergnat, d'une gravité peu commune, immobile par infirmité (il était paralytique), d'une voix toujours très douce, d'un caractère âpre et fort, et d'une force contenue. On ne parlait guère de lui sans dire : « le respectable Couthon ». Pour faire un pas dangereux, on ne pouvait le faire par un homme plus estimé dans la société.

Il faut savoir que Robespierre, en poursuivant la Gironde, sentait derrière lui, dans le dos, un parti ardent, violent, qui peut-être lui serait plus dangereux que la Gironde. Je parle de la Commune, où s'était logée la fraction la plus violente des Cordeliers, Hébert, Momoro, Chaumette. Derrière la Commune elle-même, venaient d'étranges figures d'agitateurs équivoques, le prêtre Roux, une bête sauvage qui hurlait aux Gravilliers, le petit Varlet, tribun du ruisseau, dont nous parlerons tout à l'heure, un certain Gusman, Espagnol, qui se disait grand d'Espagne. Gusman était militaire, il était venu mettre son épée au service de la liberté; très puissant dans les faubourgs, on l'avait toujours vu à la tête des mouvements, dépassant de loin les plus furieux en violentes motions; plusieurs le soupçonnaient d'être un agent étranger.

Ce dangereux personnage fut nommé, au 1er octobre, président de la section des Piques (place Vendôme), section de Robespierre, où siégeaient pourtant plusieurs hommes tout à fait à lui, Lhuillier, qu'il portait à la mairie de Paris, Dumas, son futur président du tribunal révolutionnaire, Duplay, hôte de

Robespierre, qui le fit aussi nommer juré de ce même tribunal.

Évidemment le flot montait plus que ne voulait Robespierre. Le plan de Gusman et de ses amis (consenti par la Commune) semble avoir été de former à l'évêché des réunions fréquentes des commissaires de sections, une assemblée quasi permanente, une contre-Convention, qui pût, au besoin, briser l'Asssemblée nationale. Robespierre vit d'abord avec inquiétude se créer cette force anarchique. Puis l'entraînement des événements l'obligea, comme on verra, de composer avec elle, de s'en aider pour mutiler la Convention, pour en arracher la Gironde.

Il était loin de le prévoir au moment où nous sommes (12 octobre). Il crut utile de frapper ces exagérés par la voix de Couthon et l'improbation des Jacobins.

Couthon était fort courageux. Il ne craignit pas de professer une théorie d'équilibre. Il dit qu'en face des intrigants de la Gironde qu'il fallait perdre au plus tôt, *il y avait aussi des exagérés qui tendaient à l'anarchie.* Les Jacobins, à toute époque, s'étaient flattés d'être les sages et les politiques de la Révolution, d'en tenir la haute balance. Couthon entrait dans leur idée; il leur montrait en eux-mêmes l'équilibre de la Montagne, de la Convention, de la France, c'est-à-dire du monde. La question élevée ainsi, tous furent saisis d'enthousiasme. Les dantonistes mêmes, quoique peu satisfaits de la société, cédèrent à l'élan. Thuriot appuya Couthon : « Nous nous sommes ralliés en 1789, en 1790, au 10 août; nous nous rallierons encore, quand il le faudra. » A ce mot, ce furent des cris; tous virent la patrie sauvée, sauvée par eux; ils prirent le mot de Thuriot comme une déclaration des dantonistes de s'unir sans réserve aux Jacobins. On se précipita au bureau, on ne se contenta pas d'applaudir Couthon, on voulut signer son discours. Le vieux Dussaulx eut seul la fermeté de ne pas signer, ne reconnaissant pas pour doctrine d'équilibre un discours dont le point de départ était la mort de la Gironde, la suppression de la droite, et qui cherchait la ligne centrale non dans la Convention, mais seulement dans la gauche.

Pour une raison contraire, les Cordeliers aussi prirent mal la chose. Plusieurs Jacobins trouvèrent qu'il était trop tôt dans la Révolution pour blâmer l'exagération, qu'elle était encore nécessaire. Mobilité des assemblées! Tout change, du 12 au 14. Tallien, l'homme de la Commune, Camille Desmoulins, pour l'honneur des vieux Cordeliers, les Jacobins Bentabole Albitte, Chabot même, demandent un changement au discours qu'ils ont signé. Pourquoi parler d'*exaltés?* Il n'y a point d'exalté; un seul peut-être, Marat; un individu exalté ne peut s'appeler un parti. La société prie Couthon de modifier son discours; il refuse, on passe à l'ordre du jour, on n'adopte point le discours, on ne l'envoie pas aux départements.

Coup grave pour Robespierre. On savait bien que

Couthon n'avait fait qu'exprimer sa pensée. Mais les Jacobins s'étaient dit : « Robespierre est encore ici trop doux et trop modéré; nous ne pouvons pas le suivre; c'est un philosophe, un sage, plus encore qu'un politique; c'est un moraliste, un saint... »

Les *exaltés*, encouragés par ce manifeste échec de Robespierre aux Jacobins, poussèrent vivement l'affaire de l'évêché, y signèrent et firent signer une pétition furieuse, rédigée par Gusman et ses amis, approuvée de Tallien, Chaumette, Hébert; on y contestait à la Convention le droit de faire des lois, ne reconnaissant pour tel que ce que le peuple aurait sanctionné plus tard. Cet acte insensé eût établi un provisoire d'anarchie (voir plus haut).

L'effet fut tel dans la Convention que la Montagne elle-même accueillit la pétition d'un silence désapprobateur. Robespierre ne souffla mot. Gusman, nullement abattu, rapporta la pétition dans la section dont il était président (section même de Robespierre); il en reçut les félicitations, les consolations[1]. On lui adjoignit un membre pour l'appuyer aux Jacobins, où il portait aussi ses plaintes. Il y fut très bien accueilli, malgré les réclamations de plusieurs représentants. Ce qui fut très grave, autant au moins que la pétition, c'est que le gros Santerre, bas flatteur de toute force qui semblait poindre à l'horizon, voyant que décidément les exaltés l'emportaient,

---

1. Tout ceci est tiré en partie du *Journal des Amis de la constitution*, en partie des *Procès-verbaux de la Commune* (Archives de la Seine) et des *Procès-Verbaux des sections*. (Archives de la Préfecture de police.)

vomit contre l'Assemblée nationale les mots d'un homme ivre : « Je le leur ai dit, ils ont pu l'entendre; ils ont de longues oreilles... Qu'ils aillent dans le Midi, on leur donnera les étrivières, ils regretteront bien Paris », etc. Voilà l'homme à qui étaient confiés le soin de l'ordre et le maintien de la paix publique. Le tout entendu des Jacobins avec applaudissements.

Robespierre, heureusement pour lui, n'avait pas professé lui-même la doctrine d'équilibre; un autre ayant seul parlé, il était encore temps de pactiser avec les exaltés et de revenir sur ses pas. Nous le verrons en effet, au procès de Louis XVI, s'appuyer sur la Commune renouvelée et fanatisée, enfin, dans son combat désespéré contre la Gironde, recourir à la force anarchique, que, de son premier mouvement, il avait voulu réprimer.

CHAPITRE IV

SUITE DE L'HISTOIRE INTÉRIEURE DES JACOBINS. — ROBESPIERRE
(FIN DE 1792).

Les Jacobins de 1793 font la troisième génération qui ait porté ce nom. — Effort de Robespierre pour les discipliner. — Austérité croissante de ses mœurs. — Robespierre, établi dans la famille d'un menuisier, vers la fin de 1791. — Tendances honorables de Robespierre pour la médiocrité de fortune et d'habitudes. — Sa défiance et son aigreur croissantes. — Marat lui reproche d'incliner à l'Inquisition. — Ses vertus et ses vices concourent à le rendre impitoyable. — Les Jacobins font craindre un nouveau massacre sur la Convention même, novembre 1792. — Cambon décide la Convention à garder les fédérés à Paris, 10 novembre 1792.

L'avantage obtenu par les exaltés sur Robespierre au sein même de la société jacobine, est-ce un hasard de violence, un mouvement aveugle, inconséquent, comme en ont les assemblées? Est-ce défiance pour Robespierre, impatience de s'affranchir de son autorité morale? Non, ce n'est ni l'un ni l'autre, c'est l'effet d'un changement grave et essentiel, au fond de la société même.

De nom, ce sont toujours *les Jacobins*, mais sous ce nom, généralement, ce sont déjà d'autres personnes.

Une troisième génération entre dans la société. Il y a eu le jacobinisme primitif, parlementaire et nobiliaire, de Duport, Barnave et Lameth, celui qui tua Mirabeau. Il y a eu le jacobinisme mixte, des journalistes républicains, orléanistes, Brissot, Laclos, etc., où Robespierre a prévalu. Enfin, cette seconde légion ayant comme fondu en 1792, passé dans les places, l'administration, les missions diverses, commence le jacobinisme de 1793, celui de Couthon, Saint-Just, Dumas, etc., lequel doit user Robespierre, s'user avec lui.

Cette troisième légion, convoquée en quelque sorte au nom de l'égalité, différait beaucoup des deux autres. D'abord elle était plus jeune. Puis la grande majorité se composait d'hommes de conditions peu lettrées, comme le menuisier Duplay, le sellier Rigueur, etc. Ces braves gens, très passionnés, mais généralement honnêtes et désintéressés, avaient une foi pieuse, forte, docile. Profondément fanatiques du salut de la patrie, s'avouant leur ignorance, ils ne cherchaient qu'un directeur; il leur fallait un honnête homme, bien sûr et solide, qui voulût pour eux; ils remettaient leur conscience dans la main de Robespierre.

Ils étaient, si je ne me trompe, plus naïfs et plus violents, moins fins et moins pénétrants que le peuple d'aujourd'hui. Quand il convenait au chef de faire arriver sa pensée indirectement (comme tout à l'heure, par Couthon), ils étaient sujets à ne pas comprendre. Ils mettaient d'ailleurs si haut Robespierre, sa sainteté politique, que souvent ils croyaient devoir lui épargner telles décisions rigoureuses de salut public qui eussent coûté quelque chose à son cœur ou à la pureté de son caractère. S'il y avait quelque mauvaise besogne machiavélique à faire, ils aimaient mieux la faire sans lui, pour ne pas gâter leur dieu, qu'elle fût ou non conforme à sa politique réelle. Il ne manquait pas de gens pour les dévoyer ainsi, les porter au delà de Robespierre même, des gens de lettres de la pire espèce, des artistes adolescents, rapins affamés, qui jouaient la frénésie, de très près d'après David ; tel est devenu depuis pair et baron de l'Empire.

Le fanatisme sincère, si peu éclairé des uns, la violence vraie ou simulée des autres, la concurrence de fureur qui était entre eux, chacun voulant primer l'autre en colère patriotique, rendaient la société (toute disciplinée qu'elle semblait) très difficile à manier. Elle sortait souvent de la mesure que comportait le moment. Robespierre avait profité de la terreur de septembre pour faire l'élection de Paris. Il lui convenait assez que la Convention gardât quelque reste de terreur, qu'elle redoutât l'émeute, mais point du tout que l'émeute partît des Jacobins mêmes.

Le degré d'intimidation qu'il voulait se contenter d'exercer sur l'Assemblée est très bien caractérisé par un mot qu'il fit dire au représentant Durand de Maillane, dès les premières séances de la Convention. Celui-ci, prêtre, canoniste gallican, timide entre les timides, il le dit lui-même, s'était assis à la droite, près de Pétion. Robespierre comprit parfaitement que le pauvre homme avait peur de la Montagne, que, comme tant d'autres, il n'avait guère de parti que *sa sûreté*. Un ami de Robespierre traversa la salle et vint lui dire à sa place: « Vous croyez la Révolution finie, et vous vous trompez. *Le parti le plus sûr* est celui qui a le plus de vigueur et de force contre les ennemis de la liberté. »

Pour ébranler ainsi la droite, le centre, par menace ou douceur, par des conseils de prudence ou des prophéties menaçantes, l'émeute ne lui valait rien. Il fallait que les Jacobins, modérés, disciplinés dans la violence, pussent servir d'intermédiaire entre l'Assemblée et la rue, effrayer et rassurer tour à tour la Convention.

Sa grande affaire était donc de discipliner les Jacobins, chose assez difficile, avec l'invasion de barbares que la société venait de subir. La discipline politique ne tient pas peu aux habitudes de décence et de tenue, lesquelles expriment ou simulent les bonnes habitudes morales. Robespierre, quelle que fût l'autorité de ses discours, ne pouvait rien à cela que par son exemple. Nulle parole n'y suffisait; mais sa tenue personnelle, sa vie connue, l'atmosphère d'honnêteté qui l'entourait, prêchaient, commandaient la moralité, au moins extérieure.

En ce sens, on peut dire qu'il n'était guère d'acte de sa vie privée qui ne fût aussi un acte de sa vie politique. Ses discours ont été peut-être la moindre partie de son influence. L'impression muette d'une personnalité arrangée si fortement était plus efficace encore.

Toute la vie de cet homme fut un calcul, un effort, une tension non interrompue de la volonté. Quoiqu'il ait varié d'une manière très notable, comme on va voir, dans les mœurs et les principes, ses variations furent voulues, nullement naïves, en sorte que, même en variant, il fut systématique encore et parut tout d'une pièce.

Personne n'ordonna plus heureusement sa vie, dans l'épuration progressive de ses mœurs. Arrivé à la Constituante et d'abord dans l'amitié des Lameth, il toucha un moment, par cette société de jeunes nobles, à la corruption du temps. Peut-être croyait-il, en cela, suivre encore son maître Rousseau, le Rousseau des *Confessions*. De bonne heure, il se releva[1]... L'*Émile*, le *Vicaire savoyard*, le *Contrat social*, l'affranchirent et l'ennoblirent; il fut Robespierre. Comme mœurs, il n'est point descendu.

Nous l'avons vu, le soir du massacre du Champ de Mars (17 juillet 1791) prendre asile chez un menui-

---

[1]. En 1790, apparemment, il en était à l'*Héloïse*; il avait une maîtresse. Pour sa conduite, en 1789, j'hésite à raconter une anecdote suspecte. Je la tiens d'un artiste illustre, véridique, admirateur de Robespierre, mais qui la tenait lui-même de M. Alexandre de Lameth. L'artiste reconduisant un jour le vieux membre de la Constituante, celui-ci lui montra, rue de Fleurus, l'ancien hôtel des Lameth, et lui dit qu'un soir, Robespierre ayant dîné là avec eux, se préparait à retourner chez lui, rue de Saintonge, au Marais; il s'aperçut qu'il avait oublié sa bourse et emprunta un écu de 6 francs, disant qu'il en avait besoin, parce qu'au retour il devait s'arrêter chez une fille : « Cela vaut mieux, dit-il, que de séduire les femmes de ses amis. » — Si l'on veut croire que Lameth n'a pas inventé ce mot, l'explication la plus probable, à mon sens, c'est que Robespierre, débarqué récemment à Paris et voulant se faire adopter par le parti le plus avancé, qui, dans la Constituante, était la jeune noblesse, croyait utile d'en imiter les mœurs, au moins en paroles. Il y a à parier qu'il sera retourné tout droit dans son honnête Marais.

sier ; un heureux hasard le voulut ainsi ; mais, s'il y revint, s'y fixa, ce ne fut en rien un hasard.

Au retour de son triomphe d'Arras, après la Constituante, en octobre 1791, il s'était logé avec sa sœur dans un appartement de la rue Saint-Florentin, noble rue, aristocratique, dont les nobles habitants avaient émigré. Charlotte de Robespierre, d'un caractère raide et dur, avait dès sa première jeunesse les aigreurs d'une vieille fille ; son attitude et ses goûts étaient ceux de l'aristocratie de province ; elle eût fort aisément tourné à la grande dame. Robespierre, plus fin et plus féminin, n'en avait pas moins aussi, dans la raideur de son maintien, sa tenue sèche, mais soignée, un certain air d'aristocratie parlementaire. Sa parole était toujours noble, dans la familiarité même, ses prédilections littéraires pour les écrivains, nobles ou tendus, pour Racine ou pour Rousseau.

Il n'était point membre de la Législative. Il avait refusé la place d'accusateur public, parce que, disait-il, s'étant violemment prononcé contre ceux qu'on poursuivait, ils l'auraient pu récuser comme ennemi personnel. On supposait aussi qu'il aurait eu trop de peine à surmonter ses répugnances pour la peine de mort. A Arras, elles l'avaient décidé à quitter sa place de juge d'Église. A l'Assemblée constituante, il s'était déclaré contre la peine de mort, contre la loi martiale, et toute mesure violente de salut public, qui répugnaient trop à son cœur.

Dans cette année, de septembre 1791 à septembre 1792, Robespierre hors des fonctions publiques, sans mission ni occupation que celles de journaliste et de membre des Jacobins, était moins sur le théâtre. Les Girondins y étaient. Ils y brillaient par leur accord parfait avec le sentiment national sur la question de la guerre. Robespierre et les Jacobins prirent la thèse de la paix, thèse essentiellement impopulaire, qui leur fit grand tort. Nul doute qu'à cette époque la popularité du grand démocrate n'eût un besoin essentiel de se fortifier et de se rajeunir. Il avait parlé longtemps, infatigablement, trois années, occupé, fatigué l'attention ; il avait eu, à la fin, son triomphe et sa couronne. Il était à craindre que le public, ce roi fantasque comme un roi, facile à blaser, ne crût l'avoir assez payé et n'arrêtât son regard sur quelque autre favori.

La parole de Robespierre ne pouvait changer, il n'avait qu'un style ; son théâtre pouvait changer et sa mise en scène. Il fallait une machine. Robespierre ne la chercha pas ; elle vint à lui, en quelque sorte. Il l'accepta, la saisit et regarda, sans nul doute, comme une chose heureuse et providentielle de loger chez un menuisier.

La mise en scène est pour beaucoup dans la vie révolutionnaire. Marat, d'instinct l'avait senti. Il eût pu très commodément rester dans son premier asile, le grenier du boucher Legendre ; il préféra les ténèbres de la cave des Cordeliers ; cette retraite souterraine d'où ses brûlantes paroles faisaient chaque matin éruption, comme d'un volcan inconnu, charmait son imagination ; elle devait saisir celle du peuple. Marat, fort imitateur, savait parfaitement qu'en 1788 le Marat belge, le jésuite Feller, avait tiré grand parti pour sa popularité d'avoir élu domicile à cent pieds sous terre, tout au fond d'un puits de houille.

Robespierre n'eût pas imité Feller ni Marat, mais il saisit volontiers l'occasion d'imiter Rousseau, de réaliser en pratique le livre qu'il imitait sans cesse en paroles, de copier l'*Émile* d'aussi près qu'il le pourrait.

Il était malade, rue Saint-Florentin, vers la fin de 1791, malade de ses fatigues, malade d'une inaction nouvelle pour lui, malade aussi de sa sœur, lorsque Mme Duplay vint faire à Charlotte une scène épouvantable pour ne pas l'avoir avertie de la maladie de son frère. Elle ne s'en alla pas sans enlever Robespierre, qui se laissa faire d'assez bonne grâce. Elle l'établit chez elle, malgré l'étroitesse du logis, dans une mansarde très propre, où elle mit les meilleurs meubles de la maison, un assez beau lit bleu et blanc, avec quelques bonnes chaises. Des rayons de sapin, tout neufs, étaient alentour, pour poser les quelques livres, peu nombreux, de l'orateur; ses discours, rapports, mémoires, etc., très nombreux, remplissaient le reste. Sauf Rousseau et Racine, Robespierre ne lisait que Robespierre. Aux murs, la main passionnée de Mme Duplay avait suspendu partout les images et portraits qu'on avait faits de son dieu; quelque part qu'il se tournât, il ne pouvait éviter de se voir lui-même; à droite, à gauche,

Robespierre, Robespierre encore, Robespierre toujours.

Le plus habile politique qui eût bâti la maison spécialement pour cet usage n'eût pas si bien réussi que l'avait fait le hasard. Si ce n'était une cave, comme le logis de Marat, la petite cour noire et sombre valait au moins une cave. La maison basse, dont les tuiles verdâtres attestaient l'humidité, avec le jardinet sans air qu'elle possédait au delà, était comme étouffée entre les maisons géantes de la rue Saint-Honoré, quartier mixte, à cette époque, de banque et d'aristocratie. Plus bas, c'étaient les hôtels princiers du faubourg et la splendide rue Royale, avec l'odieux souvenir des quinze cents étouffés du mariage de Louis XVI. Plus haut, c'étaient les hôtels des fermiers-généraux de la place Vendôme, bâtis de la misère du peuple.

Quelles étaient les impressions des visiteurs de Robespierre, des dévots, des pèlerins, quand, dans ce quartier impie où tout leur blessait les yeux, ils venaient contempler le Juste? La maison prêchait, parlait. Dès le seuil, l'aspect pauvre et triste de la cour, le hangar, le rabot, les planches, leur disaient le mot du peuple : « C'est ici l'*Incorruptible*... » — S'ils montaient, la mansarde les faisait se récrier plus encore; propre et pauvre, laborieuse visiblement, sans parure que les papiers du grand homme sur des planches de sapin, elle disait sa moralité parfaite, ses travaux infatigables, une vie donnée toute au peuple... Il n'y avait pas là le théâtral, le fantasmagorique du maniaque Marat, se démenant dans sa cave, variable de parole et de mise. Ici, nul caprice, tout réglé, tout honnête, tout sérieux. L'attendrissement venait ; on croyait avoir vu, pour la première fois, en ce monde, la maison de la vertu.

Notez pourtant avec cela que la maison, bien regardée, n'était pas une habitation d'artisan. Le premier meuble qu'on apercevait dans le petit salon du bas en avertissait assez. C'était un clavecin, instrument rare alors, même chez la bourgeoisie. L'instrument faisait deviner l'éducation que Mlles Duplay recevaient, chacune à son tour, au couvent voisin, au moins pendant quelques mois. Le menuisier n'était pas précisément menuisier ; il était entrepreneur en menuiserie de bâtiment. La maison était petite, mais enfin elle lui appartenait ; il logeait chez lui.

Tout ceci avait deux aspects ; c'était le peuple d'une part, et ce n'était pas le peuple ; c'était, si l'on veut, le peuple industrieux, laborieux, passé récemment par ses efforts et son travail, à l'état de petite bourgeoisie. La transition était visible. Le père, bon homme ardent et rude, la mère d'une volonté forte et violente, tous deux pleins d'énergie, de cordialité, étaient bien des gens du peuple. La plus jeune des quatre filles en avait la verve et l'élan ; les autres s'en écartaient déjà, l'aînée surtout, que les patriotes appelaient avec une galanterie respectueuse Mlle Cornélia. Celle-ci, décidément, était une demoiselle ; elle aussi sentait Racine, lorsque Robespierre faisait quelquefois lecture en famille. Elle avait à toute chose une grâce de fierté austère, au ménage comme au clavecin ; qu'elle aidât sa mère au hangar, pour laver ou pour préparer le repas de la famille, c'était toujours Cornélia.

Robespierre passa là une année, loin de la tribune, écrivain et journaliste, préparant tout le jour les articles et les discours qu'il devait le soir débiter aux Jacobins ; — une année, la seule, en réalité, qu'il ait vécue en ce monde.

Mme Duplay trouvait très doux de le tenir là, l'entourait d'une garde inquiète. On peut en juger par la vivacité avec laquelle elle dit au comité du 10 août, qui cherchait chez elle un lieu sûr : « Allez-vous-en ; vous allez compromettre Robespierre. »

C'était l'enfant de la maison, le dieu. Tous s'étaient donnés à lui. Le fils lui servait de secrétaire, copiait, recopiait ses discours tant raturés. Le père Duplay, le neveu, l'écoutaient insatiablement, dévorait toutes ses paroles. Mlles Duplay le voyaient comme un frère ; la plus jeune, vive et charmante, ne perdait pas une occasion de dérider le pâle orateur. Avec une telle hospitalité, nulle maison n'eût été triste. La petite cour, avivée par la famille et les ouvriers, ne manquait pas de mouvement. Robespierre, de sa mansarde, de la table de sapin où il écrivait, s'il levait les yeux entre deux périodes, voyait aller et venir de la maison au hangar, du hangar à la maison, Mlle Cornélia ou telle de ses aimables sœurs. Combien dut-il être fortifié, dans sa pensée démocratique, par une si douce image de la vie du peuple! Le peuple, moins la vulgarité, moins la misère et les vices, compagnons de la misère! Cette vie à la fois populaire et noble, où les soins domestiques se rehaussent de la distinction morale de ceux qui s'y livrent! La beauté que prend le ménage, même en ses côtés les plus humbles, l'excellence du repas préparé par la main aimée!... Qui n'a senti toutes ces choses? Et nous ne doutons pas que l'infortuné Robespierre, dans la vie sèche, sombre, artificielle, que les circonstances lui avaient faite depuis sa naissance, n'ait pourtant senti ce moment du charme de la nature, joui de ce doux rayon.

Il reste bien entendu qu'avec une telle famille, offrir une pension, un dédommagement, était impossible. Je juge qu'il en fut ainsi, d'après le reproche qu'un Jacobin dissident fit un jour à Robespierre : « d'exploiter la maison Duplay, de se faire nourrir par eux, comme Orgon nourrit Tartufe », reproche bas et grossier d'un homme indigne de sentir la fraternité de l'époque et le bonheur de l'amitié. Si Robespierre se hasarda d'offrir quelque chose, nul doute qu'il n'ait été rudement réprimandé de Monsieur et de Madame, et boudé des filles; à coup sûr, il n'y revint plus.

On peut s'étonner d'une chose, c'est qu'une telle année, passée ainsi, n'ait pas considérablement modifié son caractère, adouci son cœur. Chose inattendue! ce fut le contraire.

Tout s'aigrit dans un vase aigre. Et, dans cette âme, née malheureuse, travaillée dès l'enfance par le malheur, par l'effort habituel, l'âpre sentiment de la concurrence, ce qui eût été pour un autre le bonheur eut un effet différent. Tout ce qu'il avait, en théorie, de prédilection pour le peuple, fortifié par le spectacle qu'il eut de cette excellente famille, semble l'avoir exalté dans la haine des ennemis du peuple; l'amitié (l'amour peut-être?), les sentiments les plus doux, profitèrent en lui à l'amertume. Il devint impitoyable, comme il ne l'avait jamais été jusque-là. Sa haine, de plus en plus aigrie, lui rendit nécessaire, désirable la mort de ses ennemis, de ceux de la Révolution; pour lui, c'était même chose.

Dans ce nombre, il comprenait tous ceux qui n'étaient pas exactement sur la ligne qu'il avait marquée. Le juste milieu de la Montagne, qu'il croyait avoir trouvé, était un trait fin, précis, ligne infiniment étroite, comme le fil d'une lame acérée, qu'il ne fallait pas manquer ni à droite ni à gauche. Des deux côtés également, c'était la damnation.

La *médiocrité d'or*, qui était son idéal en politique, en fortune, en habitudes et en tout, était rappelée sans cesse dans ses paroles morales et sentimentales, sortes d'homélies qu'il mêlait aux diatribes; elle l'était plus encore dans sa personne, sa tenue et son costume. La blancheur honnête et pure des bas, du gilet et de la cravate, surveillés sévèrement par Mme et Mlles Duplay; la culotte de nankin et l'habit rayé[1] ; les cheveux poudrés, relevés en ailes, donnaient l'idée d'un rentier d'une aisance médiocre, le type même que Robespierre avait en esprit : *L'homme de trois mille livres de rentes* (ce serait cinq mille aujourd'hui). Il répétait souvent ce mot : « Il ne faut pas qu'on ait plus de trois mille livres de rentes. »

Au premier coup d'œil, on eût soupçonné que ce rentier tenait encore à l'Ancien-Régime sous quelques rapports, ce qui était vrai. Ses habitudes étaient toujours celles de l'ancienne robe, raides et guindées. Toutes les naïves enfances de l'esprit révolutionnaire (le bonnet de l'égalité, le tutoiement fraternel) lui étaient insupportables; longtemps il parvint à les empêcher de s'établir aux Jacobins, comme choses inconvenantes. La décence d'abord, la tenue d'abord. La sienne était moins d'un tribun que d'un *moralisateur* de la République, d'un censeur impuissant et triste. Il ne riait guère que d'un rire aigu ; s'il souriait de la bouche, c'était d'un sourire si triste qu'on le supportait à peine; le cœur en restait serré.

Il avait l'idée, juste au fond, que si l'on fondait la statue de la Révolution moitié d'or, moitié de boue, la boue emporterait l'or, et tout tomberait par terre. Comment empêcher ce mélange, avec le triste héritage de l'ancienne société? Comment distinguer l'or du patriotisme et de la vertu,

---

1. Successeur de l'habit olive, prédécesseur du célèbre habit bleu de ciel qu'il porta à la fête de l'Être suprême.

à quels signes le reconnaître ? On avait abusé de tous. Et plus la Terreur venait, plus soigneusement on se masquait sous les signes patriotiques. La cocarde fut un masque dès 1789. L'habit simple, les couleurs sombres, les cheveux noirs et plats, tout cela fut pris, en 1791, par les plus aristocrates. Les discours, qui n'en faisait? La philanthropie, qui n'en abusait? On ne peut trop accuser la défiance de Robespierre, quand on voit les déplorables alliés qui lui venaient tous les jours depuis le 2 septembre. Les exaltés lui étaient très spécialement suspects ; il les croyait traîtres, payés par Pitt ou par Coblentz, pour déshonorer la Révolution.

Toutes ces pénibles pensées qui le travaillaient apparurent de plus en plus dans son extérieur et en firent un objet étrange. Gauche, mal à l'aise, souffrant, dès 1789, sous les risées de la Constituante, il avait raidi de haine et s'était comme dressé sous l'applaudissement du peuple. Sa démarche automatique était d'un homme de pierre. Ses yeux, inquiets de plus en plus, roulant une lueur d'acier pâle[1], exprimaient l'effort d'un myope qui veut voir, qui voudrait voir au cœur même, et l'abstraction impitoyable d'un homme qui ne veut plus être homme, mais un principe vivant. Vain effort! Il

---

1. Bleuâtre ou verdâtre. Un jeune homme (aujourd'hui représentant) demandant un jour au vieux Merlin (de Thionville) comment il avait pu condamner Robespierre, le vieillard parut en avoir quelque regret. Puis, se levant tout à coup avec un mouvement violent : « Robespierre! dit-il, Robespierre!... ah! si vous aviez vu *ses yeux verts*, vous l'auriez condamné comme moi. »

restait homme, — homme pour haïr toujours plus, — principe pour ne point pardonner.

Marat le lui avait dit, dès 1790 (24 octobre), qu'il tendait à l'Inquisition. Il voulait alors comprendre dans les criminels de lèse-nation, non seulement ceux qui attaquaient l'existence physique de la nation, mais son *existence morale*. Dès lors, lui dit très bien Marat, il vous faudra mettre à mort les libertins ; ils attaquent à coup sûr les mœurs de la nation. L'Évangile même ne sera pas à l'abri ; son précepte d'obéir aux puissances peut devenir une attaque directe à la moralité politique de la nation.

Cette tendance ultra-moraliste eût été loin, sous Robespierre, si les circonstances, violemment politiques, n'y eussent fait distraction. Déjà on commençait à porter, soit aux Jacobins, soit à la Commune, des causes d'adultère et autres affaires morales, qui au Moyen-âge regardaient l'autorité ecclésiastique.

Robespierre avait une chose très propre aux natures de prêtre, c'est que ses vertus s'arrangeaient à merveille avec ses vices et leur prêtaient, en quelque sorte, une assistance fraternelle. Sa rigueur de mœurs et de pensée lui sanctifiait ses haines. Ses ennemis, ses rivaux, même ses amis peu dociles, ceux qu'on appelait *indulgents* (Danton, Desmoulins, Lacroix, Fabre d'Églantine), il les sacrifia d'autant plus aisément qu'il put les condamner comme censeur des mœurs [1].

1. Je tiens le récit suivant d'un ami de Robespierre, d'un ennemi de

Il en vint, de plus en plus, à croire toute accusation, à juger dignes de mort tous ceux qu'il avait intérêt à perdre. Le rêve atroce d'une purgation absolue de la République prit racine en lui. Imitateur de sa nature, barbarement imitateur, il sembla s'être inspiré, non seulement des passages durs et amers de Rousseau, mais d'un petit livre qu'il savait par cœur, le paradoxal *Dialogue de Sylla et d'Eucrate*. Il aimait à en répéter ces fâcheuses paroles (qu'eût tant regrettées Montesquieu, s'il eût deviné l'usage qu'on devait en faire) : « La postérité trouvera peut-être que l'on a pas versé assez de sang, et que tous les ennemis de la liberté n'ont pas été proscrits[1]. »

Il se jugea assez pur pour prendre ce terrible rôle. Hélas! qui est assez pur?

Camille Desmoulins. Tout suspect qu'il peut paraître, je dois le rapporter. Un jour Camille, avec une légèreté très coupable et très libertine, aurait donné un livre obscène à l'une des plus jeunes demoiselles Duplay. Robespierre le lui surprit dans les mains, et, comme tout homme sage eût fait, il le retira adroitement à la jeune fille, en lui donnant pour compensation un livre de belles images qui n'avait rien de dangereux. Il ne montra ni aigreur ni violence. Mais, soit haine du libertinage, soit profonde blessure d'amour-propre contre l'insolent qui respectait si peu le saint des saints de Robespierre, il oublia tous les services de l'ami, de l'ancien camarade, qui avait travaillé tant d'années à sa réputation, et « dès cette heure il voulut sa mort ».

1. Un fait terrible témoigne du prodigieux endurcissement où parvint Robespierre. Un homme, non innocent sans doute, mais enfin illustre à jamais, un des fondateurs de nos libertés, le constituant Chapelier, se tenait caché dans Paris. A la fin de 1793, ne pouvant plus supporter sa réclusion, ses angoisses, il écrivit à Robespierre, son ancien collègue, qu'il était caché dans tel lieu et le priait de le sauver. Robespierre, à l'instant, envoya la lettre à l'autorité, qui le fit prendre, juger, guillotiner. Le fait est attesté par M. Pillet, alors commis dans les bureaux du Comité de salut public, par les mains duquel la lettre passa.

Est-ce qu'il ne pouvait donc pas, dans son âme malade, à travers le patriotisme qui lui en couvrait le fond, distinguer le mal terrible qui était en lui? le mal qui le transforma en si peu d'années? Je parle de cette exaspération de rivalité et de concurrence. Rien ne lui fut plus fatal que sa jalouse tristesse de n'avoir jamais paru aux grandes journées de la République, ni en juillet 1791, ni en août 1792. La presse girondine le lui rappelait sans cesse, et il en souffrait cruellement. Quelque bonne contenance qu'il fît, il sentait vivement la piqûre de ces guêpes envenimées. Il ne fallut pas moins pour le pousser à cet excès incroyable, de faire accuser Brissot comme auteur du massacre du Champ de Mars, de le proclamer assassin du peuple et le vouer aux poignards.

De là encore la facilité étrange avec laquelle, oubliant ses velléités d'équilibre, il donna la main aux furieux qu'il avait voulu arrêter, avant leur adresse insensée contre la Convention.

Les Jacobins descendaient. Une scène inattendue révéla jusqu'où ils pouvaient aller pour trouver des auxiliaires. Il y avait, au plus bas de l'échelle des aboyeurs, un garçon, nommé Varlet, qui avait à peine vingt ans, qu'on avait toujours vu partout où le sang avait coulé, poussant au sang et au meurtre. Marat, plus d'une fois, exprima son horreur pour le jeune tigre; il voulait bien qu'on tuât, mais qu'on tuât politiquement, disait-il, à propos, comme en septembre. Varlet allait son chemin, riant du bonhomme Marat. On le voyait communément portant d'une main une pique, de l'autre un petit tréteau, qu'il appuyait sur une borne ; si l'occasion semblait bonne, il sautait dessus, prêchait. Il aimait surtout à parler sur la terrasse des Feuillants, à la porte de l'Assemblée, dont le massacre était son texte le plus ordinaire. Les Jacobins jusque-là n'avaient jamais reçu Varlet qu'avec des huées. Une fois, le 7 novembre, il entre avec sa pique surmontée d'un bonnet rouge, obtient la parole et dit qu'il s'est constitué, dans sa tribune ambulante, le défenseur de Robespierre, l'accusateur de la Gironde, etc. La rougeur vint à plusieurs de l'audace du vaurien ; un seul pourtant osa parler pour qu'on le fît taire, un honnête homme, le boucher Legendre. Les autres prirent alors courage et chassèrent Varlet. Chose triste ; un membre considérable de la Convention et de la Montagne, Bazire, prit sa défense, exigea qu'on l'entendît. Il rentra vainqueur, s'établit à la tribune, parla tout son soûl et fut applaudi.

Cette apparition choquante d'un farceur de carrefour, qui prêchait habituellement le massacre de l'Assemblée, était-elle un accident ? Cette affreuse lueur de sang, était-ce un éclair fortuit ? Point du tout. Deux jours avant (5 novembre), le parleur ordinaire de la société, celui qui si souvent tenait la tribune avec tant d'applaudissements, Collot d'Herbois déclara : « Notre *credo* est septembre[1]. »

---

1. Selon le *Journal des Amis de la constitution*, qui pâlit et énerve tout, les propres paroles sont celles-ci : « Il ne faut pas se dissimuler que c'est là

La société s'avilissait. Danton même, nullement hostile aux hommes les plus violents, ne voulait plus y revenir, dégoûté par le triomphe du bavardage et de la fausse énergie. Nommé président en octobre, il ne put se décider qu'à venir deux fois, dans deux grandes occasions, pour féliciter Dumouriez vainqueur et pour accueillir les Savoyards, qui se donnaient à la France.

Une partie de la Montagne, Cambon, Carnot, Thibaudeau et d'autres ne purent jamais surmonter leur répugnance instinctive pour les Jacobins, pour la violence des uns, pour l'hypocrisie des autres. Il y avait à l'entrée de la caverne une odeur de sang, et pourtant fade et mielleuse, que beaucoup ne supportaient pas.

Personne ne doutait, dès lors, qu'il n'y eût aux Jacobins un parti déterminé à refaire le 2 septembre, mais sur la Convention. Pour qu'ils en vinssent à flatter la tourbe émeutière en ses plus vils représentants, il fallait bien qu'ils eussent des desseins sinistres. La garde départementale n'avait point été créée. Mais un grand nombre de fédérés étaient accourus des départements, les uns pour défendre la vie de leurs députés en péril, les autres pour aller plus loin rejoindre l'armée; on les retenait

le grand article du *credo* de notre liberté... Nous, hommes sensibles, qui voudrions ressusciter un innocent, pourrions-nous admettre en principe que les lois ont été violées dans cette journée », etc.

Au reste, la société elle-même, dans une circulaire du 15 octobre que Marat nous a conservée textuellement (voir son n° 58, 27 novembre), avait fait un éloge enthousiaste de la journée du 2 septembre.

ici pour imposer à l'émeute. La Convention presque entière était secrètement unanime pour les garder à Paris ; elle n'osait le vouloir tout haut. Elle avait été profondément impressionnée d'un mot de Buzot, un mot prophétique, tiré des entrailles, d'un homme nullement timide, mais qui voyait venir la mort. A propos d'un rapport de Bazire qui innocentait septembre, il lança ce mot au centre : « Doit-on croire qu'on pourra toujours vous faire voter l'ordre du jour ? Quel gouvernement voulez-vous donc ? *Quel apprêt funèbre vous préparez-vous à vous-mêmes ?...* »

L'Assemblée eut froid, se tut. Mais elle reprit courage peu après, lorsqu'un homme, indépendant de la coterie girondine, Cambon, brisant à l'improviste tous les vains ménagements, lui montra sa position réelle, son danger, l'abîme où elle se laissait glisser, fascinée par la violence. Les Jacobins voulaient faire partir les fédérés, autrement dit, désarmer la Convention. On avait fait, hypocritement, présenter la demande par le ministre de la guerre, sous prétexte des besoins publics. Cambon éclata en paroles brèves et d'un accent terrible, comme un homme qui dirait: « Non, je ne veux pas mourir. » La Convention repoussa la demande du ministre, c'est-à-dire elle vota : *Que les fédérés restaient à Paris.*

Le discours de Cambon, sans apprêts ni éloquence, disait à peu près ceci : Qui a fait le 10 août ? Non ceux qui s'en vantent, mais nous, nous la Législative, qui avons désarmé le roi, lui avons chassé sa garde.

Eh bien, la Convention en chassant aujourd'hui les fédérés, ne fait rien autre chose que préparer un 10 août contre elle-même. — Il parla ensuite de septembre avec une violente horreur, avoua l'affreuse mort du cœur dont tous avaient été saisis, lui, Cambon, comme les autres ; il regretta amèrement que la Législative n'eût tout prévenu, en *s'emparant de la force municipale.* « Et c'est encore, dit-il, par ces terreurs de septembre qu'on vient de dicter au ministre cette demande d'éloigner les fédérés, de désarmer la Convention... On dit que les méridionaux veulent fédéraliser la France. S'ils voulaient ce gouvernement, nous ne serions pas ici. S'ils le voulaient, ils l'auraient. Mais, tout au contraire, ils nous ont dit au départ, à nous députés du Midi : *Nous voulons être Français, être un avec nos frères du Nord, et qu'il n'y ait qu'une France... Vos têtes en répondront...* On a parlé de dictature, de Cromwell ; d'autres ont dit : *On ne voit pas de Cromwell.* Eh ! sans doute, on ne le voit pas. Mais qu'arrivera-t-il le jour où un ambitieux aura gagné des victoires et viendra vous dire : *Faites-moi roi et vous serez plus heureux ?...* Oui, voilà ce qu'on voudrait pouvoir dire, mais cela ne sera pas. Meurent les rois, les dictateurs, les *protecteurs*, les Cromwell ! »

D'un même coup, il avait frappé Dumouriez comme perfide, Robespierre comme impuissant.

CHAPITRE V

LE PROCÈS DU ROI. — ESSAI DE LA GAUCHE POUR TERRORISER LA DROITE. — SAINT-JUST (13 NOVEMBRE 1792).

L'idée morale de la Révolution. — Unanimité morale de la France révolutionnaire jusqu'aux derniers mois de 1792. — Épreuve unique et terrible que subit alors la France. — Il y avait pourtant des motifs de se rassurer. — Le procès, mal engagé par la Gironde, 13 novembre 1792. — Discours meurtrier de Saint-Just. — Figure de Saint-Just. — Ses précédents, ses premiers essais. — Il est nommé, avant l'âge, à la Convention. — Son discours menace la Convention, 13 novembre 1792. — La droite intimidée par l'audace de la Montagne.

Les fédérés des départements restent à Paris; la France garde la Convention. Celle-ci aura moins à craindre matériellement du dehors. Il lui reste à se bien garder elle-même moralement. On pourra exercer sur elle une terreur d'opinion, si elle reste vacillante, si elle n'asseoit fortement son siège et son tribunal sur un principe invariable, qui lui fasse mépriser les vaines agitations.

C'est la première nécessité au moment grave où commence un procès criminel, un jugement à mort, que le juge, la main sur le cœur, y sente bien nettement sa règle, son principe et sa foi, l'idée tellement sacrée qu'on puisse violer pour elle ce qui semble inviolable, je veux dire la vie humaine.

L'idée du droit étant une, le droit judiciaire, le droit politique, ont le même fondement. Déterminer le principe en vertu duquel va peut-être mourir l'accusé, c'est déterminer le principe dont vit la société qui le juge. La Révolution, en jugeant Louis XVI, allait implicitement se juger aussi, se dire de quelle idée morale elle empruntait sa vie et son droit.

Quelle était l'idée morale de la France ?... Tous nos fameux politiques sourient, remuent la tête à ce mot d'idée. Qu'ils sachent que le glorieux ennemi des idéologues a péri faute d'une idée. Ceux qui vivent vivent d'une idée ; les autres, ce sont les morts.

L'idée vitale de la Révolution, elle avait éclaté dans une incomparable lumière, de 1789 à 1792 :

L'idée de justice.

Et, pour la première fois on avait su ce que c'est que la justice. On avait fait jusque-là de cette vertu souveraine une sèche, une étroite vertu. Avant que la France l'eût révélée au monde, on n'en avait jamais soupçonné l'immensité.

Justice large, généreuse, humaine, aimante, et jusqu'à la tendresse, pour la pauvre humanité.

Toute la terre, avant septembre, avait adoré la justice de la France. On l'admirait, emportant, comme en un pli de sa robe, tout ce qu'eut de meilleur le principe du Moyen-âge. Une telle justice, large et douce, contenait la grâce. Elle était la grâce elle-même, moins l'arbitraire et le caprice ; la grâce selon Celui qui ne varie pas, selon Dieu.

Pour la première fois, en ce monde, la loi et la religion s'étaient embrassées, pénétrées et confondues.

L'Assemblée constituante usait de son droit, du droit des héros sauveurs, bienfaiteurs du genre humain, en érigeant un autel, le premier véritablement qui ait été élevé à l'humanité. Elle ordonnait que cet autel existerait dans chaque municipalité, qu'on y ferait les actes de l'état civil, qu'on y sanctifierait les trois grands actes de l'homme : naissance, mariage et mort. Le premier croyant qui apporta son enfant à cet autel fut Camille Desmoulins. Hélas! l'autel n'existait pas. Il n'a point été bâti.

S'il exista, c'est dans les lois. On ne peut lire sans attendrissement ces lois humaines et généreuses, tout empreintes de l'amour des hommes. On touche encore avec respect les procès-verbaux des grandes discussions qui les préparèrent. Si l'on ose leur faire un reproche, c'est qu'elles sont confiantes à l'excès, qu'elles croient trop à l'excellence de la nature humaine, qu'obligées d'être des lois, de juger et réprimer, elles ne sont que trop généreuses et clémentes. Elles supprimèrent le droit de grâce, on le conçoit parfaitement : dans cette législation, il était à chaque ligne.

L'âme du dix-huitième siècle, sa meilleure inspiration, la plus humaine et la plus tendre, celle de

Voltaire, de Montesquieu, de Rousseau, parfois aussi l'utopie de Bernardin de Saint-Pierre, ont passé ici.

Dissidents sur tant de choses, les chefs de la Révolution sont parfaitement d'accord sur deux points essentiels : 1° rien d'utile que ce qui est juste ; 2° ce qu'il y a de plus sacré, c'est la vie humaine.

Lisez Adrien Duport, lisez Brissot et Condorcet, lisez Robespierre (à la Constituante), l'accord est complet, profond.

« Rendons l'homme respectable à l'homme. » Cette grande parole de Duport est aussi la pensée de Robespierre, dans son discours contre la peine de mort. Il veut du moins pour condamner que les jurés soient unanimes.

Brissot, avant 1789, avait publié un livre sur les *Institutions criminelles*, inspiré de l'esprit de Beccaria, de la douceur des quakers américains, qu'il venait de visiter.

Condorcet va plus loin dans ses derniers écrits. Esprit profondément humain, son propre danger ne fait qu'approfondir encore en lui l'humanité, la pitié, l'amour universel de la vie ; il émet ce vœu et cette espérance : que, grâce au progrès des sciences, l'homme en viendra dans l'avenir jusqu'à supprimer la mort.

L'homme, mais les animaux ? Ils mourront toujours ; leur mort est indispensable à la vie générale. Condorcet s'en attriste dans les dernières paroles qu'il a écrites. La mort restera une loi fatale du monde ; il ne s'en console pas.

Ah ! doux génie de la France et de la Révolution... que ne puis-je briser ma plume et finir ici ce livre ! *L'humanité dans la justice*, ne flottant plus, mais fondée, *la justice reine absolue*, voilà le *credo*, la foi de ce nouvel âge, son symbole trois fois saint, plus que celui de Nicée.

« Le droit, a dit Mirabeau, est le souverain du monde. »

Robespierre : « Rien n'est juste que ce qui est honnête ; rien n'est utile que ce qui est juste. » (16 mai 1791.)

Et Condorcet (25 octobre 1791) : « C'est une erreur de croire que le salut public puisse commander une injustice. »

Même langage encore en 1792. — Et c'est alors que tous sont induits en tentation.

Le péril vient de tous côtés, la nécessité terrible, la menace de l'Europe, les trahisons du dedans. On parle moins de justice ; chacun se dit à voix basse : « Qui sait ? Nous allons périr, sans doute, si nous restons justes... Sauvons la France aujourd'hui, nous serons justes demain. »

La Gironde est tentée la première, et succombe la première.

La duplicité de la cour lui enseigne la duplicité. Elle joue le roi qui la joue, feint d'agir avec lui, le brise.

L'honneur est compromis ici. L'humanité reste encore, le respect de la vie humaine. Vient la seconde tentation, l'invasion et septembre ; que diront les philanthropes ? Puis vient le procès du roi, l'occasion d'appliquer ou ruiner la justice. Faut-il périr ou rester justes ?

Périr ? Songeons bien qu'il ne s'agit pas du danger individuel, non pas même seulement du danger de la patrie. Si elle craignit, cette France révolutionnaire, ce ne fut pas pour elle seule. Apôtre et dépositaire des droits communs du genre humain, portant à travers les mers, dans le plus terrible orage, l'arche sainte des lois éternelles, pouvait-elle de sang-froid, la laisser sombrer dans les flots ? Cette lumière si attendue, allumée enfin après tant de siècles, fallait-il déjà la laisser éteindre et périr avec la France d'un commun naufrage ?... Celle-ci en vérité, avait bien droit de vouloir vivre, voyant qu'en sa mort était contenue la mort de l'humanité.

Voilà qui était spécieux. Mais, ce qui était certain, c'est que le premier mot précisément de la loi nouvelle que la France voulait sauver, le premier mot, le dernier, c'était celui de *justice*.

Justice absolue, et droit absolu, impliquant l'humanité, c'était toute la loi nouvelle ; rien de plus et rien de moins. Justice profondément aveugle en ce qui est de l'intérêt. Justice sourde à la politique. Justice ignorante, divinement ignorante, des raisons de l'homme d'État.

Ah ! il n'y eut jamais un peuple éprouvé comme la France, ni soumis à une si terrible tentation. Jeune, inexpérimentée au début de la vie nouvelle, n'ayant pas même eu le temps d'affermir son cœur et sa conscience dans la fixité du droit, la voilà mise un matin en face de cette étonnante épreuve. Qu'auriez-vous fait, vous tous qui maintenant calculez froidement ces choses? En est-il un seul de vous qui aurait eu cette foi, plus qu'humaine et plus qu'héroïque, de dire : « Périsse la France! périsse le genre humain, au moment de recueillir la moisson de la justice!... Et vive la justice pure! abstraite ou vivante, n'importe. Elle ira inviolable et saura toujours ailleurs se bâtir un monde où régner. »

Foi terrible, au delà de ce qu'on peut attendre de la nature! Mépriser toute apparence, toute vraisemblance et tout calcul! Retirer sa main et voir si la Révolution, délaissée de la politique, se sauverait elle-même!... Nos pères n'eurent pas cette foi. Mais qui l'aurait eue? Ils crurent qu'ils sauvaient la France, donnèrent à son salut le leur, leur âme et leur vie, leur honneur, plus encore, leurs propres principes.

Ils ne virent pas, et personne ne voyait alors ce que si aisément on voit aujourd'hui, ce que nous avons dit plus haut, c'est que la Révolution, submergée des flots, s'était, dessous, fait une base immensément large, incommensurablement profonde. Elle était fondée deux fois, dans la terre, dans la foi du peuple.

Celui qui, par la tempête, surpris dans un des forts de la digue de Cherbourg, voit bondir par-dessus sa tête la nappe effroyable, sent trembler les murs, ne voit plus et ne sait plus qu'il a sous les pieds la base puissante qui rit de la mer, l'immuable et solide assise, la montagne de granit.

Trois milliards de propriétés déjà vendues, divisées à l'infini! trois millions d'épées tirées! Voilà ce que j'appelle la base, le granit et la montagne. Une montagne vivante. Si elle faisait un mouvement, c'était un monde à frémir.

Non, il n'était pas nécessaire que la France devînt barbare, qu'elle fît à la peur des sacrifices humains. Elle pouvait rester juste. Clémente? Non, le moment avait un trouble infini et de grands périls. Il fallait une justice acérée et forte, mais enfin une justice.

Robespierre dit, dans un de ses discours de janvier, que son cœur avait hésité. Je le crois, en vérité. Parole sortie de la nature, échappée, ce semble, d'une âme torturée contre elle-même. Oui, il y eut lieu d'hésiter, quand, par la mort d'un homme, coupable, il est vrai, on sentit qu'on ouvrait à la mort la vaste carrière où elle ne s'arrêterait pas.

Hélas! dans les premiers mois de 1792, et Robespierre et [tout le monde parlait encore d'humanité! L'encre n'avait pas séché sur ces discours ardents, sincères, où tous proclamaient à l'envi l'inviolabilité de la vie humaine; les murs les répétaient encore, et l'écho ne s'était pas tu.

Combien plus étaient-elles vivantes, ces paroles, réclamant et protestant, au fond de ces cœurs malades, forcés d'arracher d'eux-mêmes ce qui fut leur meilleure pensée! — de passer, d'un bond si brusque, de l'humanité à la barbarie.

La France fut prise, ardente de bonté, d'amour, de bienveillance universelle, — enlevée par la main de fer, — plongée aux froides eaux des morts.

La discussion s'ouvrit le 13 novembre. Et Pétion demanda que préalablement on discutât si le roi était ou n'était plus inviolable.

Demande inepte qui portait à la Gironde, à la droite, le plus funeste coup, les rendant justement suspectes de vouloir faire avorter le procès.

L'inviolabilité! elle était restée noyée dans le sang du Carrousel; c'était une question oubliée, perdue. Comment Pétion pouvait-il ignorer tout ce qui s'était écoulé de siècles depuis quelques mois? On savait bien en général qu'il y avait eu jadis une certaine constitution de 1791, vieilles lois antiques et surannées, déjà enterrées aux catacombes de l'histoire, entre Lycurgue et Minos. Mais, pour l'inviolabilité, on ne s'en souvenait même plus.

Pour achever le Girondin, il ne lui fallait plus qu'être appuyé des royalistes. S'en trouvait-il dans la Convention?... Un Vendéen se présenta, audacieux et tremblant; il fit bon marché de Louis XVI, dit qu'il ne le défendait pas, mais que, « malgré l'atrocité de ses forfaits », le roi restait inviolable.

Débuts maladroits et funestes qui ne firent rien qu'annuler, compromettre une bonne moitié de l'Assemblée. L'indignation des tribunes et du peuple se souleva, formidable, et le sang du 10 août se remit à bouillonner. Les violents en tirèrent une incalculable force. Ils n'étaient pas soixante à la Montagne qui voulaient la mort du roi; mais du moment que les champions insensés de l'inviolabilité eurent l'air de vouloir le couvrir du bouclier de la loi, les soixante devinrent les ministres de l'indignation publique, ils se virent suivis d'un grand peuple; la modération devint impossible, et la clémence impossible.

Qui allait porter le glaive? Les chefs de la Montagne s'abstinrent, restèrent sur leurs bancs. Ce glaive de la Montagne, il fut porté par Saint-Just.

Il fallait un homme tout neuf, qu'aucun précédent de philanthropie ne pût entraver, qui n'eût jamais dit un mot de douceur ni de pitié, qui n'eût pas même entendu les nobles discussions par lesquelles nos assemblées s'étaient compromises, engagées dans la cause de l'humanité, du respect du sang humain.

Saint-Just monta lentement à la tribune, et, prononçant sans passion un discours atroce, dit qu'il ne fallait pas juger longuement le roi, mais simplement le tuer.

Il faut le tuer il n'y a plus de lois pour le juger; lui-même, il les a détruites.

Il faut le tuer, comme ennemi; on ne juge qu'un citoyen; pour juger le tyran, il faudrait d'abord le faire citoyen.

Il faut le tuer comme coupable, pris en flagrant délit, la main dans le sang. La royauté est d'ailleurs un crime éternel; un roi est hors la nature; de peuple à roi, nul rapport naturel.

On voit que Saint-Just s'inquiétait peu d'accorder logiquement ces moyens divers; il les empruntait indifféremment à des systèmes contraires; tout lui était bon pour tuer.

Il y avait des mots terribles, outrageusement violents, magistralement sanguinaires : « Un jour, les hommes éloignés de nos préjugés s'étonneront de la barbarie d'un siècle où ce fut une chose religieuse que de juger un tyran... » Et par une dérision odieuse : « On cherche à remuer la pitié; on achètera bientôt des larmes, comme aux enterrements de Rome... », etc.

Le jour où la pitié devient ainsi moquerie, commence un âge barbare.

Saint-Just avait obtenu de Robespierre et de la Montagne cette terrible initiative, de porter le premier coup. Mais nous serions tentés de croire que son discours n'avait pas été communiqué. Il allait, en deux passages, jusqu'à dire que le peuple souverain lui-même ne pouvait obliger un seul citoyen de pardonner au tyran, que chacun ici restait juge, il rappelait que, pour juger César, il n'avait fallu d'autres formalités que vingt-deux coups de poignard, etc. Quoiqu'il terminât en conseillant à l'Assemblée de juger promptement, il était à craindre que quelque individu ne se crût autorisé par ces violentes paroles à se faire juge et bourreau. Robespierre le craignit lui-même, et dans son discours (3 décembre) il établit qu'un arrêt était nécessaire et qu'il ne fallait pas le prévenir.

On pouvait comprendre dès lors que ce jeune homme, très jeune, ne serait pas précisément un disciple de Robespierre, qu'il marcherait du même pas ou le précéderait dans la violence, qu'un jour peut-être il serait pour lui un dangereux concurrent. Et cela fût arrivé, sans le coup de Thermidor.

L'atrocité du discours eut un succès d'étonnement. Malgré les réminiscences classiques qui sentaient leur écolier (Louis est un Catilina, etc.), personne n'avait envie de rire. La déclamation n'était pas vulgaire; elle dénotait dans le jeune homme un vrai fanatisme. Ses paroles, lentes et mesurées, tombaient d'un poids singulier et laissaient de l'ébranlement, comme le lourd couteau de la guillotine. Par un contraste choquant, elles sortaient, ces paroles froidement impitoyables, d'une bouche qui semblait féminine. Sans ses yeux bleus fixes et durs, ses sourcils fortement barrés, Saint-Just eût pu passer pour femme. Était-ce la vierge de Tauride? Non, ni les yeux, ni la peau, quoique blanche et fine, ne portaient à l'esprit un sentiment de pureté. Cette peau, très aristocratique, avec un caractère singulier d'éclat et de transparence, paraissait trop belle et laissait douter s'il était bien sain. L'énorme cravate serrée, que seul il portait alors, fit dire à ses ennemis, peut-être sans cause, qu'il cachait des humeurs froides[1]. Le col était comme supprimé par

---

[1]. Chose au reste fort commune à Reims, où il séjourna longtemps. Les enfants et jeunes gens d'un tempérament lymphatique y prennent aisément ces maux, pour lesquels il a toujours existé dans cette ville un hôpital spécial.

la cravate, par le collet raide et haut; effet d'autant plus bizarre que sa taille longue ne faisait point du tout attendre cet accourcissement du col. Il avait le front très bas, le haut de la tête comme déprimé[1], de sorte que les cheveux, sans être longs, touchaient presque aux yeux. Mais le plus étrange était son allure, d'une raideur automatique qui n'était qu'à lui. La raideur de Robespierre n'était rien auprès. Tenait-elle à une singularité physique, à son excessif orgueil, à une dignité calculée ? Peu importe. Elle intimidait plus qu'elle ne semblait ridicule. On sentait qu'un être tellement inflexible de mouvement devait l'être aussi de cœur. Ainsi lorsque, dans son discours, passant du roi à la Gironde et laissant là Louis XVI, il se tourna d'une pièce vers la droite et dirigea sur elle, avec la parole, sa personne tout entière, son dur et meurtrier regard, il n'y eut personne qui ne sentit le froid de l'acier.

Il faut savoir quel était ce jeune homme, qui, pour son début, avait pris le rôle funèbre de parler au nom de la mort, au nom des vengeances du peuple, qui, par delà la Montagne et par delà Robespierre, imposait à l'Assemblée l'assassinat politique. Ses précédents tranchaient fort avec cette audace.

Un mois n'était pas écoulé depuis qu'on avait publié *Mes passe-temps ou Le Nouvel Organt de 1792, par un député de l'Assemblée nationale*, poème imité

---

[1]. Cette singularité est frappante dans le beau portrait que possède Mme Lebas, et d'abord je croyais que c'était un accident, une maladresse du peintre. Mais cette dame vénérable, qui a bien vu et connu Saint-Just, m'affirma qu'effectivement il était ainsi.

de la *Pucelle* de Voltaire ; ce poëme était de Saint-Just.

Cette œuvre, qui a pourtant quelque mérite, quoi qu'on ait dit, était morte en 1789, à sa première apparition, et mourut à la seconde, en 1792. La terrible célébrité qu'obtint alors le jeune auteur ne profita point à son livre. Ses amis furent, on doit le croire, plus intéressés encore que ses ennemis à l'enterrer, le faire oublier.

Saint-Just était né dans la Nièvre, un des rudes pays de France, et qui a produit plus d'un homme de sève âpre, amère (Bèze, entre autres, le bras droit de Calvin). Son père était officier de fortune, un de ces militaires de l'Ancien-Régime, qui, par la plus grande énergie, avec une longue vie d'efforts, ayant, vingt-cinq ans, trente ans, percé le granit avec leur front, obtenaient sur leurs vieux jours la croix de Saint-Louis et finissaient par être nobles. Tout cet effort accumulé s'était résumé dans Saint-Just, l'effort et la raideur même. Il était né sérieux, âprement laborieux ; c'est tout ce qu'on voit dans ses cahiers d'écolier, qui existent encore. Celui que j'ai sous les yeux ne promettrait rien autre chose qu'un esprit exact, un peu lourd, peut-être appelé aux travaux de l'érudition. C'est une pesante histoire du fameux château de Coucy. Sa famille avait un peu de bien dans l'Aisne, à Blérancourt, près Noyon, et s'y était transportée.

Envoyé à Reims pour étudier le droit, le jeune homme ne trouva dans ces écoles, honteusement nulles alors, que vide, ennui, mauvaises mœurs. Il revenait de temps à autre à son village, Blérancourt, et y menait (si nous en jugeons par les vers qu'il faisait alors) la vie peu édifiante des jeunes gentilshommes de campagne. Un autre s'y fût absorbé; Saint-Just en fit un poème[1].

L'auteur valait plus que l'œuvre. Il n'était pas né pour s'en tenir là. Il avait le goût naturel des grandes choses, une volonté très forte, une âme haute et courageuse. Il se dévorait lui-même, dans cette vie de néant. On dit qu'à Reims il avait tendu sa chambre à coucher d'une tenture noire à larmes blanches, fermant les croisées, passant de longues heures dans cette sorte de sépulcre, comme s'il se fût plu à croire qu'il était mort et déjà dans l'Antiquité. Les morts héroïques de Rome hantaient cette chambre, cette jeune âme violente. Il se répétait ce mot : « Le monde est vide depuis les Romains. » Et il avait hâte de le remplir.

Pour sortir de la province et percer au jour, il

---

1. Il croyait imiter Voltaire, ne sachant pas que la *Pucelle* est une satire politique plus encore que libertine, relevée par l'audace et par le péril. Si Latude passa trente années dans un cul de basse-fosse pour une simple plaisanterie, il faut reconnaître l'audace intrépide de celui qui, chassé d'État en État, n'ayant ni patrie ni foyer, hasardait ces vives attaques aux rois, aux maîtresses des rois. — *L'Organt* n'est pas en général un poème libertin ni obscène; il y a seulement trois ou quatre passages d'une obscénité brutale. Ce qui y est partout, ce qui ennuie et fatigue, c'est l'imitation laborieuse des esprits les plus faciles qui aient jamais été, de Voltaire et de l'Arioste. L'auteur semble viser à la légèreté de la jeune noblesse, et sans doute il compte sur son livre pour s'y enrôler. Cette œuvre, d'un cynisme calculé, témoigne peut-être moins de libertinage que d'ambition. — *L'Organt* de 1792 n'est, dit-on, qu'une réimpression avec un titre nouveau. Je n'ai pu me procurer que celui de 1789.

s'était adressé d'abord au brillant journaliste de l'Aisne, à Camille Desmoulins; celui-ci, d'une nature tout antipathique à la sienne, ne fit pas grand accueil à cet écolier hautain; il ne vit dans Saint-Just et son œuvre que pathos et prétention; il n'encouragea en lui ni le Romain ni le poète, se moqua des deux. Le voilà qui reste dans sa solitude, irrité et impatient, indigné d'être encore obscur, lisant son Plutarque, Sylla, Marius. On le surprenait abattant (à la Tarquin) des pavots d'une baguette, dans l'un Desmoulins peut-être? dans l'autre Danton[1] ?

Une occasion vint, très belle. Saint-Just la prit d'un grand cœur. Blérancourt était menacé de perdre un marché qui le faisait vivre. Saint-Just écrit à

---

1. Lettre de Saint-Just à Daubigny (20 juillet 1792) : « Je vous prie, mon cher ami, de venir à la fête... Depuis que je suis ici, je suis remué d'une fièvre républicaine, qui me dévore et me consume. J'envoie par le même courrier, à votre frère, ma deuxième lettre. Vous m'y trouverez grand quelquefois. Il est malheureux que je ne puisse rester à Paris. Je me sens de quoi surnager dans le siècle. Compagnon de gloire et de liberté, prêchez-la dans vos sections; que le péril vous enflamme. Allez voir Desmoulins, embrassez-le pour moi et dites-lui qu'il ne me reverra jamais; que j'estime son patriotisme, mais que je le méprise, lui, parce que j'ai pénétré son âme et qu'il craint que je ne le trahisse. Dites-lui qu'il n'abandonne pas la bonne cause et recommandez-le-lui, car il n'a point encore l'audace d'une vertu magnanime. Adieu; je suis au-dessus du malheur. Je supporterai tout; mais je dirai la vérité. Vous êtes tous des lâches, qui ne m'avez point apprécié. Ma palme s'élèvera pourtant et vous obscurcira peut-être... Infâmes que vous êtes! je suis un fourbe, un scélérat, parce que je n'ai point d'argent à vous donner? Arrachez-moi le cœur et mangez-le; vous deviendrez ce que vous n'êtes point : grands! — Je suis craint de l'administration, je suis envié, et, tant que je n'aurai point un sort qui me mette à l'abri de mon pays, j'ai tout ici à ménager. — O Dieu! Faut-il que Brutus languisse oublié loin de Rome! Mon parti est pris cependant : si Brutus ne tue point les autres, il se tuera lui-même.

« Adieu, venez.

« SAINT-JUST. »

Robespierre, sans le connaître, le prie d'appuyer la réclamation du village ; il offre de donner, pour être vendu, son petit bien, tout ce qu'il a, comme domaine national.

L'offre fut-elle acceptée? je l'ignore. Mais ce qui est sûr, c'est que Robespierre, qui aimait le désintéressement, accepta dès lors le jeune homme qui se donnait si noblement, sans réserver rien et sans regarder derrière. Il fut ravi d'avoir ce jeune fanatique à opposer, dans l'Aisne, aux hommes de ce département, à Condorcet, qu'il détestait, à Desmoulins, trop peu sûr. Ce fut, sans nul doute, par sa toute-puissante influence que Saint-Just fut nommé à la Convention, quoiqu'il n'eût que vingt-quatre ans. Le président du corps électoral, Jean Debry, protesta en vain.

La grandeur des circonstances, la noblesse peut-être aussi que donne à l'âme un acte de désintéressement et de dévouement, avaient fort relevé Saint-Just. Si son poème reparaît en 1792, il faut s'en prendre peut-être au libraire plus qu'à l'auteur. A ce moment, il semblait purifié. Il arrivait plein de pensées hautes et viriles. Il vivait dans l'intimité de Robespierre, participait à son austérité. Il avait pris aussi, on le sent trop, ses haines et ses défiances, les tendances d'un âpre censeur, d'un purificateur impitoyable de la République. Le programme donné par Robespierre même aux élections de Paris et reçu des Jacobins, *épurer la Convention*, c'était la pensée de Saint-Just. En entrant dans cette

Assemblée, il regardait de tous côtés et semblait régler en lui-même qui devait vivre ou mourir.

On le sentit dans ce premier discours, où, tout en poursuivant le roi, il menaçait la Convention elle-même, faisait à la fois le procès de Louis XVI et celui des juges qui hésiteraient à condamner Louis XVI. C'étaient déjà pour lui des accusés qu'il séparait en catégories. Il leur reprochait amèrement d'empêcher l'union de la France, que la mort seule du tyran pouvait assurer.

Les uns, disait-il, c'était la peur, les autres le regret de la monarchie qui les faisaient hésiter : « D'autres craignent un acte de vertu qui serait un lieu d'unité pour la République. » Le ciment de l'unité devait donc être le sang. Ce que le comédien Collot avait hasardé aux Jacobins, le jeune et grave Saint-Just, qui siégeait près de Robespierre, le répétait, le professait au sein de la Convention; le sang était le signe, l'épreuve, le fatal *shiboleth*, auquel seul on devait reconnaître les patriotes!

Ce discours eut sur le procès un effet énorme, un effet que Robespierre sans doute n'avait pas deviné lui-même; autrement il eût hésité à donner au jeune disciple l'occasion de planter le drapeau si loin en avant. La brutalité violente de l'idée, la forme classiquement déclamatoire, la dureté magistrale, tout enleva les tribunes. Elles sentirent la main d'un maître et frémirent de joie. Leurs idoles favorites jusque-là étaient des parleurs, des prêcheurs, des pédagogues. Ici c'était un tyran.

La Gironde sourit pour se rassurer. Elle affecta de ne voir que le jeune homme et l'écolier. Brissot, dans le *Patriote*, alla jusqu'à le louer. « Parmi des idées exagérées, qui décèlent la jeunesse de l'orateur », il trouve dans ce discours « des détails lumineux, un talent qui peut honorer la France ».

Jeune ou non, exagéré ou non, il avait eu cette puissance de donner le ton pour tout le procès. Il détermina le diapason; on continua de chanter au ton de Saint-Just. On osa à peine dire un mot de modération. Le premier orateur, Fauchet, ne trouve, pour sauver le roi, que cette raison pitoyable, ridiculement hypocrite : « Que ses crimes sont si grands que la mort serait trop douce; il faut le condamner... à vivre. »

CHAPITRE VI

LE PROCÈS. — ESSAI DE LA GAUCHE POUR TERRORISER LE CENTRE
ET LES NEUTRES.
LUTTE DE CAMBON ET DE ROBESPIERRE
(NOVEMBRE-DÉCEMBRE 1792).

Barère, intimidé, incline à gauche, 5 novembre. — Forte position de Cambon. — Il veut la guerre universelle et la révolution territoriale. — Cambon hostile à Robespierre, à la Commune. — Il est attaqué par les Jacobins, les prêtres et les banquiers. — Ses mesures hasardeuses pour forcer Dumouriez de révolutionner la Belgique, 15 novembre. — Il est dénoncé aux Jacobins, 16 novembre. — Robespierre, pour les prêtres, contre Cambon. — Son article contre Cambon. — Il y demande qu'on borne et restreigne la guerre. — Saint-Just attaque l'assignat et Cambon, 29 novembre. — La Gironde ne soutient point Cambon. — Cambon ne se soumet point aux Jacobins, mais les dépasse. — Il fait proclamer la guerre révolutionnaire, 15 décembre. — — Il fait limiter le pouvoir des généraux. — Danton appuie le décret de Cambon. — Cambon est désormais fixé à la gauche. — Cambon et ses amis voteront la mort du roi.

La droite était profondément ébranlée par l'audace de la Montagne. Que pensait, qu'allait faire le centre, cinq cents députés sur près de sept cent cinquante que comptait la Convention?

Cette masse lourde et muette était forte, comme masse; elle trouvait dans le nombre, dans le silence, sa sécurité. Comment influer sur elle?

Directement on ne le pouvait, mais peut-être indirectement, en frappant des hommes importants, qui, sans appartenir au centre, étaient restés maîtres d'eux-mêmes, agissaient tantôt pour la droite, tantôt pour la gauche, selon leur libre opinion. Appelons-les neutres ou flottants. Je parle spécialement de deux personnages, du parleur souple et facile, Barère; très agréable, très aimé dans l'Assemblée, et de l'homme, tout autrement important, qu'elle suivait docilement en toute affaire de finances, du redoutable Cambon. Si ces deux hommes étaient fixés à la gauche, il y avait à parier que la gent moutonnière du centre irait tout entière à gauche.

On eut bon marché de Barère. Le jour même (5 novembre), où, dans un moment de la plus heureuse audace, il avait charmé la Convention, sauvé Robespierre en le flétrissant (voir au tome précédent), il frémit de son succès, courut le soir aux Jacobins expliquer ses paroles et demander grâce. Il succédait à Collot qui louait le 2 septembre et disait que là était le *credo* des Jacobins. Barère dit qu'il pensait tout à fait comme Collot, qu'en effet le 2 septembre avait du bon « aux yeux de l'homme d'État ».

Barère se sentait prenable par deux endroits dangereux. D'une part, il était nommé dans les lettres de Laporte au roi, comme ayant fait espérer (en février 1792) de faire sur le domaine un rapport royaliste. D'autre part, ses liaisons avec Mme de Genlis lui avaient donné un titre dans la maison d'Orléans, celui de tuteur de la jolie Paméla, fille naturelle du prince, qu'on élevait avec ses enfants. Barère, jeune et spirituel, léger de mœurs, de caractère, semblait bien peu l'homme grave à qui ce titre convenait. Comment était-il payé? en argent? ou en amour? On ne le sait[1]! Ce qui est sûr, c'est que, dans l'attaque violente que la Gironde dirigea bientôt contre la maison d'Orléans, Barère, éperdu de crainte, se cacha au fond de la gauche, au sein même de la Montagne, et, dans le procès du roi, se fit comme procureur général contre lui, résumant les opinions, et concluant à la mort.

Cambon était un autre homme, et il n'y avait guère espoir de l'intimider. Il était très fortement assis dans la Convention, représentant l'énorme question de l'assignat et de la vente, la question éminemment révolutionnaire qui remuait à fond le sol, changeait les conditions, faisait du dessous le dessus. La force de cette question entraînant Cambon, il voulait la guerre, et partout la guerre (contrairement à Robespierre), pour porter partout l'assignat. Les Girondins aussi voulaient la guerre et l'affranchissement des peuples; seulement, par un respect excessif pour la liberté, fatal à la liberté même, ils voulaient les laisser maîtres d'entrer plus ou moins dans la Révolution. Cambon n'avait point ces réserves, ces hésitations; il voulait la révolution *à fond* dans toute l'Europe; il la voulait territoriale, enracinée dans le sol; il voulait (selon le mot très

---

1. Et on le sait moins encore quand on a lu Barère et Mme de Genlis. Leurs dénégations méritent-elles quelque attention?

fort d'Adrien Duport) *labourer profond.* Là-dessus, il n'entendait à aucune composition, ne connaissait ni Jacobin ni Girondin, se sentant plus que Jacobin sur la question de la guerre, plus que Girondin pour l'esprit d'invasion, de nivellement commun, d'assimilation des peuples à la France nivelée. Le génie de la grande révolution agraire qui était en lui le rendait indifférent, méprisant pour les factions politiques. Partager la terre, c'était tout pour lui, la partager au travailleur; la donner? Non, mais la vendre, la vendre à bas prix et pour un acompte, de sorte qu'elle fût toujours la prime du travail ou fait ou à faire.

Son idée fixe, en ce moment, qui était celle de Danton, c'était de révolutionner complètement la Belgique, d'y vendre tous les biens ecclésiastiques ou féodaux au profit de la guerre, de niveler le pays. « Mais alors, lui dit Dumouriez, dans une conférence qu'ils eurent, vous voulez apparemment qu'ils deviennent, comme nous, misérables et pauvres? — Oui, Monsieur, précisément, répliqua sans se troubler l'homme aux assignats; il faut qu'ils deviennent tous pauvres comme nous, misérables comme nous; ils s'associeront à nous, nous les recevrons... — Et après?... — Nous en ferons autant plus loin; nous irons ainsi devant nous; toute la terre, à notre image, deviendra la Révolution. » Le général recula et dit : « C'est un fou furieux. » — La folie de la Révolution, ici, c'était la sagesse, elle ne faisait rien du tout, si elle ne le faisait partout. Sa première condition, pour être durable, c'était d'être universelle. La seconde, c'était d'être profonde, d'atteindre partout la propriété et s'enfoncer dans la terre.

Ce violent génie, qui était la Révolution elle-même sous la forme palpable et matérielle de l'intérêt territorial, semblait une pyramide, rude et brute, inattaquable, au milieu de la Convention. Restait à trouver le fer ou la lime qui mordrait sur ce granit, en attaquerait la base et la ferait choir par terre.

Robespierre tournait autour pour percer les fondements. Nous allons le voir encore, pour cette œuvre difficile, employer une arme neuve, le couteau aigu de Saint-Just.

Tout granit que fût Cambon, comme idée, comme principe, il était un homme aussi, un homme de chair et tuable. Il donnait prise surtout par la fureur qu'entretenaient en lui le sentiment des obstacles, la haine des voleurs de la République, la colère et le dégoût du parlage interminable, l'insuffisance des ressources, l'immensité des besoins, la clameur d'un monde infini qui criait à lui de toutes parts. Le vertige de cette situation ne troublait pas son esprit, mais le maintenait dans un état violent de colère permanente. Il avait spécialement dans l'âme une chose qui l'ulcérait, dont le souvenir l'humiliait, c'était que la Législative eût pu être, au 2 septembre, terrorisée, annulée. Il en voulait à la Commune, qui, même avant cette époque, avait menacé l'Assemblée par l'organe de Robespierre. Aussi, quand Louvet rappela ces scènes funèbres, et que la Convention, plusieurs même des Girondins, l'appuyaient assez mollement, Cambon ne se contenant plus et s'élançant de son banc jusqu'au milieu de la salle, poussa ce cri à Robespierre, montrant sa main prête à frapper : « Misérable ! voilà l'arrêt du dictateur. »

Inflexible pour la Commune, à tout ce qu'elle disait Cambon répondait : « Vos comptes ! rendez vos comptes d'abord. » A travers toutes les crises, rien ne put le faire reculer d'un pas là-dessus, jusqu'à l'enquête de mars, qui tira de la bouche de Sergent et de quelques autres de si tristes aveux [1].

Il y eut ainsi contre Cambon un accord singulier, extraordinaire.

La Commune voulait perdre, en lui, son accusateur obstiné.

Les Jacobins voulaient le perdre. Ils ne lui pardonnaient pas son absence, son éloignement de la société, le mépris qu'il semblait en faire.

Les prêtres voulaient le perdre. Il vendait leurs

---

[1]. Les dépositions, fort curieuses, témoignent que Maillard avait pris d'extrêmes précautions pour que les effets et bijoux des morts de l'Abbaye fussent en sûreté. Ces effets, enlevés, malgré Maillard, par le comité de surveillance, sans inventaire, sans précautions, furent (Sergent l'avoue) convoités par les membres du comité; Sergent, Panis, Deforgues et autres *se choisirent chacun une montre* (outre la fameuse agate). Sergent emporte les montres pour les faire estimer par son horloger, il se charge d'en faire acheter, il en achète pour un autre, il donne un acompte, etc. Triste maquignonnage, dans cette magistrature terrible et alors toute-puissante ! (Archives de la Seine, *Conseil général de la Commune, Comptabilité*, vol. XXXIX, c. XIII.

biens en France et voulait les vendre en Belgique.

Mais les plus furieux peut-être contre l'assignat et Cambon, c'étaient les banquiers. La banque, frappée en Belgique, menacée en sa capitale, je veux dire en Hollande, en Angleterre même, agissait ici contre lui d'une action insaisissable, par ses longs bras invisibles. Cambon les sentait partout et ne les atteignait pas. Tout ce qu'il en voyait, des fenêtres de la trésorerie, c'était le Perron, les marchands d'argent du Palais-Royal, ces courtiers d'or et de sang. Il les voyait, sous ses yeux même, tramer à leur aise, semer les fausses nouvelles, discréditer l'assignat, à petit bruit tuer la France. Il les voyait et souvent échangeait avec eux des regards brûlants de fureur.

Il prit un parti violent contre le monde de l'argent, les banquiers, les fournisseurs. Il joua sa tête. Le 15 novembre, il fit décider que l'ancienne régie cesserait pour les fournitures de l'armée et que la nouvelle ne commencerait qu'au 1er janvier. C'était décréter que, pendant six semaines, l'armée deviendrait ce qu'elle pourrait. Dumouriez jetait les hauts cris, disait que Cambon était fou. Cambon savait parfaitement qu'une armée établie dans le plus gras pays du monde ne périrait pas; il croyait que sa détresse obligerait à toucher aux biens ecclésiastiques et féodaux, à en faire des assignats. Cette question si grave, sur laquelle la Convention hésitait, allait se trouver ainsi tranchée par la nécessité. La Belgique, malgré Dumouriez, eût été révolutionnée à fond. L'ambitieux général, qui désirait au contraire qu'elle restât Belgique, avec son clergé, ses nobles, son vieux système gothique, s'arrangea avec ce clergé, avec les banquiers, essaya de vivre sans faire la révolution. Cambon se trouva dans une situation terrible, ayant aventuré l'armée, ayant réuni contre lui, ce qu'on n'aurait cru jamais, les trois grandes forces du monde, la banque, les prêtres et les Jacobins.

Les Jacobins crurent le moment venu et qu'il était mûr, que cet homme, où personne n'avait pu mettre encore la dent, mollissait, était bon à mordre. Le 16 novembre, un membre du comité des finances, un collègue de Cambon, le dénonce à la société. « On a cru Cambon ennemi des banquiers, des agioteurs, et l'on s'est trompé; ces gens-là ne sont atteints que par l'impôt mobilier; Cambon veut les exempter. Il veut supprimer les patentes. Un projet qu'il va présenter supprime aussi pour les prêtres le salaire donné par l'État. Quel moyen plus sûr d'irriter le peuple, de préparer la guerre civile?

Dans la réalité, le complet anéantissement de l'industrie, la fermeture universelle des boutiques, rendaient l'impôt des patentes très peu productif. L'impôt mobilier rendait peu; les riches ou étaient partis ou s'étaient faits petits et humbles; l'impôt ne savait où les prendre. Au contraire, rien n'était plus facile et plus raisonnable que de faire porter l'impôt sur la propriété, dans un moment où elle subissait un changement si favorable. Le nouveau propriétaire, joyeux de son acquisition, était encore trop heureux de posséder une terre, dût-elle supporter plus d'impôts.

Quant aux prêtres, le rude Cambon avait pris nettement son parti. Il croyait, non sans raison, que les prêtres, même assermentés, étaient toujours prêtres. On a vu en effet la facilité avec laquelle cette Église, qu'on eût crue révolutionnaire, s'est remise sur le joug du pape. De ce grand corps du clergé, les trois quarts étaient l'ennemi de la Révolution et son capital obstacle; l'autre quart, sans autorité morale et sans force, était un dangereux appui, où la Révolution n'essayerait pas un moment de s'appuyer sans risquer une lourde chute.

Cambon, qui avait vécu longtemps à la porte de la Vendée, croyait que cette question de salaire ne ferait rien dans la crise, n'empêcherait rien. Danton était d'avis contraire. Il craignait que cette économie ne devînt le prétexte de l'éruption.

Pour Robespierre, cette affaire devenait un texte excellent. On a vu que, pendant la Constituante, il avait été constamment le défenseur officieux des prêtres. C'était un des points les moins variables de sa politique; il y resta fidèle en pleine Terreur; c'est pour eux, en grande partie, pour le maintien de l'ancien culte, qu'il frappa Hébert et Chaumette. Les prêtres lui surent un gré infini de ce sacrifice, et jusqu'au dernier moment espérèrent en lui. Forte base pour un politique de se voir assis à la fois sur les seules associations qui existassent en France, chef actuel de la société jacobine et patron en espérance de la société ecclésiastique, toujours si forte en dessous.

Ce rôle n'était pas sans péril. Robespierre, en attaquant le projet de Cambon, montra une extrême prudence; il ne parla pas, il écrivit. Dans une *Lettre à ses commettants*, il allégua contre le projet des raisons purement politiques, rappelant que les anciens législateurs avaient ménagé les préjugés de leurs concitoyens, et conseillant « d'attendre le moment où les bases sacrées de la moralité publique pourraient être remplacées par les lois, les mœurs et les lumières ». Il semblait, au reste, se fier peu à la foi du peuple, à son zèle pour l'ancien culte; il ne faisait pas difficulté d'avouer que : Ne plus payer ce culte ou le laisser périr, c'était à peu près la même chose. »

Vers la fin de cette lettre, il jetait, comme en passant, une attaque très directe, très personnelle contre Cambon. Si l'on veut des économies, disait-il, il y en aurait d'autres à faire. « Ce seraient celles qui rendraient impossibles les déprédations du gouvernement; celles qui ne laisseraient point à un seul *l'administration* presque arbitraire *des domaines* immenses de la nation, avec une dictature aussi ridicule que monstrueuse. »

Le mot *administration* et le mot *domaines* étaient très perfides; jamais Cambon n'avait voulu rien *administrer*, jamais il n'avait eu entre les mains le moindre *domaine* public, pas plus qu'il n'avait manié un seul denier de l'État. Il surveillait, voilà tout. Il était, si on peut le dire, censeur général des finances, l'œil impitoyable et sévère, toujours ouvert sur les comptables, fournisseurs, etc. Ces mots, parfaitement inexacts, *administration* et *domaines*, étaient habilement combinés pour éveiller les imaginations. Rien que de vague, il est vrai, nulle accusation précise. Mais le commentaire venait assez de lui-même; le public pouvait l'ajouter : « Robespierre ne dit pas tout; on voit qu'il ménage Cambon. N'importe, on devine sans peine qu'un homme qui *administre* toute la richesse publique ne doit pas s'y appauvrir... » Hypothèses d'autant plus naturelles que ce reproche *d'administrer arbitrairement les domaines* était précédé de bien près par le mot *déprédations*, à deux lignes de distance.

Tout cela n'est pas sans art. Employer le fer et le feu pour renverser un grand chêne, c'est un procédé grossier, c'est faire du bruit, de l'éclat. Celui qui saurait en passant lui mettre un ver à la racine aurait travaillé bien mieux. Il pourrait suivre son chemin et vaquer à ses affaires. Le ver n'en irait pas moins, et tacitement, doucement, accomplirait à la longue l'œuvre de la destruction.

La lettre conseillait encore, si l'on voulait des économies, « *de fixer des bornes sages* à nos entreprises militaires », rentrant ainsi dans l'inintelligente politique que tant de fois Robespierre exposa aux Jacobins, et qui nous porterait à croire que ce grand tacticien des clubs n'eut point le génie révolutionnaire. Contenir une telle Révolution *dans des bornes prudentes et sages !* ne pas comprendre que la garder, la tenir murée et close, c'était la chose impossible, la chose ridicule et la chose injuste !... Elle appartenait au monde ; personne ne pouvait se charger de la circonscrire. Elle devait périr ou s'étendre indéfiniment. Idée puérile, en vérité, de dire à l'Etna : « Tu feras éruption, mais *jusqu'à un certain point...* » C'est traiter ce mont terrible comme ces petits puits de feu qui, dans la Chine, s'appliquent et se proportionnent aux usages domestiques, innocents petits volcans que la ménagère prudente emploie à chauffer la marmite.

Robespierre, à son ordinaire, n'indiquait aux maux publics que des remèdes très vagues. Il fallait *craindre l'intrigue,* il fallait *éviter les mesures mesquines,* avoir des vues générales et *profondes.* Il ne descendait nullement sur le terrain scabreux, difficile, des voies et moyens. Il laissa ce soin à l'aventureux Saint-Just, qui, le 29 novembre, à l'occasion des troubles relatifs aux subsistances, attaqua le système même de Cambon, toute l'économie du temps, spécialement l'assignat.

La Convention prêta à ce discours une attention bienveillante. Il la transportait dans un monde tout différent de celui dont elle était fatiguée, un monde fixe et sans mouvement, une économie politique, dont le premier point était que les fonds de terre ne bougeraient plus, ne pourraient plus être représentés, ne seraient plus des objets de commerce. C'était le principe immobile de certaines législations antiques, adopté par nos philosophes, c'étaient Lycurgue et Mably. Tout cela dit avec une remarquable autorité, une gravité peu commune, un style sentencieux, impérieux, d'allure brusque et forte, des effets à la Montesquieu. De temps à autre, parmi les utopies, des choses de bon sens pratique, qui témoignaient que le jeune homme avait vécu à la campagne et avait bien vu. Il s'inquiétait par exemple des défrichements immenses, de la diminution des bois, des pâturages et des troupeaux. Mais, sur la cause réelle de la cherté des subsistances, il se trompait en accusant l'assignat et la difficulté que faisait le paysan de recevoir du papier. Ce papier était fort recevable alors et bien reçu en effet; il ne perdait pas beaucoup dans le commerce; et l'on pouvait le rendre sans perte à l'État, soit comme payement de l'impôt, soit en achetant des biens nationaux. La cherté venait des obstacles que les communes mettaient à la circulation des grains, et de l'avarice des paysans, qui voulaient toujours attendre, croyaient, demain, après-demain, vendre encore plus cher, avoir, comme ils disaient eux-mêmes, « tout un champ pour un sac de blé ».

Quel remède économique proposait Saint-Just aux embarras de l'époque ? Le vieux remède de Vauban, l'impôt en nature, en denrées. Sans examiner tout ce que ce système a des difficultés pratiques, il suffit de faire remarquer la lenteur infinie qu'il mettrait dans l'action de l'État. C'était, au moment de la crise la plus terrible, dans les besoins les plus urgents, lorsque nul métal, lorsque l'assignat lui-même en son vol n'allait assez rapidement, c'était proposer l'inertie des sociétés barbares. C'était, à l'homme qui court pour sauver sa maison en flammes et qui demande à Dieu des ailes, conseiller la paralysie.

Le lendemain, Brissot, dans *le Patriote*, fit cet éloge illimité du discours de Saint-Just : « Saint-Just traite la question *à fond et sous tous ses rapports politiques et moraux*; il déploie de l'esprit, de la chaleur et de la philosophie, et honore son talent *en défendant la liberté du commerce* (N° 1207, p. 622).

Cet éloge étourdi, insensé, donné, par l'homme le plus considérable de la Gironde à l'adversaire de Cambon, dut prouver à celui-ci qu'il n'avait à attendre aucun appui de la droite. La déclamation du jeune homme était accueillie par elle sans qu'elle s'aperçût seulement que ce discours renversait la pierre angulaire de la Révolution, l'assignat. Ébranler la foi à cette base de papier, la rendre chancelante, dans une telle crise, dans des besoins si impérieux, et lorsqu'on ne proposait, en réalité, aucun moyen sérieux qui y suppléât, c'était une grande légèreté, une étonnante ignorance de la situation.

Triple faute. Robespierre voulait une petite guerre bornée, décourageait la grande guerre de la révolution du monde. — Saint-Just déchirait le papier qui seul soutenait cette guerre; il immobilisait la terre mobilisée par l'assignat, coupait l'aile à la Révolution. — Et la Gironde, à cela que disait-elle, elle qui, jusque-là, lançait la guerre et l'assignat? La Gironde? chose incroyable, elle applaudissait.

Il y avait là-dessous, on est tenté de le croire, des rivalités fâcheuses, une envie peu honorable. Les Girondins, très probablement, goûtaient peu la surveillance de Cambon sur Clavières, leur ministre des finances.

Cambon, délaissé de la Gironde, avait à faire de deux choses l'une, — ou s'en aller comme Barère, faire amende honorable aux Jacobins, se soumettre à Robespierre, subordonner les affaires aux déclamations et demander conseil à la science de Saint-Just, — ou bien passer par-dessus, précipiter au delà de la prudence jacobine le char de la Révolution, pousser la guerre et réglementer la conquête de manière qu'elle fût la Révolution elle-même.

Il ne s'adressa ni à la Gironde ni à la Montagne, mais à la Convention, et contrairement aux idées émises par Robespierre, il proposa, le 15 décembre, le grand et terrible décret de la guerre révolutionnaire, la charte de la conquête, ou plutôt de la délivrance.

Personne ne contredit.

C'était la Révolution, cette fois, qui avait parlé

elle-même ; c'était le second coup de trompette qu'elle sonnait aux nations.

Le 18 novembre, la Convention avait proclamé la guerre politique, disant qu'elle appuierait toute nation qui voudrait la liberté.

Et le 15 décembre elle donnait à la guerre un caractère social, se portant pour défenseur du peuple, des classes pauvres, par toute la terre, renouvelant les gouvernements au suffrage universel, enfin (Cambon le dit lui-même), dans tout pays envahi, *sonnant le tocsin.*

Le rapport fait par lui-même, au nom des trois comités (des finances, diplomatique, militaire) est le manifeste solennel, l'éternel testament que la France révolutionnaire a légué à l'avenir, non un acte accidentel, mais celui qu'elle reprend, chaque fois qu'elle se réveille et revient à elle-même.

Le sens de ce manifeste n'est rien autre que la négation de l'ancien monde. « Quand la France s'est levée en 1789, elle a dit : *Tout privilège du petit nombre est une usurpation; j'annule et casse tout ce qui fut sous le despotisme, par un acte de ma volonté.* Voilà ce que doit faire et dire tout peuple qui veut être libre et mériter la protection de la France. »

« Pour elle, partout où elle entre, elle doit se déclarer franchement *pouvoir révolutionnaire*, ne rien déguiser, sonner le tocsin... Si elle ne le fait pas, si elle donne des mots et point d'acte, les peuples n'auront pas la force de briser leurs fers... Voyez déjà la Belgique; vos ennemis y sont triomphants, menaçants, ils parlent de Vêpres siciliennes. Vos amis y sont abattus; ils sont venus ici, timides et tremblants, n'osant même avouer leurs principes; ils vous tendaient les mains, disaient : « Nous abandonnerez-vous ? »

« Non, ce n'est pas de la sorte que la France doit agir. Quand les généraux entrent dans un pays, ils doivent assembler le peuple, lui faire nommer des juges, des administrateurs provisoires, une autorité nouvelle, et l'ancienne, la mettre à néant... Voulez-vous que vos ennemis restent à la tête des affaires ?... Il faut que les *sans-culottes* participent partout à l'administration. (Tonnerre d'applaudissements.)

« Nos généraux doivent donner sûreté aux personnes, aux propriétés. Mais celles de l'État, celles des princes, de leurs fauteurs et satellites, celles des communautés laïques et ecclésiastiques, ils doivent les saisir (c'est le gage des frais de la guerre), les tenir, non par leurs mains, mais par celles des administrateurs que nommera le peuple affranchi.

« Ils doivent supprimer toute servitude, tout privilège, les droits féodaux, les dîmes, tous les anciens impôts. S'il faut des contributions, ce n'est point à vos généraux à les établir; c'est aux administrations provisoires, à vos commissaires, qu'il appartient de les lever, et sur les riches seulement; l'indigent ne doit rien payer. Nous ne sommes pas des gens du fisc; nous ne venons pas pour vexer le peuple.

« Rassurez-les, ces peuples envahis; donnez-leur

une déclaration solennelle que jamais vous ne traiterez avec leur ancien tyran. S'il s'en trouvait d'assez lâches, pour traiter eux-mêmes avec la tyrannie, la France leur dira : *Dès lors vous êtes mes ennemis!* Et elle les traitera comme tels. »

Ni Robespierre ni personne n'osa faire objection. On ne pouvait se dissimuler pourtant qu'un tel décret, en rendant la guerre toute révolutionnaire, sociale sous un rapport, la rendait universelle.

La France s'y déclarait tutrice des jeunes peuples, se chargeait de les soutenir dans les voies de la liberté. Elle se fiait à elle-même de leur affranchissement. Elle ne croyait pas que des esclaves, faibles d'esclavage envieilli, des mains engourdies de chaînes, des prisonniers jetés au jour, clignotant sous la lumière, fussent en état de lutter seuls contre la ruse et la force du vieux monde conjuré. Elle craignait avec raison qu'ils ne se décourageassent, ne se rejetassent, tremblants, effrayés de la vie même, dans la nuit et dans la mort. Elle disait d'une voix tonnante : « Vivez et soyez vous-mêmes; si vous aimiez mieux rester morts, je ne le pardonnerais jamais! »

Il n'y eut nulle objection, mais seulement une addition, fort raisonnable, proposée par la Gironde. Buzot demanda, obtint que, dans chaque pays envahi, *les nobles, les membres des corporations privilégiées ne pourraient être élus aux administrations nouvelles*, exclusion momentanée du reste et bornée à la première élection.

Un autre Girondin, Fonfrède, voulait même (chose remarquable chez un député de Bordeaux) qu'on exclût aussi « les banquiers, les hommes d'argent, tous ennemis de la liberté ».

Plusieurs amis de Robespierre, n'osant attaquer en général le manifeste de Cambon, se dédommagèrent en combattant l'addition de Buzot. Mais Rewbell et autres Montagnards, plus raisonnables, l'appuyèrent, montrant par les faits que, si la Belgique allait mal, c'était justement parce qu'aux premières élections on avait nommé les nobles et les prêtres, les aristocrates. On avait constitué les loups gardiens des moutons.

Le décret du 15 décembre avait déployé au vent le vrai drapeau de la France, par-dessus tous les partis. Si l'on eût pu en douter, il fallait ne pas regarder dans tel club ou telle assemblée, mais savoir ce qu'en pensait la grande assemblée, le peuple. Il tressaillit tout entier, embrassant d'un cœur immense la suprême nécessité qui lui arrivait d'en haut. Le manifeste nouveau était celui de la croisade pour la délivrance du globe ; il annonçait aux tyrans que la France partait de chez elle pour sauver toute la terre... Quand finirait une telle guerre ? Comment s'arrêterait-elle ? On ne pouvait le deviner.

Mais, si la France tressaillit, croyez bien que le vieux monde tressaillit aussi. Il avait prévu notre audace, mais pas jusque-là. Il aperçut avec terreur qu'elle nous créait d'un mot l'alliance universelle des tribus sans nom, sans nombre, infinies comme la poussière et foulées comme la poussière. C'était l'évocation d'une création inférieure, oubliée, muette, qui, à la voix de la France, allait sortir des ombres de la mort.

L'Angleterre jeta là l'hypocrisie, qui ne servait plus à rien. Elle arma.

Ce grand coup tombait d'aplomb sur la Belgique et la Hollande. Qu'adviendrait-il de l'Angleterre, si cette côte d'en face, dont la nullité a fait la grandeur anglaise, ressuscitait au souffle de la Révolution ?

Dumouriez et ses alliés, les banquiers, les prêtres, tombaient tous à la renverse. L'ambitieux général avait reçu, coup sur coup, des décrets ? non, des poignards. Avant d'être César, il avait trouvé Brutus.

Avec le décret du 15 décembre, il en reçut un du 13, qui défendait aux généraux de passer aucun marché, qui créait près d'eux des commissaires ordonnateurs, lesquels n'ordonneraient qu'en informant le ministre, et le ministre devait rendre compte tous les huit jours à la Convention. Le ministre était cependant Pache, un ex-ami de Roland, converti aux Jacobins et qui peuplait ses bureaux entièrement de Jacobins. Toute cette pureté civique n'empêcha pas que la Convention, défiante pour le général, ne le fût pour le ministre. Un ministre qui rendait compte par semaine était annulé. Ainsi Cambon sut fixer et, pour ainsi dire, clouer le grand gouvernail de la guerre aux mains de la Convention, il ne lui permit pas d'être confiante ni d'un côté ni de l'autre; la Gironde se serait fiée à Dumouriez, la Montagne à Pache, au ministre jacobin.

Il avait traîné à la barre les hommes de Dumouriez, ces grandes puissances d'argent, qui croyaient qu'on achetait tout, au besoin l'impunité. On les éplucha de près. Cambon prétendait qu'un seul, un abbé gascon, avait eu l'industrie de se faire sur les subsistances de l'armée un gain modéré, honnête, de vingt et un mille francs par jour.

Dumouriez avait Danton près de lui, en Belgique, quand il reçut ce coup profond du décret du 15 décembre. Consterné, il le lui montre, lui demande ce qu'il en pense : « Ce que j'en pense, dit Danton, c'est que j'en suis l'auteur. »

C'est une gloire très durable pour Danton, véritablement peu commune, d'avoir, sinon fait, au moins soutenu la grande mesure révolutionnaire que Cambon signait de son nom. Celui-ci, dans son âpreté d'économie, quelquefois mal entendue, n'avait que trop favorisé les ennemis de Danton en lui demandant un compte impossible. Le grand homme ne s'en souvint pas. C'est à son influence, sans nul doute, qu'on dut en grande partie l'accord de la Convention. Les dantonistes votant le décret du 15 décembre, aux applaudissements du peuple, les robespierristes n'auraient voté contre qu'en affrontant une extrême impopularité.

Un ordonnateur général fut envoyé pour veiller de près Dumouriez, et il fut choisi parmi ces *exagérés* que Robespierre avait fait attaquer en octobre aux Jacobins. C'était un intime ami des hommes de la Commune et leur futur général, le poète, le militaire Ronsin; Robespierre le fit plus tard guillotiner avec eux. Fut-il choisi du consentement de Cambon ? Je n'en fais nul doute. S'il en fut ainsi, il faut croire que le violent dictateur de la révolution agraire, délaissé de la Gironde, attaqué des Jacobins, ne se fit aucun scrupule de chercher des alliés au plus profond de la Montagne, et par delà Robespierre, hors de la Montagne même et de la Convention.

Cambon était dès lors fixé à la gauche, marié avec la gauche sans retour et sans divorce, voué à la suivre dans toutes ses mesures, non seulement à la mort du roi, qui, je crois, ne lui coûtait guère, mais à toutes les extrémités, aux dernières misères de 1793. Il endura tout et avala tout, excepté le 31 mai, qui lui arracha le cœur et qu'il n'a jamais pardonné.

Il avait entraîné la Montagne, au 15 décembre, et il en était entraîné. Il tua le roi avec elle, et en le tuant il crut avoir renversé la borne qui retenait la Révolution en France, l'empêchait de déborder. Le roi semblait le Dieu Terme, la limite et la barrière. Beaucoup crurent qu'on ne pouvait passer la frontière que sur son corps, qu'il fallait un sacrifice humain, un homme immolé au dieu des batailles.

L'autorité et l'exemple de celui qui représentait la révolution agraire durent peser beaucoup. Cette révolution, non sanglante jusqu'ici, distincte du drame violent, en devint l'auxiliaire ; la vente se lia au procès, elle se crut garantie par la condamnation du roi ; l'assignat parut assis sur la tête de Louis XVI.

CHAPITRE VII

LE PROCÈS. — LE ROI AU TEMPLE. — L'ARMOIRE DE FER
(NOVEMBRE-DÉCEMBRE 1792.)

Il eût fallu que le procès du roi fût celui de la royauté. — Opinions de Grégoire et de Thomas Payne. — Imprudence de la Montagne et de la Commune, qui provoquent la pitié. — État de la famille royale au Temple. — Dépenses considérables pour les prisonniers. — Comment le roi était nourri. — Intérêt que la Commune témoigne aux serviteurs de Louis XVI. — Quelle foi on doit avoir à la légende du Temple. — Papiers du roi dans l'armoire de fer. — Roland saisit les papiers et les emporte chez lui. — Ces papiers n'accusent guère que le roi et les prêtres. — Le procès est repris le 3 décembre.

Le procès une fois lancé, une chose était désirable, pour la France, pour le genre humain, c'était qu'on lui donnât toute sa grandeur, qu'il n'amenât pas seulement la condamnation d'un individu, si facile à remplacer, mais la condamnation éternelle de l'institution monarchique.

Ce procès, conduit ainsi, avait la double utilité de *replacer la royauté où elle est vraiment*, dans le peuple, de constater le droit de celui-ci et d'en commencer pour lui l'exercice par toute la terre; d'autre part, de *mettre en lumière* ce ridicule mystère dont l'humanité barbare a fait si longtemps une religion, *le mystère de l'incarnation monarchique*, la bizarre fiction qui suppose la sagesse d'un grand peuple concentrée dans un imbécile, — gouvernement de l'unité, dit-on, comme si cette pauvre tête n'était pas ordinairement le jouet de mille influences contraires qui se la disputent.

Il fallait que la royauté fût traînée au jour, exposée devant et derrière, ouverte, et qu'on vît en plein le dedans de l'idole vermoulue, la belle tête dorée, pleine d'insectes et de vers.

La royauté et le roi devaient être très utilement condamnés, jugés et mis sous le glaive. Le glaive devait-il tomber? C'était une autre question. Le roi, confondu avec l'institution morte, n'était qu'une tête de bois, vide et creuse, rien qu'une chose. Que si l'on frappait cette tête et qu'on en tirât seulement une goutte de sang, la vie était constatée; on recommençait à croire que c'était une tête vivante; la royauté revivait.

L'opinion la plus prudente, à ce point de vue, la plus sage qui ait été émise dans le procès du roi, ne sortit ni de la Gironde ni de la Montagne. Ce fut celle de Grégoire et de Thomas Payne.

Grégoire votait avec la gauche et n'était ni Jacobin ni Montagnard. Payne avait été accueilli de la Gironde, était lié avec elle, mais n'était pas Girondin.

Tous deux étaient des esprits fort indépendants et qui passaient pour bizarres. Grégoire, sanguin, emporté, violent, effervescent, d'un caractère en désaccord avec sa robe de prêtre; Payne, d'un flegme extraordinaire, plus qu'Anglais, qu'Américain, couvrant de la placidité apparente d'un quaker une âme plus naturellement républicaine que ne le fut peut-être celle des plus brillants zélateurs de la République.

Le discours de Grégoire était foudroyant pour Louis XVI. Il faut le juger, disait-il, mais il a tant fait pour le mépris *qu'il n'y a plus place à la haine*. Et il l'accablait d'un trait; c'est qu'au 10 août il avait pu abandonner ses serviteurs à la mort; tranquille au sein de l'Assemblée, *il mangeait*, pendant qu'on mourait pour lui.

Payne, dans une lettre qu'il écrivit à la Convention (il ne parlait pas notre langue), se prononçait de même contre l'inviolabilité. Il voulait qu'on fît le procès, non pas pour Louis XVI qui n'en valait pas la peine, mais comme *un commencement d'instruction* judiciaire contre la bande des rois. « De ces individus, dit-il, nous en avons un en notre pouvoir. Il nous mettra sur la voie de leur conspiration générale. Il y a aussi de fortes présomptions contre M. Guelfe, électeur de Hanovre, en sa qualité de roi d'Angleterre. Si le procès général de la royauté fait voir qu'il a acheté des Allemands, payé de l'argent anglais le landgrave de Hesse, l'exécrable trafiquant de chair humaine, ce sera une justice envers l'Angleterre de lui bien établir ce fait. La France, devenue république, a intérêt de rendre la révolution universelle. Louis XVI est très utile pour démontrer à tous la nécessité des révolutions. »

Que la forme fût bizarre ou non, le fond de cet avis était la sagesse même. Il fallait faire du procès du roi celui de la royauté, le procès général des rois. Le seul peuple qui fût république, c'est-à-dire qui fût majeur, agissait pour tous les autres qui étaient mineurs encore, procédait contre les tuteurs infidèles qui les retenaient en minorité. En agrandissant ainsi le procès et le transportant dans une sphère supérieure, la France se plaçait bien haut elle-même; elle siégeait comme juge dans la cause générale des peuples et méritait la reconnaissance du genre humain.

Ni la Montagne ni la Gironde ne semblent avoir compris ceci. L'une et l'autre laissèrent au procès un caractère individuel.

On pouvait douter s'il n'eût pas mieux valu ne pas commencer le procès. Mais, une fois décidé, il fallait y entrer franchement, vigoureusement, n'y mettre ni retard ni obstacle. C'est ce que ne fit point la Gironde. Elle se laissa traîner, elle se rendit suspecte. Elle chercha sur la route des diversions politiques. Elle fut si maladroite qu'elle finit par faire croire qu'elle était royaliste (ce qui était faux), qu'elle voulait blanchir le roi et l'innocenter (ce qui était faux). La défiance et l'esprit de contradiction allèrent augmentant; une foule d'hommes, modérés d'abord, s'indignèrent à l'idée qu'on allait escamoter le coupable et désirèrent dès lors la tête de Louis XVI.

La Montagne, d'autre part, montra une passion si furieuse et si acharnée qu'elle excita pour lui un intérêt extraordinaire. Ce fut elle, en réalité, qui blanchit le roi; on fut tenté de croire qu'un homme si cruellement poursuivi était innocent : telle est la disposition plus généreuse que logique du cœur. La Montagne vint à bout de la Gironde, l'écrasa et l'avilit. Mais elle releva Louis XVI, le glorifia, lui mit l'auréole au front. Elle gagna la partie dans la Convention, et elle la perdit par-devant le genre humain.

Mais le coup le plus grave, le plus cruel, qui pût être porté à la Révolution, ce fut certainement l'ineptie de ceux qui tinrent constamment Louis XVI en évidence, sous les yeux de la population et en rapport avec elle, qui le laissèrent voir à tous, comme homme et comme prisonnier, qui dévoilèrent ce qu'il avait d'intéressant, son foyer, qui le montrèrent au milieu de sa belle famille, prisonnière comme lui, qui n'oublièrent rien, ce semble, pour soulever la pitié, arracher les larmes.

Donnez-moi un prisonnier, le moins intéressant des hommes, fût-il très coupable et de ces crimes qui éteignent la pitié, avec le régime que la Commune établit au Temple, je vais vous faire pleurer tous.

Chaque jour, la Commune envoyait de nouveaux municipaux au Temple. Chaque jour, toutes les vingt-quatre heures, un nouveau détachement de gardes nationaux en relevait les postes intérieurs et extérieurs. Ces gens arrivaient, la plupart, fort contraires au roi, pleins de la passion du temps, l'outrage à la bouche. Comment sortiraient-ils le lendemain? Tout autres, entièrement changés. Beaucoup arrivaient Jacobins et revenaient royalistes.

Voici la conversation qui s'établissait le soir où l'homme descendait de garde, entre lui et sa femme, impatiente et curieuse : « Eh bien, as-tu vu le roi? — Oui, disait l'homme tout triste. — Mais comment est-il? et que faisait-il? — Ma foi! je ne peux pas dire autrement, le tyran a l'air d'un brave homme. Je l'aurais pris, si je n'avais été prévenu, pour un bon rentier du Marais. Il passe le temps, quand il a fait ses prières, à étudier avec son fils, et tout exprès il s'est remis au latin... — Et encore? — Eh bien, encore, il s'occupe à chercher le mot des énigmes du *Mercure* pour désennuyer sa femme... — Et encore? — Ma foi, la nuit il soigne son valet de chambre; il s'est levé en chemise pour lui donner la tisane... » Qu'on juge de l'effet de ces détails naïfs; la femme éclatait en sanglots, et souvent le mari lui-même laissait échapper des larmes.

Ce qui frappait le plus les gardes nationaux et leur faisait croire que le roi pouvait fort bien être innocent, c'était la profondeur et le calme de son sommeil. Tous les jours après le dîner, il s'endormait pour deux heures, au milieu de sa famille, parmi les allants et les venants. Ce sommeil était celui d'un homme en parfait état de conscience, qui se sent juste et bien avec Dieu.

Sanguin et replet, comme il était, l'air, l'exercice, lui étaient fort nécessaires, il souffrait de la prison. L'humidité de la tour lui donna, à l'entrée de l'hiver, des fluxions et des rhumes. Sa sœur, Madame Élisabeth, jeune et forte personne de vingt-huit ans, avait le même tempérament ; dans sa très pure virginité elle souffrait beaucoup du sang, des humeurs. On fut obligé, au Temple, de lui établir un cautère. Elle passait le temps à coudre et raccommoder, ou bien à lire les offices. La pauvre princesse n'avait pas une dévotion bien haute, ni beaucoup d'instruction, si j'en juge par ses cahiers de jeune fille que j'ai sous les yeux. On avait essayé aux Tuileries de lui apprendre l'anglais et l'italien, et elle étudiait cette dernière langue dans le plus sot livre religieux dont personne ait connaissance, la *Canonisation du bienheureux Labre*, faite au dernier siècle.

Quelque inquiète que fût la surveillance de la Commune, ce jeune gouvernement révolutionnaire était si nouveau dans la tyrannie qu'on trouvait mille moyens, sous ses yeux mêmes, d'arriver à la famille royale. Il suffisait pour cela d'avoir l'air d'un furieux patriote, de crier, gesticuler, de vomir contre le roi des injures et des menaces. Non seulement la garde et les municipaux approchaient du roi, mais des ouvriers qui travaillaient à la tour, des inconnus même parfois, sans prétexte ni motif.

Beaucoup achetaient, par cette comédie de colère patriotique, la facilité de le voir, l'occasion de le servir. C'est ce que la famille royale ne comprenait pas toujours. Elle sut mauvais gré à Cléry, le fidèle valet de chambre, de manger et faire gras avec ostentation les jours que le roi jeûnait. Elle s'indigna de voir un médecin, très zélé pour elle, plein de cœur, et qui réclamait en sa faveur près de la Commune, faire un jour, devant le roi, une dissertation sur l'éducation démocratique qui convenait au dauphin. L'objet de la plus vive aversion de la famille royale était un concierge du Temple, le sapeur Rocher, qui ne perdait nulle occasion d'afficher l'insolence. Cet homme pourtant était un agent de Pétion, placé là par la Gironde; il appartenait au parti qui voulait épargner le sang du roi. Détesté de la famille royale, il n'en fut pas moins dénoncé aux clubs et n'eut pas peu de peine pour s'excuser aux Jacobins. On le chassa en décembre.

Les traitements dont le roi pouvait avoir à se plaindre ne tenaient nullement au mauvais vouloir de la Convention. Pétion avait eu l'idée humaine certainement, politique peut-être, de le garder au centre de la France, loin de l'émeute, loin de Paris, que sa présence agitait, dans une résidence très digne d'un roi fainéant, à Chambord, de *l'engraisser* là. On eût eu seulement à craindre, par la Loire, quelque coup des Vendéens. On pensait au Luxembourg; mais il y avait le danger d'une fuite par les catacombes. La Commune exigea qu'on le mît au

Temple, et la Convention le vota ainsi, entendant par là le palais du Temple.

Ce ne fut qu'au moment même de la translation, et lorsque Pétion avait déjà amené la famille royale au palais, que la Commune, alarmée par une dénonciation, décida qu'il devait être renfermé au donjon du Temple. Ordre d'exécution difficile; rien n'était prêt. La tour n'avait jamais eu d'habitant, depuis des siècles, qu'un portier ou un domestique. Ce logis abandonné n'offrait, dans son étroit circuit, que de misérables galetas, de vieux lits, fort sales. Manuel en rougit lui-même lorsqu'il y amena le roi. On travailla immédiatement à rendre le logis plus propre et plus habitable.

La Convention n'avait pas marchandé pour la subsistance du roi. Elle vota tout d'abord la somme de cinq cent mille livres. Sur cette somme, en quatre mois, la dépense de la bouche fut de quarante livres, c'est-à-dire de dix mille livres par mois, soit trois cent trente-trois livres par jour (en assignats, mais alors ils perdaient très peu); c'était une dépense suffisante en vérité pour un temps de famine et de misère générale.

Louis XVI avait, au Temple, trois domestiques et treize officiers de bouche. Il avait chaque jour, à dîner, « quatre entrées, deux rôtis, chacun de trois pièces, quatre entremets, trois compotes, trois assiettes de fruit, un petit carafon de Bordeaux et un de Malvoisie ou de Madère ». (Rapport du 28 novembre.) Ce vin était pour lui seul; la famille n'en buvait pas.

Cette nourriture, convenable pour un homme qui eût passé les jours à la chasse, dans les bois de Rambouillet ou de Versailles, était beaucoup trop forte pour un prisonnier. Toute la promenade était, non pas une cour, non pas un jardin, mais un malheureux terrain sec et nu, avec deux ou trois compartiments de gazon flétri, quelques arbres rabougris, effeuillés au vent d'automne. Là, tous les jours, à deux heures, la famille royale venait prendre un peu d'air et faisait jouer l'enfant. Elle y était l'objet de la curiosité peu respectueuse des gardes nationaux, qui se renouvelaient chaque jour. Des paroles grossières, outrageantes, échappaient parfois, parfois des mots licencieux qu'on eût dû épargner aux oreilles des princesses. L'attitude de la reine, il faut le dire (je parle ici d'après le témoignage de mon père, qui monta la garde au Temple), était souverainement irritante et provocante. La jeune dauphine, malgré le charme de son âge, intéressait peu; plus Autrichienne encore que sa mère, elle était toute princesse et Marie-Thérèse; elle armait ses regards de fierté et de mépris.

Le roi, avec l'air myope, le regard vague, la démarche lourde, le balancement ordinaire aux Bourbons, faisait à mon père l'effet d'un gros fermier de la Beauce.

L'enfant était joli et intéressant; il avait toutefois (on peut en juger par ses portraits) l'œil d'un bleu cru, assez dur, comme l'ont généralement les princes de la maison d'Autriche. Très affiné par sa mère, il comprenait tout, sentait parfaitement la situation et montrait souvent de l'adresse, une innocente petite politique, qui surprenait dans un enfant si jeune et allait au cœur.

Quel était en réalité le traitement fait par la Commune à la famille royale ? Rigoureux certainement, plein de défiance, quelquefois de vexations. Il faut songer qu'on ne parlait que de tentatives d'enlèvement, que des rassemblements suspects étaient toujours autour du Temple, que la garde nationale, introduite chaque jour, était mêlée de royalistes. On comprend parfaitement l'inquiétude de la Commune, qui répondait d'un tel dépôt à la France.

N'oublions pas non plus que ces terribles magistrats de la Commune étaient les moins libres des hommes, qu'à chaque instant il leur fallait obéir à un bien autre tyran et le plus terrible, le caprice populaire, ému parfois au hasard d'un faux bruit, d'une délation. Sur un mot mal rapporté, peut-être entendu de travers, on courait à l'Hôtel de Ville, on enjoignait à la Commune telle mesure nouvelle pour garder le Temple. Il ne restait qu'à obéir.

Le valet de chambre, M. Hue, raconte qu'en septembre, mené, enfermé à l'Hôtel de Ville, il ne trouva dans Manuel que douceur et qu'humanité. Manuel s'absentant fut suppléé par Tallien, au grand chagrin du valet de chambre. Il voit entrer dans son cachot un jeune homme d'une physionomie douce, qui lui montre beaucoup d'intérêt, le console et lui donne espoir ; ce jeune homme était Tallien.

M. Hue, sorti de prison et demandant avec une honorable obstination à rentrer dans le Temple, alla solliciter la protection de Chaumette, devenu alors, comme on va voir, procureur de la Commune. Chaumette le reçut à merveille et ferma sa porte pour mieux lui parler. Il lui conta toute sa vie, son emprisonnement à la Bastille pour un article de gazette, comme s'il eût voulu s'excuser, sur ces persécutions, de sa violence actuelle. Il nomma à M. Hue les traîtres qui se trouvaient parmi les serviteurs du roi. Il parla avec intérêt du petit dauphin : « Je lui ferai donner quelque éducation, dit-il; mais il faudra bien l'éloigner de sa famille pour qu'il perde l'idée de son rang. Quant au roi, il périra. » Puis, s'adressant à M. Hue : « Le roi vous aime », dit-il. Et comme Hue fondait en larmes : « Pleurez, dit Chaumette, donnez cours à votre douleur... Je vous mépriserais si vous ne regrettiez votre maître. »

Chaumette a été guillotiné, ainsi que toute la Commune. Une bonne partie de la Montagne l'a été aussi. Ils n'ont pas eu le temps d'écrire, ils ont abandonné leur mémoire aux hasards de l'avenir. Les royalistes, au contraire, qui se posent comme seules victimes et réclament pour eux seuls la commisération publique, ont survécu et ont eu tout le temps, tout le loisir d'arranger à leur guise ces événements. Qui nous les a racontés? Pas un Jacobin, pas un Montagnard, pas un homme de la Commune. Les seuls témoins par lesquels nous connaissons les détails du séjour du roi au Temple, ce sont ses valets de chambre. C'est M. Hue, qui imprime à l'imprimerie royale, en 1814, en pleine réaction. C'est Cléry, qui imprime à Londres en 1798, parmi les Anglais et les émigrés, qui tous avaient intérêt à canoniser celui dont la mort les servait si bien. Notez que telles anecdotes, trop naïves, de cette première édition ont été hardiment supprimées dans l'édition française. Nous avons encore de prétendus *Mémoires* de Madame d'Angoulême, *écrits à la tour du Temple*, où elle ne pouvait écrire, n'ayant jamais eu ni papier ni encre. Ceux qui vinrent la délivrer furent touchés de voir qu'elle était réduite à charbonner sur les murs.

Les royalistes ont si prodigieusement usé de fraudes pieuses et de saints mensonges dans leurs actes des martyrs (spécialement pour la Vendée), nous les surprenons si souvent en flagrant délit, lorsque nous pouvons contrôler, qu'il faut bien qu'ils nous permettent de conserver quelques doutes sur maint détail de cette légende du Temple, où ils parlent seuls dans leur propre cause. Parfois, ils se contredisent entre eux, et l'on pourrait discuter. Je n'essayerai pas de le faire. Je regrette seulement que les historiens aient copié docilement, développé même parfois la prolixe légende des chroniqueurs de parti.

De très bonne heure, on put remarquer que cette affaire, conduite maladroitement, brutalement, par le gouvernement de la foule et du hasard, présentée habilement au point de vue légendaire par le parti royaliste, aurait un effet terrible dans l'opinion, que tout l'intérêt serait pour le coupable, la haine pour les juges, pour la France révolutionnaire. Les tyrans sont plus habiles; ils ne montrent pas leurs victimes, ils les cachent, les enfouissent, les enterrent au donjon du Spielberg, aux puits de Venise. Dans sa prison tout ouverte, sur l'échafaud même, Louis XVI trônait encore. Qui savait la destinée, qui compatissait aux souffrances des martyrs de la liberté, que, pendant ce temps, Catherine faisait mourir en Sibérie ?

Il y avait bien des raisons de presser ce fatal procès qui créait tous les jours de nouveaux partisans au roi. Chose remarquable et peu attendue, ce fut la Montagne qui en suspendit le cours (jusqu'au 3 décembre).

Elle voulait, avant tout, et raisonnablement, il faut l'avouer, qu'on examinât sévèrement dans les papiers des Tuileries si, comme le bruit en courait, plusieurs des députés de la Législative, devenus membres de la Convention, n'y étaient pas compromis. Une commission fut chargée de cet examen, et la Gironde se plut à faire nommer rapporteur un des plus violents Montagnards, un vieux légiste d'Alsace, devenu l'élixir des Jacobins, le député Rulh.

Ces papiers excitaient la plus vive curiosité. C'était Louis XVI qui les avait cachés dans un mur des Tuileries. Le prince forgeron avait lui-même, sans autre témoin que son compagnon ordinaire de forge, fabriqué une porte de fer qui, recouverte elle-même d'un panneau de boiserie, fermait la cachette. Le compagnon, d'esprit faible, ne put porter ce grand secret. Il y avait toujours eu d'anciens contes populaires de princes qui faisaient disparaître le dépositaire d'un secret, l'enfouisseur d'un trésor. Tout cela apparemment lui vint en mémoire ; il ne dormit plus, languit. Il s'imagina que le roi avait pu lui jeter un sort ou l'avait empoisonné. Il se rappelait en effet qu'un jour, le roi, le voyant altéré, lui avait versé à boire de sa propre main ; dès ce jour, il avait commencé à dépérir. Sa femme le confirme dans cette pensée. Il veut se venger au moins avant de mourir ; il court chez le ministre de l'intérieur, lui dévoile tout.

M. et Madame Roland crurent qu'il n'y avait pas une minute à perdre. Ils n'appelèrent personne, n'associèrent personne à la découverte. Roland courut aux Tuileries, ouvrit l'armoire mystérieuse, mit les papiers dans une serviette et revint les verser sur les genoux de sa femme. Après un examen rapide entre les deux époux, après que Roland eut pris note de chaque liasse et inscrit son nom dessus, alors seulement le fatal trésor fut porté à la Convention (20 novembre).

La conduite de Roland en ceci fut étrange, difficile à justifier : ne devait-il pas se faire assister d'une commission de représentants dans la levée des papiers ? Ne devait-il pas les porter immédiatement à l'Assemblée nationale? Oui, certes, selon l'usage, la loi, la raison, ce semble. Et pourtant, s'il l'eût fait ainsi, il eût fort bien pu se faire que les papiers confiés immédiatement à une commission, placés dans un des bureaux, sous la clé des commissaires, fussent en partie soustraits ou peut-être falsifiés. Ces bureaux n'étaient nullement sûrs. Un membre d'une commission pouvait y venir, dans l'absence des autres, ouvrir, travailler à son aise. Des papiers disparurent plus d'une fois. D'autres, altérés plus ou moins habilement, servirent d'instrument aux haines. On vit, par exemple, produire à la Convention un faux maladroit, honteux; on avait profité d'un nom peu différent de Brissot; au moyen d'une légère surcharge, d'un changement d'une lettre ou deux, un ennemi avait entrepris de perdre le célèbre Girondin et le faire passer pour traître. Qui accuser? Les commis des bureaux ou les représentants eux-mêmes qui, tous les jours, au sein des commissions, avaient les pièces à leur discrétion, les maniaient et les annotaient?

Les papiers de l'armoire de fer, gardés aujourd'hui aux Archives nationales, portent le seing de Roland. Je suis disposé à croire que le défiant ministre ne les laissa pas échapper de ses mains sans avoir pris cette précaution contre la Convention elle-même, je veux dire contre les mains inconnues auxquelles la Convention allait en confier la garde.

En relisant attentivement cette masse de documents, lettres, mémoires, actes de tous genres, je trouve qu'ils n'ont d'importance sérieuse que contre le roi lui-même et les prêtres qui le dirigeaient. Pas un homme politique de quelque importance n'y est compromis par aucun acte qui puisse faire preuve. Les prêtres apparaissent là dans leur véritable jour, comme auteurs réels de la guerre civile. Depuis les funestes oracles de l'évêque de Clermont, toujours consulté par le roi dès 1789, jusqu'aux fatales et meurtrières philippiques des prêtres de Maine-et-Loire qui lui donnent, en 1792, le courage de la résistance et précipitent sa chute, cette correspondance ecclésiastique présente l'arrière-scène de la Révolution, sa misérable coulisse, la ficelle honteuse qui tira le roi au gouffre.

Le roi lui-même apparaît sous un jour fâcheux, d'un esprit étroit et aigre, ingrat et ne haïssant que ceux qui veulent le sauver; Necker, Mirabeau, La Fayette, sont les principaux objets de sa haine.

Ce qui est plus triste, c'est de voir combien ce prince dévot entre aisément dans les plans de corruption que lui présentent un ministre confident, Laporte, un magistrat d'une aptitude spéciale aux choses de police, ce Talon qui escamota le fatal papier de Favras, des intrigants, des aventuriers, un Sainte-Foy, et d'autres. Nul scrupule, nulle répugnance, ce semble, du côté du roi; ces marchés d'hommes lui vont. On le voit avec étonnement passer sans hésitation du confessionnal à la manipulation des consciences politiques.

Maintenant cette corruption écrite, en projets, allat-elle jusqu'aux actes? Les gens que les entremetteurs se vantent d'avoir achetés, le furent-ils effectivement? Rien ne l'indique, en vérité : je ne vois pas là leurs reçus. Ce que je vois, c'est que la plupart de ces courtiers de consciences sont eux-mêmes des misérables que personne n'aurait voulu croire dans la moindre chose. Qui nous dit que cet argent qu'ils assurent avoir donné ne s'est point arrêté dans leurs poches?

Le seul qu'on soit tenté de croire est Laporte, quand il nous donne le traité de Mirabeau, les sommes qu'il exigeait pour organiser son ministère de l'opinion publique.

Madame Roland, sans nul doute, eût ardemment désiré trouver quelque chose contre Danton. On ne trouva rien, ni là ni ailleurs. Aujourd'hui encore, il n'y a rien qu'une allégation de ses ennemis, La Fayette et Bertrand de Molleville.

Rulh chercha, comme on peut croire, avidement contre la Gironde et ne trouva rien non plus. Un seul mot contre Kersaint. Et ce mot, en réalité, était son éloge; un donneur de conseils, voulant guérir le mal par l'excès du mal, proposait de mettre au ministère de la marine un violent patriote, et c'était Kersaint.

Les sauveurs secrets de la monarchie écrivaient au roi que, s'il voulait leur donner la légère somme de deux millions, ils se faisaient fort de lui acheter seize des membres les plus remarquables par le talent et le patriotisme, ceux qui menaient l'Assemblée.

Un mot de Guadet, un mot de Barère (accusé vaguement, comme on a vu), prouvèrent qu'il n'y avait rien contre la Législative, que ses membres pouvaient procéder au jugement. Barbaroux le réclama, à l'heure même, et demanda que Louis XVI fût mis *en cause*.

— Non, dit le Montagnard Charlier, *en état d'accusation*.

— Mais d'abord, dit un député de la droite, qu'il soit entendu.

Jean-Bon Saint-André : « Louis Capet a été jugé le 10 août; remettre son jugement en question, ce serait faire le procès à la Révolution; ce serait vous déclarer rebelles. »

Robespierre reprit cette idée, avec un long développement, un discours très calculé, que personne n'attendait alors, qu'il gardait depuis trois semaines (depuis le discours de Saint-Just), et qu'il lança au moment où la Commune de Paris, renouvelée de la veille, venait d'exprimer son vote pour la mort immédiate. Le discours de Robespierre tirait de cette circonstance une autorité terrible.

Un mot de ce renouvellement de la Commune, qui vient changer la face des choses.

CHAPITRE VIII

LE PROCÈS. — COMPARUTION DU ROI (11 DÉCEMBRE 1792).

La nouvelle Commune, 2 décembre. — Discours de Robespierre contre le roi, 3 décembre. — Versatilité singulière de la Gironde et de la Montagne, 4-9 décembre. — Crédulité aux accusations. — Madame Roland à la Convention, 7 décembre. — Actes d'accusation par Lindet et Barbaroux. — Le roi comparaît à la barre, 11 décembre. — Il ne récuse point la Convention. — Ses mensonges évidents. — Retour du roi au Temple. — Intérêt qu'inspire le roi. — Les défenseurs du roi. — Malesherbes. — Vie de Malesherbes. — Sa mort en 1793. — Olympe de Gouges demande de défendre le roi, décembre 1792. — Sa mort en 1793.

Le 2 décembre, la Commune du 10 août s'en va, et la nouvelle s'installe, la Commune de 1793.

C'est une autre génération, comme une autre race d'hommes, qui vient siéger au conseil général; ceux-ci sont, en grande partie, des artisans de tous métiers, d'habitudes rudes et grossières. Peu, très peu de ressemblance avec le peuple d'aujourd'hui, n'ayant ni l'allure militaire de ceux-ci, leur vivacité spirituelle, leurs élans parfois chevaleresques; n'ayant non plus et ne pouvant avoir la grande expérience que soixante ans de plus (et d'une telle histoire!) ont donnée au peuple. Ces hommes de main et de bras, de gestes et de cris sauvages, n'en étaient pas moins dirigés (comme toujours) par l'homme de plume. J'appelle ainsi trois personnages, déjà très influents dans la Commune du 10 août : Lhuillier d'abord, l'homme de Robespierre, ex-cordonnier, quelque peu clerc, qui prenait alors le titre d'homme de loi; puis, au delà de Robespierre, les aventureux journalistes Hébert et Chaumette. Ils se firent nommer procureur et procureur-syndic de la Commune. Le maire seul fut Girondin; ce fut le médecin Chambon; on a pu voir par septembre, par la mairie de Pétion, que cette charge était un honneur plutôt qu'une autorité.

Le 2 décembre, la veille du discours de Robespierre, la nouvelle Commune, à peine nommée, vint, comme un flot furieux, frapper à la Convention. Fureur vraie ou simulée? Si l'emphase ridicule rendait la parole suspecte, on croirait volontiers que l'adresse, froide et violente, enflée jusqu'au dernier burlesque, sortit d'une plume hypocrite (peut-être celle d'Hébert). Le nouveau roi, le peuple, comme les rois du Moyen-âge, avait près de lui tel bouffon, pervers et cynique, qui se moquait de son maître. Le rédacteur, s'inspirant des plus mauvais vers de Corneille, se dressant sur des échasses pour commander à l'Assemblée de toute la hauteur du peuple, jetait toutefois, parmi les banalités, des mots significatifs : *Le peuple peut s'ennuyer...* Et encore : « *La mort pourrait vous soustraire votre victime...* et alors on publierait que les Français n'ont pas osé juger leur roi... »

Le discours de Robespierre, prononcé le 3, fut comme la traduction littéraire, académique, de cette rhétorique barbare. Cette pièce fort travaillée, comme une chose qui doit rester et faite pour la lecture, a (sauf quelques antithèses) une gravité triste et noble, peu de pointe, peu de tranchant. Pour ma part, j'aime mieux le poignard romain de Saint-Just, plus atroce et moins odieux.

Saint-Just, en apparence plus violent, plus habile en réalité, n'insiste pas sur la justice. La royauté, selon lui, est chose *hors nature;* nul rapport naturel de peuple à roi; un roi est un monstre qu'il faut étouffer; — ou, si c'est un homme, c'est *un ennemi* qu'il faut tuer au plus vite.

Robespierre reprend cette thèse, mais la rend plus odieuse en voulant l'approfondir, en s'efforçant d'être juste, en remontant à ce qu'il croit la source de la justice. Elle n'est autre, selon lui, que la volonté populaire. Il fait du peuple, non l'organe naturel et vraisemblable de la justice naturelle, mais il a l'air de le confondre avec la justice même. Déification insensée du peuple, qui lui asservit le droit.

Beaucoup de choses confuses, discutables, sur *l'ordre de la nature* que nous prenons pour désordre, sur *l'état de nature* qui, dit-il, est celui de guerre, et autres banalités du dix-huitième siècle. Des flatteries *sur les mouvements majestueux d'un grand peuple,* que notre inexpérience prend pour l'éruption d'un volcan, etc.

Ce qui est plus sérieux, ce qu'a négligé Saint-Just, c'est la thèse de l'intérêt, avouée par Robespierre et posée par lui mieux que celle de la justice : « Le roi est en guerre avec vous; il combat contre vous du fond de son cachot... Qu'arrivera-t-il, si le procès traîne, s'il dure encore au printemps, quand les despotes nous livreront une attaque générale? » — Là, Robespierre était fort, réellement; il y avait lieu de songer si la vie du roi, à cette époque, ne serait pas un danger national. « Statuons donc dès ce moment, disait-il. Point de procès, mais une mesure de salut public, un acte de providence nationale à exercer. Louis doit mourir, parce qu'il faut que la patrie vive... Déclaré traître à la nation, criminel envers l'humanité, qu'il meure au lieu même où sont morts au 10 août les martyrs de la liberté... »

Robespierre disait, dans ce discours, une chose qu'on pouvait tourner contre lui, qui servait ses adversaires : « *Le roi a été tué*... Qui a le droit de le ressusciter pour en faire un nouveau prétexte de troubles et de rébellions? »

C'est précisément ce que disait la Gironde : « *Le roi a été tué*... Vous le ressuscitez en voulant le tuer encore. » — Et la chose, en effet, arriva ainsi. Le roi, tué au 10 août, revécut par le procès et, le 21 janvier, consomma sa résurrection dans l'âme et le cœur de l'Europe.

« Je demande, dit Buzot, le 4 décembre, que quiconque parlera de rétablir la royauté soit puni de mort... On saura s'il y a des royalistes dans cette Assemblée. » — Grand tumulte, la Montagne demande qu'on réserve *le droit* du peuple, celui des *assemblées primaires*. — Et la Gironde s'écrie : « Vous êtes donc royalistes? » — L'Assemblée, par acclamation, vote la proposition de Buzot; mais elle accorde à la Montagne que le roi soit jugé sans désemparer. Robespierre voulait qu'il ne fût pas même entendu. Buzot demanda, obtint qu'on le laissât parler, au moins pour nommer ses complices.

La Montagne, le 4 décembre, attestait ainsi le pouvoir suprême du peuple dans les assemblées primaires, *son droit absolu* en toute question, et *même contre la République*, ce qui impliquait cette absurdité que le peuple avait le droit de se renier, de s'abdiquer, se suicider et ne plus être le peuple.

Pitié pour la nature humaine, pour le vertige effroyable d'une tempête où toute tête d'homme tournait à son tour!... Cette thèse dangereuse du droit illimité du peuple, la Gironde la reprend, le 9, dans une autre question. Mais alors la Montagne n'a pas même souvenir de son absurdité du 4, elle devient raisonnable et repousse la théorie qu'elle a posée cinq jours avant.

Il s'agissait cette fois du très funeste principe dont mourut la Convention, et qui, dès sa naissance, avait été posé contre elle par Robespierre aux Jacobins, à savoir : *Que le peuple garde le droit de révoquer ses députés* avant la fin de leur mandat, qu'à tout moment il peut briser l'élection qu'il vient de faire, ce qui revient à dire qu'aucune élection n'est solide, aucune assemblée sûre de vivre, que le député tremblant siégera et votera sous la censure des tribunes, soumettant jour par jour sa conscience aux injonctions de la foule. A quoi Marat ajoutait cette aimable variante, que le peuple souverain viendrait écouter ses députés avec des poches pleines de pierres, pour que, s'ils ne marchaient pas droit, il pût non pas seulement annuler l'élection, mais anéantir les élus.

Le 9, les Girondins reprirent la thèse jacobine de la révocabilité des députés, comme une arme contre la Montagne. Ce jour-là, ils signèrent leur mort.

Ils voulaient frapper de cette arme l'apôtre de septembre, Marat. Mais, quelque Marat qu'il pût être, il n'en avait pas moins le signé sacré de la représentation nationale; la violer en un seul, c'était l'effacer en tous, leur arracher à tous la toge de représentants du peuple, et, nus, désarmés, dépouillés, les livrer aux violences de la force, aux fureurs des factions.

Il était d'autant plus hasardeux de toucher cette question que la Convention ne sortait point du suffrage universel; elle n'était pas nommée par les assemblées primaires, mais par l'élection à deux degrés. Les électeurs, élus eux-mêmes, qui l'avaient nommée, cette Assemblée, lui donnaient-ils la même force qu'elle eût eue si elle fût sortie, sans intermédiaire, du peuple? C'était une question dangereuse à soulever, effroyable pour les conséquences, qui peut-être contenait dix ans d'anarchie.

La Gironde, par l'organe de Guadet, eut l'insigne imprudence d'appuyer une adresse des Bouches-du-Rhône qui invoquait contre Marat le principe jacobin de la révocabilité des députés. Guadet demanda, la Convention vota par acclamation : « Que les assemblées primaires se réuniraient pour prononcer sur le rappel des membres qui auraient trahi la patrie. »

Il se trouva heureusement quelques hommes de bon sens, de divers partis, pour écarter le danger. Manuel, Barère, Prieur, montrèrent à la Convention le gouffre qu'elle ouvrait sous ses pas. Prieur dit qu'en ce moment l'appel aux assemblées primaires ne serait qu'un appel aux influences aristocratiques, qu'au moment d'un jugement, l'Assemblée se tuait elle-même, si elle proclamait son autorité incertaine et provisoire. Guadet demanda lui-même l'ajournement de sa proposition, et la Convention révoqua son décret.

Entre ces deux journées du 4 et du 9, où les deux partis donnèrent l'étrange spectacle de changer de rôle, l'un se chargeant de soutenir la thèse que l'autre abandonnait, la Convention eut, le 7, un misérable intermède où l'on vit l'excès de crédulité où la passion furieuse peut faire descendre les hommes.

Un intrigant, nommé Viard, avait amusé Fauchet et le ministre Lebrun des intelligences qu'il avait, disait-il, dans le parti royaliste, dont il surprendrait les secrets. Il en tira une mission, et, au retour, n'étant pas sans doute rétribué selon ses prétentions, il alla trouver Chabot et Marat, se fit fort de leur faire saisir les fils d'un grand complot girondin ; Roland en était et sa femme. Marat tomba sur l'hameçon avec l'âpreté du requin ; quand on jette au poisson vorace du bois, des pierres ou du fer, il avale indifféremment. Chabot était fort léger, gobe-mouches, s'il en fut, avec de l'esprit, peu de sens, encore moins de délicatesse ; il se dépêcha de croire, se garda bien d'examiner. La Convention perdit tout un jour à examiner elle-même, à se disputer, s'injurier. On fit au Viard l'honneur de le faire venir, et l'on entrevit fort bien que ce respectable témoin produit par Chabot et Marat était un espion, qui probablement travaillait pour tous les partis. On appela, on écouta Madame Roland, qui toucha toute l'Assemblée par sa grâce et sa raison, ses paroles pleines de sens, de modestie et de tact. Chabot était accablé. Marat, furieux, écrivit le soir dans sa feuille que le tout avait été arrangé par les rolandistes pour mystifier les patriotes et les rendre ridicules.

Il y avait près d'un mois que le procès commencé restait là, par terre, ne remuant plus, n'avançant plus, en réalité faisant place à un procès plus grand encore. J'appelle ainsi le duel d'extermination qu'engageaient l'une contre l'autre la Montagne et la Gironde, se prenant maladroitement, se colletant gauchement, comme des lutteurs novices, se tâtant extérieurement encore, si l'on peut dire, jusqu'à ce qu'ils trouvassent une place où le fer glissât et perçât le cœur.

Le 10 enfin, au nom des vingt et un chargés du procès du roi, Robert Lindet lit une espèce d'histoire du roi depuis 1789, histoire habilement accusatrice, où se reconnaissait la main d'un légiste normand consommé en sa sagesse normande. Les Lindet étaient deux frères, Robert et Thomas, l'avocat, le prêtre ; tous deux siégeaient à la Montagne. Robert, dans son exposé historique, s'attachait à bien concentrer toute l'accusation sur la tête du roi, à empêcher qu'elle ne s'égarât, que du roi elle ne se détournât sur les ministres. Il établissait, ce qui était vrai, que les ministres de Louis XVI avaient eu sur lui très peu d'influence. Ce que Lindet ne dit point, c'est que celle de la reine, de la cour, avait été pour beaucoup dans ses déterminations, celle des prêtres plus puissante encore ; les pièces du procès ne le témoignaient que trop.

Chaque parti voulait sa part dans l'accusation. La commission ayant donné à un Montagnard la part historique, dédommagea la Gironde en chargeant le Girondin Barbaroux de présenter l'acte des griefs, acte dont chaque article devait fournir au président la matière, la forme même des questions qu'il adresserait à l'accusé.

« Le 11 décembre, Louis se leva à sept heures.

Sa prière fut de trois quarts d'heure. A huit heures, il entendit avec inquiétude le bruit du tambour, se promena dans la chambre et écouta attentivement. « Il me semble, disait-il, que j'entends le « trépignement des chevaux. » Ils ont ensuite déjeuné en famille ; la plus grande agitation régnait sur les visages. Après le déjeuner, au lieu de la leçon habituelle de géographie, il a fait avec son fils une partie au jeu de siam. On l'a prévenu que le maire allait venir, mais qu'il ne lui parlerait pas en présence de son fils. Il l'a embrassé et renvoyé. Le maire n'est venu qu'à une heure ; on a lu le décret qui ordonne que Louis Capet sera conduit à la barre de la Convention. « Je ne m'appelle point « Capet, a-t-il dit ; mes ancêtres ont porté ce nom, « mais jamais on ne m'a appelé ainsi... Au reste, « c'est une suite des traitements que j'éprouve « depuis six mois *par la force...* » Il ajouta encore : « Vous m'avez privé, une heure trop, tôt de mon « fils. » Il a demandé ensuite à passer sa redingote noisette par-dessus son habit. Au bas de l'escalier, les fusils, les piques, les cavaliers bleu de ciel dont il ignorait la formation, ont paru l'inquiéter. Dans la cour il a jeté un dernier coup d'œil sur la tour (où il laissait sa famille) ; on est parti. Il pleuvait. »

« Il ne donna dans la route aucun signe de tristesse, parla peu. Il demanda, en passant devant les portes Saint-Martin et Saint-Denis, laquelle on avait proposé de démolir. Entré aux Feuillants,

Santerre lui mit la main sur le bras et le mena à la barre à la même place et sur le même fauteuil où il accepta la constitution. »

Le roi jusque-là était sans conseil, mais on voit qu'il avait réfléchi sur ce qu'il avait à faire. L'histoire de Charles Ier surtout, qui refusa d'abord de répondre et demanda à parler lorsqu'il n'était plus temps, avait instruit Louis XVI et l'avait décidé à suivre une marche contraire. Il ne récusa point ses juges. Quoiqu'il eût fait entendre, au départ, qu'il ne cédait qu'à la force, il ne fit pas de difficulté de répondre au président comme à une autorité légitime.

A la première question : « Pourquoi avez-vous, le 23 juin 1789, entouré l'Assemblée de troupes et voulu dicter des lois à la nation ? » — Il répondit : « Il n'existait pas de loi qui me le défendît. J'étais maître de faire marcher des troupes, mais je n'ai point voulu répandre le sang. »

Il continua de répondre avec assez d'adresse et de présence d'esprit, tantôt se rejetant sur les ministres, tantôt alléguant la constitution même qui lui avait permis tels des faits qu'on lui reprochait, et, pour les faits plus anciens, alléguant que son acceptation de la constitution, en 1791, les avait comme effacés. Il soutint, pour le 10 août, qu'il n'avait rien fait que de défendre les autorités constituées réunies dans le château.

Plusieurs de ces réponses, d'une mauvaise foi évidente, étaient de nature à lui faire grand tort dans l'opinion. Quand on lui rappela, par exemple, les millions qu'il avait donnés pour acheter des consciences, il répondit froidement : « Je n'avais pas de plus grand plaisir que de donner à ceux qui en avaient besoin. »

Il assura n'avoir jamais eu connaissance d'un seul projet de contre-révolution.

Sur les lettres, actes et mémoires contre-révolutionnaires qu'on lui représenta datés et annotés de sa main, sa réponse fut toujours la même : « Je ne les reconnais pas. »

Cette triste manière de chicaner sa vie par des mensonges évidents était de nature à diminuer l'intérêt. Cependant la force de la situation, le caractère terrible de la tragédie domina, fit oublier les misères de la défense. Tous furent émus, ceux même qui s'étaient le plus déclarés contre lui et le menaient à la mort.

« Au sortir de la Convention, Louis étant dans la salle des conférences, comme il était près de cinq heures, le maire lui demanda s'il voulait prendre quelque chose. Il répondit : « Non. » Mais, un instant après, voyant un grenadier tirer un pain de sa poche et en donner la moitié à Chaumette, Louis s'approcha de celui-ci pour lui en demander un morceau. Chaumette, en se reculant : « Demandez
« tout haut ce que vous voulez, Monsieur. — Capet reprit : « Je vous demande un morceau de votre
« pain. — Volontiers, dit Chaumette; tenez, rompez,
« c'est un déjeuner de Spartiate. Si j'avais une

« racine, je vous en donnerais la moitié. » — On descendit dans la cour; Louis fut accueilli d'un chœur formidable de forts de la Halle et de charbonniers qui chantaient à pleine poitrine le refrain de la *Marseillaise :* « Qu'un sang impur abreuve nos « sillons ! » — Il remonta en voiture et mangea seulement la croûte de son pain. Il ne savait trop comment se débarrasser de la mie, et il en parla au substitut, qui jeta le morceau par la portière. — « Ah ! reprit Capet, c'est mal de jeter ainsi le pain, « surtout dans un moment où il est rare. — Et « comment savez-vous qu'il est rare ? reprit Chau- « mette. — Parce que celui que je mange sent un « peu la terre. » — Le procureur de la Commune, après un intervalle, s'avisa d'ajouter : — « Ma grand'- « mère me disait toujours : « Petit garçon, on ne « doit pas perdre une mie de pain, vous ne pourriez « pas en faire venir autant. — Monsieur Chaumette, « reprit Louis Capet, votre grand'mère était, à ce « qu'il me paraît, une femme de grand sens. »

Il y eut quelque silence. Chaumette resta muet, enfoncé dans la voiture. Puis, soit qu'il n'eût pas lui-même mieux déjeuné que le roi, soit qu'à la longue la fatigue, la force des impressions violentes dans ce lugubre jour, eussent triomphé de sa nature, il avoua qu'il ne se sentait pas bien. Le roi attribua la chose au roulis de la voiture, qui allait au pas. « Avez-vous été sur mer ? dit-il à Chaumette. — Oui, reprit celui-ci, j'ai fait la guerre avec La Motte-Piquet... — La Motte-Piquet ! dit le roi, c'était un brave homme. » Et à son tour il se tut quelques moments, se reportant sans doute à sa pensée favorite, la marine, à cette glorieuse époque de son règne, déjà éloignée, où ses vaisseaux étaient vainqueurs sur toutes les mers, où lui-même donnait ses instructions à La Peyrouse, dessinait le port de Cherbourg. Ah! s'il y eut jamais un contraste, c'était celui-ci sans doute, le souvenir de ce jour où le roi, jeune, puissant, florissant de vie, dans l'éblouissant costume d'amiral (rouge et or), sous la fumée de cent canons, traversa la rade du grand port créée par lui, visita la fameuse digue où la France avait vaincu (plus que l'Anglais) l'Océan.

Qui l'eût reconnu au jour du 11 décembre, dans cette image de pitié qui, tout ce long jour d'hiver, en son triste vêtement brun, naviguait, pour ainsi dire, entre la pluie qui tombait et la boue des boulevards?... Chose dure! et triste à dire, les détails de cette misère, loin d'augmenter l'intérêt, l'auraient neutralisé plutôt. La sienne n'était rehaussée d'aucun effet dramatique. Ce n'était nullement le spectre livide, le sombre Ugolin que l'imagination populaire cherche dans un prisonnier. C'était l'homme gras encore, mais qui déjà a maigri, d'une graisse pâle et malade qui ne remplit plus les joues et pend sur le col plissé. Sa barbe était de trois jours; on lui avait ôté l'avant-veille les rasoirs et les ciseaux; ni courte ni longue, elle n'était qu'inculte et sale, une végétation fortuite, inégale, de vilains poils blonds, rendaient toute sauvage sa face hérissée. Au retour surtout, le jeûne, l'affaiblissement, la fatigue, en faisaient un objet pitoyable à voir. Cet homme, qui semblait fort, mais très lourd, très mol, ne pouvait rien supporter; on l'a vu, la nuit du 10 août, cette nuit suprême de la monarchie, il ne put veiller, se coucha. Au 11 décembre, le grand air, nouveau pour le prisonnier, l'effarouchait en quelque sorte, ajoutait à l'éblouissement naturel du myope en pleine lumière. Il promenait sur la foule un regard qui ne regardait rien; seulement, à chaque rue que l'on dépassait sur la ligne des boulevards, la faculté proverbiale des Bourbons, la mémoire automatique lui en faisait dire le nom : « Voici telle rue »; — puis : « Telle rue »; comme un enfant à moitié endormi, qui répète une vieille leçon, ou une montre qui machinalement, indifféremment sonne l'heure. Une chose parut l'éveiller; il nommait la rue d'Orléans : « Dites la rue de l'Égalité, lui dit-on. — Ah! oui, dit-il, à cause de... » Dès lors, il se tut et ne dit plus rien.

L'effet sur toute la route ne fut pas celui qu'on eût cru; il y eut un grand silence, peu de cris de mort. Il y avait beaucoup de monde; tous individus isolés, point de groupes, on n'en souffrait pas. Ils regardaient, observaient, contenant leur pensée, quelle qu'elle fût.

Un mouvement de pitié cependant s'était fait dans les cœurs. Ceux qui craignirent le moins de le manifester, ce furent ceux qui avaient constamment demandé la mort du roi et la demandaient toujours. Les *Révolutions de Paris*, journal où Chaumette avait souvent écrit et peut-être écrivait encore, n'hésitèrent pas à exprimer le sentiment public. Ce journal blâme avec raison le rapport d'un commissaire de la Commune « qui se permet de faire de l'esprit aux dépens d'un prisonnier qui va être jugé à mort. » Il blâme la Commune même : « Louis s'est plaint avec justice qu'on l'ait privé trop tôt de la compagnie de son fils. Il est pourtant si facile de concilier les droits de la justice et le vœu de l'humanité. *On se conduit avec les prisonniers du Temple de manière qu'ils finiront par exciter la pitié.* »

C'était l'impression générale. Elle se produisit avec force dans la Convention même. On y manifesta plus hardiment le désir que le procès se fît d'une manière régulière. Le 12, Thuriot demandant qu'on hâtât le jugement, et qu'au plus tôt « le tyran portât sa tête sur l'échafaud », il y eut un soulèvement d'indignation dans l'Assemblée; on lui cria : « Rappelez-vous votre caractère de juge ! » Il fut obligé de s'expliquer, d'ajouter : « Je dis seulement que *si les crimes imputés à Louis sont démontrés*, il doit périr... »

Un membre insista pour qu'on donnât à l'accusé le temps d'examiner les pièces, disant : « Nous ne craignons pas la haine des rois, mais l'exécration des nations... »

Le 15, un représentant qui jusque-là marquait

dans les violents de la Montagne, l'homme du 6 octobre, Lecointre, de Versailles, étonna toute l'Assemblée en demandant que Louis pût voir sa famille, ses enfants.

L'opposition furieuse de Tallien qui osa dire : « qu'en vain la Convention le voudrait, si la Commune ne le voulait pas », irrita et rallia à la proposition de Lecointre. On vota *que l'accusé verrait ses enfants*, mais qu'eux-mêmes ne verraient leur mère et leur tante qu'après les interrogatoires.

Ce qui fut plus significatif encore, c'est que, Barère sortant de la présidence, la Convention nomma président Fermont, qui, le 11, avait demandé que l'accusé pût être assis à la barre et qu'on lui donnât un siège. Les secrétaires furent Girondins ou d'opinion modérée : Louvet, Creuzé-Latouche et Osselin.

Le roi avait choisi pour défenseurs des avocats propres à le conduire adroitement dans son triste genre de défense, de chicanes, de négations, les constituants Tronchet et Target. Target dit qu'il était malade, fatigué et épuisé; ce qui n'était que trop vrai. Le roi prit à sa place un homme connu dans le barreau, l'avocat Desèze.

Le gentilhomme que le roi avait envoyé au roi de Prusse, M. Aubier, voulait revenir et le défendre. Un M. Sourdat, de Troyes, s'offrit de même, disant hardiment : « Qu'il était conduit à défendre Louis XVI par le sentiment de son innocence. »

L'offre de M. Aubier était tardive; elle n'eut

d'autre effet que de lui valoir une pension de douze mille livres que lui donna le roi de Prusse.

Pour les deux autres qui s'offrirent, c'étaient deux personnes qui, à divers titres, avaient bien mérité de la Révolution, et qui n'avaient nullement à se louer de la cour. Moins heureux que le royaliste, ils n'eurent d'autre récompense de leur courage que la guillotine.

Le premier c'était Malesherbes.

L'autre était une femme, la brillante improvisatrice méridionale dont nous avons parlé déjà, Olympe de Gouges.

Je dirai ici même, sans ajourner davantage, ce que j'ai à dire sur la destinée de ces généreuses personnes, je n'attendrai pas jusqu'à la fin de 1793; ils passeraient dans la foule, mêlés à tant d'autres, sur le fatal tombereau. Je veux les mettre ici à part. Là où ils furent héroïques, là aussi qu'ils reçoivent ce qui leur revient de larmes.

Malesherbes était, comme on sait, de cette famille Lamoignon, laborieuse entre toutes, qui travailla utilement, sous Louis XIV, à la réforme des lois, famille honnête, n'eût été la bassesse servile de son dévouement monarchique. Malesherbes était petit-neveu de ce Lamoignon de Basville, le tyran du Languedoc, le bourreau des protestants, qui couvrit ce pays de potences, de roues, de bûchers. Le neveu, pour cela même sans doute, fut philosophe, se jeta dans l'excès contraire, et, si j'en crois l'un de ses plus intimes amis, dépassa l'incrédulité des plus incrédules.

Il n'y avait pas un meilleur homme, plus honnête, plus généreux. Sans espoir d'une vie à venir (que sa vertu méritait), sans l'appui des consolations qu'on trouve dans la pensée divine, il suivit, simple, droit, ferme, l'idée du bien, du devoir. Jamais la magistrature n'eut de plus dignes paroles que les Remontrances de Malesherbes, président de la Cour des Aides. Il fut ministre avec Turgot, tomba avec lui. Il était peu propre au pouvoir, étant né gauche et maladroit, sans ménagements ni tempéraments, sans connaissance des hommes.

Une chose, parmi tant de services rendus au pays, rendait cet homme sacré, c'est que, sans lui, ni l'*Émile*, ni l'*Encyclopédie*, ni la plupart des grands ouvrages du dix-huitième siècle, n'auraient pu paraître. Il était alors directeur de la librairie; il couvrit de sa protection les libertés de la pensée, enseigna lui-même aux écrivains à éluder l'absurde tyrannie du temps. Il revit lui-même, ne censura pas, corrigea avec respect les épreuves de Rousseau.

L'âge n'avait rien changé dans M. de Malesherbes. Il avait, en 1792, à soixante-douze ans, l'esprit ferme, le chœur chaleureux de son âge viril. C'était un contraste piquant de trouver dans ce petit homme, un peu rond, un peu vulgaire (vraie figure d'apothicaire sous une petite perruque), un héros des temps anciens. Il avait dans la parole la sève, parfois la verve facétieuse, un peu caustique, de la vieille magistrature, et avec cela des traits admirables échappaient de son âme noble, bien près du sublime. Rien ne put, dans le procès, l'empêcher de dire : « Le roi », et (en lui parlant) : « Sire. » — « Qui donc vous rend si hardi ? lui dit un conventionnel. — Le mépris de la vie. »

Il était resté tranquille, chez lui, à la campagne, en 1793. Un tel homme ne songeait guère à émigrer. N'était-il pas sous la protection des grandes ombres du dix-huitième siècle? Qu'aurait dit Rousseau, bon Dieu ! si on lui avait annoncé que ses inintelligents disciples tueraient le bienveillant censeur, le propagateur d'*Émile*, au nom même de ses doctrines ?

En octobre 1793, on arrêta son gendre, le président Rosambo, pour une vieille protestation du Parlement en 1789 ; faute réelle, certainement, mais enfin déjà ancienne d'un homme inoffensif, qu'on aurait pu oublier. Puis, le lendemain, sans cause ni prétexte, on arrêta Malesherbes. Il se montra indifférent, plutôt gai ; il aimait autant en finir.

Le seul témoin contre lui était un domestique qui lui aurait dit, en 1789, que les vignes avaient gelé, et Malesherbes aurait répondu : « Tant mieux ! s'il n'y a pas de vin, nos têtes seront plus sages. » Il ne voulut pas se défendre et s'en alla, en causant tranquillement, à la guillotine.

Le concierge de Monceaux (où l'on portait alors les corps des suppliciés), eut une preuve singulière du calme de Malesherbes. Quand il dépouilla son corps, il trouva, dans ses culottes, sa montre montée à midi. Il la montait habituellement à cette heure, et il l'avait fait encore, deux heures avant l'échafaud.

On trouvera peu convenable que, près d'un nom si vénéré, j'amène Olympe de Gouges, une femme légère, très légère, comme on l'a dit durement. Cette femme s'est rapprochée de Malesherbes par l'analogie de son dévouement, et elle s'est trouvée aussi rapprochée de lui par la mort. Qu'il l'accueille donc près de lui dans cette histoire avec la bonté et l'indulgence paternelle qu'il aurait eue dans sa vie.

Elle n'était pas, comme lui, protégée par cette longue vie de services rendus au pays; elle risquait davantage. Elle était fort compromise, cette infortunée; elle avait déjà assez de se défendre elle-même. Plusieurs amis, Mercier entre autres, lui avaient conseillé, dès longtemps, de s'arrêter. Elle n'écouta personne, parla toujours et très haut, flottant d'un parti à l'autre, selon sa sensibilité, au flot de son cœur. Révolutionnaire de nature et de tendance, lorsqu'elle vit pourtant, au 6 octobre, le roi et la reine amenés ici captifs, elle se sentit royaliste. La mauvaise foi de la cour et sa trahison évidente la refirent républicaine, et elle conta naïvement sa conversion au public dans un noble pamphlet : la *Fierté de l'Innocence*. Elle fondait alors des sociétés populaires de femmes, essayant de tenir un milieu difficile entre les Jacobins et les Feuillants. Ses liaisons avec la Gironde, son *Pronostic sur Robespierre* ne la mettaient que trop en péril, lorsque la scène émouvante du 11 décembre l'enleva à la considération de ses propres dangers, et elle offrit de défendre le roi. L'offre ne fut pas acceptée, mais, dès lors, elle fut perdue.

Les femmes, dans leurs dévouements publics où bravent les partis, risquent bien plus que les hommes. C'était un odieux machiavélisme des barbares de ce temps de mettre la main sur celles dont l'héroïsme pouvait exciter l'enthousiasme, de les rendre ridicules par ces outrages que la brutalité inflige aisément à un sexe faible. On a vu les craintes de Madame Roland et l'insulte trop réelle qu'on fit à Théroigne en 1793. Olympe fut au moment d'être traitée de même ou plus cruellement encore. Un jour, saisie dans un groupe, elle est prise par la tête ; un brutal tient cette tête serrée sous le bras, lui arrache le bonnet ; ses cheveux se déroulent... pauvres cheveux gris, quoiqu'elle n'eût que trente-huit ans ; le talent et la passion l'avaient consumée. « Qui veut la tête d'Olympe pour quinze sols ? » criait le barbare. Et doucement, sans se troubler : « Mon ami, dit-elle, mon ami, j'y mets la pièce de trente. » On rit, et elle échappa.

Ce ne fut pas pour longtemps. Traduite au tribunal révolutionnaire, elle eut l'affreuse amertume de voir son fils la renier avec mépris. Là, la force lui manqua. Par une triste réaction de la nature, dont les plus intrépides ne sont pas toujours exempts, amollie et trempée de larmes, elle se remit à être femme, faible, tremblante, à avoir peur de la mort.

On lui dit que des femmes enceintes avaient obtenu un ajournement du supplice. Elle voulut, dit-on, l'être aussi. Un ami lui aurait rendu, en pleurant, le triste office, dont on prévoyait l'inutilité. Les matrones et les chirurgiens consultés par le tribunal furent assez cruels pour dire que, s'il y avait grossesse, elle était trop récente pour qu'on pût la constater.

Elle reprit tout son courage devant l'échafaud et mourut en recommandant à la Patrie sa vengeance et sa mémoire.

CHAPITRE IX

LE PROCÈS. — DISCUSSION INCIDENTE SUR L'ÉDUCATION.
DIVERSION CONTRE LE DUC D'ORLÉANS (DÉCEMBRE 1792).

Plan d'éducation par les Girondins, décembre. — Les prêtres et les Jacobins d'accord pour ne vouloir qu'un seul degré d'instruction, décembre 1792. — Emportements du philosophisme girondin. — Robespierre brise le buste d'Helvétius, 5 décembre 1792. — Faiblesse morale des deux partis dans leurs plans d'éducation. — Suite du procès. — Diversion contre la maison d'Orléans, 16 décembre 1792. — Comment s'est formée et conservée la fortune de la maison d'Orléans. — La Montagne sauve le duc d'Orléans, 19 décembre 1792.

La Convention remplissait les intervalles du procès par un sujet non moins grave, l'organisation première d'un système *d'éducation nationale.*

La Constituante était arrivée à la fin de sa longue carrière sans trouver le temps de jeter cette première pierre de la société nouvelle. Elle laissa à la Législative pour héritage en ce genre un fastueux rapport de Talleyrand *sur l'instruction* en général. Dissertation littéraire, élégante, qui posait seulement les principes dans une vague généralité. La Législative y ajouta un travail plus philosophique, le rapport de Condorcet *sur l'instruction.* Dans cette œuvre sérieuse, importante à la fois par la hauteur des vues et par la tendance pratique, on distinguait quatre degrés d'instruction, depuis les écoles primaires jusqu'à l'Institut. La Convention, au commencement de décembre, reçut et discuta un projet d'organisation des écoles primaires, proposé par son comité d'instruction publique, d'après les vues de Condorcet.

Ce projet, apporté par Lanthenas, ami de Roland et d'abord chef de bureau dans son ministère, contenait la pensée la plus démocratique de la Gironde, le procédé par lequel elle croyait niveler sans secousse la société[1]. L'école primaire, gratuite pour tous, était la porte par laquelle l'enfant laborieux du pauvre pouvait entrer dans la classe des *élèves de la patrie*, qui parcouraient gratuitement tous les autres degrés de l'instruction. Les instituteurs étaient élus, au suffrage universel, par les pères de famille. Le prêtre ne pouvait devenir instituteur qu'en renonçant à la prêtrise. L'enseignement était commun à tous, sans distinction de culte. « Ce qui concernait les cultes n'était pas enseigné dans l'école, mais seulement dans le temple. »

Le projet girondin était basé, on le voit, sur la séparation de l'Église et de l'État. Les prêtres, même constitutionnels, étaient éloignés de l'école, renvoyés

---

1. Les idées sociales de ce parti, telles qu'on les entrevoit dans les articles de Brissot (décembre 1792) et dans l'important discours de Jean Debry (24 décembre), auraient été les suivantes :

1° *Nul impôt sur le pauvre;* 2° *l'impôt progressif* sur ceux qui possèdent; 3° *l'abolition de toute succession en ligne collatérale;* 4° *l'adoption,* érigée en institution et combinée de manière à élever la condition du pauvre.

au temple, à l'enseignement strictement religieux ; on ne leur laissait que Dieu, qui, ce semble, est la meilleure part (puisqu'au fond elle contient tout).

Cette part ne leur suffit jamais. Durand de Maillane, assis à droite, sur les mêmes bancs que les Girondins, réclama vivement contre leur projet. Il demanda que les prêtres pussent être instituteurs et soutint la thèse populaire qu'il ne fallait qu'un seul degré d'instruction. Il s'accordait parfaitement en ceci avec Robespierre, qui de même croyait l'égalité blessée par une hiérarchie d'écoles dont les plus élevées sans doute ne peuvent être fréquentées de tous. Que faire cependant, en pratique ? Les partisans de cette opinion seront obligés d'admettre une des deux conclusions qui suivent, — ou qu'il faut supprimer le haut enseignement, découronner la science, abolir à la fois les écoles philosophiques qui la résument et les écoles de spécialités difficiles qui l'approfondissent, niveler la science pour niveler les hommes, l'abaisser, faire une science peu savante, enfin une science non science ; — ou bien porter dans l'enseignement primaire ces hautes sciences dont on a fermé les écoles, professer (pour ceux qui épèlent !) le calcul infinitésimal et les difficultés de la métaphysique [1].

Durand de Maillane était un canoniste gallican

[1]. Ce dernier parti est absurde, direz-vous, il ne peut tomber dans l'esprit. Vous vous trompez. Tel a été l'enseignement chrétien, tel il est encore ; l'Église enseigne aux plus ignorants, sans préparation, sans initiation préalable, le résumé prodigieusement abstrait des subtilités byzantines qu'Aristote et Platon

de réputation, un savant. On n'en fut que plus étonné de l'entendre dire qu'une même école suffisait, autrement dit qu'on pouvait fermer les écoles supérieures. Le prêtre, en ceci, faisait sa cour aux Jacobins, à Robespierre. Il avait parfaitement compris le conseil de celui-ci : « La sûreté est à gauche ». (Voir plus haut). Il n'avait pas passé à gauche, mais il trouvait politique, en restant à droite, de constater qu'il était indépendant des opinions de la droite, que, sur des questions de doctrine (sinon d'actualité), il appartenait réellement à la société jacobine, où il s'était fait agréger, et qu'il était bon Jacobin.

On lui répondit de la droite et de la gauche elle-même. Marie-Joseph Chénier, qui était de la gauche, mais qui ne dépendait nullement de l'église jacobine, réclama vivement contre la fermeture des hautes écoles et l'abaissement des sciences.

Un député de la droite, Dupont, répondit aussi avec chaleur aux déclamations cléricales et jacobines de Durand contre la philosophie. Il dit assez heureusement: « Vous êtes député de Marseille... Eh bien, savez-vous qui a armé vos Marseillais contre le trône et qui a fait le 10 août?... C'est la philosophie, Monsieur !... Vous demandez, en vrai barbare, si les arts mécaniques ne devraient pas être recommandés plus que les sciences ? Vous ignorez que tout se lie,

auraient eu peine à comprendre. Éducation singulière, qui a contribué, plus que nulle chose au monde, à fonder une ignorance solide et durable, bien plus, à fausser les esprits, à les stériliser pendant tant de siècles. Voir mon livre *le Peuple*, et l'important ouvrage de M. Quinet : *l'Enseignement du peuple*.

que la charpente d'un vaisseau, sa construction, tiennent à tout ce que les sciences ont de plus élevé et de plus abstrait... »

Puis, perdant tout son sang-froid, Dupont se jeta dans un furieux dithyrambe à la Diderot, peu philosophique et peu politique, très propre à compromettre son parti : « Quoi! dit-il, les trônes sont renversés, les rois expirent, et les autels sont debout!... Et pourtant les trônes abattus laissent ces autels à nu, sans appui et chancelants; un souffle de la raison suffit pour les faire disparaître... Croyez-vous donc fonder la République avec d'autres autels que celui de la Patrie?... » Sa voix fut ici, de droite et de gauche, couverte par les vociférations des prêtres et évêques constitutionnels, nombreux dans la Convention. Alors s'emportant davantage, il répéta le cri d'Isnard : « La nature et la raison sont les dieux de l'homme, mes dieux... » (L'abbé Audiren : « On n'y tient plus... » Et il sort.) Dupont, s'animant encore plus : « Je l'avouerai à la Convention, je suis athée (Rumeurs; quelques voix: « Qu'importe? vous êtes honnête homme »)... Mais je défie un seul homme d'attaquer ma vie, mes mœurs... Je ne sais si les chrétiens de Durand pourront faire le même défi. »

L'emportement du Girondin, qui croyait ne nier le prêtre qu'en niant Dieu même, tournait contre son parti; il avait pour effet naturel d'éloigner de la Gironde, de jeter de l'autre côté beaucoup d'âmes religieuses, une bonne partie du peuple.

Robespierre, bien plus habile, pendant cette discussion, s'était déclaré, aux Jacobins, l'ennemi de la philosophie immorale, irréligieuse du dix-huitième siècle. Il avait proposé à la société de proscrire cette philosophie, aussi bien que la corruption politique. Un membre ayant demandé qu'on brisât le buste de Mirabeau, Robespierre proposa aussi de briser celui d'Helvétius. « Un intrigant, dit-il, un misérable bel esprit, un persécuteur de ce bon Jean-Jacques... Helvétius eût augmenté la foule des intrigants qui désolent la patrie... » On dressa à l'instant des échelles, on descendit les deux bustes; ils furent brisés, foulés aux pieds, et leurs couronnes brûlées avec grand applaudissement.

Les Girondins ayant, comme on a vu, défendu, mis sous leur patronage politique la philosophie du dix-huitième siècle (sans bien distinguer les nuances si diverses de cette philosophie), un coup sur Helvétius semblait porter sur la Gironde.

On a vu combien ce parti flottant avait peu d'unité d'esprit, et l'on a pu deviner qu'il était incapable de formuler une foi simple, identique. C'est le reproche le plus grave qu'on eût pu faire au plan de Condorcet, au projet spécial de Lanthenas et des Roland. On n'y sent nulle part la force d'une grande idée morale, l'autorité de la foi. Condorcet y prétend que l'étude des sciences physiques et mathématiques doit être antérieure, supérieure à l'étude des sciences morales, ne s'apercevant pas que les mathématiques ne sont qu'*un instrument*, une méthode, un procédé, qu'elles ne donnent rien *pour la substance* que l'éducation veut former. Quant aux sciences de la nature, elles fournissent à la substance morale sans doute, à condition qu'elles soient enveloppées et pénétrées, vivifiées profondément par ce qui vivifie tout, par l'âme.

Au reste, la simplicité forte de l'idée morale, la religion du droit absolu manque également aux deux partis, à la Gironde, à la Montagne, à Condorcet, à Robespierre.

C'est précisément le moment où Robespierre, quittant sa doctrine primitive (Rien n'est utile que ce qui est juste), invoque, pour loi suprême, l'intérêt, le salut public.

S'il atteste la Providence, ce n'est pas comme témoin du droit absolu, c'est comme consolation ici-bas, ce qui est un intérêt, comme espérance d'avenir, ce qui est encore un intérêt éloigné.

Il flotte, comme son maître Rousseau, qui, dans l'*Émile*, pose le droit absolu, même indépendant de Dieu, et tellement absolu qu'il lui assujettit Dieu même; — et qui, dans le *Contrat social*, éprouve le besoin de donner au droit une base autre que le droit; il croit trouver cette base dans l'intérêt (l'intérêt public, l'intérêt privé. Livre II. chap. IV).

La pierre de touche des cœurs et des doctrines se trouve dans les deux questions qui occupaient l'Assemblée, *la question du Jugement* (tuer? en vertu de quelle foi?) et *la question de l'Éducation* (créer? en vertu de quelle foi?). — Ni l'un ni l'autre parti ne répondait nettement.

Quel enseignement sérieux recommande Condorcet, dans son rapport sur l'instruction, quelle nourriture qui puisse donner à l'âme la force vitale et la substance? Un peu de morale et d'histoire. Quelle morale? Il fallait le dire. La société sera entièrement différente, selon la morale différente que vous mettrez à la base.

Lepelletier Saint-Fargeau, dans son remarquable plan d'éducation, lu à la tribune par Robespierre, est de même ici très bref et très vague. Il adopte, dit-il, les vues du comité sur le choix des études; on donnera aux élèves des principes de morale, on gravera dans leur mémoire les plus beaux récits de l'histoire des peuples libres.

Saint-Just, dans ses *Institutions politiques*, ne touche même pas ce point. Il s'occupe du cadre de l'éducation, mais nullement du fond. Pas un seul mot de morale.

Le projet de Lakanal, inspiré de Sieyès et présenté après le 9 thermidor, voté par la Convention, n'est pas plus explicite sur cette question intime. Tous parlent de la forme extérieure de l'éducation, pas un de ce qu'on peut appeler le fonds, la substance, l'âme de l'éducation. Ils sont ou vagues ou muets sur cela, et cela, c'est tout.

Il ne faut pas trop s'étonner, dans cette incertitude du principe moral, si les discussions politiques vont flottantes et troubles. L'orage de la Convention ne tient pas seulement à l'exaspération des passions et des haines, mais autant et davantage à la fluctuation des principes, à l'absence d'une base fixe et forte.

Ce serait à tort néanmoins, ce serait aux dépens de la vérité, que l'histoire voudrait essayer de systématiser ces discussions décousues ; elle doit les suivre pas à pas, se laisser mener par elles, sans vouloir être plus sage.

Le 16, sur je ne sais quels bruits de trahison royaliste, de pacte avec l'étranger, deux motions surgissent à l'imprévu.

Thuriot : « Mort à celui qui tenterait de rompre l'unité de la République, celle de son gouvernement, ou de détacher des parties du territoire pour les unir à un territoire étranger ! »

La droite, toute la Convention répond sans hésitation à ce cri de la Montagne. La chose passe en décret.

Mais, en récompense, la droite demande, par la voix de Buzot, que tous les Bourbons sortent de France, spécialement la branche d'Orléans.

Il indiquait avec beaucoup de précision et de force les moyens par lesquels cette branche parviendrait au trône : d'une part, ses amitiés puissantes dans l'Europe (je veux dire en Angleterre); d'autre part, ses efforts pour capter la popularité en France, ce nom d'Égalité qu'Orléans venait de prendre, l'ambition, l'intrigue précoce de ses enfants.

Louvet appuya, et un autre encore, disait qu'on ne pouvait être sans crainte, quand on voyait les armées dans les mains des généraux orléanistes (Dumouriez, Biron, Valence).

Buzot et Louvet étaient les organes ordinaires, non de la Gironde en général, mais de la fraction Roland.

Ils ne trouvèrent aucun appui dans les autres Girondins. Brissot crut inopportune une attaque qu'on ne pouvait pousser à fond sans y comprendre Dumouriez, le général heureux, l'homme indispensable pour la grande affaire de la Belgique. Pétion et d'autres, Girondins ou neutres, Barère par exemple, avaient une raison personnelle de ménager la maison d'Orléans, étant fort liés avec Mme de Genlis. Les femmes de cette maison semblaient s'être divisé l'œuvre de corruption. Mme de Genlis, par elle, et son mari, Sillery, influaient sur la Gironde. Mme de Buffon, maîtresse du prince, avait, dit-on, influence sur Danton, et partant sur la Montagne, où siégeait le prince lui-même.

La proposition d'expulsion, faite par les rolandistes seuls (non par tous les Girondins), eut l'aspect d'un acte d'hostilité personnelle. La Montagne y répondit par une représaille personnelle aussi : « Il faut expulser Roland. » — Et ils faisaient entendre qu'on avait également à craindre que Roland ne devînt roi !

Réponse vraiment ridicule, propre à faire douter de la sincérité de ceux qui pouvaient la faire. Roland, avec sa vertu et le génie de sa femme, n'était nullement une puissance, nullement un parti ; il y paraissait très bien à ce moment où la Gironde le soutenait si peu. Il avait eu un moment populaire, et voilà tout. Il était insensé de le comparer à cette énorme et dangereuse puissance de la maison d'Orléans qui indépendamment de tant d'amitiés et de clientèles, par l'argent seul, par la force d'une fortune monstrueuse, la plus grande de l'Europe, restait une royauté.

Il était insensé de croire qu'on ferait une république tant qu'on aurait, au milieu, un roi de l'argent.

Royauté non disputée, bien plus effective et réelle que celle de Louis XVI, royauté sans charges ni devoirs, disposant de tous ses moyens sans contrôle, sans autre règle que l'utilité personnelle, la direction occulte d'une politique ténébreuse.

On sait comment se grossit cette fortune prodigieuse, comment, de proche en proche, l'or attirant l'or, la masse emportant la masse, une énorme boule de neige s'est formée, pour ainsi dire, jusqu'à faire une avalanche qui a emporté le trône.

Vaines prévoyances des hommes! L'origine en fut la crainte qu'eurent les rois que les cadets, légitimes ou bâtards, ne recommençassent les guerres civiles pour la royauté. Ils crurent, en accumulant dans leurs mains la propriété, en soûlant leur avarice, les rendre moins ambitieux. La propriété, par laquelle on croyait les éloigner du trône, a été justement pour eux le chemin de la royauté.

Louis XIII a peur de son frère, et il l'étouffe de biens.

Louis XIV a peur de son frère, et il l'étouffe de biens. Il réunit ces deux fortunes dans la main de ce frère, ancêtre des Orléans d'aujourd'hui. Rien que cent cinquante millions.

Le même Louis XIV, en face des Orléans, avait bâti une puissance, celle de ses deux bâtards, dotés chacun de cinquante millions. Ceux-ci s'éteignent sans autre héritier qu'une petite-fille, Mademoiselle de Penthièvre, qui, par mariage, porte les cent millions à la maison d'Orléans. Elle réunit deux cent cinquante millions.

Orléans-Égalité eut de son père sept millions et demi de rentes et de sa femme quatre millions et demi, — douze ou treize, en tout, selon le calcul le plus modéré.

Fortune entamée sans doute par l'argent considérable qu'il jeta dans la Révolution, mais d'autre part augmentée par des spéculations heureuses, spécialement par la construction du Palais-Royal.

Ces grandes fortunes ont cela d'être à peu près immuables. *La Régence n'avait rien diminué* à celle-ci, le Régent n'ayant pas mis un sol du sien aux choses de l'État, au contraire, ayant fait doter ses filles par le roi son pupille. *La Révolution de* 1793 *n'y diminua rien*. Madame d'Orléans rentra dans ses biens personnels dès 1795, et son fils retrouva le reste, soit comme bien non vendu, en 1814, soit dans le milliard de l'indemnité. *La Révolution de* 1830 *enfin n'y diminua rien;* le roi, comme on sait, entra en chemise aux Tuileries, laissant tout à ses enfants.

La Révolution de 1848 enfin n'y a pas touché. Elle a cru ou feint de croire que cette fortune, dont tout le monde connaît l'origine politique, était une propriété privée[1].

Ce royaume dans le royaume exige, on le comprend sans peine, une administration immense, domestiques, employés, gardes, ouvriers, serviteurs de toute espèce ; les seuls gardes des forêts feraient une armée. Ajoutez la légion innombrable des fournisseurs, des marchands, petits créanciers, dans la dépendance de ce puissant débiteur, qui aime à les faire attendre, les suspend à sa fortune. Ajoutez un autre peuple, celui des solliciteurs, de ceux qui attendent, espèrent les vacances qui adviendront et qui provisoirement dépendent plus que les titulaires.

Puissance énorme aujourd'hui, et la même comme valeur. Mais elle avait dans l'Ancien-Régime et sous la Révolution un caractère quasi féodal qui ajoutait à sa force. Ce personnel immense n'était pas variable comme aujourd'hui. Il se composait de familles héréditairement employées dans les mêmes fonctions

---

1. Ce mot *propriété privée*, appliqué aux fortunes royales et princières, ne contribuera pas peu à empêcher le retour de la royauté en France et à la tuer en Europe. L'exemple du vieux roi des Pays-Bas, avec ses 200 millions de *propriété privée*, celui de Christine, avec ses 136 millions (en ducats d'or, dans cent trente-six coffres de maroquin rouge), le trésor du roi de Naples et de tant d'autres princes, enseignent trop bien que la royauté n'est plus rien qu'une pompe aspirante qui de la *propriété publique* fait la *propriété privée*. — Les rois se rendent justice. Ils font leurs paquets, plient bagage. Dans la prévoyance louable qu'ils ont des événements, ils en sont à quitter même ce rôle de propriétaires pour celui de capitalistes, qui est plus mobile. Seulement ils ne voient pas qu'ils se sont entièrement déracinés du sol. Qui se fiera à des gens toujours prêts à lever le pied ?

d'anciens serviteurs dévoués. Dans les pays isolés, misérables, comme la principauté de Dombes, comme le duché de Penthièvre, c'était une force trois fois forte, féodalité, royauté, l'incroyable ascendant de l'argent dans les pays pauvres.

Le duc, par une telle fortune, était suffisamment roi et n'avait aucun intérêt à l'être davantage. Rien n'indique qu'il y ait songé sérieusement. Il s'était jeté dans la Révolution par légèreté, par conseils de femmes et pour se venger des plaisanteries de la reine. Sa vengeance fut satisfaite, le 6 octobre, quand, de sa terrasse de Passy, il la vit venir de Versailles, traîner dans la boue, captive, au milieu de ce carnaval effroyable d'hommes ivres et de têtes coupées.

Cela le refroidit bien fort et lui calma sa velléité d'être lieutenant général du royaume; sa correspondance avec le roi est d'un homme qui voudrait à tout prix se réconcilier; il a peur de la Révolution, il écrit au roi à plat ventre. Il fit une démarche expresse aux Tuileries pour avoir sa grâce. Le roi lui parla sèchement, la reine lui tourna le dos; un homme à elle, Goguelat (le Goguelat de Varennes), enhardi par l'insolence de tous ceux qui étaient là, cracha sur lui dans l'escalier.

Il resta fort embarrassé. Sa tentative de se faire donner par la Constituante la dot d'une fille du Régent (voir tome II, livre IX, ch. IV), trait d'avarice incroyable! l'avait coulé à fond dans l'opinion publique. Il se cacha à la Montagne et prit nom

Égalité ; nom étrange ! vraie caricature ! On l'appela
Prince-Égalité !

Ce n'était pas un médiocre tour de force de
défendre une telle fortune à travers 1793. Orléans
n'y épargna rien. Il s'assit tout près de Marat. Il se fit
l'effort (pénible pour lui, il n'était pas né sanguinaire)
de voter la mort de Louis XVI. Au total, il réussit à
ce qu'il voulait avant tout, il sauva l'argent et ne
perdit que la tête.

Lui-même, il était peu dangereux; ses fils l'étaient.
On a vu comment les bulletins de Valmy et de
Jemmapes avaient été combinés pour les faire valoir,
exagérer leurs services. Le mari de Mme de Genlis,
Sillery, trouva moyen d'être des trois commissaires
envoyés à l'armée après Valmy, voulant sans doute
tâter les Prussiens sur les chances qu'auraient les
Orléans d'être acceptés de l'Europe.

Ce fut alors ou peu après qu'on publia, pour l'édi-
fication du public, un curieux journal du jeune duc
de Chartres, où l'excellent élève de Mme de Genlis
lui écrivait, jour par jour, comme à sa mère, toutes
ses belles actions : visites aux hôpitaux, saignées
faites aux malades, noyés retirés de l'eau, un homme
sauvé de la fureur du peuple, etc.

Les Roland n'avaient pas tort de voir là un prétendant. Ils croyaient qu'on n'attendait que la mort
de Louis XVI et l'anarchie qui suivrait, pour faire
descendre de la machine un Dieu sauveur, ce jeune
homme dont la popularité était si délicatement, si
habilement soignée. Tout leur tort était de croire

que la Montagne était dans ce complot ; elle en était innocente, aussi bien que la Gironde. Un Girondin, Sillery, un Montagnard, Danton peut-être, furent quelque temps Orléanistes. Pour ce dernier, j'ai peine à croire que le puissant organisateur de la République ait eu cette arrière-pensée. Ce qui m'en fait douter encore, c'est la vigueur avec laquelle il insista, malgré Dumouriez, pour révolutionner la Belgique de fond en comble, pour la républicaniser, l'unir à la France républicaine ; c'était briser le second espoir de la maison d'Orléans.

Pour revenir, Chabot objecta en faveur d'Égalité, qu'il était représentant. La Convention ajourna sa décision à deux jours. Le 19, après une discussion très longue et pitoyablement bruyante, la Gironde se divisa. Un Girondin mit à néant tout ce grand effort girondin. Pétion fit écarter la proposition de Buzot, demandant et obtenant que tout fût ajourné après le procès du roi.

CHAPITRE X

LE PROCÈS. — DÉFENSE DU ROI. — ROBESPIERRE ET VERGNIAUD
(DÉCEMBRE 1792).

Les Polonais demandent secours, 30 décembre. — Accord des rois contre la Pologne. — La Révolution eût dû être le jugement général des rois. — Défense du roi, 26 décembre. — Le roi se croit innocent. — Le roi se croit toujours roi. — Il ne pouvait avoir nul autre juge que la Convention. — La Convention ne sait pas si elle juge ou si elle prononce par mesure de sûreté. — Elle devait déclarer qu'elle jugeait, et pour le droit seul, non pour la sûreté et l'intérêt public. — Les deux partis attestèrent l'intérêt public plus que la justice. — Robespierre établit que la Convention doit juger, 27 décembre. — Il soutient, au nom de la Montagne, le droit des minorités. — Sombre prophétie de Vergniaud sur les malheurs qui seront la suite de la mort du roi, 30 décembre.

Le 30 décembre, un Polonais, membre de la diète, vint apporter à la Convention la plainte de la Pologne. Jamais il n'y eut un peuple plus indignement trahi, plus honteusement vendu. Jamais on ne vit mieux et dans une plus pleine lumière que des rois aux nations il n'y a ni morale ni règle de droit. La royauté, en créant des êtres hors de la nature, les place aussi en même temps hors de la moralité. Le mot terrible de Saint-Just : *De peuple à roi, nul rap-*

port naturel, ne fait rien que reproduire la maxime non proclamée, mais pratiquée par les rois : *De roi à peuple, nul rapport naturel, nulle justice et nulle pitié.*

La Russie, en 1792, se déclarant *protectrice de la liberté* polonaise, provoque dans ce malheureux pays une confédération de traîtres et d'hommes crédules, qui placent dans la générosité de l'ennemi l'espoir de l'indépendance nationale. La Prusse et l'Autriche, qui, la veille, encourageaient la Pologne et lui promettaient appui, tournent contre elle et la livrent. Le roi Poniatowski, impatient d'abdiquer, demande pour toute grâce à cette cruelle Catherine qu'elle finisse ce long supplice d'un peuple, qu'elle lui donne plutôt un prince russe pour successeur... A cela que dit la Russie? Elle est indignée! Bon Dieu! que c'est méconnaître le désintéressement de l'Impératrice! Est-ce pour elle qu'elle agit? Non, c'est pour la Pologne seule, c'est uniquement pour son intérêt qu'elle l'use, l'épuise et la torture. Donnez le gibier au chasseur, il n'en voudra pas; donnez la souris au chat, il la laisse, il ferme les yeux, bonne et douce bête de proie! La proie est bonne, mais le meilleur, c'est de la tromper, ruser avec elle, lui faire croire qu'elle échappera... La vieille femme, au cœur byzantin, n'eut pas de plus doux plaisir. La veille du second partage, son jeune favori, qu'on croyait avoir son secret intime et la pensée de l'oreiller, jurait encore aux Polonais qu'aussitôt la constitution républicaine proclamée, l'armée de sa souveraine, sagement, honnêtement, repasserait la frontière [1].

Ceci en 1792. En 1793, tout change. L'Impératrice a une peur subite des Jacobins polonais. Elle aimait la liberté à tort, elle se convertit. Une farce nouvelle commence. Qu'il y eût quelques Jacobins dans les villes, on le comprend. Mais les villes comptent bien peu dans cette vaste Pologne, à peine un peu plus qu'en Russie. Les paysans étaient à cent lieues de ces idées. La noblesse, qui était le grand corps de la nation, pouvait-elle sérieusement, vraiment, être jacobine? Elle y aurait tout perdu.

Cette comédie hideuse, et qui ne trompait personne, eût dû rendre exécrables au monde les trois voleurs couronnés. Ce fut le contraire. L'Angleterre, jusque-là jalouse des progrès de la Russie, est prise tout à coup d'amitié, de tendresse pour elle. La loyauté de la Prusse, de l'Autriche, lui gagne le cœur. L'Europe est réconciliée. La fraternité règne entre les rois. Beau spectacle et doux! La France seule fait un accident pénible dans cet aimable tableau.

On ne voit pas que les rois de cette époque aient été plus mauvais rois que ceux d'avant ou d'après. Leur conduite ici révèle seulement ce qui dans tous les temps fut le fond du cœur royal, le résultat

---

[1]. Je ne puis comprendre comment les Polonais, acharnés à leurs discordes au point d'en oublier l'Europe, n'ont pas publié, répandu tant de livres qu'elle eût dévorés, les *Mémoires* de Niemcewicz, une traduction des *Mémoires* du cordonnier Kilinski, etc.

nécessaire d'une institution monstrueuse : *le mépris profond de l'espèce humaine*[1].

Tout ceci, depuis soixante ans, a éclaté de plus en plus pour l'instruction du monde. Les peuples, dès longtemps, auraient dû être avertis. Que la lumière vient lentement! La France même, en 1792, n'était pas bien sûre encore du rôle qu'elle devait prendre. La Révolution était loin de connaître sa grandeur. Elle ne savait pas elle-même son nom intime, mystérieux, qui est : *le jugement des rois.*

Le dirons-nous? Elle manqua d'audace. Le jugement d'un roi était peu. Du moment qu'on avait lancé les décrets de la guerre révolutionnaire, levé l'épée contre les rois, Louis XVI n'était plus qu'un accessoire, un incident du grand procès. Il fallait donner à cette lutte le caractère d'un jugement

---

1. Toute la terre, à l'heure même où nous écrivons ceci, est rouge du sang versé par les rois. Le monde est en deuil. Ce n'est pas un médiocre effort pour l'historien de continuer ce livre, de détourner les yeux de l'infortune des peuples innocents et de concentrer sa pitié sur un roi coupable. Non, mon cœur, je dois le dire, ne peut s'enfermer au Temple. Il est sur toutes les routes, à la suite de ces longues processions de femmes et d'enfants en noir, avec ces fils des martyrs qui vont mendiant leur pain. Les familles des héros du Danube, qui, d'une générosité inouïe, partagèrent, en 1848, tout leur bien avec le peuple, elles tendent la main aujourd'hui. Qu'elles reçoivent ce que j'ai, cette parole et cette larme... Recevez-la, ruines des villes froidement écrasées sous les bombes, qui restez là pour témoigner de la paternité des rois! Recevez-la, tombes muettes, sans inscriptions, sans honneurs, qui, de l'Apennin aux Alpes, marquez d'une ligne funèbre le chemin de Radetzky... Je n'ose regarder au fond des fossés de Vienne; j'aurais peur d'y voir encore ces barbares meurtres d'enfants, ces cadavres mutilés, ces ossements marqués du couteau croate, de la dent des chiens... Ah! pauvre *légion académique*, vous les braves entre les braves et les bons entre les bons, soldats de vingt ans, de quinze ans, échappés à peine aux mères désolées, fleur héroïque de l'Allemagne, fleur de la poésie et de la pensée, vous avez laissé au monde une trop cruelle histoire! On commencera souvent, mais qui pourra achever?...

général, faire de la guerre européenne une exécution juridique. La France était constituée, par le fait même de ces décrets, le grand juge des nations.

C'était à elle de dire : « Le droit est le droit, le même pour tous. Je juge pour toute la terre. »

« Mes griefs ne sont pas ce qui me trouble le plus. Je suis ici pour tous ces peuples mineurs, sans voix pour se plaindre, sans avocat pour les défendre. Je parlerai, j'agirai en leur lieu et place. Je juge d'office pour eux. »

« Ici, Catherine d'Anhalt, aventurière allemande, qui, par surprise et par meurtre, avez volé la couronne du grand peuple russe, paraissez et répondez... »

Un simple huissier à la porte de la Convention eût cité les rois. Et l'on n'aurait pas manqué de patriotes intrépides pour afficher la citation dans leur capitale, dans Rome, dans Vienne ou dans Moscou... Ce n'eût pas été sans pâlir que ces orgueilleuses idoles, le matin, sortant du palais, auraient lu elles-mêmes sur leurs murs et sur leurs portes : « Vous êtes sommé de venir répondre tel jour devant Dieu et la République... »

Une instruction immense serait sortie de cette enquête. Le monde eût été étonné de voir les misérables fils qui avaient tiré, brouillé les affaires humaines; qu'il suffise de rappeler la honteuse et cruelle intrigue par laquelle la Prusse poussa la Turquie, poussa la Pologne, aux dépens de leur sang, escroqua Dantzig.

« Mais quoi, ce grand procès n'eût-il pas été ridicule?... La France, qui ne pouvait envoyer à son armée de Belgique ni vivres, ni bas, ni souliers, n'aurait-elle pas été folle d'adresser aux plus grandes puissances du monde ces impuissantes menaces, impossibles à réaliser? Les rois n'auraient-ils pas ri de l'étrange don Quichotte qui eût prétendu redresser tous les torts du genre humain? »

Non, les rois n'auraient pas ri... Nos armées étaient impuissantes, dit-on, sans argent, mal équipées? On se trompe, elles étaient admirablement armées, équipées, vêtues, munies... de quoi? D'un petit talisman, qui n'en était pas moins terrible, du décret du 15 décembre, l'appel universel aux peuples, qui partout dispensait les masses pauvres de payer l'impôt, qui sommait tout peuple envahi de reprendre sa souveraineté, de n'obéir qu'aux magistrats qu'il aurait créés lui-même. Appliqué sérieusement[1], le décret eût percé les murs des villes, foudroyé les forts, renversé les tours. Sans armée, par la force seule du principe émis par la France, par la vertu

---

1. Pour l'appliquer sérieusement, il eût fallu convaincre les peuples du désintéressement de la France, employer strictement les contributions qu'on levait aux affaires spéciales du peuple sur lequel on les levait, appliquer uniquement, par exemple, à la guerre du Rhin l'argent levé sur les villes du Rhin. Je sais bien que cette spécification était difficile, mais, comme effet moral, elle était utile, indispensable. Ce fut la grande faute de Cambon de ne pas l'avoir respectée, d'avoir appliqué aux besoins généraux de la guerre les contributions de Mayence, fait passé l'argent levé par Custine à l'armée de Belgique ou d'Italie, etc. Cela créa chez les peuples envahis une défiance infinie, très injuste, il faut le dire. Qui ne comprend que, dans l'ensemble immense d'une telle guerre, tout est solidaire, que l'argent du Rhin pouvait être employé en Belgique très utilement pour le Rhin? etc.

de la croisade sociale qu'il proclamait sur le globe, il eût anéanti les rois.

La défense de Louis XVI, présentée le 26 décembre par son avocat, est une apologie complète, où tous les actes du roi sont défendus avec une hardiesse extraordinaire. Elle indique dans le roi une parfaite sécurité. Il savait, voyait que la Convention n'avait aucune pièce sérieuse contre lui, rien qui constatât ses rapports les plus accusables avec l'étranger. Très probablement l'avocat Desèze, Tronchet et le bon Malesherbes n'en savaient pas là-dessus plus que la Convention. De là l'assurance du premier, l'extrême effusion de cœur et la sensibilité du dernier, qui ne put parler, à force de larmes.

On s'étonne en lisant les paroles que le roi prononça après Desèze. Il protesta *que sa conscience n'avait rien à lui reprocher.*

Mais qu'est-ce donc alors qu'une conscience catholique ? Quelle puissance de mort faut-il reconnaître dans la direction des prêtres pour rendre la conscience muette, pour la faire devenir insensible, inerte, ou plutôt pour l'effacer ?... Quoi ! si sa conscience de roi, l'opinion qu'il avait de son droit illimité lui faisait trouver légitime l'appel aux armes étrangères, tout au moins sa conscience de chrétien pouvait-elle s'accommoder d'un long et persévérant usage du mensonge (mensonge avoué par lui dans sa déclaration du 20 juin 1791) ?

Il faut supposer, pour expliquer cette miraculeuse sécurité d'âme, cette absence de scrupules et de remords, qu'il s'était laissé volontiers persuader par les prêtres ce qu'il avait déjà en lui, dans le cœur et dans la race, à savoir : *Qu'il était roi*, roi de ses actes, roi de sa parole, qu'un droit absolu résidait en lui soit pour régner par la force, soit pour tromper au besoin. C'est ce qu'un journaliste du temps lut, d'un œil pénétrant, sur le visage même du prisonnier, le jour du 11 décembre : « Il semblait nous dire encore : « Vous aurez beau faire, je suis toujours votre roi. Au printemps, j'aurai ma revanche. »

Oui, Louis XVI, hors de Versailles, hors du trône, seul et sans cour, dépouillé de tout l'appareil de la royauté, *se croyait roi* malgré tout, malgré le jugement de Dieu, malgré sa chute méritée, malgré ses fautes, qu'il n'ignorait pas sans doute, mais qu'il jugeait excusables, absoutes d'ailleurs et lavées par la seule autorité qu'il reconnût au-dessus de lui.

C'est là ce qu'on voulut tuer.

C'est cette pensée impie (l'appropriation d'un peuple à un homme) que la Révolution poursuivit dans le sang de Louis XVI.

Captif au Temple, au milieu de ses geôliers, il se croyait toujours le centre de tout, s'imaginait que le monde tournait toujours autour de lui, que sa race avait une importance mystérieuse et quasi divine. Il dit un jour à quelqu'un : « N'a-t-on pas vu la *Femme blanche* se promener autour du Temple? Elle ne manque pas d'apparaître, lorsqu'il doit mourir quelqu'un de ma race. »

Dans les paroles qu'il ajouta au plaidoyer de Desèze, outre sa profession d'innocence, il protestait encore « qu'il n'avait jamais voulu répandre le sang ». On ne peut nier en effet que, malgré son caractère colérique, il n'ait eu ce qu'on appelle la bonté et qui est plutôt la tendresse; Allemand par sa mère, il avait ce qui est commun chez cette race, une certaine débonnaireté de tempérament, la sensibilité sanguine, les larmes faciles. Il semble pourtant avoir surmonté, dans deux occasions graves, cette disposition naturelle. Au 10 août, il ne donna l'ordre de cesser le combat, d'arrêter l'effusion du sang, qu'une heure après que le château était pris, lorsque les siens étaient défaits, sa cause perdue. Humanité bien tardive! L'affaire de Nancy, nous l'avons vu, fut arrangée d'avance entre la cour, La Fayette et Bouillé; on voulut frapper un coup, et un coup sanglant. Ce ne fut pas certainement à l'insu de Louis XVI. L'affaire faite et le sang versé, il écrivit à Bouillé qu'il avait *de cette affligeante, mais nécessaire affaire, une extrême satisfaction.* Il le remercia de sa bonne conduite et l'engagea *à continuer.* (Voy. tome II, page 333.)

Toute la force du plaidoyer de Desèze reposait sur le reproche d'incompétence qu'il faisait à la Convention : « Je cherche des juges, dit-il, et je ne vois que des accusateurs. »

Ce que le Breton Lanjuinais traduisit avec une audace brutale : « Vous êtes juges et parties... Comment voulez-vous qu'il soit jugé par les conspirateurs du 10 août?... » Une tempête s'éleva, effroyable, à ces paroles; et il expliqua sa pensée en disant « qu'il y avait de saintes conspirations », etc.

Saintes? Mais pourquoi le sont-elles? Parce qu'elles sont le retour au droit; le vrai maître rentre chez lui, chasse l'intrus, le prétendu maître. Entre le peuple qui est tout et le roi qui se crut tout, qui sera arbitre? Où voulez-vous trouver un juge qui ne soit le peuple même? « A qui en appeler? dit très bien quelqu'un : aux planètes, apparemment? »

Le roi, dit Lanjuinais, sera donc jugé par l'insurrection? — Eh! sans doute. Comment voulez-vous qu'il puisse en être autrement? Celui qui a confisqué dans une main d'homme toute la puissance publique, l'âme d'un peuple et son *genius*, pour dire comme l'Antiquité, celui qui est constitué un dieu contre Dieu, il ne peut guère attendre les ménagements de l'homme. Il s'est follement mis au-dessus, il faut qu'il tombe au-dessous. Il s'est prétendu infini; infinie sera sa chute.

Quels sont les vrais régicides? Ce sont ceux qui font les rois. Imaginez ce que c'est que d'imposer à une créature humaine cette responsabilité énorme, ce rôle insensé du génie d'un peuple... L'imposer à qui? A celui qui, par l'effet seul de cette situation impossible, par suite du tiraillement, du vertige infini qui en est inséparable, deviendra moins qu'homme!...

Les faits parlent assez haut. Le bon sens avance. On ne pourra plus trouver dans quelque temps (c'est notre pensée) un être assez imprudent, assez imbécile, pour accepter cette chance effroyable. Les royalistes obstinés qui voudront absolument que les trônes soient remplis seront forcés de faire *la presse*, d'enlever au coin des rues, le soir, quelque pauvre diable pour être la victime humaine qu'on appelle roi, pour parader quelques jours entre des singes à genoux, et ensuite épuiser l'outrage, la coupe d'enfer... Ce n'est jamais modérément que l'on expie le crime de contrefaire Dieu... La royauté et les rois deviendront un paradoxe, et la critique à venir niera qu'ils aient existé.

Le peuple doit juger le roi, et il n'y a pas d'autre juge. Maintenant la Convention représentait-elle le peuple? Il est difficile de le contester; mais le représentait-elle expressément dans son pouvoir judiciaire? Pour répondre à la question, il faut se rappeler le moment où elle fut élue.

Elle le fut au moment où l'impression du 10 août était tout entière, le sang versé non refroidi, au moment où l'on voyait venir l'invasion étrangère, que personne ne doutait être amenée par le roi. Le roi venait d'être mis au Temple, non comme otage seulement, mais comme responsable envers la nation et visiblement coupable. Les électeurs devaient sentir, en nommant les représentants, qu'ils nommaient des juges. Il est juste pourtant de dire que, dans quelques départements, Seine-et-Marne par exemple, on ne crut pas nommer des juges; on pensait à un haut jury.

La colère publique s'alanguit en octobre, nous l'avons dit, et l'on put douter alors si la nation voulait expressément le procès du roi; mais ce changement d'esprit n'altérait en rien le caractère du pouvoir que la Convention tenait de l'élection de septembre.

Si elle se constituait juge, on croyait encore la tenir par un dilemme qu'on ne manquera jamais de présenter en cas semblable, et dont l'effet serait d'assurer à ceux qui ont le privilège absurde la toute-puissance un second plus absurde encore, celui de l'impeccabilité : « Est-il roi? Est-il citoyen?... S'il est roi, il est inviolable, au-dessus du jugement. S'il est citoyen, il faut le juger d'un jugement de citoyen », c'est-à-dire mettre au jugement les lenteurs, les réserves, les formes compliquées qui feront traîner l'affaire, donneront lieu à d'autres circonstances politiques, détourneront, amortiront le coup. Dans le premier cas, le jugement est illégitime, impossible; dans le second, il est entravé, éludé, non moins impossible. Des deux façons le roi échappe; eût-il exterminé un peuple, il est impeccable, il échappe, se moque du peuple.

Quel que dût être le jugement, il le fallait prompt. On ne traîne pas impunément une situation pareille. Il fallait bien regarder si les preuves étaient suffisantes, puis juger, sans perdre une heure. Cette question brûlante n'agitait que trop le peuple. De glace pour les questions générales, il était de feu pour la tragédie individuelle. Sans parler de l'agitation des sections, des clubs, la famille, au moment du procès du roi, eut tout le trouble d'un club. Deux factions s'y trouvaient généralement en présence : l'homme indifférent ou républicain, la femme ardemment royaliste ; la question de la royauté se posait entre eux sur un débat d'humanité et de cœur, où la femme était très forte ; l'enfant même intervenait, prenait parti pour la mère. Le meilleur républicain se trouvait avoir chez lui la contre-révolution, audacieuse et bruyante, une insurrection de larmes et de cris.

Lanjuinais et Pétion, organes d'une partie de la droite, firent l'étrange proposition qu'on déclarât *ne pas juger* Louis XVI, mais *prononcer sur son sort par mesure de sûreté générale.* Ils demandaient encore qu'on accordât, pour l'examen de la défense, *un ajournement de trois jours.*

Le tumulte fut terrible. Un Montagnard du Midi, Julien, de Toulouse, jura au nom de la gauche qu'on voulait tuer la République, mais que les Montagnards ne lâcheraient pas pied, qu'ils resteraient immuables, que ce côté de l'Assemblée serait les Thermopyles de la Révolution, qu'ils les défendraient et qu'ils y mourraient.

Couthon, avec une force de raison que sa froideur apparente ne rendait que plus forte, établit que la Convention avait été élue pour juger Louis XVI et obtint *que la discussion continuerait,* toute affaire cessante. Mais rien ne put empêcher l'Assemblée d'établir la réserve proposée par Pétion :

« Qu'elle ne préjugeait pas la question de savoir si l'on *jugeait* Louis XVI ou si l'on prononçait sur son sort *par mesure de sûreté.* »

Notable hésitation d'une Assemblée, si peu sûre de son propre droit, qui ne sait si elle est tribunal ou assemblée politique! Grande concession aux royalistes, qui se ressaisissaient du droit, lâché par la Convention.

La vie, la mort de Louis XVI, cette question si grave, était elle-même dominée par une autre, plus haute encore. La question capitale, c'était qu'il fût *jugé*, que le faux roi rendit compte au vrai roi, qui est le Peuple; que celui-ci, ressaisissant la souveraineté, l'établît par ce qui en est le caractère éminent, *la juridiction*. Qu'est-ce que la juridiction? La lieutenance de Dieu sur la terre, et c'est là qu'on connaît les rois.

Abandonner le mot de *jugement* pour y substituer les mots *sûreté*, mesure de salut public ou quelque autre que l'on prît, c'était déserter la haute juridiction du peuple, le faire descendre du tribunal, avouer que, n'étant pas juge, il agissait par intérêt, par voie de pur expédient.

Ceux qui abaissaient ainsi la question suivaient à l'aveugle, il faut le croire, un instinct d'humanité, supposant que, s'ils parvenaient à biffer le mot *jugement*, ils biffaient aussi la mort, qu'on n'oserait tuer un homme *par mesure de sûreté*. La Montagne avait un beau rôle, reprendre la question de justice et s'y attacher. Elle devait s'asseoir sur un roc (non sur l'utilité qui est variable, non sur la nécessité indifférente, immorale), s'asseoir sur le roc du droit.

Il fallait porter le procès dans cette île inaccessible qui est la justice, hors des mers et des orages de la politique. Et du haut de la justice, il fallait pouvoir dire au peuple : « Ce n'est point pour ton intérêt, pour nul intérêt humain, que nous jugeons ici cet homme. Ne t'imagine jamais que ce soit à ton salut que nous ayons immolé une victime humaine... Nous n'avons point pensé à toi, mais à la seule équité. Qu'il vive ou qu'il meure, le droit seul aura dicté son arrêt. » Le peuple, nous en répondons, aurait été reconnaissant ; il eût senti qu'un tel tribunal le représentait dignement. La grande masse de la nation (nous ne parlons pas de quelques centaines d'hommes qui hurlaient dans les tribunes), la nation, disons-nous, avait un besoin moral, que ni l'un ni l'autre parti ne sut satisfaire, le besoin de croire que Louis XVI n'était point immolé à l'intérêt.

Il fallait donner au cœur agité du peuple ce ferme oreiller, ce solide appui : *le droit pour le droit;* ne pas permettre qu'il eût un moment l'inquiétude et le remords de croire que ses trop zélés tuteurs avaient tué un homme pour lui.

Plusieurs hommes dans la Convention étaient dignes, ce semble, de poser cette base stoïcienne, où la conscience publique, assise une fois, eût dormi pour tout l'avenir.

La grande âme de Vergniaud était digne de trouver ceci. Telles aussi les âmes fortes que l'on voyait dans la Montagne.

Saint-Just put faire croire un moment qu'il était à cette hauteur. Le plus jeune de l'Assemblée (lui qui par son âge n'avait pas droit d'y siéger) la rappela à elle-même. Le 27, la voyant flotter et ne pas même savoir si elle était juge, il lui adressa cette censure d'une remarquable gravité : « Vous avez laissé outrager la majesté du Peuple, la majesté du Souverain... La question est changée. Louis est l'accusateur ; *vous êtes les accusés maintenant*... On voudrait récuser ceux qui ont déjà parlé contre le roi. Nous récuserons, au nom de la patrie, ceux qui n'ont rien dit pour elle. Ayez le courage de dire la vérité ; elle brûle dans tous les cœurs, comme une lampe dans un tombeau... » (Applaudissements.)

Saint-Just, d'un élan spontané et comme d'un mouvement héroïque, atteignait la question; il en touchait le seuil. On pouvait croire qu'il allait y entrer et traiter avec la grandeur qui lui était naturelle la thèse qui seule était solide : *le droit absolu*. Nullement. Il s'arrête là et rentre dans les considérations de la politique, dans les raisons banales d'intérêt public.

Nul orateur, ni de la Gironde, ni de la Montagne, ne s'éleva davantage. Les deux principaux combattants, Robespierre, Vergniaud (admirables du reste par la persévérance passionnée ou par la grandeur du cœur), restèrent dans cette région inférieure, défendant ou le salut public ou l'humanité, subordonnant la justice, ne la défendant que secondairement et la montrant à demi.

La question, ainsi abaissée, se posait, entre les deux partis, non sur la culpabilité de Louis XVI (tous le déclaraient coupable), mais principalement sur la détermination du tribunal qui le jugerait en dernier ressort.

Les Montagnards, pour juge, voulaient la Convention, les Girondins la nation. La plupart du moins de ceux-ci voulaient que le jugement de la Convention fût ratifié par les assemblées primaires.

Ainsi les rôles étaient intervertis. La Gironde, taxée d'aristocratie, se fiait au peuple même. La Montagne, le parti essentiellement populaire, semblait se défier du peuple.

Ce dernier parti se trouvait, par cela seul, dans une situation très fausse. De là l'excès de sa fureur. De là ses accusations terribles contre la Gironde, meurtrières et calomnieuses. La Gironde ne trahissait point, elle n'était nullement royaliste. Quelques Girondins le devinrent plus tard, mais plusieurs Montagnards devinrent aussi royalistes. Ceci ne prouve rien contre la sincérité des deux partis en 1792.

Des Girondins, plusieurs voulaient et votèrent la mort du roi, sans appel, ni condition. Pour les autres qui votèrent l'appel, ils croyaient très sincèrement à la supériorité du jugement populaire, et pensaient, conformément aux leçons des philosophes, leurs maîtres, que la sagesse du peuple, c'est la sagesse absolue.

Oui, dans l'ensemble des siècles, la voix du peuple, au total, c'est la voix de Dieu, sans doute; mais pour un temps, pour un lieu, pour une affaire particulière, qui oserait soutenir que le peuple est infaillible?

En affaire judiciaire surtout, le jugement des grandes foules est singulièrement faillible. Prenez des jurés, prenez un petit nombre d'hommes du peuple, à la bonne heure; isolez-les de la passion du jour; ils suivront naïvement le bon sens et la raison. Mais un peuple entier en fermentation, c'est le moins sûr peut-être, le plus dangereux des juges. Un hasard infini, inaccessible à tout calcul, plane sur ces décisions, incertaines et violentes; nul ne peut savoir ce qui sortira de cette urne immense où vont s'engouffrer les orages. La guerre civile en sortira, bien plutôt que la justice.

La Montagne n'osait s'exprimer nettement sur cette première pensée, l'incapacité judiciaire d'une nation prise en masse; elle n'osait dire que la seconde et la lançait aux Girondins : « Vous voulez la guerre civile! »

Robespierre, dans son discours, établit, d'une manière forte et vraiment politique, le danger, l'absurdité de renvoyer la décision à quarante-quatre mille tribunaux, de faire de chaque commune une arène de disputes, peut-être un champ de bataille.

Pour soutenir leur dangereuse proposition, les Girondins étaient obligés de poser un principe faux, à savoir : que le peuple ne peut déléguer aucune part de sa souveraineté, sans se réserver le droit de ratification. De ce que la Constitution devait être présentée à l'acceptation du peuple, ils induisaient que toute mesure politique ou judiciaire était dans le même cas.

Robespierre, obligé de parler contre ce droit illimité du peuple que soutenait la Gironde, était dans une situation difficile et dangereuse. *Nier l'autorité du nombre*, n'était-ce pas ébranler le principe même de la Révolution? Il se garda bien d'examiner cette terrible question en face, il s'en tira par un lieu commun très éloquent, sur le droit de la minorité : « La vertu ne fut-elle pas toujours en minorité sur la terre? Et n'est-ce pas pour cela que la terre est peuplée d'esclaves et de tyrans? Sidney était de la minorité, il mourut sur l'échafaud. Anitus et Critias étaient de la majorité, mais Socrate n'en était pas, il but la ciguë. Caton était de la minorité, il déchira ses entrailles. Je vois d'ici beaucoup d'hommes qui serviront, s'il le faut, la liberté, à la manière de Sidney, de Socrate et de Caton... »

Noble protestation, et qui fut couverte des applaudissements de la majorité, elle-même, aussi bien que des tribunes. Tous sentaient que ce jugement, quel qu'il fût, pourrait coûter un autre sang que celui de Louis XVI. Si les partisans de l'indulgence craignaient le poignard jacobin, les accusateurs du roi voyaient le poignard royaliste, sentaient déjà sur leur poitrine le fer qui allait frapper Saint-Fargeau.

Robespierre était fort contre la Gironde, quand il voulait le jugement et pour juge la Convention. On peut même dire qu'ici, s'il représentait la minorité de l'Assemblée, il avait derrière lui l'immense majorité du peuple. La France voulait le jugement, et immédiat, et par l'Assemblée.

Mais, pour la question de mort que demandait la Montagne, là elle était véritablement la minorité et n'avait pour elle dans la nation qu'une imperceptible minorité. La France ne voulait pas la mort.

C'est ce qui prêta une grande force, un poids incroyable à la réponse de Vergniaud. La Convention, pour quelques jours, fut emportée dans la voie qu'il avait ouverte[1]. Ce discours, faible de base, comme tous ceux du parti, tira un effet extraordinaire de l'effusion de cœur qui partout y débordait, et du mot que personne n'avait osé dire, que Vergniaud ne dit qu'en passant, mais qui illumine tout le reste : *l'humanité sainte*.

On n'abrège point ces grandes choses, et moins encore les discours de Vergniaud que ceux de tout autre orateur. Leur force est surtout dans leur abondance, leur inépuisable flot, dans ce roulement grandiose, ce tonnerre de cataracte, comme on l'entend de loin aux grandes chutes des fleuves d'Amérique.

---

1. Son succès, immense dans le public, coïncida pour l'époque avec celui de son amie, Mlle Julie Candeille, qui, au même moment, dans le même esprit, donnait la pièce dont nous avons parlé.

Nous ne citerons rien autre chose que la sombre prophétie qui termine le discours :

« J'aime trop la gloire de mon pays pour proposer à la Convention de se laisser influencer dans une occasion si solennelle par la considération de ce que feront ou ne feront pas les puissances étrangères. Cependant, à force d'entendre dire que nous agissons dans ce jugement comme pouvoir politique, j'ai pensé qu'il ne serait contraire ni à votre dignité ni à la raison de parler un instant politique. Si la condamnation de Louis XVI n'est pas la cause d'une nouvelle déclaration de guerre, il est certain du moins que sa mort en sera le prétexte. Vous vaincrez ces nombreux ennemis, je le crois ; mais quelle reconnaissance vous devra la patrie pour avoir fait couler des flots de sang et pour avoir exercé en son nom un acte de vengeance devenu la cause de tant de calamités ? Oserez-vous lui vanter vos victoires ? J'éloigne la pensée des revers. Mais par le cours des événements, même les plus prospères, elle sera épuisée par ses succès. Craignez qu'au milieu de ses triomphes la France ne ressemble à ces monuments fameux qui, dans l'Égypte, ont vaincu le temps. L'étranger qui passe s'étonne de leur grandeur; s'il veut y pénétrer, qu'y trouve-t-il ? Des cendres inanimées et le silence des tombeaux. . . . . . .

. . . .

« N'entendez-vous pas tous les jours dans cette enceinte et dehors des hommes crier avec fureur : « Si le pain est cher, la cause en est au Temple ;

« si le numéraire est rare, si nos armées sont mal
« approvisionnées, la cause en est au Temple ; si
« nous avons à souffrir chaque jour du spectacle du
« désordre et de la misère publics, la cause en est
« au Temple ! » Ceux qui tiennent ce langage savent
bien cependant que la cherté du pain, le défaut
de circulation des subsistances, la disparition de
l'argent, la dilapidation dans les ressources de nos
armées, la nudité du peuple et de nos soldats,
tiennent à d'autres causes ; et quels sont donc
leurs projets ? Qui me garantira que ces mêmes
hommes ne crieront pas, après la mort de Louis,
avec une violence plus grande encore : « Si le
« pain est cher, si le numéraire est rare, si nos
« armées sont mal approvisionnées, si les cala-
« mités de la guerre se sont accrues par la décla-
« ration de guerre de l'Angleterre et de l'Espagne,
« la cause en est dans la Convention, qui a pro-
« voqué ces mesures par la condamnation préci-
« pitée de Louis XVI ? » Qui me garantira que,
dans cette nouvelle tempête, où l'on verra ressortir
de leurs repaires les tueurs de septembre, on ne
vous présentera pas, tout couvert de sang, ce
défenseur, ce chef qu'on dit être devenu si nécessaire ?... Un chef ! Ah ! si telle était leur audace,
ils ne paraîtraient que pour être percés à l'instant de
mille coups... Mais à quelles horreurs ne serait pas
livré Paris ! Qui pourrait habiter une cité où règne-
raient la désolation et la mort !... Et vous, citoyens
industrieux, dont le travail fait toute la richesse

et pour qui les moyens de travail seraient détruits, que deviendriez-vous ? Quelles seraient vos ressources ? Quelles mains porteraient des secours à vos familles désespérées ? Irez-vous trouver ces faux amis, ces perfides flatteurs qui vous auraient précipités dans l'abîme ? Ah ! fuyez-les plutôt, redoutez leur réponse ; je vais vous l'apprendre : *Allez dans les carrières disputer à la terre quelques lambeaux sanglants des victimes que nous avons égorgées... Ou voulez-vous du sang ? Prenez-en : voici du sang et des cadavres, nous n'avons pas d'autre nourriture à vous offrir.* Vous frémissez, citoyens... O ma patrie ! je demande acte à mon tour, pour te sauver de cette crise déplorable. »

CHAPITRE XI

LE PROCÈS. — MENACES DE LA COMMUNE.
TENTATIVE PACIFIQUE DE DANTON (DÉCEMBRE 1792-JANVIER 1793).

Grand courage des deux partis. — Générosité héroïque de la Gironde. — Audace indomptable de la Montagne. — Les deux partis se trompèrent. — En quoi se trompa la Montagne. — En quoi se trompa la Gironde. — La Gironde accusée de relations avec le roi, 3 janvier 1793. — La Convention énervée, avilie par les tergiversations du centre, janvier 1793. — La Commune essaye d'intimider la Convention. — Leur conflit sur l'*Ami des lois*. — Les Jacobins embauchent, non les hommes des faubourgs, mais les fédérés des départements. — La bataille semblait imminente, 14 janvier 1793. — Dispositions pacifiques de Danton. — Danton rapportait de Belgique la pensée de l'armée. — Héroïsme de l'armée contre elle-même. — Ce que Danton avait fait en Belgique. — Il craint une éruption du fanatisme religieux. — Les chouans. — La légende du roi. — Affluence aux églises la nuit de Noël. — Danton fait un pas vers la Gironde. — Voulait-il sauver le roi? ou la Convention? — Il est repoussé, 14 janvier 1793.

Les deux partis, dans cette terrible discussion, firent preuve d'un grand courage, qu'on ne peut pas méconnaître. Certes, il y en eut beaucoup à défendre la vie du roi, en présence des furieux fanatiques qui, des tribunes, criaient, interrompaient l'orateur, lui montraient le poing, qui, à l'entrée, à la sortie, l'environnaient de menaces. Et il n'y en eut pas peu du côté des accusateurs opiniâtres de Louis XVI, lorsque Paris était plein de royalistes cachés, qui, sous la veste du peuple, sous la livrée des faubourgs, venaient écouter ces débats, tous militaires et duellistes; qui, pour un oui, pour un non, autrefois versaient le sang. N'était-il pas vraisemblable qu'ils ne pourraient jusqu'au bout endurer une telle épreuve, qu'un jour, au dernier paroxysme de fanatisme et de fureur, il s'en trouverait quelqu'un pour frapper un coup?

Et c'est aussi, justement, à cause du péril, à cause du grand courage qui, des deux parts, était nécessaire, c'est, dis-je, pour cela même que les partis poussèrent à l'extrême l'opinion qui pouvait leur coûter la vie.

Les Girondins n'ignoraient pas que leurs noms étaient les premiers écrits sur la liste des proscriptions de Coblentz. Si La Fayette, le défenseur obstiné du roi, après le sang versé au Champ de Mars, n'en avait pas moins été enterré par l'Autriche aux cachots d'Olmütz, que devait attendre Brissot, l'auteur du premier acte de la République, le rédacteur de la pétition sur laquelle tira La Fayette? Que devaient craindre ceux qui créèrent le bonnet rouge et le firent mettre, au 20 juin, sur la tête de Louis XVI?... L'homme qui, le 20 juin, enfonça la porte de l'appartement du roi, le sapeur Rocher, que nous voyons geôlier au Temple, était l'homme de la Gironde... Si l'émigration eut soif du sang patriote, ce fut du sang des Girondins. Les émigrés, dans leurs furieux pamphlets, savourent d'avance la mort de Brissot, se baignent, en esprit, dans le sang de Vergniaud et de Roland... — La Gironde savait tout cela. Et c'est pour cela, ce semble, qu'elle défendit Louis XVI. Il était chevaleresque, fou peut-être, mais héroïque, de se faire égorger par l'émeute pour sauver le roi, quand on savait parfaitement que la rentrée des royalistes, si elle avait lieu jamais, serait inaugurée par la mort des Girondins. Le salut de Louis XVI (dont les émigrés se souciaient si peu au fond) n'eût certes point expié auprès d'eux le crime d'avoir préparé et fondé la République.

Cette défense de la vie du roi par la République elle-même peut paraître absurde, mais elle est sublime. N'oublions pas que la Gironde la fit entre deux échafauds. Que les royalistes ou les Jacobins vainquissent, elle avait chance de périr.

Et, d'autre part, la Montagne n'en fut pas moins admirable d'audace et de grandeur. C'était pour elle un point de foi de ne pouvoir fonder la République qu'en frappant les lois de terreur, qu'en constatant par un procès, mené à sa fin dernière, qu'un roi était responsable tout autant qu'un homme, en montrant aux peuples que le prestige était vain, qu'une tête de roi ne tenait pas plus qu'une autre, que la mort de ce dieu vivant se passerait sans miracle, sans éclair et sans tonnerre. Elle croyait enfin, non sans vraisemblance, que l'homme est corps autant qu'esprit, et qu'on ne serait jamais sûr de la mort de la royauté, tant qu'on ne l'aurait pas touchée, palpée et maniée dans le corps mort de Louis XVI et dans sa tête coupée... — Alors seulement la France, vaincue d'évidence, dirait : « J'ai vu, je crois... Chose sûre, le roi est mort... Et vive la République! »

Mais les Montagnards, en même temps, savaient bien, en faisant ceci, que chacun d'eux avait dès lors pour ennemi mortel, acharné, chacun des rois de l'Europe; que les familles souveraines, si fortement mêlées entre elles, qui, sans parler même du trône, ont, par leur richesse et leurs clientèles, une influence infinie, leur voueraient une haine fidèle, implacable, à travers les siècles. Chacun de ces juges du roi devenait un but pour l'avenir en lui-même, en ses enfants. Qu'on pèse bien tout ceci, pour avoir la vraie mesure du courage de la Montagne. Un Montagnard, contre les rois, était bien roi aujourd'hui; mais demain, que serait-il? Il se retrouverait un particulier isolé, faible et désarmé, comme avant 1789, un médecin, un avocat obscur, un pauvre régent de collège... restant toujours sous le coup de la vengeance, veillé, épié des tyrans, intéressés tous à persuader le monde qu'on ne touche pas à impunément à leurs têtes sacrées. Qu'arriverait-il, si, à la longue, la royauté travaillant habilement la pensée publique, mettant à profit les réclamations de la pitié et de la nature, elle réussissait à pervertir entièrement l'opinion, à trouver des hommes sincères, d'un cœur naïf et poétique (un Ballanche par exemple), pour flétrir ces juges intrépides?... La Montagne n'ignorait pas qu'en frappant un roi, elle créait sous elle-même un gouffre de mort et d'exécration... Elle le vit et s'y jeta, et crut avoir sauvé la France, si, en se précipitant, elle emportait le roi et la royauté dans l'abîme.

Nous devions ce solennel hommage au courage héroïque, au dévouement des deux partis. Tous, Montagnards et Girondins, ils ont su parfaitement qu'ils se vouaient à la mort. Et ils ont cru mourir pour nous.

Cela dit et la dette payée, déclarons-le hardiment : les deux partis se trompèrent.

La Montagne se trompa sur l'effet que devait produire la mort de Louis XVI.

Les rois furent sans doute indignés, blessés en leur orgueil par la punition d'un des leurs. Mais leur intérêt politique y trouvait son compte. Un roi tué n'était pas chose nouvelle ; Charles Ier avait péri sans que la religion monarchique en fût ébranlée. Louis XVI, en périssant, rendit force à cette religion. Avilie par le caractère des rois du dix-huitième siècle, elle avait grand besoin d'un saint, d'un martyr. Cette institution usée a survécu par deux légendes : la sainteté de Louis XVI, la gloire de Napoléon.

La mort de Louis XVI était si bien dans l'intérêt des rois (dans leur secret désir peut-être?) qu'ils ne purent se décider à faire la moindre démarche, de bienséance du moins, pour paraître s'intéresser à lui.

Le roi d'Espagne son cousin ne remua pas. Il y eut une lettre, tardive, du chargé d'Espagne, M. Ocariz, mouvement spontané, honorable, du cœur espagnol, qui n'eut rien d'officiel ; il avoue lui-même que son maître n'a pas dicté cette démarche et demande le temps de lui envoyer un courrier pour qu'il intervienne.

L'Empereur, neveu de la reine, n'intervint pas davantage.

L'Angleterre avait vu joyeusement la ruine de Louis XVI, qui la vengeait de la guerre d'Amérique ; elle se plut à voir la France s'enfoncer dans ce qui semblait un crime.

La Russie vit avec bonheur la France lui donner un texte sur les *horreurs de l'anarchie*, qui l'autorisât contre la Pologne et *les Jacobins polonais*.

Je ne vois pas, au reste, que les frères de Louis XVI aient demandé en sa faveur aucune intervention des puissances. Sa mort les servait directement. Monsieur ne perdit pas une minute pour se faire proclamer par l'Empereur régent de France, et le comte d'Artois ne tarda pas à tirer de Monsieur le titre de lieutenant général du royaume. Calonne régna paisiblement et d'une manière si absolue qu'il remplit d'émigrés français, rebelles à son autorité, les prisons de l'Électeur de Trèves et autres bastilles du Rhin.

Nous le répétons encore, la Montagne se trompa. La mort du roi n'eut nullement l'effet qu'elle supposait. Elle mit l'opinion générale contre la France, dans toute l'Europe. Frappant sans convaincre le monde qu'elle avait droit de frapper, elle oubliait que la Justice n'est exemplaire, efficace, qu'autant qu'elle est lumineuse. Si le glaive qu'elle porte est terrible, c'est lorsque, levé par elle, il éclaire d'une telle lueur que tous, en baissant les yeux, se résignent et se soumettent... En sorte qu'on ne dispute pas, mais qu'on soit forcé de dire : « Dur est le coup, mais d'en haut! »

La Gironde, d'autre part, se trompa également en soutenant que la Convention ne pouvait juger en dernier ressort, en voulant renvoyer au peuple le jugement suprême, ce qui le rendait, en réalité, tellement incertain, difficile, impraticable, qu'en réalité il n'y avait plus de jugement.

Ces excellents républicains compromettaient la République. S'il n'y avait pas un jugement, sérieux, fort et rapide, et par la Convention, la République était en péril.

Si le succès de Vergniaud et des Girondins eût duré, il aurait changé de nature. Et qu'aurait-il amené? Le triomphe de la Gironde? Non, celui des royalistes.

Les Girondins se trompaient absolument sur la situation. Ils croyaient d'une foi trop simple à l'universalité du patriotisme. Ils ignoraient la foule effroyable de royalistes qui, dans les départements, se disaient des leurs, qui, sous le masque, attendaient. Ils ne soupçonnaient en rien la conspiration des prêtres, qui, tapis dans la Vendée, écoutaient, l'oreille à terre, ces fatales discussions, épiant, dans telles paroles imprudemment généreuses, l'occasion de la guerre civile.

Dans une situation si tendue, on ne pouvait desserrer qu'avec un éclat terrible. A lâcher la moindre chose, on risquait que tout s'emportât. Il y eût eu non pas seulement détente et descente : il y eût eu énervation subite, chute, défaite et déroute, abandon, *sauve-qui-peut*. La Montagne le sentait d'instinct ; elle reprochait, non sans cause, à la Gironde d'énerver la Révolution. Dans un mouvement de fureur où le patriotisme et la haine, la vengeance personnelle, étaient confusément mêlés, elle essaya de lui rendre le coup de Vergniaud.

Le 3 janvier, une redoutable machine lui fut lancée par la Montagne qui fit passer les Girondins de leur position de juges au rang d'accusés.

Un représentant estimé, sans importance politique, le militaire Gasparin, qui, comme Lepelletier Saint-Fargeau, eut le bonheur de sceller sa foi de son sang sous le poignard royaliste, Gasparin déclara à l'Assemblée que Boze, peintre du roi, chez lequel il avait logé l'été précédent, lui avait parlé d'un mémoire demandé par le château, écrit par les Girondins, signé de Vergniaud, Guadet, Gensonné. Dans ce mémoire, dit-il, ils exigeaient que le roi reprît le ministère girondin.

Gasparin savait le fait depuis juin et l'avait gardé cinq mois. Il le croyait apparemment d'une médiocre importance. S'il y eût vu un acte de trahison, n'eût-il pas dû le révéler au moment où la Convention, se faisant lire les papiers des Tuileries, examinait sévèrement les précédents politiques des hommes de la Législative ?

Une nouvelle lumière lui était venue apparemment; il avait tout à coup senti la gravité de cet acte. Qui la lui avait révélée? Sans doute les chefs de la Montagne, qui, d'abord muets, atterrés, sous le discours de Vergniaud, avaient saisi cet incident comme une ressource suprême, le *poignard de miséricorde*, comme disait le Moyen-âge, arme dernière et réservée, dont le vaincu terrassé pouvait percer son vainqueur.

Vergniaud les avait abattus. Gensonné, qui parla ensuite et qui appuya le coup, les avait relevés, ravivés sous l'aiguillon d'une impitoyable piqûre. Il avait été sans colère, ironique et méprisant, cruel surtout pour Robespierre. Il l'avait poussé jusqu'à dire : « Rassurez-vous, Robespierre, vous ne serez pas égorgé, et vous n'égorgerez personne, c'est le plus grand de vos regrets. »

Le lendemain, Gasparin fut lancé sur la Gironde.

La chose ne fut point niée. Les députés incriminés déclarèrent sans difficulté qu'en effet, priés par Boze d'indiquer leurs vues sur les moyens de remédier aux maux que l'on prévoyait, ils n'avaient pas cru devoir repousser cette ouverture. Gensonné avait écrit une lettre; Guadet, Vergniaud, l'avaient signée. Qui pouvait trouver mauvais qu'à une époque où les chances étaient si incertaines encore, où la cour avait de si grandes forces, une espèce d'armée dans Paris, ils eussent saisi l'occasion d'éviter l'effusion du sang? On voyait venir la bataille; une foule sans discipline, sans poudre, sans munitions, allait jouer, sur une carte, tout l'avenir de la liberté et de la France. Ce n'était point du reste un mémoire au roi, c'était *une lettre à Boze*. Quelle en était la pensée? Non douteuse certainement : montrer que le roi avait tout à craindre, qu'il lui valait mieux descendre que tomber, qu'il devait plutôt désarmer, rendre l'épée, sans qu'on la lui arrachât.

La déposition de Boze, que l'on fit venir, établit parfaitement qu'il s'agissait d'un acte tout à fait loyal de la part des Girondins. Il déclara que, du reste, *la lettre était écrite à lui, Boze, et non pas au roi*.

Ce singulier entremetteur laissait très bien voir les trois rôles qu'il avait joués. Il était bon royaliste, et voulait sauver le roi. Il était bon Girondin; c'est lui (il le dit lui-même) « qui donna aux trois l'idée d'exiger le rappel des ministres girondins ». Il était bon Montagnard, logeait Gasparin, faisait, d'amour, d'enthousiasme, les portraits des Montagnards illustres, celui de Marat par exemple, qui peut-être est son chef-d'œuvre.

Le temps avait marché vite; le point de vue était changé; on ne pouvait plus comprendre, sous la lumière éclatante de la République, ces temps de crainte et de ténèbres où l'avenir de la liberté était si nuageux encore. On en avait perdu le sentiment, sinon la mémoire; on ne pardonnait pas aux hommes d'alors de n'avoir pas été prophètes. Les Girondins, mal attaqués et très faiblement, ne pouvaient cependant se défendre qu'à grand'peine en présence d'un monde nouveau qui déjà connaissait peu cette antiquité de cinq mois et ne voulait pas la comprendre. Lorsque Guadet dit, pour se défendre : « D'après l'impression fâcheuse qu'avait laissée le 20 juin, on pouvait douter du 10 août... », il y eut, à la gauche, un soulèvement d'indignation, comme si chacun eût voulu dire : « Vous avez douté du peuple !... vous n'avez pas eu la foi ! »

La Convention passa à l'ordre du jour et témoigna peu après sa haute estime à Vergniaud en le nommant président. Elle prit dans la Gironde les secrétaires et tout le nouveau comité de surveillance. Elle repoussa les accusations de la Commune contre Roland. Elle accueillit les adresses du Finistère et de la Haute-Loire; la première demandait *qu'on chassât* Marat, Robespierre et Danton; la seconde offrait une force pour escorter la Convention, l'aider *à sortir de Paris*. Dangereuses propositions, que beaucoup croyaient royalistes sous le masque girondin, mais que semblait motiver la situation, chaque jour plus critique, de la Convention dans Paris. La fureur, feinte ou simulée, des tribunes, qui sans cesse interrompaient, les outrages personnels aux représentants, la violence surtout des cris, des pamphlets, avaient lassé toute patience. Les Montagnards les plus honnêtes étaient indignés autant que la droite; Rewbell demanda que du moins on chassât les colporteurs qui, dans la Convention même, venaient vendre leurs libelles contre la Convention; sur quoi le Girondin Ducos demanda l'ordre du jour. Legendre, avec l'accent d'un honnête homme, d'un vrai patriote, dénonça la coupable légèreté d'un de ses collègues, le Montagnard Bentabole, qui, du geste et du regard, avait donné aux tribunes le signal de huer la droite, avec d'ironiques applaudissements.

Ces insultes étaient-elles fortuites? Ou devait-on les attribuer à un système exécrable d'avilir la Convention? Les violents pensaient-ils qu'un pouvoir bravé chaque jour, insulté impunément, serait déjà, par cela seul, désarmé dans l'opinion, qu'on ferait meilleur marché d'une Assemblée imbécile qui, ayant la toute-puissance, se laissait marcher et cracher dessus.

Qui donc énervait la Convention, en réalité? Comment expliquer le phénomène de son impuissance? Par la terreur? Il y avait, en effet, autour d'elle beaucoup de bruit, de menaces; toutefois je ne vois point que cette foule aboyante ait frappé ni blessé personne autour de la Convention. Les cinq cents députés du centre, protégés par leur obscurité, pouvaient sans nul doute voter au scrutin secret les mesures énergiques qui leur furent souvent proposées. Qui les arrêta? La crainte de remettre le pouvoir à ceux qui les proposaient, à la droite ou à la gauche. Cette grande masse muette du centre avait ses guides muets; Sieyès et autres politiques y avaient beaucoup d'influence; elle suivait d'ailleurs, d'instinct, un sentiment mixte de défiance patriotique et de médiocrité envieuse. De là ses contradictions, généralement volontaires; quand elle a voté pour la gauche, elle croit faire de l'équilibre en votant aussi pour la droite. Elle ne s'aperçoit pas qu'en se démentant et se déjugeant ainsi, elle se discrédite, s'avilit plus que ne pourraient jamais le faire les outrages des violents. Ceux-ci, tantôt irrités, tantôt enhardis, attribuent ces variations aux alternatives de la sécurité et de la peur, et se jettent, sans marchander, dans les plus coupables moyens d'intimidation. La Convention ne vit pas que sa fausse politique de bascule, de faux équilibre, était une prime à la terreur.

La Commune venait de faire, le 27 décembre, une chose de grande audace. Elle avait lancé une assignation contre un représentant du peuple.

Celui-ci, Charles de Villette, avait mis dans un journal girondin un très dangereux conseil de résistance armée aux violences révolutionnaires, dont le royalisme eût pu faire profit. On devait poursuivre l'article, mais on ne le pouvait qu'avec l'autorisation de l'Assemblée. La Commune s'en passa.

Autre incident sinistre. Elle vit, sans s'émouvoir, des fenêtres de l'Hôtel de Ville, passer sur la Grève et le long des quais le corps d'un homme assassiné. Le 31 décembre, un certain Louvain, ex-mouchard de La Fayette, s'étant avisé de dire dans le faubourg un mot pour le roi, un fédéré lui passa son sabre à travers le corps.

Ce meurtre, à un tel moment, lorsque la Commune avait osé assigner un représentant, semblait une odieuse machine pour faire peur à l'Assemblée, un crime pour préparer des crimes. Tout le monde fut indigné. Marat même s'éleva avec violence contre Chaumette, en parla avec horreur et mépris. Celui-ci prit peur à son tour, fit révoquer l'assignation et vint excuser la Commune. Villette, un moment entouré aux portes de la Convention par des furieux qui parlaient de le tuer, leur rit au nez et passa. Ces aboyeurs n'étaient pas toujours braves. Un autre député, Thibaut, menacé aussi de mort, en empoigna un qui demanda grâce.

Au moment même où la Commune s'excuse à la Convention, elle lui fait un nouvel outrage. Un drame venait d'être lancé sur le Théâtre-Français, l'*Ami des lois*, pièce médiocre, mais hardie dans la circonstance. A ne regarder que la lettre, la pièce n'était point contre-révolutionnaire; elle l'était beaucoup comme esprit. Grand bruit pour et contre. La Convention, consultée, permet la représentation. La Commune, la défend.

Cet incroyable conflit, sur un sujet en apparence futile, semblait bien près d'un combat. Tout s'y préparait. Les Jacobins avaient oublié leur ancienne réserve pour entrer dans l'action. La presse était unanime contre eux; ils s'en inquiétaient si peu qu'ils parlaient de chasser les journalistes de leur salle. Ils aimaient mieux le huis clos. Toute leur affaire était une propagande personnelle, une espèce d'embauchage contre la Convention. Il n'y avait pas beaucoup à espérer, sous ce rapport, du faubourg Saint-Antoine. Quoique la misère y fût excessive et la passion violente, il y avait dans cette population beaucoup plus de respect des lois qu'on ne l'a cru généralement. J'ai sous les yeux les procès-verbaux des trois sections du faubourg (Quinze-Vingts, Popincourt et Montreuil)[1]. Rien de plus édifiant. Il y a bien moins de politique que de charité; ce sont des dons innombrables aux femmes de ceux qui sont partis, aux vieux parents, aux enfants. Du reste, le faubourg ne formait nullement un corps; les trois sections avaient un esprit très différent, étaient jalouses l'une de l'autre. Leurs assemblées étaient

---

1. Archives de la Préfecture de police. — On voit que les actes publics sont ici, comme bien souvent, en contradiction avec l'histoire convenue, les prétendus *Mémoires*, etc. Ceux-ci ont généralement appliqué au faubourg, en 1793, ce qui est bien plus vrai des sections des Gravilliers, de Mauconseil et du Théâtre-Français. Généralement j'ai préféré l'autorité des actes à celle des récits. Entre ceux-ci, il y en a très peu de vraiment historiques. Les *Mémoires* de Levasseur, instructifs, admirables pour les pages où il raconte ses missions militaires, n'apprennent rien pour l'intérieur; ils semblent faits avec des rognures de journaux. — Les *Mémoires* de Barère, édités par deux hommes du caractère le plus honorable, n'en sont pas moins pleins d'erreurs, erreurs volontaires, mensonges calculés, par lesquels Barère a cru sans doute pouvoir tromper l'histoire et refaire sa triste réputation.

Les *Souvenirs* de M. Georges Duval ne sont qu'un roman royaliste. — L'intéressant ouvrage de M. Grille (sur le 1er bataillon de Maine-et-Loire) contient, parmi les pièces historiques, nombre de lettres visiblement inventées, fort ingénieuses du reste et propres à faire connaître l'esprit du temps, les opinions populaires. — J'ai déjà parlé de la fausse *Correspondance* de Louis XVI, un faux grossier, que MM. Roux et Buchez ont cité gravement comme une collection de pièces authentiques. — Les *Mémoires* de Barras, naturellement suspects pour le Directoire, ne le sont nullement pour 1793; ils témoignent au contraire d'une extrême impartialité; retenu presque toujours dans les missions militaires, Barras est très peu influencé par les discordes intérieures de la Convention. Je remercie M. Hortensius de Saint-Albin de m'avoir obligeamment communiqué les premiers livres de ces importants *Mémoires*.

paisibles, généralement peu nombreuses, de cent ou deux cents personnes, cinq cents au plus, et pour une grande circonstance. Les émissaires jacobins ne remuaient pas si aisément qu'on l'a dit ce peuple de travailleurs. Je vois (au 5 novembre) l'homme de Robespierre, Hermant, qui a peine à animer, pour l'élection du maire, la section de Popincourt.

Les Jacobins et la Commune n'embauchaient guère dans le faubourg, mais dans une population non parisienne, les fédérés nouveaux venus. Ceux du 10 août étaient partis; la plupart, gens établis et pères de famille, quels que fussent leur enthousiasme républicain et leur désir de protéger l'Assemblée, ils ne purent rester. Les sociétés jacobines des départements en envoyèrent d'autres, ou fanatiques ou affamés, avides d'exploiter l'hospitalité parisienne. Les ministres, Roland, ses collègues, fort effrayés de ces bandes, se gardaient bien de les fixer ici en leur rendant la vie facile. Ils espéraient que la famine qui les avait amenés pourrait les remmener aussi. Les Jacobins y suppléaient. Ils les logeaient, les hébergeaient, les endoctrinaient, homme à homme, les tenaient prêts à agir. La Commune les favorisait également, les encourageait. Elle les employait comme siens; elle les promenait armés, de quartier en quartier, pour imprimer la terreur.

Les Jacobins d'accord avec la Commune! toute nuance effacée entre les violents! les uns et les autres ayant sous la main une force armée très irrégulière, composée d'hommes inconnus et étrangers à la population de Paris! Nulle situation plus sinistre.

Le 8 janvier, une section infiniment plus violente que celles du Faubourg-Saint-Antoine, la section des Gravilliers, provoque la formation à l'Évêché d'un comité de surveillance qui aidera celui de la Convention, recevra les dénonciations, arrêtera les dénoncés, les lui enverra. Le 14, cette section veut qu'on forme un jury *pour juger les membres de la Convention* qui voteront l'appel au peuple.

Le même jour, sur l'invitation de la section des Arcis, une réunion armée se fait dans une église, composée en partie de fédérés qui s'intitulent fièrement *Assemblée fédérative des départements*, en partie de sectionnaires, spécialement des Cordeliers; au milieu d'eux se trouvent les députés de la Commune. Et pourquoi cette prise d'armes? Sous le prétexte étrange et vague de jurer la défense de la République, la mort des tyrans.

La bataille semblait imminente. Le ministre de l'intérieur écrit à la Convention qu'il ne peut rien et ne fera rien. « Eh bien, s'écrient Gensonné, Barbaroux, que l'Assemblée elle-même prenne la police de Paris. » Mais la Convention refuse; si elle craint l'insurrection, elle craint aussi la Gironde, elle ne veut pas lui donner force. Elle décrète... encore des paroles, elle demande compte au ministre... Que lui dira-t-il, le ministre, lui qui déjà, le matin, dans sa triste jérémiade, a déploré son impuissance?

A cette heure sombre, où l'on pouvait croire que le navire enfonçait, Danton, rappelé par décret, comme les autres représentants en mission, arrivait de la Belgique. Il put juger combien un homme politique perd à s'éloigner un moment de l'arène du combat. Paris, la Convention, étaient changés, à ne pas les reconnaître.

Un changement très grave qui put le frapper d'abord, c'est que ses amis personnels, Camille Desmoulins, Fabre d'Églantine, suivaient désormais à l'aveugle le torrent des Jacobins et votaient sous Robespierre. Robespierre et les Jacobins donnant la main aux exaltés, les dantonistes suivaient.

Il put voir encore sur un autre signe tout le chemin qui s'était fait. Les Jacobins avaient eu toujours pour présidents des hommes d'un poids considérable et qui avaient fait leurs preuves, Pétion, Danton, Robespierre. Maintenant c'était Saint-Just. Était-ce l'homme de vingt-quatre ans, estimé pour deux discours, qu'ils avaient pris pour président ? Non, c'était la hache ou le glaive. Ce choix n'avait pas d'autre sens.

La société, vouée jadis à la discussion des principes, ne visait qu'à l'exécution. L'affaire des fédérés était tout pour elle, Robespierre l'avoua le 20 janvier ; elle s'était faite uniquement embaucheur et recruteur.

Danton apportait des pensées absolument différentes, celles de l'armée elle-même.

Cette grande question de mort que les politiques

de clubs tranchaient si facilement, l'armée ne l'envisageait qu'avec une extrême réserve. Nulle insinuation ne put la décider à exprimer une opinion ou pour ou contre le roi. Réserve pleine de bon sens. Elle n'avait nul élément pour résoudre une question si obscure. Elle croyait le roi coupable, mais elle voyait parfaitement qu'on n'avait aucune preuve. Elle ne désirait pas la mort[1].

Cette modération de l'armée était d'autant plus remarquable qu'elle semblait devoir être exaspérée par ses souffrances. La France l'abandonnait. La lutte acharnée de Cambon et de Dumouriez, la désorganisation absolue du ministère, avaient porté au comble le dénuement de nos soldats. Notez que généralement ce n'étaient pas des soldats. Beaucoup étaient des hommes de métiers sédentaires, qui, ayant toujours vécu sous un toit, ignoraient entièrement l'inclémence de la nature, la dureté des hivers du Nord. Il y avait en grand nombre des artisans, des artistes, un bataillon, entre autres, tout de peintres et de sculpteurs. Ces jeunes gens, partis en frac, blanches culottes et bas de coton, légers sous le vent de bise, n'avaient au fond de leur sac, pour nourrir leur enthousiasme, que la *Marseillaise* et quelque journal chaudement patriotique. Jamais une armée plus pauvre n'entra dans un pays si riche. Et ce contraste même ajoutait

---

[1]. Ce qui le prouve d'une manière, selon nous, indubitable, c'est que le courtisan de l'armée, qui faisait tout pour la gagner, le jeune duc de Chartres, se déclara contre la mort du roi et désapprouva le vote de son père.

à leurs misères. Ces faméliques soldats semblaient amenés tout exprès dans le plus gras pays du monde pour mieux sentir la famine. La lourde et plantureuse opulence des Pays-Bas, étonnante dans les églises, les châteaux, les abbayes, les splendides cuisines de moines, était pour nos maigres compatriotes un sujet trop naturel d'envie et de tentation [1].

Cette armée enthousiaste, dans la naïve exaltation du dogme révolutionnaire, se trouvait dès son début placée dans l'alternative de prendre ou de mourir de faim. Toutefois Dumouriez l'avoue (et il faut le croire, il est peu suspect de partialité pour l'armée qui le chassa), elle tenait encore tellement aux principes, cette armée, elle se ressentait tellement de la pureté sublime de son premier élan, qu'elle souffrit de se voir devenir, par nécessité, voleuse et pillarde. Elle rougit, s'indigna de sa

---

[1]. Le confortable des gros bourgeois oisifs, solidement nourris, continuant les repas à l'estaminet par une bière nourrissante, l'aisance ou plutôt la richesse des simples curés, donnaient beaucoup à penser à nos soldats philosophes. Quelles étaient leurs impressions, on le devine de reste, quand le soir, entrant avec un billet de logement chez quelque bon bénéficier, ils regardaient, au feu bien clair, le chapon ecclésiastique tourner sous les belles mains des cuisinières de Rubens? — Le Français libérateur, qui venait de débarrasser le pays des Autrichiens, n'en était pas mieux reçu. L'accueil douteux qu'il obtenait témoignait qu'au fond le prêtre eût mieux aimé voir encore ces Autrichiens tant maudits. L'humeur venait lorsqu'on causant, le gras pharisien régalait son hôte du raisonnement ordinaire que nous avons cité déjà : « Si c'est la liberté qu'on nous apporte, qu'on nous laisse libres de nous passer de la France », c'est-à-dire d'appeler l'Autriche, d'abdiquer la liberté. — Nos soldats n'étaient pas des saints. Leurs vertus d'abstinence, fort ébranlées par ce contraste de misère et de jouissances, l'étaient naturellement plus encore par de tels raisonnements. La tentation était forte pour le révolutionnaire qui arrivait à jeun, de dévorer le chapon d'un homme qui raisonnait si mal.

mauvaise conduite, demanda elle-même au général de la défendre contre ses tentations et de proclamer la peine de mort contre l'indiscipline et le pillage.

Danton, envoyé en Belgique, échappé à la situation double qui l'annulait à Paris, était tombé dans des difficultés plus grandes peut-être. Nul moyen d'accorder Dumouriez avec le ministre, avec la Révolution. Les amis, publics ou secrets, du général étaient les banquiers, les aristocrates, les prêtres. Ce que Danton avait à faire, c'était, en opposition, de tendre à l'excès le nerf de la Révolution. C'est ce qu'il fit, surtout à Liège. Ce vaillant peuple, qui, de lui-même, avait conquis la liberté, qui se l'était vu arracher, qui était France de cœur, et vota pour être France jusqu'au dernier homme, reçut Danton comme un dieu. Il s'établit au milieu des forgerons d'outre-Meuse, soufflant le feu, forgeant l'épée, fondant l'argent des églises pour les besoins de l'armée; saints et saintes passaient au creuset. Les paroles étaient terribles, meurtrières, les actes humains; il sauvait des hommes en dessous[1]. Chez ce peuple

---

[1]. Rouget de Lisle a conté le fait suivant à notre illustre Béranger, qui me l'a redit. Dans une ville de Belgique, subitement occupée par nos armées dans cette invasion rapide, se trouvait un pauvre diable d'émigré qui s'était fait épicier. Il se mourait de peur, mais comment partir? Il s'adresse à l'auteur de la *Marseillaise*. Rouget, alors aide de camp du général Valence, s'entremet près des commissaires de la Convention pour en tirer un passeport. Sa répugnance était extrême pour Danton; il aima mieux s'adresser à Camus. L'aigre janséniste le refusa net. Rouget ne savait plus que faire. L'émigré avait tant peur, il supplia tellement Rouget, que celui-ci alla enfin chez ce terrible Danton; il lui conta piteusement sa mésaventure, la dureté de l'homme de Dieu. « C'est bien fait, lui dit Danton; pourquoi allez-vous aux dévots? Que

exaspéré, où les meilleurs patriotes avaient, l'année précédente, subi la torture, il y eut quelques vengeances, mais point d'échafaud.

Danton revint à regret, pour retrouver à Paris le terrible nœud qu'il avait laissé. L'armée ne voulait pas la mort, la France ne la voulait pas ; une imperceptible minorité la voulait ; et cependant les choses étaient tellement avancées, la question placée dans un point si hasardeux, qu'à sauver Louis XVI on risquait la République.

Mais ne la risquait-on pas, d'autre part, si on le tuait ? On pouvait le croire aussi. De grandes choses couvaient dans l'Ouest. L'ami de Danton, Latouche, qui était alors à Londres pour épier les royalistes, lui donnait sur le travail souterrain de la Bretagne et de la Vendée de terribles appréhensions.

Un péril était à craindre, un péril unique. Le génie de la Révolution ne pouvait rien redouter sur la terre ni sous la terre, hors une chose... Quelle ? Lui-même sous son autre face, lui-même retourné contre lui, dans sa contrefaçon effroyable : *la Révolution fanatique.*

Qu'arriverait-il, si, dans cette France malade, éclatait l'horrible épidémie, contagieuse entre toutes,

---

ne veniez-vous tout de suite trouver le septembriseur ?... » Il donna le passeport.

Garat dit dans ses *Mémoires* : « *Danton eût sauvé tout le monde, même Robespierre.* » — M. Fabas, dans un très bel article (un peu sévère sur Danton) qu'il a placé dans l'*Encyclopédie nouvelle* de Leroux et Reynaud, fait cette réflexion juste et profonde : « Ce qui diminua sa force révolutionnaire, c'est qu'il ne put jamais croire que ses adversaires fussent coupables. »

cet affreux vent de la mort, qui a nom : le fanatisme ?

Deux siècles à peine étaient écoulés depuis qu'une population tout entière, savamment travaillée des prêtres, était tombée un matin dans l'incroyable accès de rage qu'on appela la Saint-Barthélemy. A la fin même du dix-septième siècle, en pleine civilisation, n'avait-on pas vu aux Cévennes le phénomène effrayant d'un peuple tombant du haut mal et frappé d'épilepsie? Au milieu d'une assemblée qui semblait paisible et pieuse, des hommes que vous auriez crus sages se tordaient tout à coup, criaient. Des femmes, les cheveux au vent, sautaient sur une pierre avec d'horribles clameurs et prêchaient l'armée ; les enfants prophétisaient. On a fait des livres entiers de leurs cris sauvages, religieusement recueillis.

Danton savait peu le passé. L'instinct du génie suppléait ; il sentait, pénétrait les choses, et toute histoire était en lui. Nous ne doutons nullement qu'il n'ait, dès cette époque, flairé la Vendée.

Des signes très mauvais, très bizarres, apparaissaient dans l'Ouest. La Vierge redoublait de miracles. On ne se battait pas depuis l'affaire de Châtillon ; on assassinait. Aux parties sauvages du Maine, aux environs de Laval et de Fougères, les frères Chouan, sabotiers, s'étaient jetés dans les bois. Les paysans fanatiques ou paresseux venaient les joindre et s'appelaient les *chouans*. Pour coup d'essai, ils avaient assassiné un juge de paix. Leur grand juge était un abbé Legge qui gouvernait ces bandits en une sorte de tribu biblique ; ce Samuel avait son David dans son frère, ancien officier.

Qu'on juge des effets terribles de la légende du Temple chez des populations préparées ainsi. Les rois, dans l'Écriture, sont appelés *mes christs* ; le Christ est appelé *roi*. Il n'y avait pas un incident de la captivité du roi qui ne fût saisi, traduit au point de vue de la Passion. La *Passion de Louis XVI* allait devenir une sorte de poème traditionnel qui passerait de bouche en bouche, entre femmes, entre paysans, le poème de la France barbare [1].

Et ce n'était pas seulement dans les forêts de l'Ouest que la superstition gagnait. Dans Paris même et tout autour, où la peur la rendait muette, elle n'en était pas moins forte. La Révolution voyait, sentait sous ses pieds le lourd travail de l'ennemi. De là une haine cruelle entre les deux fanatismes. Qu'avaient-elles dans le cœur, ces femmes qui, en janvier, à cinq ou six heures du matin, s'en allaient dans quelque coin écouter un prêtre réfractaire, entendre la nouvelle légende et dire les litanies du

---

1. On ne peut se figurer avec quelle promptitude se fait la légende. De nos jours, un voyageur voit, en passant par un canton de la Grèce, un jeune Grec, nommé Nicolas, décapité par les Turcs. Peu d'années après, il retrouve au même pays la même histoire, déjà antique, chargée d'incidents poétiques ; le mort avait déjà des chapelles, il était déjà devenu *Agios Nicolaos*. — Dès la fin de 1849, le Gouvernement provisoire a passé à l'état de légende dans certaines parties de la Bretagne. Ledru-Rollin est un guerrier d'une force extraordinaire ; il est invulnérable, le redresseur de torts, le défenseur des faibles. La *Martynn* est une puissante fée, comme la Mélusine ; en elle réside un charme invincible. Telle est la légende du Finistère. — Dans Ille-et-Vilaine, Ledru-Rollin a été l'amant de la *Martynn* ; il l'a épousée, etc.

Temple ? Elles avaient, dans leur silence, tout ce qu'avaient dans la bouche les violents révolutionnaires, la haine de l'autre parti, la vengeance, une sombre fureur contre le dogme opposé...

Marat, allant avant le jour surveiller ses colporteurs, comme il aimait à le faire, rencontrait sa propriétaire, une femme riche et âgée, qui déjà était dans la rue : « Ah ! je te vois, disait-il, tu reviens de manger Dieu... Va, va, nous te guillotinerons. » Il ne lui fit aucun mal[1].

A la Noël de 1792, il y eut un spectacle étonnant à Saint-Étienne-du-Mont. La foule y fut telle que mille personnes restèrent à la porte et ne purent entrer. Cette grande foule s'explique, il est vrai, par la population des campagnes, qui de la Noël à la Sainte-Geneviève, du 25 décembre au 3 janvier, vient faire la neuvaine. La châsse de la patronne de Paris est à Saint-Étienne. Nulle autre, on le sait, n'est plus féconde en guérisons miraculeuses. Point d'enfants infirmes, aveugles, tortus, que les mères n'apportent ; beaucoup de femmes de campagne étaient venues, on peut le croire, dans l'idée, le vague espoir que la patronne pourrait bien faire quelque grand miracle.

Chose triste que tout le travail de la Révolution aboutit à remplir les églises ! Désertes en 1788, elles sont pleines en 1792, pleines d'un peuple qui prie contre la Révolution, contre la victoire du peuple !

---

1. C'est la vieille propriétaire elle-même qui l'a conté à M. Serres, le célèbre physiologiste, dont je tiens l'anecdote.

Il n'y avait pas à se jouer avec cette maladie populaire. Elle tenait à des côtés honorables de l'humanité. L'élan superstitieux, dans beaucoup d'âmes excellentes, était sorti de la pitié, d'une sensibilité trop vive. Il était juste, il était sage d'épargner ces pauvres malades. Que Louis XVI fût jugé, condamné, cela était très utile; mais que la peine le frappât, c'était frapper tout un monde d'âmes religieuses et sensibles, c'était leur donner une superstition nouvelle, décider un accès peut-être d'épilepsie fanatique, tout au moins fonder ce qui pouvait être le plus funeste à la République, le culte d'un roi martyr.

Le Girondin Fonfrède, écartant un avis de Daunou qui eût pu sauver Louis XVI, s'accorda avec la Montagne, réduisant toutes les questions à cette simplicité terrible :

Est-il coupable ?

Notre décision sera-t-elle ratifiée ?

Quelle peine ?

CHAPITRE XII

LE JUGEMENT DE LOUIS XVI (15-20 JANVIER 1793).

On ne peut accuser de barbarie ceux qui votèrent la mort. — On ne peut accuser de faiblesse ceux qui votèrent le sursis, le bannissement, etc. — La Gironde haïssait le roi, autant que la Montagne. — La Gironde épargnait le roi par respect pour la volonté du peuple. — Testament républicain de la Gironde. — Fable royaliste de la lâcheté de Vergniaud. — Les deux partis demandent la publicité des votes. — Découragement de Danton, 15 janvier 1793. — Le roi jugé coupable à l'unanimité. — Le jugement non soumis au peuple, 15 janvier. — Danton reprend l'avant-garde de la Montagne contre le roi et la Gironde, 16 janvier. — Le roi condamné à mort, 16-17 janvier. — Discussion du sursis, 18-19 janvier. — Le sursis rejeté. — Lepelletier assassiné, 20 janvier. — Ferme attitude des Jacobins, nuit du 20-21 janvier.

Nul événement n'a été plus cruellement défiguré par l'histoire que le jugement de Louis XVI. Les déclamations des partis les plus injurieuses à la France ont été accueillies, autorisées par des écrivains d'un grand nom.

Nous prions le lecteur de ne pas se laisser traîner dans ce sillon de routine où toute l'histoire a passé, mais d'examiner lui-même et de conserver son libre jugement. Nous lui demandons de ne pas être partial contre la France, crédule contre la patrie.

Que la Gironde et la Montagne se soient également trompées (ce qui est notre opinion), elles n'en ont pas moins droit à notre profond respect pour leur sincérité, pour leur héroïque courage.

Ce qui peut faire songer d'abord et paraître surprenant, c'est que des caractères, entre tous, bons et humains, des cœurs généreux et tendres, se trouvaient justement parmi ceux qui votèrent la mort. Il n'y a jamais eu un homme plus sensible que le grand homme qui organisa les armées de la République, le bon, l'excellent Carnot. Il n'y a point eu de caractères plus héroïquement magnanimes que les deux beaux-frères bordelais, Ducos et Fonfrède, jamais il n'y en eut de plus aimable, aucun qui exprimât mieux le brillant et doux génie, l'esprit éminemment humain du pays de Montesquieu. Ces deux jeunes gens étaient de ceux que la France eût montrés au monde pour le séduire à la liberté par le charme de la civilisation. Point d'esprits plus indépendants, plus affranchis par la philosophie; sortis de familles marchandes, ils protestèrent plus d'une fois contre l'aristocratie mercantile. Admirables de pureté, de sincérité, de candeur, ils touchèrent jusqu'à Marat. Il essaya de les sauver du sort commun des Girondins. Leur grand cœur ne le permit pas. Ils luttèrent intrépidement, jusqu'à ce qu'ils obtinssent le même sort, la même couronne.

N'accusez point de barbarie ceux qui ont voté la mort. Ce n'était pas un barbare, le grand poète Joseph Chénier, l'auteur du chant de la Victoire. Ce n'était point un barbare, Guyton-Morveau, l'illustre chimiste de la République. Ce n'était pas un barbare, le modeste Lakanal, qui eut une si grande part aux plus belles créations révolutionnaires, le Muséum, l'École normale, l'Institut, la nouvelle organisation de l'enseignement[1]. Cambon n'était pas un barbare; la violence de sa révolution financière fut le fait du temps, non le sien. Ne jugeons pas la Montagne par les fureurs déclamatoires de ses orateurs ordinaires, qui tant de fois ont si mal traduit sa pensée. Jugeons-en par le caractère des grands citoyens qui, moins bruyants, plus utiles, siégeaient aussi à la gauche; jugeons-en par ces travailleurs énergiques, qui, en présence des plus grands dangers, organisèrent la République au dedans, la défendirent au dehors dans leurs missions, au premier front des premières lignes, couvrant des armées entières de leur poitrine héroïque et de leur ceinture tricolore, que les boulets respectaient[2].

D'autre part, tous les monuments historiques sérieusement examinés, *je ne vois pas la moindre*

---

1. Voir sa brochure *Sur ses travaux pendant la Révolution*, et les notices de MM. Isidore Geoffroy-Saint-Hilaire, Lélut et Mignet. Lakanal avait fait un ouvrage important *Sur les États-Unis*, dans un point de vue opposé à celui de M. de Tocqueville, comme il me l'expliquait lui-même.

2. C'est à moi de les adopter, de les défendre, ces hommes tellement attaqués. Je me sens leur parent, si les leurs les ont oubliés. Leurs familles montrent peu d'empressement à accomplir leurs volontés, à donner au public leurs souvenirs, leurs justifications. Plusieurs ont écrit, et l'on n'a presque rien publié. — Qu'ils sachent bien pourtant, ceux qui gardent leurs écrits sous la clé, qui se sont constitués geôliers de leur pensée, qu'elle n'appartient à nul qu'à la France; la France est, avant tous, la fille et l'héritière... On restera responsable envers elle de ces dépôts précieux.

preuve pour affirmer qu'il y ait eu ni peur ni faiblesse dans ceux qui votèrent le bannissement, la reclusion, l'appel au peuple ou la mort avec sursis.

Je suis seul ici, je le sais ; les historiens sont contre moi. Que m'importe ! l'histoire est pour moi. Je n'entends par ce mot, histoire, rien autre chose que les actes du temps, les témoignages sérieux.

Les royalistes ont fondé cette tradition honteuse, que tous ont suivie.

Habitués à livrer la France, ils ont fait aussi bon marché de l'honneur que du territoire ; ils ont soutenu hardiment que la Convention a eu peur, les uns votant la mort parce qu'ils avaient peur du peuple, les autres votant la vie parce qu'ils craignaient la vengeance des royalistes, le retour des émigrés.

Le plus curieux à observer, c'est que l'objet principal de la fureur des royalistes, c'est justement le parti qui sauvait le roi. Robespierre leur déplaît moins. Leur indulgence pour les Jacobins a été même au delà ; ils ont baisé la main du féroce duc d'Otrante ; il s'agissait alors, il est vrai, de capter l'homme puissant, de ravoir les biens non vendus.

Pour la Gironde, ils n'ont pas eu assez de paroles furieuses, d'imprécations. C'est le trophée des Girondins, leur couronne et leur laurier.

Ceux-ci ont bien mérité une telle haine. C'est la presse girondine qui a fondé la République. Les Jacobins avaient le tort de croire, même en 1791, que la question de monarchie et de république est une question de forme, accessoire, extérieure. Robespierre disait encore à cette époque : « Je ne suis ni républicain ni monarchiste. »

La Gironde eut deux grands courages, elle donna deux fois sa vie aux idées. Fille de la philosophie du dix-huitième siècle, elle en porta la logique aux bancs de la Convention. Un principe lui fit renverser la royauté, et le même principe lui fit épargner le roi.

Ce principe ne fut autre que le dogme national de la souveraineté du peuple. Ils venaient de l'appliquer, l'avaient écrit sur l'autel du Champ de Mars, en 1791, et ils l'écrivirent encore, au 10 août, sur les murs des Tuileries, par les balles et les boulets de la légion marseillaise amenée par eux. Ils y restèrent fidèles au procès du roi, soutinrent (à tort ou à droit) qu'ils ne pouvaient commencer leur carrière républicaine en violant le dogme qu'ils avaient proclamé la veille, en se faisant souverains contre la volonté du peuple.

La Montagne soutint ouvertement le droit de la minorité ; elle prétendit sauver le peuple, sans respect pour sa souveraineté. Sincère, patriote, héroïque, elle entrait ainsi néanmoins dans une voie dangereuse. Si la majorité n'est rien, si le *meilleur* doit prévaloir, quelque peu nombreux qu'il soit, ce *meilleur* peut être minime en nombre, dix hommes, comme les Dix de Venise, un seul même, un pape, un roi. La Montagne ne frappait le roi qu'en attestant le principe que la royauté atteste, le principe de l'autorité, le principe qui eût rétabli le roi. Elle en déduisait l'échafaud ; on pouvait en déduire le trône.

Il faut ignorer singulièrement les choses de ce temps-là, l'intérieur des hommes d'alors, pour croire que la haine de Louis XVI ait été plus faible dans la Gironde que dans la Montagne. Les royalistes, mieux éclairés là-dessus, vous diront bien le contraire. La Montagne n'avait point approché de Louis XVI ; elle n'avait pas touché, manqué le pouvoir. Elle était plus furieuse, mais non plus hostile. La cour et la Gironde se connaissaient bien et se haïssaient, non d'une haine générale et vague, mais éclairée, réfléchie. Les Montagnards poursuivaient le roi à l'aveugle, comme je ne sais quel monstre inconnu. Les Girondins le haïssaient personnellement et comme homme. La peine capitale du roi eût été pour plusieurs d'entre eux une vengeance personnelle[1]. C'est sans doute, après le respect du principe, la raison même qui les décida à épargner sa tête. Il était leur ennemi.

Madame Roland avait pour Louis XVI une antipathie naturelle, instinctive. Ce caractère faible et faux répugnait à son âme forte plus que n'eût fait un caractère méchant.

L'élève de Sparte et de Rome, nourrie de Plutarque, avait pour l'élève des Jésuites horreur et dégoût.

---

1. Saint-Just et Fabre d'Églantine n'en sont pas disconvenus. Il leur est échappé ce remarquable aveu, qu'en réalité le côté droit eût plutôt penché pour la mort.

Elle ne tenait aucun compte des circonstances atténuantes qu'on eût pu admettre pour un homme né roi, après tout, élevé dans la tradition idiote de la royauté.

Le vote de Madame Roland eût été très rigoureux, si elle eût siégé à la Convention.

Ses amis se divisèrent. Lequel exprima son vote? Il est difficile de le dire. Celui qu'elle aimait sans doute. Ceci soit dit sans vouloir chercher le secret de son cœur; nul ne fut assez haut pour être son idéal absolu. Quel ami vota pour elle? Fut-ce le courageux Barbaroux? Il vota la mort. Était-ce l'illustre Buzot, le vrai cœur de la Gironde, pour qui elle avait aussi une profonde estime de cœur? Il vota la mort, sauf ratification du peuple. Lanthenas, qui vivait chez elle, comme un ami inférieur, le *famulus* de la maison, vota la mort avec sursis. Bancal, qu'elle avait aimé, vota la détention. Et ce fut aussi le vote de son journaliste, de l'ardent, du romanesque, du fanatique Louvet.

Ceux qui ont vu Louvet mourir sous l'outrage des royalistes, consumé à petit feu, chaque jour insulté par eux, en lui, en sa femme même! ont dû comprendre enfin son vote. Au plus profond du cœur, il avait la République ardente et gravée, il avait le roi en horreur. Il lui fallut, pour l'épargner, le respect le plus fanatique de la souveraineté du peuple. Il aima encore mieux ne pas tuer Louis XVI que de tuer le principe. Le peuple ne voulait pas la mort, et Louvet vota la vie.

Un Montagnard me disait, il n'y a pas dix ans encore : « Hélas! quel malentendu! »

Quels pleurs de sang ont dû sortir du cœur des vrais républicains, quand, dans ces *Mémoires* de Louvet, écrits à travers le Jura et de caverne en caverne, ils n'ont trouvé nul sentiment, chez un prétendu royaliste, que l'amour obstiné, indomptable, de la République, la haine du fédéralisme et la religion de l'unité!

Pour moi, je ne puis, encore aujourd'hui, rappeler ici, sans un extrême serrement de cœur, l'impression que j'eus le 30 septembre 1849, lorsque, fouillant l'Armoire de fer, parmi une foule de papiers insignifiants, je tombai sur deux chiffons rouges qui n'étaient pas moins que la dernière pensée de Pétion et de Buzot, et leur testament de mort. Le rouge n'est point du sang. Ces infortunés, on le voit, portaient un gilet écarlate, comme on les avait alors, et leurs corps restant abandonnés à la pluie et à la rosée des nuits, le papier s'est empreint de cette couleur. Aux coins, il est en lambeaux, mais le milieu reste. Pétion, dans une lettre à sa femme, la rassure, non sur sa vie, mais sur sa bonne conscience, lui affirme « que son caractère ne s'est jamais démenti ». Buzot, dans une apologie d'une écriture nette et ferme, proteste, « au moment de terminer ses jours », contre les imputations dont on a souillé l'honneur de son parti, contre ce grief impie d'avoir songé à démembrer la France. L'adoration de la patrie est ici à chaque ligne.

Saintes reliques! qui ne vous croira?... Quand on songe que ces choses furent écrites au moment où ces infortunés, se sachant traqués par la meute (à la lettre, une meute de chiens), quittèrent héroïquement leur asile, leur hôte, qu'ils craignaient de compromettre, et s'en allèrent mourir ensemble sous leur seul abri, le ciel!... Nul murmure pourtant, nul reproche. Ils attestent sans accusation, le nom de la Providence.

La Providence a répondu... Cette frêle justification a survécu. Les chiens, en dévorant une partie de leurs corps et déchirant leurs habits, n'ont pas atteint ce pauvre papier, qui n'a que le souffle... Le voilà, il a subsisté, le voilà, sale et rougi, avec ses moisissures, comme exhumé d'un cercueil...

Lâches, osez me dire maintenant que les hommes qui moururent ainsi, dans cette héroïque douceur, ont été des lâches, que la Convention a eu peur, que Roland mort comme Caton, que Vergniaud mort comme Sidney, bégayaient et tremblotaient, aux cris des tribunes... Le bruit, les menaces, ont pu troubler un Barère, un Sieyès, je veux bien le croire. Mais de quel droit, sur quelles preuves, osez-vous bien affirmer que les hommes héroïques de la gauche ou de la droite aient voté par crainte? Qui croirai-je, en vérité, ou de vous, ennemis acharnés, qui affirmez sans prouver, dans un intérêt de parti; ou de ces hommes eux-mêmes qui, par leur vie courageuse, par leur mort sublime, nous défendent ces basses pensées? Vous venez me dire qu'ils ont eu peur devant un danger incertain, douteux, possible. Et moi, je vous dis qu'ils n'ont pas eu peur devant la mort même ; ils ont souri sur la charrette, plusieurs ont chanté à la guillotine le chant de la délivrance. Vous ne me persuaderez pas aisément que ceux qui portèrent la tête si haut, à leur propre exécution d'octobre ou de thermidor, l'aient baissée lâchement devant les cris de la foule au jugement de janvier.

Dans ce but visible d'avilir la Convention en ses plus grands hommes, ils n'ont pas manqué, au défaut de faits précis, de forger des anecdotes pittoresques, mélodramatiques, sachant très bien qu'on les répéterait, au moins pour l'effet littéraire. Selon eux, Vergniaud, par exemple, la veille du vote, aurait promis, juré à une femme qu'il aimait de ne point voter la mort. Il aurait gardé encore cette disposition dans la Convention même et jusqu'au moment fatal. Il monte lentement à la tribune, au milieu d'un grand silence, sous les regards fascinateurs de la Montagne et des tribunes, il arrive, baisse les yeux, et, son cœur faiblissant sans doute, il dit d'une voix sourde : « La mort. »

Indigne anecdote ! honteuse ! Que de preuves et de témoins faudrait-il pour croire un fait tellement déplorable, humiliant pour la France, pour la nature humaine !

Nulle autre source, nulle preuve, qu'un pamphlet de réaction ! Nul témoin qu'un homme qui, dans le procès du roi, changea plusieurs fois de parti, qui trouvait son compte à montrer la variabilité, la tergiversation dans les plus illustres [1]... Vous avez vu cette infamie, vous, intéressé à la voir; mais personne ne l'a vue!

Le fond de l'histoire est ceci : Vergniaud croyait le roi coupable, coupable de lèse-nation et d'appel à l'étranger, crime à coup sûr digne de mort. Et néanmoins il y avait des circonstances atténuantes dont le Souverain pouvait tenir compte; le peuple pouvait faire grâce. Vergniaud le désira sans nul doute, et c'est pour cela qu'il soutint l'appel au peuple. L'appel n'étant pas admis, il vota la mort, comme les autres députés de Bordeaux, comme Ducos et Fonfrède, ajoutant, admettant la possibilité d'un sursis. Il n'y a dans tout cela ni faiblesse ni contradiction.

Supposons même que Vergniaud eût redouté la

---

[1]. Nous devons ce récit des prétendues variations de Vergniaud à l'homme qui, entre tous, a le plus varié dans la Convention, au même moment. En deux jours, M. Harmand (de la Meuse) vota en trois sens : 1° *avec la gauche*, contre l'appel au peuple; 2° *avec la droite*, pour le bannissement; 3° *avec la gauche*, contre le sursis. — Bonapartiste zélé, puis royaliste fanatique en 1814, il publia alors une brochure historique pour anti-dater son zèle et faire croire qu'il était dès longtemps royaliste. Il la réimprima augmentée, aggravée, en 1821, et c'est alors enfin qu'il se souvint de la lâcheté de Vergniaud. On lui sut gré de flétrir les fondateurs de la République. Il fut nommé préfet. — Voilà la source respectable où M. de Lamartine a puisé ce fait. Que mon illustre ami me permette de lui exprimer ici ma vive douleur. Son livre m'a rendu souvent presque malade : « C'est une improvisation, dit-il, un livre sans conséquence... » Il se trompe; toute erreur de M. de Lamartine est immortelle. — A jamais l'on répétera ses cruelles paroles sur Target, qui pourtant défendit le roi (par écrit); on citera la punition de Target, *sa mort* sous la Terreur, et il a travaillé au Code civil, il est mort dans son lit sous l'Empire, en 1806. — Rien ne m'a plus affligé que de voir une si noble main relever, employer tel libelle royaliste qui n'eût dû être touché que de la main du bourreau. De là ce travestissement des plus glorieuses journées de la Révolution, le 10 août d'après Peltier!... Encore, s'il eût cité ses sources, on eût

guerre civile, qu'il eût craint, en épargnant un sang coupable, de faire répandre des torrents de sang innocent, je pourrais le blâmer peut-être, mais je ne le flétrirais pas pour avoir été sévère dans un but d'humanité. Je ne frapperais pas un tel acte de l'injuste mot : Lâcheté.

Les deux partis avaient montré une émulation courageuse pour la publicité des votes. La Gironde demanda, par l'organe de Biroteau, que chacun se plaçât à la tribune et dît tout haut son jugement. Le Montagnard Léonard Bourdon fit décréter de plus que chacun signerait son vote. Un homme de la droite, Rouyer, d'accord avec le Montagnard Jean-Bon Saint-André, demanda encore que les listes fissent mention des absents par commission, et que

---

vu bien souvent qu'il suivait non pas même des livres imprimés qu'on peut discuter, mais de simples *on-dit*, que dis-je? des hommes intéressés à mentir, parfois les perfides confidences d'un ennemi sur un ennemi, du meurtrier sur la victime! M. de Lamartine, qui ne hait personne et ne comprend rien à la haine, n'a pas craint de consulter et de croire sur Danton les juges qui ont tué Danton, sur la Gironde les parents ou amis du capital ennemi de la Gironde. Ainsi l'histoire, une histoire immortelle, s'est trouvée livrée aux haines secrètes; ce qu'on n'aurait jamais imprimé, on l'a dit hardiment, dans la sûreté du tête-à-tête, loin du jour et de la critique; on a tout osé contre les morts, sous l'abri respecté d'un si grand nom; la médiocrité implacable s'est jouée à plaisir de la crédulité du génie. — Lui, son vol l'a porté ailleurs; il va de sa grande aile, oublieux et rapide. Ne lui parlez pas de son livre, il ne s'en souvient plus Mais le monde se souvient; le monde lit insatiablement et croit docilement. Je m'en souviens aussi, moi, et c'est ma plus grande peine. Car l'honneur de la France me travaille et gémit en moi. Je ne me résigne pas à cette immolation des gloires de la patrie. Par quelle bizarrerie, lui si clément pour tous, a-t-il été barbare pour les hommes qui honorent ce pays ou qui l'ont sauvé?... Hélas! infortunés, morts avant l'âge, et morts pour la patrie, fallait-il que vos implacables ennemis eussent cette injuste puissance, après vous avoir guillotinés une fois, de vous guillotiner à perpétuité dans un livre éternel!

les absents sans cause fussent censurés, leurs noms envoyés aux départements[1].

Cette dernière disposition tombait d'aplomb sur Danton. Dans ce grand jour décisif du 15 janvier où l'on vota sur la culpabilité et l'appel au peuple, Danton était resté chez lui.

L'échec du 14 l'avait dégoûté, découragé ; c'est la seule explication qu'on puisse donner de cette absence déplorable. Frappé au cœur par des circonstances de famille, il avait d'autant moins supporté son revers public. La droite s'étant divisée, partant annulée, il n'était pas difficile de voir que le centre, faible et mou, se porterait tout à gauche, que l'Assemblée tout entière perdrait l'équilibre. Dès lors, elle était perdue elle-même, il n'y avait plus d'As-

---

1. Cette demande unanime de la publicité des votes, si honorable pour la Convention, s'accorde peu avec l'humiliant tableau qu'en fait M. de Lamartine. On ne voit chez lui qu'une assemblée de misérables, dominés par la peur, bouleversés d'avance par le remords. Mais Louis XVI, vraiment, n'inspirait, ni aux uns ni aux autres cet excès d'intérêt. Le caractère de la grande séance, prolongée pendant soixante-douze heures, fut la fatigue morale, l'insupportable dégoût d'une lutte pénible pour un homme qui, par ses mensonges, avait lui-même fort diminué la sympathie des juges. — Un témoin oculaire, Mercier, nous a tracé le tableau intérieur de la salle, dans ces longues et dernières heures. « Vous vous représentez sans doute dans cette salle le recueillement, le silence, une sorte d'effroi religieux. Point du tout. Le fond de la salle était transformé en loges où des dames, dans le plus charmant négligé, mangeaient des oranges ou des glaces, buvaient des liqueurs. On allait les saluer et l'on revenait. — Le côté élégant, mondain, était celui des tribunes voisines de la Montagne. Les grandes fortunes siégeaient de ce côté de la Convention, sous la protection de Marat et de Robespierre; Orléans y était, et Lepelletier, et Hérault de Séchelles, et le marquis de Châteauneuf, et Anacharsis Cloots, beaucoup d'hommes fort riches. Leurs maîtresses venaient couvertes de rubans tricolores, remplissaient les tribunes réservées. « Les huissiers, du côté de la Montagne, dit Mercier, faisaient le rôle d'ouvreuses de loges d'opéra, conduisaient galamment les dames. Quoiqu'on eût défendu tout signe d'approbation,

semblée. Restait la Montagne. Mais la Montagne, toute bruyante, tonnante et rugissante qu'elle fût, n'en subissait pas moins la pression du dehors, l'oppression jacobine. Le grand corps des Jacobins, puissant instrument révolutionnaire, ne servait la Révolution qu'en dénaturant son esprit, y mettant un esprit contraire, l'esprit de police et d'inquisition, l'esprit même de la tyrannie. La Révolution, entrant dans le jacobinisme, périssait infailliblement dans un temps donné ; elle y trouvait une force, mais elle y trouvait une ruine, comme ces malheureux sauvages qui n'ont, pour remplir leur estomac, que des substances vénéneuses ; ils trompent un moment la faim, ils mangent, mais mangent la mort.

Voilà, sans nul doute, la pensée terrible dont ce pénétrant génie fut assailli, terrassé. Il vit distinctement ce que d'autres, moins clairvoyants, commençaient à apercevoir, que la droite était perdue,

---

néanmoins, de ce côté, la mère duchesse, l'amazone des bandes jacobines, quand elle n'entendait pas résonner fortement le mot *mort*, faisait des longs : « Ah ! ah ! » — Les hautes tribunes destinées au peuple ne désemplissaient pas d'étrangers, de gens de tout état ; on y buvait du vin, de l'eau-de-vie, comme en pleine tabagie. Les paris étaient ouverts dans tous les cafés voisins. » — « L'ennui, l'impatience, la fatigue, caractérisaient presque tous les visages. Chaque député montait à son tour à la tribune. C'était à qui dirait : « Mon « tour approche-t-il ? » On fit venir un député malade ; il vint affublé de son bonnet de nuit et de sa robe de chambre ; cette espèce de fantôme fit rire l'Assemblée. » — « Passaient à cette tribune des visages rendus plus sombres par de pâles clartés, et qui, d'une voix lente et sépulcrale, ne disaient que ce mot : « La mort ! » Toutes ces physionomies qui se succédaient, tous ces tons, ces gammes différentes ; d'Orléans, hué, conspué, lorsqu'il prononça la mort de son parent ; puis les autres calculant s'ils auraient le temps de manger avant d'émettre leur opinion, tandis que des femmes, avec des épingles, piquaient des cartes, pour comparer les votes ; des députés qui tombaient de sommeil et qu'on réveillait pour prononcer », etc.

et par suite la Convention. Il se vit, lui Danton, avec sa force et son génie, asservi à la médiocrité inquisitoriale et scolastique de la société jacobine, condamné à perpétuité à subir Robespierre comme maître, docteur et pédagogue, à porter l'insupportable poids de sa lente mâchoire, jusqu'à ce qu'il en fût dévoré.

Pensée atroce, humiliante! exorbitante fatalité!... Elle tint Danton accablé, tout ce jour du 15 janvier, près de sa femme mourante, assis sur son foyer brisé.

Et cependant le grand cours de la fatalité allait tout de même. Danton de plus, Danton de moins, elle cheminait invincible. *Coupable à l'unanimité* (moins trente-sept qui se récusèrent), tel fut le premier vote de ce jour; il était prévu. Ce qu'on prévoyait moins, c'était le second : *Le jugement ne sera pas soumis à la ratification du peuple.* Quatre cents voix environ, contre un peu moins de trois cents, le voulurent ainsi. Ici encore la droite apparut brisée : les uns, comme Condorcet, Ducos, Fonfrède, etc., s'étant prononcés contre la ratification que demandait la Gironde.

Le 16, Danton retrouva ses forces dans la fureur; il revint tonnant, terrible, déterminé, à reprendre, de haute lutte, par la mort de Louis XVI, et, s'il le fallait, de la Gironde, l'avant-garde de la Révolution. N'était-il pas encore le plus fort à la Commune? Qu'étaient les gens de la Commune? Jacobins? Non, Cordeliers, pour la plupart, trop heureux de suivre Danton, s'il redevenait le Danton des vengeances révolutionnaires, le Danton de la colère, de la mort et du jugement.

Ce jour l'orage était très fort autour de la Convention. On parlait d'un 2 septembre ; la panique était dans Paris, la fuite immense aux barrières. Roland avait écrit à la Convention une lettre désespérée. Un homme de la gauche, Lebas (ardente et candide nature), avoua qu'il partageait les inquiétudes de la droite et dit : « Qu'on assemble nos suppléants hors de Paris... Dès lors, nous pouvons mourir ; nous resterons ici pour braver nos assassins. »

La Commune avait demandé, exigé qu'on fît venir des canons pour les donner aux sections. Elle comptait sur les fédérés. Les nouvelles sinistres arrivaient de moment en moment, et Marat riait.

C'est alors que Danton entre décidé pour la Commune. On parlait de l'*Ami des lois*. Il s'agit bien de comédie ! dit-il ; il s'agit de la tragédie que vous devez aux nations ; il s'agit de la tête d'un tyran que nous allons faire tomber sous la hache des lois. » — Et alors il fit hautement l'apologie de la Commune, demanda et obtint qu'on jugeât sans désemparer. Par Lacroix, son ami, son collègue dans la mission de Belgique, il fit écarter la demande des Girondins, qui voulaient ôter à la Commune, donner au ministère, à Roland, la réquisition de la force armée.

On discutait à quelle majorité se ferait le jugement. Plusieurs demandaient qu'elle fût des deux tiers des voix. Danton d'une voix tonnante : « Quoi ! vous avez décidé du sort de la nation à la majorité simple ; vous n'en avez pas demandé d'autre pour voter la République, pour voter la guerre... et maintenant il vous faut une autre majorité pour juger un individu ! On voudrait que le jugement ne fût pas définitif... Et moi, je vous demande si le sang des batailles qui coule aujourd'hui pour cet homme, ne coule pas définitivement... » Ce mot terrible rappelait une lettre récente de Rebwell et Merlin (de Thionville), qui, de l'armée, du milieu des morts et des blessés, écrivaient à la Convention pour demander si l'auteur de ces maux vivait encore. Il fut décidé que la majorité simple suffirait, que la moitié, plus un seul vote, pourrait décider la mort.

Le troisième appel nominal commença sur cette question : *Quelle peine sera infligée ?* — Il était huit heures du soir. Le lugubre appel dura toute la nuit, une longue nuit de janvier, un jour encore, un pâle jour d'hiver, jusqu'à huit heures, la même heure qu'il avait commencé la veille. A ce moment l'appel était terminé, mais le résultat n'étant pas proclamé encore, on apporta la lettre du ministre d'Espagne. Danton bondit sur son siège et prit la parole sans la demander... Sur quoi Louvet lui cria : « Tu n'es pas encore roi, Danton... »

« Je m'étonne, dit Danton, de l'audace d'une puissance qui prétend influer sur vos délibérations... Quoi ! on ne reconnait pas la République, et l'on veut lui dicter des lois, lui faire des conditions, entrer dans ses jugements!... Je voterais la guerre à l'Espagne!... Répondez-lui, président, que les vainqueurs de Jemmapes ne se démentiront pas, qu'ils retrouveront les mêmes forces pour exterminer tous les rois... »

La Gironde demanda, obtint que, sans lire la lettre, on passât à l'ordre du jour.

Les défenseurs de Louis demandaient à être entendus avant le dépouillement du scrutin. Danton y consentait. Robespierre s'y opposa.

Un député de la Haute-Garonne, Jean Mailhe, Montagnard, mais modéré, avait exprimé un vote qui influa sur les autres et rallia spécialement beaucoup d'hommes de la droite et du centre. *Il vota la mort,* ajoutant cette proposition, qu'il déclarait lui-même indépendante de son vote : « Je demande, si la mort est votée, que l'Assemblée discute *s'il est de l'intérêt public que l'exécution soit immédiate ou soit différée.* »

L'effet fut très fatal au roi, il était aisé de le prévoir. Faut-il croire que ceux qui votèrent ainsi, comme Vergniaud, ignoraient les conséquences de leur vote, qu'ils furent assez simples pour ne pas prévoir une chose tellement naturelle et possible? Qui osera le dire? Chacun d'eux spécifia expressément, comme Mailhe, que son vote pour la mort était positif, *indépendant de la question discutable du sursis.*

Il y eut pour la mort trois cent quatre-vingt-sept voix. Et pour la détention ou la mort conditionnelle trois cent trente-quatre voix. Majorité cinquante-trois.

Le président (Vergniaud), avec l'accent de la douleur : « Je déclare, au nom de la Convention, que la peine qu'elle prononce contre Louis Capet est la mort. »

Les défenseurs, introduits, lurent une lettre du roi, qui protestait de son innocence et en appelait à la nation. MM. Desèze et Tronchet firent remarquer, non sans fondement, qu'il était dur de trancher une telle affaire par cette majorité minime. En retranchant les quarante-six qui demandaient un sursis, elle n'eût été que de sept voix.

L'infortuné Malesherbes, assommé du coup, se troubla, commençant des phrases sans pouvoir les continuer, suppliant qu'on lui permit de parler le lendemain, de communiquer sur la question les résultats de sa longue expérience de magistrat. Tout le monde fut très ému. Robespierre déclara qu'il l'était lui-même, mais il dit en même temps (ce qui était vrai) que si l'on recevait l'appel du roi, la nation se trouverait dans une position plus fâcheuse qu'auparavant, dans un état d'incertitude infiniment dangereux. Il ajouta durement que ceux qui travaillaient à apitoyer les cœurs pour le tyran « aux dépens de l'humanité » méritaient d'être poursuivis comme perturbateurs du repos public.

Guadet rejetait l'appel, mais demandait qu'on entendît Malesherbes le lendemain. La Convention rejeta et l'appel et la demande, rejet raisonnable, vraiment politique; on ne pouvait prolonger cette situation brûlante, on sentait le feu sous les pieds.

La longue séance fut levée à onze heures du soir. Une illumination générale fut ordonnée dans l'intérêt de la sûreté publique. Nulle chose plus sinistre. Partout les lumières aux fenêtres, pour éclairer les rues désertes; un faux effet de fête qui serrait le cœur. Toute la nuit, les colporteurs couraient et criaient : « La mort ! »

Le 18, question du sursis, question infiniment grave. Le sursis pouvait devenir un moyen d'éluder le vote, donner temps aux royalistes, ouvrir la porte à la guerre civile. La mort d'un seul ajournée pouvait amener mille morts.

La Montagne parla en ce sens, mais très maladroitement. Reprenant le mot que Robespierre avait fait entendre (*aux dépens de l'humanité*), les voilà tous qui répètent le même mot en différents sens : « Point de sursis, dit Tallien, l'*humanité* l'exige; il faut abréger ses angoisses... Il est barbare de le laisser dans l'attente de son sort... » — « Point de sursis, dit Couthon; au nom de l'*humanité*, le jugement doit s'exécuter, comme tout autre, dans les vingt-quatre heures... » — Robespierre répéta, je ne sais combien de fois ce mot d'*humanité*... — La Convention perdait patience. La Révellière-Lepeaux, Daunou, Cambon, exprimèrent courageusement leur indignation sur cette douceur exécrable, qui ressemblait tant à l'hypocrisie.

La séance fut levée à dix heures et demie, malgré

les cris de la Montagne, qui resta jusqu'à minuit, tellement furieuse et délirante, qu'un membre proposa le massacre des représentants royalistes ou brissotins. Lacroix, appelé au fauteuil, leur fit honte de cet accès d'hydrophobie. Legendre leur persuada de ne pas inquiéter Paris, de quitter enfin la place.

Rien de plus incohérent que la discussion du 19. La Gironde, comme en déroute, ne fit guère que battre la campagne. Buzot et Barbaroux renouvelèrent leurs attaques contre Orléans, attaques absurdes, intempestives, au point où l'on était venu. Condorcet énuméra les bonnes lois qu'il fallait faire, pour prouver aux nations que ce jugement sévère n'était point un acte d'inhumanité. Brissot parla seul d'une manière spécieuse. Il montra l'état de l'Europe et dit qu'en précipitant l'exécution, on popularisait la coalition des tyrans contre la France, on ferait les peuples alliés des rois.

Un spectacle surprenant, dans une Assemblée si émue, ce fut de voir à la tribune la glaciale et muette figure de Thomas Payne, dont on lut la judicieuse opinion. Il regrettait de n'avoir pu encore parler, voulant proposer *la peine même qu'eût votée la nation* : reclusion, et, à la paix, bannissement. Il demandait si la France voulait perdre son seul allié, les États-Unis, liés par la reconnaissance à Louis XVI. Il déclarait qu'on allait donner au roi d'Angleterre la plus douce satisfaction qu'il pût désirer, en le vengeant du libérateur de l'Amérique. Il ajoutait avec un bon sens admirable : « Ayez pour vous l'opinion, c'est-à-dire soyez grands et justes, et vous n'avez rien à craindre de la guerre. L'opinion vous vaudra des armées, si vous la mettez de votre parti. La guerre contre la liberté ne peut durer, à moins que les tyrans n'y puissent intéresser les peuples... » Puis, avec une netteté parfaite, une sorte de seconde vue, il voyait, racontait d'avance tout ce qui arriva, comment les rois exploiteraient la pitié publique et trouveraient dans l'indignation des peuples abusés une force inouïe contre la Révolution.

L'esprit répondit au bon sens, Barère à Thomas Payne. Il fut adroit, subtil, ingénieux. Il résuma habilement toutes les raisons contre le sursis, comme il avait déjà tout résumé contre l'appel au peuple. S'il attesta l'*humanité*, ce ne fut point avec la gaucherie odieuse des Montagnards. Il demanda à ceux qui voulaient garder Louis comme otage responsable, s'il ne serait pas horrible, *inhumain*, de tenir ainsi un homme sous un glaive suspendu. Puis, détournant un moment les yeux de ce triste sujet, il parla à la Convention des réformes philanthropiques qu'une fois libre elle ferait à l'aise; il lui ouvrit un horizon immense dans la carrière du bien public. L'Assemblée fut comme enlevée de ce brillant air de bravoure, elle sembla avoir hâte de partir pour cette terre promise. Le roi était le seul obstacle, elle passa par-dessus. Il n'y eut qu'environ trois cents voix pour le sursis, et contre près de quatre cents. Louis XVI fut tué cette fois, décidément tué.

La séance fut levée à trois heures du matin, le dimanche 20 janvier. Le même jour, un de ceux qui avaient voté la mort fut assassiné par un garde du roi.

La victime, Lepelletier Saint-Fargeau, était spécialement haï des royalistes comme transfuge, comme traître. Orléans et lui, c'étaient leurs Judas; Lepelletier et sa famille étaient des créatures du roi, de ces familles de robe que la royauté avait comblées, accablées de biens, qu'elle croyait avoir acquises, les *gens du roi*, c'était tout dire. Lepelletier avait six cent mille livres de rentes. Il fut fidèle au roi à sa manière. Membre de la Noblesse aux États-généraux, il s'opposa seul, ou presque seul, à la réunion de la Noblesse au Tiers. A la prise de la Bastille, la royauté passant au peuple, il y passa aussi, servit le nouveau roi tout comme il avait servi l'autre. Ces familles ont toujours été servantes du pouvoir et des faits accomplis. Nulle hypocrisie en ceci. Lepelletier était sincère; c'était un homme doux, bon et généreux, d'un génie médiocre, agrandi par moments d'un véritable amour de l'humanité. Dans son essai d'un Code criminel, il se déclare contre la peine de mort. Son plan d'éducation dont nous parlerons, et qu'on a trop souvent défiguré, est plein de choses excellentes et pratiques. Il s'était subordonné à Robespierre, le suivait docilement, présidait souvent les Jacobins à sa place. C'était un des hommes par lesquels Robespierre agissait; il lui fit faire une brochure contre l'appel au peuple. Les royalistes ne désespéraient pas néanmoins de son vote. Ils s'obstinaient à croire que l'ancien magistrat, comblé par le roi, hésiterait à condamner son maître. Lepelletier, quoi qu'il pût lui en coûter secrètement, entre son maître et son principe, fut fidèle au principe et vota la mort.

Beaucoup de royalistes conservaient l'espoir d'enlever le roi. Cinq cents s'y étaient engagés; au jour fatal, vingt-cinq seulement parvinrent à se réunir; c'est l'aveu du confesseur même de Louis XVI. Ces royalistes n'étaient pas tous des nobles; c'étaient en grande partie des employés de la maison royale, d'anciens gardes constitutionnels; cette garde, nous l'avons dit, avait été recrutée de spadassins, très braves et très hardis; gens toutefois moins propres à la bataille qu'à frapper un coup isolé de duel ou d'assassinat. Ces *bravi* se tenaient cachés, généralement au centre de Paris, tel jour ici et là demain, dans des retraites fortuites, chez des femmes, surtout des filles, des marchandes, que leur péril intéressait. Les boutiques du Palais-Royal d'alors, surtout aux galeries de bois, obscures et basses, à double issue, semblaient faites exprès pour cela. Plusieurs étaient des caves. Dans ces trous, comme autant de dangereux scorpions, nichaient par moments les hommes à poignards. L'un d'eux, Pâris, fils d'un employé de la maison du comte d'Artois, se retirait la nuit dans une de ces échoppes, au lit de sa maîtresse, une jeune parfumeuse. C'était un homme de main, grand, leste, étonnamment audacieux, hardi. Ne pouvant enlever le roi, Pâris, enragé de l'impuissance du parti, voulait tout au moins se laver lui-même de l'inaction des royalistes; le plus beau eût été de tuer le duc d'Orléans : il rôdait tout autour, ne quittait pas le Palais-Royal. Le 20, mené par un ami, il descend dans une de ces boutiques souterraines, chez le traiteur Février. Il y voit Saint-Fargeau. Celui-ci avait dîné là, selon toute apparence, pour recueillir les bruits, savoir ce qu'on disait du vote. Il payait au comptoir. On le nomme. Pâris approche : « Êtes-vous Saint-Fargeau ? — Oui, Monsieur. — Mais vous m'avez l'air d'un homme de bien... Vous n'aurez pas voté la mort?... — Je l'ai votée, Monsieur, ma conscience le voulait ainsi... — Voilà ta récompense... » Il tire un coutelas, lui traverse le cœur. Pâris se déroba. Mais telle était sa fureur, son audace, que le soir il se promenait encore au Palais-Royal, cherchant le duc d'Orléans. Atteint en Normandie, il se fit sauter la cervelle.

Ce tragique événement pouvait avoir des résultats très différents qu'on ne pouvait prévoir. Ferait-il passer la terreur des royalistes aux Jacobins? On aurait pu le craindre. Ces derniers se montrèrent d'une fermeté admirable. Ils prirent en main, on peut le dire, la chose publique. Sur la proposition de Thuriot, ils se mirent en permanence, toute la nuit, fermèrent leur porte, empêchèrent de sortir personne, de façon qu'on ne pût révéler leurs délibérations, leurs décisions, avant qu'elles fussent arrêtées et complètes. Les dantonistes, patriotiquement serrés aux Jacobins, firent résoudre qu'on enverrait à la Commune, qu'on la sommerait de doubler tous les postes, qu'on avertirait les quarante-huit sections d'arrêter et d'exécuter au besoin les ennemis publics. Les Jacobins se chargèrent eux-mêmes de visiter les corps de garde, d'y consigner les hommes, d'assurer tous les moyens de répression contre le complot royaliste.

Robespierre demanda de plus qu'on avertît les Cordeliers, qu'on animât le zèle du commandant de la garde nationale. Avec une remarquable présence d'esprit, il ménagea les faibles, les timides, ne permit pas qu'on parlât de la mort de Lepelletier : « Un député a été *outragé*, dit-il, laissons cela, allons droit au tyran... Il faut demain autour de l'échafaud un calme imposant et terrible... »

Chose étrange! qui témoigne de l'exaltation prodigieuse de la passion chez ces excellents citoyens, de leurs aveugles préjugés. Thuriot n'hésitait pas à croire que les intrigants (la Gironde) étaient complices des royalistes. Et Robespierre, abondant dans ce sens, demanda une adresse où les Jacobins décriraient *les manœuvres des intrigants pour anéantir les patriotes le lendemain de l'exécution !*

CHAPITRE XIII

L'EXÉCUTION DE LOUIS XVI. (21 JANVIER 1793).

Intérêt que le roi inspire à ses gardiens. — Changement de la reine à son égard. — Elle devient passionnée pour lui. — Le roi épuré par le malheur, sans pouvoir l'être du vice essentiel à la royauté. — Il remet sa conscience aux prêtres réfractaires. — On lui fait croire qu'il est un saint — Exécution du roi — Son confesseur l'assimile au Christ. — Violente douleur pour la mort de Louis XVI. — Fureur de la Montagne contre la Gironde. — Danton réclame l'union. — Jugement sur le jugement.

Le danger était très réel, et ce n'était pas la Gironde, ce n'était même pas le royalisme, les quatre ou cinq cents royalistes qui auraient entrepris d'enlever le roi du milieu d'une armée. Le danger, c'était la pitié publique.

Le danger, c'étaient les femmes sans armes, mais gémissantes, en pleurs, c'était une foule d'hommes émus, dans la garde nationale et dans le peuple. Si Louis XVI avait été coupable, on s'en souvenait à peine; on ne voyait que son malheur. Dans sa captivité de plusieurs mois, il avait converti, attendri, gagné presque tous ceux qui l'avaient vu au Temple, gardes nationaux, officiers municipaux, la Commune elle-même. La veille de l'exécution, on eut peine à trouver deux officiers municipaux qui voulussent affronter cette image de pitié. Les seuls qui y consentirent furent un rude tailleur de pierres, aussi rude que ses pierres, l'autre, un jeune homme, un enfant, qui eut cette curiosité barbare; il eut lieu de s'en repentir; le roi lui adressa quelques mots de bonté qui lui percèrent le cœur.

Un garde national exprimait un jour bien naïvement à Cléry l'attendrissement public. C'était un homme du faubourg qui témoignait un désir extrême de voir le roi. Cléry lui obtint cette grâce. « Quoi! Monsieur, c'est là le roi! disait ce pauvre homme. Comme il est bon! comme il aime ses enfants!... — Ah! disait-il encore en se frappant la poitrine, jamais je ne pourrai croire qu'il nous ait fait tant de mal! »

Le roi causait volontiers avec les municipaux, parlait à chacun de son état, des devoirs de chaque profession, et cela en homme instruit, judicieux. Il s'informait aussi de leur famille, de leurs enfants.

La famille, c'était le point où ces hommes, partis de si loin, l'un de Versailles et du trône, les autres de leurs ateliers ou de leurs boutiques, se trouvaient naturellement rapprochés. C'était là le côté vulnérable de Louis XVI, et c'était aussi celui où tous les cœurs se trouvèrent blessés pour lui.

Personne qui ne fût ému quand il dit, le 11 décembre : « Vous m'avez privé une heure trop tôt de mon fils. » Sa séparation d'avec les siens était parfaitement inutile, dans un procès d'une telle nature, où l'on avait peu à craindre les communications des accusés entre eux. Elle donna lieu à des scènes infiniment douloureuses, qui attendrirent tout le monde pour le roi. Le 19 décembre, il disait à Cléry, devant les municipaux : « C'est le jour où naquit ma fille... Aujourd'hui son jour de naissance, et ne pas la voir !... » Quelques larmes coulèrent de ses yeux... Les municipaux se turent, respectèrent sa douleur paternelle; eux-mêmes se défiaient les uns des autres et n'osaient pleurer.

Un dédommagement très sensible qu'il eut dans son malheur, ce fut le changement total de la reine à son égard. Il eut bien tard, près de la mort, une chose immense, qui vaut plus que la vie, qui console de la mort : être aimé de ceux que l'on aime.

La reine était fort romanesque[1]. Elle avait dit, dès longtemps : « Nous ne serons jamais sauvés que quand nous aurons été quelques mois dans une tour. » Elle le fut moralement. Sa captivité du Temple la purifia, l'éleva; elle gagna infiniment au creuset de la douleur. Le meilleur changement qui

---

1. Elle parut romanesque au Temple même, mais ce fut dans la forme, et la situation excusait tout.

Un des combattants du 10 août, municipal et commissaire au Temple, Toulan, s'était dévoué à elle et se faisait fort de sauver la famille royale, avec l'aide des royalistes. Elle lui donna une boucle de ses cheveux, avec cette devise en italien : *Qui craint de mourir ne sait assez aimer.* Toulan périt sur l'échafaud.

se fit en elle, ce fut de retourner aux pures et
saintes affections de la famille, dont elle était fort
éloignée jusqu'en 1789, et même depuis. Elle méprisait trop son mari, n'en voyant que les côtés lourds
et vulgaires. Son peu de résolution à Varennes et
au 10 août lui avait fait croire qu'il manquait absolument de courage (Campan, chap. XVIII et XXI).
Elle apprit, au Temple, qu'il en avait beaucoup,
en réalité; un courage, il est vrai, passif, qu'il
puisait principalement dans la résignation religieuse.
Elle partagea l'intérêt général, en le voyant si calme
dans une situation si périlleuse, si patient parmi les
outrages, doux pour les hommes et ferme contre
le sort. La sécheresse naturelle aux femmes mondaines et légères s'amollit, fondit, à la tendresse,
à la sensibilité extrême de l'époux, du père de
famille, qui aimait tant, n'ayant plus pour aimer
que si peu de jours!... Elle devint (plus que tendre)
passionnée pour lui. Elle le gardait tout le jour,
quand il fut malade, et aidait à faire son lit. Cet
amour nouveau, la séparation le poussa aux excès
de la passion. Elle dit qu'elle voulait mourir et
qu'elle ne mangerait plus. Ce n'étaient point des
plaintes ni des larmes, mais des cris perçants de
douleur. Un municipal n'y tint pas. Il prit sur lui,
avec le consentement des autres, de réunir la
famille et de les faire dîner ensemble, au moins
pour un jour. A cette idée seule, la reine eut un
violent accès de joie; elle embrassa ses enfants,
et Madame Élisabeth remerciait Dieu, en levant les

mains au ciel. Alors la pitié vainquit, les assistants fondirent en larmes, jusqu'au cordonnier Simon, le féroce gardien du Temple : « En vérité, dit-il, mettant sa main sur ses yeux, je crois que ces s..... femmes me feraient pleurer !... »

Le roi paraît avoir senti, dans sa profonde douleur, le bonheur amer d'être aimé enfin, pour mourir... Ce fut la cruelle blessure qu'il montra lui-même au prêtre qui le confessait, au moment de la dernière séparation : « Hélas! faut-il que j'aime tant et sois si tendrement aimé ! »

On voit, dans son testament, que par un sentiment de générosité et de clémence qui fait honneur à son cœur, une de ses dernières craintes était que cette chère personne, qui n'avait pas aimé toujours, n'eût quelques remords du passé. Cela est exprimé avec beaucoup de délicatesse; il lui demande d'abord pardon lui-même des chagrins qu'il peut lui avoir causés : « Comme aussi elle peut être sûre que je ne garde rien contre elle, si elle croyait avoir quelque chose à se reprocher. »

La religion était tout son secours dans ses extrêmes épreuves. Dès son arrivée au Temple, il s'était fait acheter le bréviaire de Paris. Il le lisait plusieurs heures par jour, et chaque matin priait longtemps à genoux. Il lisait beaucoup aussi le livre de l'*Imitation*, s'affermissant dans ses souffrances par celles de Jésus-Christ. L'opinion qu'avaient sa famille et ses serviteurs qu'il était un saint aidait à le faire tel. Il s'épurait de ses faiblesses, de ses défauts naturels. On parlait de je ne sais quels retranchements sur l'ordinaire de sa table ; il dit, loin de s'irriter : « Mais le pain suffit... » Ce qui est bien plus, ce qui indique un grand effort, selon l'esprit chrétien, c'est qu'averti qu'il n'avait qu'à redemander ses enfants à la Convention et qu'elle les lui rendrait, il dit : « Attendons quelques jours... Bientôt ils ne me les refuseront plus. » Il voyait sa mort prochaine, et jusque-là, apparemment, se refusait ce bonheur par esprit de mortification.

L'épuration fut-elle cependant complète en cette âme ? Il y aurait lieu de s'en étonner, d'après le caractère étroit de sa dévotion. On voit par le récit de son confesseur, par les protestations qu'il adressa à l'archevêque de Paris, comme d'une ouaille à son pasteur, on voit qu'il resta un dévot de paroisse, plus qu'un croyant dans la Cité universelle de la Providence. Le caractère d'une telle dévotion, c'est de purger l'âme, moins le défaut essentiel, moins le vice favori. Louis XVI n'eut qu'un vice, qui était la royauté même ; je parle de la conviction qu'il avait de la légitimité du pouvoir absolu, et, par suite, de celle des moyens de force ou de ruse qui peuvent maintenir ce pouvoir. C'est ce qui explique comment il ne se reproche, à la mort, aucun de ses mensonges avoués et constatés. Dans son testament, tout en recommandant à son fils de régner selon les lois, il ajoute : *Qu'un roi ne peut faire le bien qu'autant qu'il a l'autorité, qu'autant qu'il n'est point lié*. S'il règne, selon les lois, *sans être lié*, c'est qu'il les fait ou les domine, c'est qu'il est roi absolu. Louis XVI mourait ainsi, dans l'impénitence, emportant la pensée coupable qui condamne la royauté : l'appropriation d'un peuple à un homme. — Ce fut aussi, nous le pensons, une chose très funeste à sa conscience, très propre à le confirmer dans les pensées d'un orgueil plus que royal, d'une étrange déification de lui-même, que l'empressement de ceux qui l'entouraient à lui demander des reliques. « Ses dépouilles, dit Cléry, étaient déjà sacrées, même aux yeux de ses gardiens. » A l'un il donnait sa cravate, à l'autre ses gants. Quelle devait être sur lui-même l'opinion d'un homme qui voyait devenir précieuses les moindres bagatelles qui lui avaient appartenu, tout ce qu'il avait touché? Fort éloignée certainement de l'humilité chrétienne. Il n'y eut guère jamais pour un mourant une pire tentation.

La Convention lui ayant permis de choisir un prêtre, il désigna le directeur de Madame Élisabeth, un Irlandais, élève des Jésuites de Toulouse, l'abbé Edgeworth de Firmont. Ce prêtre appartenait à l'Église non assermentée qui avait perdu le roi, et qui, jusqu'en juin 1792, avait cruellement persécuté les prêtres ralliés à la Révolution. Elle existait sous la terre cette Église, terrifiée, mais vivante, prête à persécuter encore, comme elle a fait dès qu'elle a reparu[1]. Elle avait le cœur de Louis XVI, et son

1. A quoi s'occupaient-ils la veille du coup qui les terrassa, eux et leur roi, en 1792 ? A persécuter les prêtres qui suivaient la loi et la nature, voulaient

dernier acte fut un acte solennel de sympathie et de confiance pour ces ennemis de la loi.

On lira dans Cléry le douloureux récit de la dernière entrevue de Louis XVI et de sa famille. Si nous ne le reproduisons pas, ce n'est point que nous n'en partagions les émotions déchirantes. Hélas! ces émotions, nous les retrouverons souvent dans la grande voie de la mort où nous met 1793, et nous ne pourrons toujours donner aux morts les plus illustres, à ceux qui ont le mieux mérité de la patrie, la consolation qu'emporta le roi : celle d'être entouré à la dernière heure de l'embrassement des objets aimés, celle d'occuper tous les cœurs, de confisquer la pitié, de faire pleurer toute la terre.

Inégalité profonde, injuste!... que la souveraine injustice, la royauté, subsiste encore dans la mort, qu'un roi soit pleuré plus qu'un homme!... Qui a raconté dans ce détail infini d'accidents pathétiques les morts admirables des héros de la Gironde et de la Montagne, ces morts où le genre humain aurait appris à mourir? Personne. Chaucun d'eux a eu un mot, et c'est tout, un mot d'injure le plus souvent. Basse ingratitude de l'espèce humaine!

Le roi entendit sa sentence, que le ministre de la justice lui fit lire au Temple, avec une remar-

se marier. Le 27 mai 1792, nous les voyons poursuivre, pour cette cause, un prêtre du faubourg Saint-Antoine. — Leurs malheurs ne les changent point. A peine reparaissent-ils qu'ils persécutent. Ils ont fait mourir de faim, forcé au suicide, un prêtre marié, le seul homme du temps de l'Empire qui ait eu la grande invention épique, Grainville, l'auteur du *Dernier homme*.

quable fermeté. Il dormit profondément la veille de l'exécution, se réveilla à cinq heures, entendit la messe à genoux. Il resta quelque temps près du poêle, ayant peine à se réchauffer. Il exprimait sa confiance dans la justice de Dieu.

Il avait promis le soir à la reine de la revoir au matin. Son confesseur obtint de lui qu'il épargnerait aux siens cette grande épreuve. A huit heures, bien affermi et muni de la bénédiction du prêtre, il sortit de son cabinet et s'avança vers la troupe qui l'attendait dans la chambre à coucher. Tous avaient le chapeau sur la tête; il s'en aperçut, demanda le sien. Il donna à Cléry son anneau d'alliance, lui disant : « Vous remettrez ceci à ma femme et lui direz que je ne me sépare d'elle qu'avec peine. » Pour son fils, il donna un cachet où était l'écu de France, lui transmettant, en ce sceau, l'insigne principal de la royauté.

Il voulait remettre son testament à un homme de la Commune. Celui-ci, un furieux, Jacques Roux, des Gravilliers, se recula, sans rien dire. Une chose qui peint le temps, c'est que ce Roux, dans son rapport, se vante d'un mot féroce qu'il ne dit point réellement : « Je ne suis ici que pour vous mener à l'échafaud. » Un autre municipal se chargea du testament.

On lui offrit sa redingote; il dit : « Je n'en ai pas besoin. » Il était en habit brun, culotte noire, bas blancs, gilet de molleton blanc. Il monta dans la voiture, une voiture verte. Il était au fond avec son confesseur, deux gendarmes sur le devant. Il lisait les Psaumes.

Il y avait peu de monde dans les rues. Les boutiques n'étaient qu'entr'ouvertes. Personne ne paraissait aux portes ni aux fenêtres.

Il était dix heures dix minutes lorsqu'il arriva dans la place. Sous les colonnes de la Marine étaient les commissaires de la Commune, pour dresser procès-verbal de l'exécution. Autour de l'échafaud, on avait réservé une grande place vide, bordée de canons; au delà, tant que la vue pouvait s'étendre, on voyait des troupes. Les spectateurs, par conséquent, étaient extrêmement éloignés. Le roi recommanda vivement son confesseur, et d'un ton de maître. Il descendit, se déshabilla lui-même, ôta sa cravate. Selon une relation, il aurait paru vivement contrarié de ne voir que des soldats, eût frappé du pied, crié aux tambours d'une voix terrible : « Taisez-vous! » Puis, le roulement continuant : « Je suis perdu! je suis perdu! »

Les bourreaux voulaient lui lier les mains, et il résistait. Ils avaient l'air d'appeler et de réclamer la force. Le roi regardait son confesseur et lui demandait conseil. Celui-ci restait muet d'horreur et de douleur. Enfin il fit l'effort de dire : « Sire, ce dernier outrage est encore un trait de ressemblance entre Votre Majesté et le Dieu qui va être sa récompense. » Il leva les yeux au ciel, ne résista plus : « Faites ce que vous voudrez, dit-il, je boirai le calice jusqu'à la lie. »

Les marches de l'échafaud étaient extrêmement raides. Le roi s'appuya sur le prêtre. Arrivé à la dernière marche, il échappa, pour ainsi dire, à son confesseur, courut à l'autre bout. Il était fort rouge ; il regarda la place, attendant que les tambours cessassent un moment de battre. Des voix criaient aux bourreaux : « Faites votre devoir. » Ils le saisirent à quatre, mais pendant qu'on lui mettait les sangles, il poussa un cri terrible.

Le corps, placé dans une manne, fut porté au cimetière de la Madeleine, jeté dans la chaux. Mais déjà, sur l'échafaud, des soldats et autres, soit outrage, soit vénération, avaient trempé leurs armes, du papier, du linge, dans le sang qui était resté. Des Anglais achetaient ces reliques du nouveau martyr.

Il y avait eu à peine sur le passage quelques faibles voix de femmes qui avaient osé crier grâce, mais, après l'exécution, il y eut chez beaucoup de gens un violent mouvement de douleur. Une femme se jeta dans la Seine, un perruquier se coupa la gorge, un libraire devint fou, un ancien officier mourut de saisissement. On put voir cette chose fatale que la royauté morte sous le déguisement de Varennes, avilie par l'égoïsme de Louis XVI au 10 août, venait de ressusciter par la force de la pitié et par la vertu du sang.

Le lundi matin, à l'ouverture de la séance, l'exécution faite à peine et le sang fumant encore, une lettre vint à la Convention, terrible dans sa simplicité, amère pour les consciences. Un homme demandait qu'on lui livrât le corps de Louis XVI « pour l'inhumer auprès de son père ». La lettre était intrépidement signée de son nom.

Une extrême agitation se voyait sur la Montagne. Elle éclata par le récit de la mort de Lepelletier. Ce récit, fait par Thuriot, n'était pas fini que Duquesnoy (un moine défroqué, fixe à l'état de fureur) commença à rejeter l'événement sur la Gironde : « Ne sont-ce pas eux, dit-il, qui, il n'y a pas un mois, nous injuriaient, nous menaçaient... jusqu'à tirer l'épée sur moi?... » Le coup ne fut pas manqué. La Montagne exigea le renouvellement du comité de sûreté générale, où la Gironde avait la majorité. On leur ôtait cette force au moment où elle allait leur être le plus nécessaire pour leur propre sûreté.

Une grêle d'accusations tombe en même temps de la Montagne. Toute la droite, pêle-mêle, est successivement dénoncée. Robespierre, tout en pleurant Lepelletier et recommandant l'union, porte un nouveau coup : il demande que le nouveau comité de sûreté commence l'examen de la conduite de Roland. La Convention, docile, frappe Roland en supprimant le bureau des journaux dans son ministère.

Pétion, né gauche et maladroit entre tous, eut l'imprudence d'aller se mêler à la bagarre ; il monta à la tribune et gémit de la défiance qui régnait dans l'Assemblée.

Vingt accusations fondent sur lui à l'instant :

c'est Tallien, c'est Thuriot, c'est Collot d'Herbois ; de tous côtés volent l'injure, les cris les plus violents. Le pauvre homme restait interdit ne sachant à qui répondre.

Danton en eut pitié. Il sentit aussi, sans doute, qu'il ne fallait pas laisser porter le dernier coup à la vieille idole populaire qui représentait encore dans l'Assemblée l'âge *humain* de la Révolution. Il fit descendre Pétion, prit sa place, dit que sans doute il avait eu quelques torts, mais qu'enfin, pour lui, il ne pouvait l'accuser. Jamais l'union, la paix, n'avaient été plus nécessaires ; point de mesures violentes ; les visites domiciliaires, que quelqu'un avait proposées, semblaient inutiles à Danton. Il demanda qu'on changeât le ministère girondin, que Roland quittât l'intérieur ; et, d'autre part, il voulait qu'on divisât le ministère jacobin, que Pache ne restât pas seul ministre de la guerre. Il exprima ce vœu que l'Assemblée, la nation, fissent taire la discorde intérieure, tournassent leur énergie contre l'ennemi étranger ; que chacun oubliât ses haines, se réservât à la patrie, lui donnât sa vie et sa mort. Il parla de celle de Lepelletier, non pour la déplorer : « Heureuse mort ! dit-il d'un accent poignant, profond, d'une sincérité douloureuse. Ah ! si j'étais mort ainsi !... » Il y eut un grand silence : ce mot avait atteint les cœurs ; toute l'Assemblée tomba en pensée de l'avenir, et il n'y eut peut-être personne qui ne répétât pour lui-même, à voix basse, le vœu de Danton.

Une tombe fermée veut le silence, mais celle-ci n'est pas fermée, elle est béante et demande...

La chaux de la Madeleine est dévorante, elle est altérée, elle veut de la pâture. Ce n'est rien que Louis XVI. Il lui faut des hommes tous autres, nos grands citoyens, les héros de la patrie.

Donc, puisque la tombe est ouverte, nous dirons un mot encore : nous jugerons le jugement.

Ce procès, nous l'avons dit, avait eu l'effet très fatal de montrer le roi au peuple, de le replonger dans le peuple, de les remettre en rapport. Louis XVI, à Versailles, entouré de courtisans, de gardes, derrière un rideau de Suisses, était inconnu au peuple. Au Temple le voilà justement comme un vrai roi devrait être, en communication avec tous, mangeant, lisant, dormant sous les yeux de tous ; commensal, pour ainsi dire, et camarade du marchand, de l'ouvrier. Le voilà, ce roi coupable, qui apparaît à la foule en ce qu'il a d'innocent, de touchant, de respectable. C'est un homme, un père de famille ; tout est oublié. La nature et la pitié ont désarmé la justice.

Ce n'est rien de le montrer, on le change, on le refait. Le procès en fait un homme. A Versailles, c'est un être fort prosaïque, vulgaire, point méchant, point bon, mais sensible et facile de cœur, asservi à ses habitudes, tout entier dans la famille, étroitement dévot, avec un vice de dévot une certaine sensualité dans les choses de la table. Une prison humaine n'y eût rien changé. Mais cette captivité cruelle de vexations et d'outrages refait son âme et l'affermit. Sa lourde et vulgaire nature est sculptée par la douleur. Ennobli par la résignation, le courage et la patience, il s'élève, il monte; sacré par le malheur mieux que par la royauté, il est un objet poétique; changement tel que les siens mêmes sont atteints de cette poésie. Qui eût dit à la reine, en 1788, qu'elle aimerait Louis XVI ?

Et pourtant, le fond de l'homme a-t-il été vraiment changé? Non, rien ne l'indique. Devant la Convention, il continue de mentir; le nouveau saint est resté ce qu'il fut, un homme double ; c'est toujours l'élève du Jésuite La Vauguyon.

Une sorte de conjuration morale se fait instinctivement autour de lui, pour l'affermir dans la conviction qu'il a de son droit, l'endurcir dans le dogme royal du pouvoir illimité, l'enfoncer dans l'impénitence. Il meurt sans avoir la moindre notion de ses fautes. Chose inouïe pour le chrétien, il se croit innocent et juste. Que dis-je ? On parvient à le convaincre de sa propre sainteté, on lui compare ses souffrances à la Passion de Jésus, et il accepte si bien l'étrange assimilation qu'il dit en mourant : « Je bois le calice. »

C'est un mauvais jugement que celui qui, loin d'améliorer, d'épurer (vrai but de toute justice), renvoie devant Dieu un homme qui avait besoin du temps pour comprendre et expier, un jugement qui l'affermit en ce qu'il eut de mal, lui donne précisément le contraire du repentir, la conviction qu'il est un saint! pervertissant ainsi sa raison et le rendant peut-être plus coupable à la mort qu'il ne l'a été dans la vie.

Un résultat très funeste s'accomplit sur l'échafaud, par la mort de ce faux martyr : le mariage de *deux mensonges*. La vieille Église déchue et la vieille Royauté abandonnée dès longtemps de l'esprit de Dieu finirent là leur longue lutte, s'accordèrent, se réconcilièrent dans la *Passion* d'un *roi*.

Elles partaient, ombres vaines, au royaume du néant. Et la réalité du sang leur rend un corps, une vie. Que dis-je? Voilà qu'elles engendrent! voilà un monde qui pullule de leur accouplement maudit, un monde d'erreurs et de sottise, un monde de fausse poésie, une race de sophistes impies, pour mordre le sein de la France.

Quels qu'aient été ces résultats du jugement de Louis XVI, il n'en doit pas moins être l'objet d'un respect profond, éternel. De tels actes s'estiment moins par leurs fruits que par la pensée courageuse, par l'esprit de dévouement qui les a dictés. Ils savaient trop ceux qui jugèrent, tout ce qu'il leur en coûterait dans l'avenir. Ils savaient qu'en frappant le roi, ils se frappaient eux-mêmes. Et ils se sont dévoués. Tel en eut le cœur arraché et put dire comme Carnot : « Nul devoir ne m'a tant coûté. »

Ils s'arrachèrent le cœur pourtant et passèrent outre... Pourquoi? (Méditez-le, amis de l'ennemi...) Ils pensèrent que, si, retenus par les circonstances atténuantes qui couvraient Louis XVI, ils pardonnaient en lui l'appel à l'étranger, l'inviolabilité de la Patrie en serait à jamais compromise. Ils crurent ne pouvoir autrement confirmer la croyance dont vivent les nations : La Patrie est sacrée, et qui la livre en meurt.

Le respect de la France, l'intégrité du territoire, la religion des limites, notre sûreté à nous, qui n'étions pas encore, ils ont cru garantir tout cela par ce jugement. Étaient-ils dans l'erreur? Ce n'est pas nous, du moins, nous qu'ils pensaient sauver, qui leur en ferons un reproche. Non, hommes héroïques, vos fils reconnaissants vous tendent la main à travers les temps... Vos ennemis eux-mêmes, qui sont ceux de la France, sont obligés, en vous, d'honorer leurs vainqueurs, les fondateurs de la République, leurs vainqueurs *pour tout l'avenir*.

LIVRE X

CHAPITRE PREMIER

L'UNITÉ DE LA PATRIE. — L'ÉDUCATION. — FUNÉRAILLES DE LEPELLETIER (24 JANVIER 1793).

La Convention semble un moment unanime, après la mort de Louis XVI. — Cause de dissolution, en 1793. — Le problème de l'unité n'avait jamais été réellement posé. — Le caractère original de 1793, c'est la lutte de l'unité contre le fédéralisme. — Tous, en 1789, étaient ou royalistes ou fédéralistes. — La loi avait placé toute la force dans les municipalités. — Une ville règne, au défaut d'un roi. — Brissot fédéraliste en 1789, au profit de Paris. — Condorcet, en 1790, établit que Paris est l'instrument de l'unité. — Camille Desmoulins et Marat, en 1791, font appel aux départements contre Paris. — La Gironde était entraînée par une fatalité de situation dans un fédéralisme involontaire. — La domination de Paris était aussi une sorte de fédéralisme. — On croyait alors que la loi suffirait pour faire l'unité. — L'éducation commune peut seule préparer l'unité. — Beau plan d'éducation de Lepelletier. — La société nouvelle, qui croit l'enfant innocent, ne peut plus le laisser souffrir. — Funérailles de Lepelletier, 24 janvier 1793.

La Convention avait été admirable le lendemain de la mort de Louis XVI. On put croire un moment qu'il n'y avait plus de partis. L'unité de la nation, représentée si longtemps par le roi, apparut plus énergique dans son assemblée souveraine. A ceux qui auraient cru cette unité compromise elle put dire : « La France est en moi. »

Toutes les grandes mesures de salut public furent votées à l'unanimité.

Unanimité pour l'adresse envoyée aux départements sur le 21 janvier. Les Girondins la rédigèrent, la signèrent, revendiquant hautement pour tous la responsabilité de l'acte qui venait d'être accompli : « Ce jugement, disait l'adresse, appartient à chacun de nous, comme il appartient à toute la nation. »

Unanimité pour le vote de neuf cents millions d'assignats et la levée de trois cent mille hommes. Les municipalités sont investies du droit d'enquête et de *réquisition* pour trouver en huit jours l'habillement et l'équipement. L'armée nationale est fondée par le mélange des volontaires et des soldats, de l'enthousiasme et de la discipline.

La Gironde propose la guerre à l'Angleterre ; et elle est votée d'emblée (1er février).

Danton voulait qu'on débutât par un grand coup et qu'on réunît la Belgique. Ajourné, jusqu'à ce que les Belges expriment leur vœu. On accepte, on réunit le comté de Nice, qui demande à être Français.

Les dantonistes proposèrent, emportèrent une mesure très grave de salut public, les missions de représentants avec pouvoir illimité. La première mission n'avait qu'un but spécial, assurer les places fortes ; elle devait faire approuver ses actes par la Convention. Si Danton eût proposé lui-même cette dictature ambulante, l'Assemblée fût entrée en défiance ; elle fut proposée par le jeune Fabre d'Eglantine.

Dictature dans les comités fortement organisés, dictature dans les missions : tel fut le remède héroïque que la Convention opposa aux dangers infinis de la situation. Elle se distingua par là entièrement de la Constituante et de la Législative, qui parlèrent beaucoup, n'agirent pas, qui laissèrent l'action au roi, c'est-à-dire à l'ennemi, et menèrent la France au bord de l'abîme par leur belle doctrine de la séparation des pouvoirs.

Le pouvoir, la Convention le prit tout entier, et elle le rendit présent sur tous les points du territoire, l'employant non seulement à la défense, mais, avant tout et surtout, au maintien de l'unité.

Les ennemis de la France regardaient et attendaient. « Elle périra », disait Pitt. — « Elle se dissoudra, disait Burke, sera démembrée, ou tout au moins tombera à l'état misérable d'une simple fédération de provinces. »

Et en cela nos ennemis jugeaient, d'après l'ancienne tradition de la France, que son unité était en son roi. Aussi prenait-on bien garde, dans la vieille monarchie, que le roi ne mourût jamais. Sur sa fosse, au moment même où il entrait dans la terre, on criait : « Vive le roi ! » Nulle interruption entre les deux règnes ; l'intervalle d'une minute aurait mis tout en péril ; il était si bien la clé de la voûte que, lui manquant un seul moment, tout semblait tomber dans l'ancien chaos.

Voici une fosse de roi au cimetière de la Madeleine. Qu'est-ce que la France criera ?

La République ? Beaucoup de Bretons demandaient : « Quelle est cette femme ? »

La Patrie ? Bien des gens, du monde des honnêtes gens, sous l'influence des habitudes de l'Ancien-Régime, souriaient à ce mot comme d'une réminiscence classique, d'une froide et vide abstraction. Pitoyable oubli de soi-même où le monde était tombé dans ces longs siècles barbares ! La grossière fiction royale leur semblait réalité ; et la Patrie, qui est nous-mêmes dans notre vie la plus vivante, leur semblait un mot abstrait !

« Il n'y a plus d'autorité, ni prêtres ni roi ! disaient ces insensés de l'Ouest : eh bien, nous nous battrons avec *la Nation*. » Ils ne se doutaient pas seulement que *la Nation*, c'étaient eux-mêmes. Ils entendaient vaguement par là le gouvernement de Paris. Le roi avait été pour eux la loi vivante. « Si veut le roi, si veut la loi », disait-on sous l'Ancien-Régime. Et maintenant ils disaient (c'est tout le sens des réponses qu'on tira des premiers qu'on prit) : « Si meurt le roi, si meurt la loi. »

Trois causes de dissolution :

La fureur d'abord de ces paysans aveugles. Dès octobre 1792 (un mois après l'affaire de Châtillon), on vit dans le Morbihan des foules furieuses, les femmes en tête (poussées par leurs prêtres), attaquer les magistrats.

Un autre dissolvant, c'était l'indifférence, la lassitude, l'égoïsme croissant des villes; chacun restait chez soi; on laissait quelques centaines de zélés crier seuls aux sections.

La troisième cause enfin de désorganisation, et ce n'était pas la moindre, c'était l'ardeur même des zélés, leurs mouvements désordonnés, irréguliers, nullement subordonnés à l'action générale, c'était l'inégalité d'action, les efforts discordants qui, tirant inégalement, disloquaient le tout. Les départements éloignés surtout, au milieu des plus grands dangers, dans leurs nécessités pressantes, agissaient à part et sans correspondre. Le Var, par exemple, levait ses contributions et les employait, créait une armée pour sa défense, gardait tout, les hommes et l'argent; il ne pouvait, disait-il, rien distraire de ses forces en présence de l'ennemi.

La Convention avait plus à faire que de défendre l'existence de la France; nos rois l'ont souvent défendue. Sa mission toute spéciale, infiniment difficile, qu'elle remplit par tous les moyens, c'était d'en fonder l'unité.

L'unité de la Patrie, *l'indivisibilité de la République*, c'est le mot saint et sacré de 1793.

Le sens de cette année terrible, qui ne rappelle à la plupart des hommes que la mort et la guerre civile, n'est pas une négation. Elle a un sens positif : la recherche du grand problème qui peut seul fonder la paix.

Point de vie hors l'unité. Nul axiome plus sûr. Ce n'était pas une question de curiosité scolastique, c'était celle du salut et de la vie même. Pour les êtres organiques, se diviser, c'est périr. Et plus ils sont organisés, plus l'unité est la condition absolue de leur existence. L'homme meurt, s'il est divisé; le serpent coupé vit encore.

La France, sortie de l'âge barbare, ne pouvait plus se contenter de la fausse *unité royale*, qui si longtemps avait couvert une désunion réelle. Elle ne pouvait pas davantage accepter la faible *unité fédérative* des États-Unis et de la Suisse, qui n'est rien autre chose qu'une discorde consentie. Revenir à l'une ou à l'autre de ces formes imparfaites, c'était ou périr ou descendre, baisser dans l'échelle des êtres, tomber au niveau des créatures inférieures qui n'ont pas besoin d'unité.

Du premier jour où la France entrevit l'idée sublime de l'unité véritable (ce but lointain du genre humain), elle fut ravie en esprit, saisie au cœur de religion. Quiconque osa, en parole, en pensée, en songe même, rappeler l'une ou l'autre des deux formes de discorde, royalisme ou fédéralisme, lui parut un sacrilège, un ennemi de l'humanité, un meurtrier de la Patrie.

Fonder cette haute unité, c'était un grave problème. Non seulement il n'était pas résolu, mais jamais auparavant il ne fut posé (du moins pour un grand empire). La Révolution, qui se moquait du temps, dans son cours précipité, surprit le monde, un matin, de cette question imprévue. Pas un n'y songeait en 1789. Tous durent y répondre en 1793. Le sphynx vint de lui-même se mettre devant la France, lui barrer la voie, dire : « Devine ou meurs. »

Comment répondre ? Rien de prêt. Rien dans les faits, rien dans les livres. La recherche du problème n'en fut que plus acharnée. Impitoyables pour eux-mêmes, ce fut à eux qu'ils s'en prirent; ils cherchèrent le mot de l'énigme dans leurs entrailles déchirées, interrogèrent leur propre sang, et, marchant à la solution par l'élimination meurtrière de tout ce qui s'en écartait, fouillèrent à extinction dans la logique de la mort.

Qui aurait pu les éclairer ? Ils n'avaient qu'un livre, une bible, Rousseau, qu'ils consultaient toujours dans leurs grandes difficultés ; mais Rousseau varie sur ce point ; unitaire pour un petit État dans son *Contrat social*, fédéraliste pour un grand, dans son *Gouvernement de Pologne*. Il s'agissait de savoir comment un grand État non monarchique peut obtenir l'unité.

L'expérience ne leur en disait pas plus que les livres. Pour exemple d'organisation, elle leur montrait les *États-Unis* de Hollande, de Suisse, et d'Amérique, trois assemblages imparfaits et faibles de pièces hétérogènes : les premiers déchus et nuls, le troisième qui grandit toujours sans s'organiser; sa situation singulière entre la mer et le désert l'en a dispensé jusqu'ici.

L'ancienne France elle-même, malgré le semblant d'unité que la royauté lui donnait, avec sa diversité infinie de coutumes, de poids, de mesures, avec ses douanes entre les provinces, avec ses pays d'états et de privilèges divers, tenait beaucoup de la faiblesse et de l'hétérogénéité des États fédératifs. C'était, sous un roi, une fédération grossière, où toutes les formes sociales, fiefs, républiques, quasi royautés princières, co-existaient, avec une confusion inexprimable, des maux infinis de détails, un désaccord ridicule.

Dans ce bizarre tohu-bohu, on rêva plusieurs fois le rétablissement de la fédération des fiefs : « J'aime tant la France, disait, sous Louis XI, le bon duc de Bretagne, qu'au lieu d'un roi j'en voudrais six. » Les Guises en disaient bien autant. Mais quoi ! même en 1789, Mirabeau, après son triomphe de Marseille, avait dit en souriant : « Pourquoi pas comte de Provence ? » — Cazalès et son parti n'hésitèrent pas de poser la Bretagne comme une nation alliée de la France. — La Fayette, tout imbu de son américanisme, ne semble avoir rien désiré qu'une sorte de fédération faiblement harmonisée, d'un ressort fort détendu. — Les constitutionnels de l'époque disaient par la voix de Barnave : « Il faut que la France choisisse : fédération ou monarchie. »

L'Assemblée constituante, par une très noble inconséquence, tout en prêchant la royauté, avait prononcé, selon la logique, *que l'unité était* dans le souverain, *dans le peuple*, et non dans la royauté. Le pouvoir royal n'était plus le palladium sacré de l'unité de la France ; il cessait comme religion.

S'il n'était plus religion, il n'était rien. Restait à l'éliminer, comme un corps étranger placé dans les chairs, qui, tant qu'il reste là, y maintient la fièvre ; c'est ce que malheureusement fit trop lentement la Révolution.

L'Assemblée constituante, au moment où elle fit la division départementale, énerva, annula d'avance les directoires des départements (nos préfectures d'aujourd'hui), et concentra la force réelle dans les municipalités. En cela, elle servit puissamment la Révolution. Ces directoires, toujours entre les mains des notables, étaient naturellement des nids d'aristocratie. Les municipalités, au contraire, allèrent se démocratisant sous l'action incessante des sociétés patriotiques.

Le roi, dès 1789, n'existe plus que comme obstacle. Le nouveau souverain, le peuple, n'est pas organisé encore de manière à agir d'ensemble, à manifester au dehors l'unité qui réside en lui. Une municipalité supplée, dans l'entr'acte : une ville reine au défaut du roi. La ville de Paris est, en quelque sorte, le pouvoir exécutif de la France ; c'est elle qui manifeste et maintient la force d'unité centrale sans laquelle la France eût péri.

Paris a fait de grandes fautes ; elles sont présentes à ma mémoire. Eh bien, avec toutes ses fautes, quand je songe à ce qu'il a fait pour les libertés de l'espèce humaine, il me prend envie de baiser les pierres de ses monuments et les pavés de ses rues.

Et ce que je dis de Paris retourne à la France, après tout. Qu'est-ce que Paris, sinon une petite France résumée, un mariage de toutes nos provinces ? Rien de plus sot que la haine de tels provinciaux pour Paris ; ce qu'ils haïssent, c'est eux-mêmes. Qu'ils prennent au hasard, dans la rue, un de ces Parisiens détestés : c'est un homme de leur pays, Normand, Dauphinois, Provençal. Il n'y a pas un tiers de Parisiens de race. Le reste, s'il n'est de la province, est fils, petit-fils de provinciaux.

En 1789, Paris vient de prendre la Bastille ; il organise la force armée de la Révolution, la garde nationale ; il en donne le modèle pour le costume et l'armement, uniformité si importante alors et tellement significative ! Toutes les grandes fédérations provinciales se rattachent à lui ; rien ne lui est étranger en France. Telle municipalité d'Auvergne lui demande de la poudre et il en envoie. D'autre part, il veut, il croit juste que tous les voisins approvisionnent de leurs denrées la grande ville qui combat pour eux et qui est l'armée de la liberté. Les Parisiens vont, l'épée à la main, acheter en Normandie le blé royaliste, qui ne voulait plus venir.

Quelle sera l'organisation de Paris ? C'est alors une question décisive pour la France. Le royaliste Bailly veut que la mairie soit forte et le maire puissant ; le républicain Brissot propose et fait prévaloir un plan qui annule cette royauté municipale.

Entre le roi, qui est l'ennemi, et l'Assemblée constituante, qui connive avec l'ennemi, Brissot cherche un point d'appui dans la cité même. Il pose en principe que la cité a droit d'organiser la cité en ce qui touche ses intérêts spéciaux ; il soutient que les cités fédérées d'une province ont même droit en ce qui touche l'intérêt provincial. « Toutefois, dit-il, les principes des administrations municipales et provinciales *doivent être entièrement conformes à ceux de la constitution nationale*. Cette conformité est le lien fédéral qui unit les parties d'un vaste empire.

Ce petit mot *fédéral*, saisi par les royalistes en 1789, repris par les Jacobins en 1793, a fait guillotiner Brissot et toute la Gironde avec lui.

Royalistes et Jacobins ont dit unanimement : « Pesez bien ce mot *fédéral*. N'est-il pas évident que Brissot veut abaisser la France à l'état d'une fédération de provinces, comme celle des États-Unis d'Amérique, ou plutôt la dissoudre en poudre impalpable, établir en France quarante-quatre mille petites républiques ? »

Cela n'est nullement évident.

D'abord une fédération dont chaque élément municipal et provincial se fonderait *sur des principes entièrement conformes à ceux de la constitution nationale*, comme le dit ici Brissot, ne ressemblerait nullement à la fédération américaine. Il faut être bien étourdi ou volontairement aveugle pour confondre une fédération d'éléments *identiques*, dont il s'agirait ici, avec une fédération d'éléments *hétérogènes* et discordants, comme est l'Amérique du Nord.

Mais il faut aller plus avant. Jamais Brissot, ni alors, ni depuis, n'a songé à une fédération.

Son plan de 1789 doit être jugé uniquement au point de vue de 1789. Contre le roi, contre une assemblée royaliste, où voulez-vous que Brissot prenne le levier de la République ? Dans Paris seul et dans le droit qu'il attribue à la cité de s'organiser elle-même.

Paris organisé ainsi, les autres villes suivront ; il l'entend ainsi et le dit lui-même. Hors de Paris, où pouvait-il trouver les éléments de la force républicaine ? Nulle autre part que dans le grand fait du jour, ces fédérations de villes qui s'organisaient de tous côtés.

Le mot de Brissot, tant attaqué, était le mot nécessaire en 1789, le mot de la circonstance, du salut public : Paris organisé par Paris, puis nos grandes fédérations s'organisant à l'imitation de Paris. Avec cela seul, malgré le roi et l'Assemblée, la France entière, emportée d'un même tourbillon, allait graviter vers la République.

C'était une chose injuste de représenter sans cesse un mot de situation, un mot daté d'une date précise, d'une circonstance spéciale, comme l'immuable théorie de celui qui l'avait lâché.

On n'a rien dit de plus fort sur l'unité de la patrie, sur l'indivisibilité de la République, que ce qu'ont dit mille fois les orateurs de la Gironde. Ils ont mieux fait, du reste, que de professer l'unité, ils sont morts pour elle. On peut du moins le dire des plus illustres du parti, surtout de Vergniaud. C'est lui qui, le 20 avril, lorsque plusieurs de ses amis demandaient la convocation des assemblées primaires, établit solidement, pour toute la Convention, que cette convocation, qui eût sauvé la Gironde, risquait de perdre la France. Il y avait un grand danger dans cet immense appel au peuple au premier moment de la guerre civile, au moment de l'invasion ; il eût provoqué peut-être la dissolution nationale. Les Girondins n'objectèrent rien, dans ce jour décisif qui fixa l'opinion de l'Assemblée ; ils acceptèrent par leur silence le discours héroïque du grand orateur, ils se dévouèrent, sauvant et sanctionnant par leur mort l'unité qu'ils avaient fondée.

C'est l'un d'eux, Rabaut-Saint-Étienne, qui, le 9 août 1791, avait fait proclamer *l'unité indivisible* de la France.

Déjà Condorcet, en 1790, dans un très bel opuscule digne de ce grand esprit, avait très bien établi que Paris était le puissant moyen, l'instrument de cette unité.

L'engouement de Paris pour La Fayette était toutefois un juste motif de suspicion contre la capitale. Camille Desmoulins et Marat, en 1791, lancèrent contre les Parisiens, à ce sujet, les plus violents anathèmes ; ils passèrent toute mesure : « Je compte sur les départements, disait Marat, non sur les badauds imbéciles » (27 juillet 1791, n° 524). — « Paris! Paris! dit Desmoulins, prends garde que ton incivisme ne détache de toi les départements... Tu as besoin d'eux pour exister, ils n'ont pas besoin de toi pour être libres!... » (21 juin 1791, n° 83, p. 214). Il va jusqu'à dire follement (après le 17 juillet) « que Paris verra les départements, indignés, s'ériger en *États unis* et l'abandonner à sa corruption ».

C'était en 1791. Paris faiblissait, fatigué de ses grands efforts. Les départements, il faut le dire, semblaient reprendre son rôle; plusieurs firent des sacrifices vraiment incroyables : Bordeaux, Marseille, le Jura, levaient, payaient des armées, et il en fut ainsi dans toute l'année 1792. Les départements eurent une glorieuse part dans la journée du 10 août; s'ils en eurent une au 2 septembre, elle fut moins remarquée : on eut l'injustice de n'accuser que Paris.

Dans la crise effroyable où l'on se trouvait obligé de faire appel au patriotisme local pour tirer tout ce que les localités contenaient de forces, on était bien obligé de se fier à cet esprit qu'on aurait autrement taxé de fédéralisme. Un des hommes qui se sont le moins écartés de la droite ligne révolutionnaire, Cambon, lui fit de grandes concessions. Il adoptait l'élan local, mais le généralisait. Marat lui-même, à la terrible époque du 27 mars 1793, lorsque le comité de défense, alarmé de la situation, fit venir dans son sein les ministres et la Commune,

Marat dit que, dans une telle crise, la souveraineté du peuple n'était pas indivisible, que chaque commune était souverain sur son territoire, et que le peuple pouvait prendre les mesures que demandait son salut (*Mémoires* de Thibaudeau).

La Gironde, en septembre 1792, à l'entrée des Prussiens, avait eu un moment la pensée de quitter Paris, anarchique et furieux, Paris, difficile à défendre, presque impossible à nourrir en présence de l'ennemi. Quelques députés du Midi, d'un courage incontestable, Barbaroux et autres, montraient sur la carte à Madame Roland ces contrées heureuses, ces villes républicaines qui venaient de donner tant de gages à la patrie. Ne fallait-il pas y porter le centre du gouvernement et placer sur la Loire la grande ligne de défense, celle qu'autrefois Charles VII, dans son extrême faiblesse, défendit longtemps contre les Anglais, maîtres absolus du Nord?...

Danton dit *non*, et soutint ce *non* de son admirable énergie. Il fut prouvé, ce jour-là, que le génie de la Révolution n'était pas du côté des Girondins; mais, pour leur patriotisme, leur pureté, leur courage, personne n'étudiera sérieusement cette histoire sans l'admirer et le respecter.

Voilà pour le fond des choses. Les Girondins étaient innocents; ils voulurent jusqu'à la mort l'unité, et ils s'y sacrifièrent.

« Maintenant les violentes accusations de la Montagne étaient donc pure calomnie? »

On sera, sans doute, étonné de notre réponse. Non, la Montagne ne calomniait pas la Gironde.

Les Girondins, unitaires de cœur, étaient entraînés, par une fatalité de situation, dans un fédéralisme involontaire.

Les directoires de départements, les notables, les riches, tous les tièdes du parti républicain, les royalistes déguisés, tous se disaient Girondins. Leur disposition commune, infiniment dangereuse, c'était de détendre le nerf de la Révolution, de diminuer l'influence centrale, d'augmenter l'influence locale, qui était la leur. Ces hommes, en général, étaient les ennemis de l'unité.

Voilà donc les Girondins, une vingtaine d'avocats, de gens de lettres, les fondateurs de la République, les promoteurs de la grande guerre, les créateurs du bonnet de l'égalité, les forgeurs des piques, eux qui ont lancé le 10 août, lancé la France à l'ennemi, — les voilà, infortunés, reconnus, bon gré mal gré, pour les chefs des riches, les chefs des tièdes, des patriotes hypocrites, les chefs de tous ceux qui soutiennent les vieilles influences locales contre l'unité de la patrie.

Ils n'avaient qu'un moyen de s'en séparer, c'était d'affiler le fer, de l'arracher aux mains de la Montagne et de le tourner sur leurs faux amis, de voter le tribunal révolutionnaire et la Terreur... Ils ont mieux aimé périr.

Dans la situation terrible où ils restèrent, en avril, mai 1793, sous les huées des tribunes, livrés aux derniers outrages, lorsqu'on jetait sur eux des ordures, *qu'on crachait sur eux*, il leur échappa des cris de fureur, d'imprudents appels à la vengeance des départements... Et alors on crut les saisir en flagrant délit de fédéralisme ; on ne douta plus, on voulut leur mort, on eut soif de leur sang.

La Montagne pouvait les tuer, mais elle ne devait pas souffrir qu'on les outrageât. La représentation nationale, insultée en eux, n'était-elle donc pas avilie en tous ?

La fureur de la Montagne contre les fédéralistes fut si aveugle, si voisine de la rage et de l'épilepsie, qu'elle ne vit pas elle-même qu'elle tombait à chaque instant dans l'hérésie politique qu'elle reprochait à ses adversaires. Si le fédéralisme est l'esprit de démembrement, d'isolement, d'exclusion, n'était-ce pas un fédéralisme de gouverner toute la France par la violence d'une ville? que dis-je?... dans cette ville même, d'accepter la souveraineté d'une section contre le tout, comme ils le firent tant de fois? On trouvait bon, par exemple, que la section des Cordeliers se fît apporter les registres des tribunaux, censurât les jugements. Les quelques sectionnaires qui venaient à chaque instant donner à la Convention les ordres de la multitude étaient (les procès-verbaux en témoignent) délégués par des minorités minimes. La partie commandait au tout, une partie imperceptible. C'était, dira-t-on, la partie patriote, bien intentionnée. Mais enfin cette partie, gouvernant ainsi le peuple, n'en donnait pas moins le démenti le plus terrible au principe de la Révolution, qui est l'autorité, la souveraineté du peuple.

Je ne les accuse ni les uns ni les autres, mais le temps, hélas!· la rapidité de notre Révolution!... Le haut idéal moderne, l'unité d'un empire immense obtenue par la loi seule et sans fiction royale, la Révolution l'avait à peine entrevu en 1789; elle est obligée, dès 1792, d'en chercher la réalisation. A qui le tort? A la précipitation des hommes? Non, à celle des événements. La royauté elle-même, qu'on eût ménagée, par sa résistance obstinée, par son entente avec l'ennemi, poussa fatalement la France à la République, la jeta dans la grande et terrible aventure de 1793, dans le glorieux péril de chercher un monde nouveau, le monde de l'unité, au profit des temps à venir.

L'unité! ce rêve éternel de l'humanité! le jour où l'on crut la tenir, où l'on crut la réaliser dans la grande société qui depuis 1789 menait les destinées humaines, un vertige fanatique tourna les esprits! Personne ne but impunément à cette grande coupe de Dieu, pour la première fois offerte aux lèvres de l'homme. Une ivresse sauvage, comme l'orgie des mystères antiques, s'empara de ces philosophes, de ces raisonneurs, les fit délirer. L'unité de la patrie fut pour eux la seule vie réelle, près de laquelle nulle vie d'homme ne devait compter. Ébranler ce dogme, de près ou de loin, ce fut à leurs yeux assassiner la patrie elle-même et mériter trois fois la mort. Voilà tout le secret des tragédies que nous devons raconter.

Ce qui caractérise le temps, c'est que, dans l'impatience de leurs vœux, ils imaginaient que l'unité allait leur venir toute faite, leur tomber, comme un miracle, du haut de la loi... Dans leur foi naïve à la toute-puissance de la loi, à son efficacité invincible, ils croyaient que l'unité, pourvu qu'elle fût décrétée, à coup sûr existerait ; ils ne semblaient pas se rendre bien compte des moyens indispensables qui doivent la préparer. L'unité, pendant que la loi la décrète en haut, doit fleurir d'en bas, du fond des volontés humaines ; elle est la fleur et le fruit des croyances nationales.

Modifier ces croyances, c'est une œuvre de temps sans doute, et l'on ne peut accuser le législateur qui n'accomplit pas instantanément le travail des siècles ; mais rien ne peut le dispenser de bien savoir le vrai fonds où il travaille, de comprendre son propre principe. Et voilà ce qui afflige, à cette grande époque. Ni l'un ni l'autre parti ne connaissait bien la base, la portée religieuse et sociale de l'œuvre qu'ils accomplissaient. Le rapport de la Révolution au christianisme leur fut parfaitement inconnu. Ils ignoraient qu'ils avaient pour mission non ce vœu stérile d'unité que déjà le christianisme a tant répété en vain, mais la recherche sérieuse des moyens qui peuvent vraiment réaliser l'unité. Le christianisme a échoué dans cette recherche ; sous sa domination absolue, la plus forte qui fut jamais, nous n'en avons pas moins vu se former deux peuples en un peuple, — le petit peuple d'en haut, qui seul a suivi la voie qu'on appelait celle de la civilisation, qui a créé des littératures aristocratiques, des Racine et des Boileau ; — et le grand peuple d'en bas (qui est à peu près tout le monde), abandonné sans culture, presque sans rapport avec l'autre peuple, n'ayant ni éducation commune, ni langue commune, gardant ses patois, priant sans comprendre, sans que l'Église daigne lui expliquer ses prières... Spectacle impie, barbare, qui saisit de pitié et de douleur, pour peu qu'on garde au cœur la moindre étincelle de Dieu!

Finir ce schisme désolant auquel le christianisme a si peu remédié, créer une âme identique dans une foi identique, qui fasse désirer, vouloir l'identité de la loi, c'est là le problème social de la Révolution. La loi suppose une éducation selon le principe de la loi, et cette éducation elle-même implique un fixe principe de foi sociale et religieuse.

Un voile couvrait encore cette profonde question pour les hommes de 1793. Ils marchaient fermes et dévoués, vers leur sublime idéal, la loi souveraine du monde, sans bien distinguer la vaste et ténébreuse région qui les séparait encore de ce but, celle des arts infinis de civilisation et d'éducation qui y mènent et y préparent. Ils en ont entrevu un point, la puissance des fêtes nationales, celle du théâtre, celle de la vie commune pour les jeunes enfants, sans préciser encore l'enseignement qui dominerait cette initiation nationale.

La première tentative d'un plan d'éducation et de vie commune fait la gloire de Lepelletier Saint-

Fargeau. Cet honnête homme, dans la question de l'éducation, qui est celle même du cœur, s'était élevé au-dessus de lui-même par la bonté de sa nature. Vrai représentant de la Révolution en cette chose sainte, il n'était pas indigne de mourir pour elle. Le royalisme s'était bien adressé ; il l'avait frappée en ce cœur qui en contenait la résolution la plus généreuse, la plus humaine pensée.

Lepelletier, dans ce projet, peut-être littéraire de forme, admirable d'intention et nullement chimérique, établit parfaitement qu'il s'agit d'éducation, bien plus que d'instruction ; qu'il n'y a nul espoir d'égalité sans la fondation d'une éducation commune et nationale. La société doit donner cette éducation, — mais non la société seule (comme dans les Institutions de Lycurgue), *la société avec l'aide et la surveillance des pères de famille*, et toujours près des familles, dans la commune natale, de sorte que le père et la mère ne perdent jamais de vue l'enfant.

L'enfant, s'il est pauvre, sera nourri par l'école même [1]. On ne verra plus ce spectacle impie d'un enfant qui vient à l'école grelottant et affamé, et que l'école renvoie, lui refusant le pain de l'esprit parce qu'il n'a pas celui du corps, lui disant : « Tu es misérable ; eh bien, tu le seras toujours ; tu étais celui de tous qui avait le plus besoin de l'école ; va, on t'en exclut. »

[1]. Lepelletier pourvoit à la dépense par trois moyens : 1° le travail des enfants déjà capables de travail; 2° la pension que payeront les enfants de parents aisés; 3° le complément donné par l'État. — Voir sur ce sujet, important entre tous, le dernier chapitre de mon livre, *le Peuple*.

Ah! nous embrassons de tout notre cœur cette grande et chère espérance! Que la misère ici-bas, si elle doit poursuivre l'homme, soit abolie pour l'enfant! Si nous devons être misérables, nous l'endurerons peut-être. Mais que ceux-ci, qui n'ont fait nulle faute que de naître, soient protégés, garantis. C'est là, ou nulle part, que la Patrie doit paraître, la *Matrie*, disaient les Grecs, et par ce mot ils semblaient désigner aux législateurs à venir le rôle suprême de la loi ; si c'est parfois de punir l'homme, c'est toujours de protéger l'enfance, de rendre l'enfant heureux pour faire un homme meilleur.

Dans les croyances barbares qui calomnient la nature, qui supposent l'enfant coupable en naissant du péché qu'il n'a pas fait, on doit se résigner plus aisément à le voir souffrir ; il a besoin d'expier. Si l'on admet cette énormité théorique de croire qu'une créature si visiblement innocente est née criminelle, on admettra aussi cette barbarie pratique de la voir, dès la naissance, fatalement malheureuse, subir et la faim et les coups. L'éducation, au Moyen-âge, s'appelle *castoiement*, châtiment. Elle châtie qui n'a rien fait ; c'est la nature qu'elle châtie, c'est l'œuvre de Dieu, c'est Dieu, en sa plus touchante création. Entendez-vous les coups, les cris, les pleurs de ces pauvres innocents ?... C'est l'école, l'enfer d'ici-bas !

Trois fois bénie soit la cendre de l'homme vraiment honnête et bon qui, par l'excellence du cœur, vit plus que les politiques, qui mit l'heureuse délivrance, le grand bienfait de la Révolution surtout en ceci : que l'enfant n'eût plus faim ni froid, qu'élevé au grand air, dans les exercices des champs, il fût un enfant heureux, le bien-aimé de la patrie et le nourrisson de la Providence !

Les funérailles de Lepelletier eurent un grand caractère de religion. Elles tiraient un touchant reflet de cette douce pensée d'enfance. Derrière le mort, devant la Convention, qui tout entière assistait à ses obsèques, marchait sous ses voiles noirs la jeune orpheline, la fille de Lepelletier, la fille de la République, solennellement adoptée de la France. Près d'elle (idée bien digne de la grande Mère, à laquelle elle appartenait maintenant) venaient aussi d'autres enfants, de sorte que l'adoptée, dans ces jeunes frères et sœurs qu'on lui donnait en ce jour pour remplacer son père, sentît les consolations et l'étreinte de la Patrie.

Le corps, découvert et sanglant, fut d'abord exposé à la place Vendôme, et le président de la Convention vint déposer sur la tête du mort une couronne de chêne et de fleurs ; un fédéré des départements versa les regrets de la France, ses larmes, sur le martyr de Paris.

Le convoi immense s'achemina ensuite par la rue Saint-Honoré. Il y avait un deuil réel. La Convention, la Commune, toute la France révolutionnaire, qui était là, n'imitaient pas la douleur ; la plupart sentaient trop bien qu'ils menaient leur propre deuil. Ce poignard qu'on avait laissé sur le mort, près de sa blessure sanglante, il planait sur tous. L'assassinat de Basville, à Rome, qu'on venait d'apprendre, enseignait assez ce que les amis de la liberté avaient à attendre. Le droit public n'était plus rien; la France était hors la loi du monde. On le vit plus tard à Rastadt, où nos plénipotentiaires furent sabrés par les dragons de l'Autriche. On le vit en Angleterre, où l'on organisa contre nous une guerre hideuse de fausse monnaie, de faux assignats, pour ruiner la France, la faire banqueroutière, lui tuer jusqu'à l'honneur.

Cette génération était vouée à la ruine, à la mort. Pendant qu'on promenait à Paris le corps de Lepelletier, on colportait dans Londres les reliques fausses ou vraies de Louis XVI, ses cheveux, des mouchoirs trempés dans son sang. Voilà les premiers drapeaux de la grande guerre qui durera vingt-cinq années.

Personne ne pouvait mesurer les sacrifices infinis que coûterait cette guerre. L'Angleterre ne devinait pas qu'il lui faudrait, dans un travail mortel, trouver la somme effroyable de quarante milliards. La France ne savait pas qu'elle arracherait de son sein dix millions de ses enfants pour semer leurs os dans toute l'Europe.

La Convention, la Commune, savaient du moins parfaitement, en suivant Lepelletier, qu'il les devançait de peu. Tous avaient cette croyance qu'ils allaient vers le tombeau. Combien aux supplices! combien aux batailles! combien aux poignards de la guerre civile!... Tel avait un an à vivre, tel autre deux ans. Cette pompe était la leur ; ils prenaient leur part dans les funérailles. C'était pour eux aussi que les drapeaux se voilaient de crêpes, que les tambours battaient ces roulements funèbres, que les trompettes, contenues sous leurs sinistres sourdines, sonnaient à voix basse comme un chant de mort.

Sûrs de périr, l'étaient-ils de périr utilement? Ils allaient laisser des lois. Mais que sont les lois sans les hommes! La Révolution ne serait-elle autre chose que la promulgation d'une formule sublime, léguée au monde futur, inutile au monde présent, vers laquelle il va se dressant toujours, mais pour retomber toujours?... Plus d'un eut ces sombres pensées.

Ils arrivèrent ainsi devant le Panthéon, où le frère de Lepelletier prononça l'adieu solennel, promettant de publier l'œuvre du mort, ce qu'il appelait son plan d'éducation, et ce que, dans notre vénération reconnaissante, nous appellerions la *Révolution de l'enfance.*

La Convention, rangée autour du cercueil qu'il fallait laisser, jura le salut de la Patrie. Tous, Montagnards et Girondins, faisant encore trêve à leurs haines, se promirent union et fraternité, mot sincère, nous le pensons, dans ce grand danger public. Il fut dit alors pour la dernière fois.

CHAPITRE II

LA COALITION. — MEUTRE DE BASVILLE (13 JANVIER 1793).

Vues égoïstes de la coalition. — Pitt avait refusé d'intervenir en faveur de Louis XVI. — Pitt fut servi par la fortune plus que par sa prévoyance. — Domination de l'Angleterre à Naples par les favoris de la reine. — Acton et Emma Hamilton. — Étouffement cruel de l'Italie, spécialement sous le gouvernement romain. — Maury et Madame Adélaïde à Rome. — Naples forcée de reconnaître la République. — Basville envoyé à Rome. — Il est assassiné, 13 janvier 1793. — Le pape avait perdu Louis XVI. — Son influence préparait la guerre de Bretagne et de Vendée. — Héroïsme de la Bretagne républicaine. — Les Anglais attendaient le progrès de l'anarchie. — Espoir que donnent aux Anglais les pillages de Paris. — Dumouriez fait croire que l'Anglais veut traiter avec lui. — Vues contraires de Dumouriez et des Girondins. — La Gironde veut la guerre universelle. — La guerre est déclarée à l'Angleterre, 1ᵉʳ février 1793.

La moralité de la coalition peut être jugée sans phrases ; quelques faits y suffiront.

La France, au dire des puissances, ayant tué la morale, supprimé le droit, elles se trouvèrent bien à l'aise. Sans qu'il fût nécessaire d'attendre beaucoup, dans le courant même de l'année 1793, elles se montrèrent parfaitement affranchies de tous les scrupules qui, en d'autres temps, leur auraient fait ménager l'opinion.

Malheur aux faibles ! nous rentrons dans le plus

sauvage état de nature : qui pourra prendre prendra.

Le premier acte fut le sacrifice mutuel que se firent l'Angleterre et la Russie des deux causes où l'une et l'autre semblaient engagées d'honneur. L'Angleterre avait gémi, grondé pour la Pologne; la Russie faisait de la chevalerie pour la liberté des mers, l'indépendance des neutres. Elles ne s'en souviennent plus. C'est comme un partage tacite entre les deux grandes puissances : à moi la mer, à toi la terre.

Le 16 février, nouvelle invasion de Pologne. La Prusse entre pour protéger les libertés polonaises; seulement; une fois entrée, elle s'aperçoit qu'elle ne peut atteindre son but qu'en s'appropriant Dantzig (24 février).

Nous allons de même voir tout à l'heure les Autrichiens et les Anglais, pénétrés d'horreur pour la mort du roi, saisir Toulon et les places du Nord dans l'intérêt royaliste. Seulement, une fois entrés, les Autrichiens, dans Condé, arborent l'aigle impériale. Les Anglais, maîtres de Toulon, font défense à l'émigration, au frère du roi, d'y venir. Les émigrés sont furieux : « En ce cas, dit l'un d'eux, il ne nous reste rien à faire de mieux que de nous joindre aux Jacobins. »

Il est un point de la France où le royalisme fut héroïque, la Vendée. C'est le point où les Anglais ne voulurent jamais descendre. Charette et autres les en prièrent et supplièrent, toujours inutilement. Ils ne donnèrent des secours qu'indirects, pour faire durer la guerre, sans qu'elle arrivât jamais à des résultats décisifs. Pour rien au monde, ils n'auraient voulu rendre forts les royalistes.

Cela dit, nous avons éclairci d'avance l'histoire de la coalition. Il nous reste à suivre, dans le détail, l'histoire de ces honnêtes gens.

M. Pitt riait très peu ; on assure cependant qu'il a ri jusqu'à trois fois. Il lui échappait, dans ce cas-là, des mots bas et triviaux, en désaccord singulier avec sa raideur ordinaire, mots sincères, passionnés, qui partaient du cœur et montraient le fond du fond. Ainsi, quand il sut l'incendie de Saint-Domingue et que les nègres égorgeaient tout : « Les Français pourront, dit-il, prendre maintenant leur café au caramel. » De même, apprenant plus tard que l'Espagne entrait dans la grande guerre, M. Pitt crut déjà tenir les colonies espagnoles : « On n'en mettra pas, dit-il, plus grand pot-au-feu, et cependant le bouillon en deviendra bien meilleur. » Le 21 janvier lui fut infiniment agréable ; il en tira l'augure d'une tyrannie violente où s'annulerait la France : « Elle n'aura fait, dit-il, que traverser la liberté. » Et encore : « Ce sera un blanc sur la carte de l'Europe. »

Il avait attendu froidement, patiemment, l'exécution de Louis XVI. En vain Fox et Sheridan, dans un noble élan de cœur (qui exprimait fidèlement la pensée nationale), obtinrent, à la fin de décembre, de la Chambre des Communes qu'elle invitât le gouvernement à intervenir auprès de la Convention. Pitt resta muet. Il spécula sur l'horreur que produirait l'événement. Les Anglais avaient bien pourtant quelque raison dans leur histoire de ne pas juger trop sévèrement les peuples qui tuaient leurs rois. Ils n'en furent pas moins indignés de la mort de Louis XVI[1].

Au moment même où la nouvelle fut reçue, Pitt signifia au ministre de France qu'il eût à sortir dans les vingt-quatre heures.

Le ministère anglais ne fit nulle difficulté d'avouer dans la Chambre des Lords le motif tout politique d'une si brusque expulsion : la crainte de la contagion révolutionnaire, la propagande jacobine que faisait l'envoyé de France.

L'aristocratie anglaise était terrifiée, elle se serrait autour de Pitt. Elle avait singulièrement hâte qu'une guerre brusque et violente isolât les deux pays, assurât à l'Angleterre le bénéfice moral de sa position insulaire. Elle aurait bien volontiers fait, à ses dépens, creuser, élargir le détroit. Elle se jeta dans les bras de l'homme qui, par la profondeur de ses haines, pouvait fonder sûrement entre les deux peuples la guerre, le divorce éternel.

Pitt, né whig, devenu tory, fut fixe en une chose, la haine, — cher et précieux héritage qu'il tenait de

---

[1]. « Quelle différence ! disaient-ils ; nous avons tué Charles Ier légalement, juridiquement. Le procès a été fait par des juges, non par la Chambre. Le roi, jusqu'à la dernière heure, a été traité honorablement. On l'a décapité, mais avec respect. » Il y a eu, il est vrai, une bien grande différence ; toutefois la France pourrait dire qu'en un point elle a traité plus favorablement son roi. Louis XVI a été longuement, prolixement défendu. Charles Ier a voulu parler, au moins après la sentence, consolation que les juges laissaient souvent au condamné, et il a été entraîné sans pouvoir dire une parole.

son père Chatham. Il eut toujours présent le mot expressif d'un vieux puritain : « Le meilleur de l'amour, c'est la haine. » Il haït si fort qu'il se fit aimer.

Aimer de la vieille Angleterre féodale, obstinée dans l'injustice, qui, devant la Révolution, se mourait de haine et de peur, croyant voir, au premier vent d'est, débarquer les *Droits de l'homme.*

Aimer de l'Angleterre marchande, jalousement couchée sur la mer, comme sur un fief anglais; elle comptait bien cette fois sur l'anéantissement de la marine française.

Une autre Angleterre encore se formait, dévouée à M. Pitt, une grande nation oisive, qui, sous lui, a augmenté, engraissé d'une manière monstrueuse : je parle du peuple de la Bourse et des créanciers de l'État. La terre est partagée en France; en Angleterre, c'est la rente. Tous s'y lançaient, tête baissée. Tous, le matin, au réveil, couraient à la Bourse, et, ravis, enthousiastes, voyaient toujours monter le flot. Le cinq pour cent, de quatre-vingt-douze atteignit cent vingt; Pitt fut un grand homme. Le quatre, de soixante-quinze, alla à cent cinq; Pitt fut un héros. Le trois, de cinquante-sept, monta à quatre-vingt-dix-sept; Pitt fut presque un dieu !

Comme il arrive à toute époque d'engouement aveugle, on lui tenait compte de tous les bienfaits du hasard et de la nécessité. Plus les capitaux fugitifs de la France et de la Hollande affluaient en Angleterre, plus on admirait M. Pitt.

Tous, amis et ennemis, croyaient que ce génie profond avait deviné tout le cours de la Révolution française. Selon plusieurs, il l'avait faite. Il l'observa de très près, mais, pour une part directe, il semble n'en avoir eu qu'en une circonstance, il est vrai, très grave : on croit qu'il soudoya l'émeute de la garde soldée, qui faisait la force de La Fayette, brisa l'épée de l'homme qui voulait concilier la royauté et la démocratie, désarma la royauté de sa faible et dernière défense. Si la chose est véritable, M. Pitt peut passer pour un des fondateurs de cette République française qui lui donna tant de soucis et le fit mourir à la peine.

Je ne vois pas non plus qu'il ait eu grande prévoyance en refusant l'alliance prussienne au commencement de 1792. Il lui fallut la mendier à la fin de la même année.

Ce qui fut véritablement prodigieux chez M. Pitt, c'est l'acharnement au travail, la persévérance et la passion. Il fut, dès sa naissance, l'idéal du *bon sujet*. Tomline, son précepteur, évêque de Winchester, qui a écrit la légende de ce nouveau saint, ne peut découvrir, à la loupe, le moindre défaut dans son caractère. En réalité, il n'en eut qu'un seul : il était né enragé, je veux dire, dès le berceau, malade d'une violence innée, une triste créature amère, âpre, acharnée à tout, à l'étude d'abord, aussi violent dans l'étude du grec qu'il l'a été plus tard dans la guerre contre la France. Nulle société, nulle amitié, d'amour encore moins. Une perfection d'homme haïssable et désolante. L'austérité sans la vertu. *Respectable* au plus haut degré (pour parler anglais). *Honnête* et parfait gentleman, le chef des *honnêtes* gens. Tout en employant largement la corruption politique, il garda en Angleterre une certaine dignité morale, mais tout ménagement finissait pour lui au détroit. Dans la grande poursuite qui a absorbé sa vie, la ruine de la Révolution, la destruction de la France, il n'a reculé devant nulle chose criminelle, honteuse ou basse. Les révolutionnaires lui ont imputé, je le sais, beaucoup de choses douteuses. Pour s'en tenir au certain, il en reste de quoi effrayer Machiavel. Le chef du gouvernement anglais n'a certainement point ignoré ces plans de grandes destructions, ces machines effroyables, qui ont fait l'horreur du monde. S'il n'a soldé, il a connu, approuvé, sans aucun doute, les plus coupables tentatives des pirates et des assassins.

Obligé d'entrer dans le détail, curieux, il est vrai, mais malpropre, de la diplomatie (anglaise et européenne), dans l'intérieur triste et sale de cette cuisine politique, on doit prier le lecteur de résister au dégoût. *Omnia munda mundis.* Il faut imiter la lumière, qui, dans sa pureté supérieure, peut impunément pénétrer dans les lieux les plus immondes et ne se salir nulle part.

Un côté seul de cette diplomatie doit nous occuper ici, l'action de l'Angleterre sur Naples, celle des émigrés sur Rome, le rapport de Rome à Vienne.

Son pouvoir, contesté à Londres, était absolu dans Naples. Il y régnait, sans conteste, sur le royaume, le palais, la reine, la chambre à coucher et le lit royal. La reine, Caroline d'Autriche, sœur de Marie-Antoinette, toute Anglaise était gouvernée absolument par un intrigant irlandais, son ministre Acton, et une effrontée Galloise, Emma Hamilton, qu'elle aimait éperdument.

Au musée du Palais-Royal, malheureusement détruit, tout le monde a pu voir, dans un très beau buste italien, l'image de cette Messaline de Naples. Tout observateur, à la première vue, était obligé de se dire : « C'est la figure même du vice. » Sur cette tête sensuelle et basse, bouffie de passions furieuses et de luxure effrénée, on pouvait hardiment jurer que l'histoire n'a pas menti.

La haine de Caroline pour la France ne datait nullement de la Révolution ni des malheurs de sa sœur. Elle venait de son amant Acton, Irlandais de race, né à Besançon, qui avait eu des humiliations dans la marine française et qui en gardait rancune. On peut en juger sur un fait : dans une famine de Naples, il fit refuser un vaisseau de blé qu'envoyait le roi de France.

Emma, arrivée vers 1791, partagea le crédit d'Acton. La reine se donna à elle. Elle avait toutes les passions de Marie-Antoinette, sans grâce et sans goût; l'amitié passionnée de la reine de France pour Mmes de Lamballe et de Polignac (deux personnes charmantes et décentes), Caroline l'imita pour cette scandaleuse Emma, avec un cynisme incroyable. Cette fille, d'une beauté puissante et quasi virile, accomplie, sauf un précoce excès d'embonpoint, était originairement une fraîche et forte servante du pays de Galles. Montée au rang supérieur de femme de chambre, puis maîtresse entretenue, puis tombée dans le ruisseau au métier de fille publique, elle avait été pêchée là par un neveu d'Hamilton, l'ambassadeur de Naples, qui l'avait pour quelque argent cédée à son oncle. La friponne se fit épouser. La voilà grande dame, ambassadrice; elle représente très bien; sa grandiose et théâtrale beauté est recherchée de tous les peintres; ses beaux bras puissants, son cou de Junon, sa forte tête avec une mer ondoyante de cheveux châtains, remplissent tous les tableaux du temps. C'est Vénus, c'est la bacchante, c'est la sibylle de Cumes. Cette sibylle, débarquée à Naples, paraît dans son propre élément. Elle brille, elle règne, elle trône, chaque jour, dans un nouveau costume, dans une pantomime nouvelle; elle invente *la danse du châle*. La reine en raffole, ne la quitte plus. Pendant que les deux maris, usés, inutiles, suivent leurs goûts innocents, que Ferdinand pêche à Baïa, qu'Hamilton s'amuse au Vésuve, les deux femmes vivent ensemble. La reine se montre partout avec Emma, change d'habits avec elle, la couche chez elle. Elle nullement embarrassée. Elle commande, elle exige, parle plus haut que la reine. L'impudente se fait rendre par les duchesses et princesses les humiliants services qu'une étiquette insensée exigeait de ces grandes dames près de la personne royale.

Pourquoi ces honteux détails ? Le voici. Cette belle Emma, cette sibylle, cette bacchante, cette Vénus, était un espion. De 1792 à 1800, elle livra à l'Angleterre tous les secrets de l'Italie, quelquefois ceux de l'Espagne. Elle vivait dans la chambre de la reine, lisait ses lettres avec elle. Elle eut par là sur nos affaires la plus sinistre influence. Nelson assurait souvent qu'en obtenant pour lui de Naples le ravitaillement de sa flotte, elle lui avait rendu possible sa bataille d'Aboukir et la destruction de la flotte française. La première elle sut, par une lettre trop confiante du roi d'Espagne au roi de Naples, que ce prince, excédé de l'alliance impérieuse des Anglais, voulait leur déclarer la guerre. Elle envoya la lettre à Londres, et l'Espagne fut frappée. Mais ce qui place d'une manière tragique Emma dans l'histoire, c'est la part qu'elle eut aux vengeances de Caroline en 1798. Elle y déshonora Nelson. Ce brave et brutal matelot, qui n'avait jamais descendu à terre, qui ignorait tout de ce monde, prit Emma pour sa princesse, et se fit, par devant l'Europe, chevalier d'une coureuse. On vit un surprenant spectacle; l'amiral, borgne et manchot, accorda aux caresses effrontées d'Emma ce qu'il eût refusé à la reine. Non content de violer la capitulation qu'il venait de signer, il employa ses mâts victorieux à pendre les chefs prisonniers de la république de Naples... Elle exigea, obtint du dogue, hébété que le pavillon britannique servît de potence.

Et sous ce gibet, devant ces martyrs, une bacchanale eut lieu, dont purent rougir les vieux rochers de Caprée. Emma devint bientôt enceinte.

L'enfant qui provint de là, né du meurtre, conçu de la mort, fut reconnu de Nelson, au mépris de lady Nelson et du vieux mari d'Emma. Nelson tué, Emma brocanta ses souvenirs, vendit ses lettres d'amour.

Le gouvernement de Naples valait mieux encore que celui de Rome. C'est dans celui-ci qu'on pouvait voir, en toute son horreur, l'étouffement de l'Italie. Le pire des gouvernements, sans nul doute, c'est celui qui tire la police de la confession même. « Mon fils, cher fils, Dieu vous entend... Allons, ouvrez-moi votre cœur... » Et il tire de cet aveu des notes pour la police. La pensée, naissante à peine, est saisie, punie d'avance. Si ce n'est l'homme qui s'accuse, sa femme le livre au prêtre. « Hélas ! me disait un Romain, si je pouvais seulement me fier à ma femme ou à ma fille ! »

Le grand artiste romain Piranesi est ici l'historien, le seul confident sincère de cette pauvre âme italienne dans son incroyable asphyxie. On ne peut regarder ses tragiques eaux-fortes sans entendre ce soupir douloureux, profond, d'un cœur où pèsent des montagnes. Les *Prisons* de Piranesi sont l'image d'un monde enterré vivant, où les magnificences de l'art, les souvenirs d'une grandeur perdue, n'apparaissent que pour ajouter aux tortures du cœur. Vastes et souterraines prisons, pleines de supplices et de trophées, labyrinthes infernaux où l'on peut errer toujours sans se retrouver jamais, escaliers sans fin qui donnent l'espoir de monter au jour, qu'on monte et qu'on monte en vain, sans pouvoir arriver à rien qu'à l'épuisement du désespoir... Hélas! ces sublimes images de la douleur italienne ont cela d'infidèle encore qu'elles sont grandes et poétiques. Mais le plus dur du supplice, que Piranesi n'a pu peindre, c'est l'abjection du supplice, son prosaïsme et sa bassesse, l'atonie croissante de l'âme, la décomposition fangeuse qu'elle subit, dont elle s'indigne, sans pouvoir y résister, enfoncée invinciblement dans le lac de boue par la pesanteur dont l'écrase la perfide main des tyrans[1].

Il était temps que ces cachots reçussent enfin quelque lumière, que la France républicaine vînt les éclairer de sa foudre.

Son plus cruel ennemi n'était pas Londres, c'était Rome. De Rome lui venait le souffle de mort, le souffle de la Vendée. L'Anglais frappait du dehors. Le prêtre dissolvait le dedans.

Le gouvernement romain n'eût pas eu pourtant

---

1. Entre autres preuves malheureusement trop certaines de ceci, voir la terrible enquête de l'évêque Ricci sur les mœurs des couvents de Toscane (dans Potter, *Vie de Ricci*, et dans Lasteyrie, *Histoire de la Confession*). Mais ce que Ricci n'a pas osé éclaircir, c'est le remède atroce du libertinage monastique : l'universalité de l'infanticide. La chose a éclaté à Naples. Tel couvent de femmes recélait, dans l'épaisseur des murailles, une galerie sépulcrale, comble d'enfants morts. La puissance siccative du climat, qui momifie les cadavres, annulait l'odeur et favorisait le crime d'une fatale discrétion.

sa fatale activité pour perdre la France, s'il n'eût été violemment poussé par les Français mêmes. Le pape suivait l'impulsion du cardinal Bernis, vieille et futile créature qui elle-même était menée par deux émigrés français, un jeune homme, une vieille femme. Le petit Maury, échappé de France, faisait rage à Rome, à Vienne. La tante de Louis XVI, Madame Adélaïde, animait le pape. Elle avait alors soixante ans; mais la vieille fille avait gardé sa fanatique énergie. Nous avons rapporté (tome Ier) comment le clergé, menacé dans ses biens par un ministre philosophe, sous la Pompadour, employa avec succès sur le sensuel Louis XV l'irrésistible puissance de sa propre fille, alors âgée de seize ans, comment cette nouvelle Judith se soumit, pour un but *si saint*, au dévouement le plus étrange, et sauva le peuple de Dieu. Telle était la tradition de Versailles, et telle nous l'avons recueillie sous la Restauration, de la bouche des vieux émigrés. Selon eux, M. de Narbonne était né de cet inceste. La princesse garda sur son père une très grande influence. Quelque despote qu'il fût, et variable dans ses attachements, il n'aurait pas osé déjeuner chaque matin autre part que chez sa fille.

Elle resta, sous quelque rapport, le chef du parti jésuite, et malheureusement continua d'exercer une grande influence sur son neveu Louis XVI. Elle contribua beaucoup à lui faire prendre Maurepas et chasser Turgot.

Échappée de France en 1791, elle occupa la première maison de Rome, celle qui était comme le centre de la société italienne et étrangère, le palais du cardinal Bernis. Bernis, vieux serviteur de l'Autriche autant que de la France, était le lien naturel entre Rome et Vienne. Il gouvernait absolument le pape, avec le cardinal Zelada. Bernis, vaniteux et léger, ne se cachait nullement de tenir le pape à la lisière. « C'est un enfant de bonne nature, disait-il, mais vif, et qu'il faut surveiller; autrement il pourrait bien se jeter par la fenêtre. »

Les Girondins, qui régnaient le lendemain du 10 août, résolurent de frapper deux coups, sur Rome et sur Naples.

Ordre à l'amiral de Latouche de se rendre dans les eaux de Naples, de forcer le port, d'obliger le gouvernement à recevoir un ministre français. Un autre agent devait aller s'établir à Rome, de sorte que l'Italie n'entendît pas seulement parler de la République, mais qu'elle la vît et la sentît présente dans ses couleurs nationales, ses nouvelles armoiries, son drapeau vainqueur... A elle d'agir ensuite, et de briser les tyrans.

Agression dix fois méritée. Nous ne pouvions faire un pas sans rencontrer par toute l'Europe l'intrigue romaine et sicilienne. Nous envoyons un ministre à Gênes; il y trouve l'influence de Naples et n'y peut rester. Nous l'envoyons à Constantinople; les agents de Naples y sont avant nous (Naples, disons mieux l'Angleterre, reine de Naples par Acton et par Emma).

Par une manœuvre hardie, Latouche sut, malgré le vent contraire, se lancer jusque dans le port. Là, qui était en péril, de l'escadre ou de la ville? On pouvait très bien en douter. L'escadre, placée sous le feu des batteries du rivage, pouvait être foudroyée, si elle foudroyait Naples. Naples eut peur; ces femmes furieuses, si propres à la guerre de loin, commencent à s'évanouir; le fameux marin Acton, si terrible contre la France, n'est pas rassuré. Latouche envoie simplement un soldat, un grenadier de la République, qui donne une heure au roi de Naples pour la reconnaître et recevoir un ministre français. On hésite. Pas une minute de plus ou le bombardement commence. On signe enfin, sans souffler mot.

Le ministre, débarqué au milieu de ces perfides, avait l'ordre d'exécuter une commission dangereuse : c'était d'envoyer un ministre à Rome, lequel, sans armée, sans flotte, par la force du nom français, l'intimidation de la République, prendrait position près du pape. Ce n'était pas sans grand péril qu'on pouvait affronter la populace de Rome, les barbares du Transtévère, les bouviers des marais pontins, comme leurs buffles, aveugles et féroces. Leurs maîtres pouvaient, d'un coup de sifflet, faire venir ces sauvages à Rome, les lancer contre les Français et les patriotes italiens

L'homme qui affronta ce péril, et qui par son dévouement s'est placé bien haut dans l'histoire, était un révolutionnaire modéré; Basville (ses ouvrages l'indiquent) semble avoir été de ceux qui se seraient contentés des premières conquêtes de la Révolution, et qui, la voyant emportée sur une pente si rapide, acceptèrent sans difficulté une mission étrangère.

Il arrive, avec un ami, envoyé de notre ambassade de Naples. Ils voient du premier coup tout préparé pour les recevoir. Le lâche gouvernement, ne se fiant nullement à ses forces régulières, avait appelé de tous côtés les recrues sauvages des montagnards de l'Apennin. On avait prêché dans les chaires, et le soir surtout dans les confessionnaux aux femmes éperdues, que ces Français sacrilèges venaient, dans la ville sainte, lever le drapeau de Satan. Les femmes brûlaient des cierges, priaient et hurlaient; les hommes repassaient leurs couteaux.

Nos Français entrent bravement, la cocarde sur l'oreille, et sont de toutes parts accueillis par des cris de mort. Ils sont sourds, n'entendent rien. Des personnes charitables les engagent à mettre en poche le signe maudit... Ils passent outre et, à travers ces flots de foule furieuse, ils s'en vont au palais du cardinal Zelada montrer leurs pouvoirs, le sommer de reconnaître la République française. N'obtenant rien, sans se décourager ni s'intimider, ils mettent leur voiture au pas et reviennent lentement. Il était quatre heures du soir (le 13 janvier 1793). Assaillis d'injures, d'indignes menaces, ils firent une chose hardie : soit pour soutenir l'honneur de la France, soit pour mettre en demeure les patriotes italiens d'armer et prendre leur défense, ils plantèrent sur leur voiture le drapeau de la République.

Là, les voies de fait commencent, les pierres et les coups. Le cocher épouvanté met les chevaux au galop, lance la voiture dans la cour d'un banquier français. Le temps manque pour fermer la porte. La foule entre ; un perruquier (c'étaient, nous l'avons dit ailleurs, les valets des grands seigneurs) frappe mortellement Basville d'un coup de rasoir. Il expira le lendemain. Les infâmes, qui le tenaient dans leurs mains, afin de le déshonorer après l'avoir égorgé, ont soutenu que, touché de leur douceur apostolique, il avait démenti les croyances de toute sa vie, et qu'il avait communié des mains de ses assassins.

Le pape se lava les mains du sang de Basville. Que fit-il pour prévenir sa mort? Que fit-il pour la punir? Le gouvernement pontifical se garda bien de trouver le perruquier que tout le monde connaissait et montrait.

Quoi qu'il en soit, il ne se lavera pas devant l'histoire de la mort de Louis XVI. C'est lui, on peut le prouver, qui, de degré en degré, l'affermissant dans ses résistances, lui en faisant un devoir, l'a mené jusqu'à la mort.

Il ne se lavera pas du sang des cinq cent mille hommes qu'a coûtés la guerre de l'Ouest. Dès le 29 mars 1790, il avait dénoncé au roi que s'il approuvait les décrets relatifs au clergé, la guerre civile commencerait. Dans cette lettre insolente, il disait doucereusement, mêlant le fiel et le miel : « Nous avons employé jusqu'ici tout notre zèle à empêcher que *par nous* il n'éclatât un mouvement »; faisant entendre que ce mouvement pouvait éclater de lui-même. En quoi il mentait. Le mouvement n'était alors nullement préparé. Le paysan était loin encore de s'entendre avec la noblesse dans une guerre religieuse. Il y fallait du temps, un art infini du clergé, secondé du zèle aveugle des femmes. Le paysan était ému; mais lui faire prendre les armes, c'était une œuvre laborieuse de ruse et de calomnie.

Les lettres du pape que nous avons sous les yeux indiquent peu de conviction. En 1790, les décrets du clergé lui semblent simplement *schismatiques;* il n'ose encore dire que le fond de la religion y soit intéressé. En 1791, les mêmes décrets sont devenus *hérétiques;* le pape les qualifie tels; le progrès de la colère les a fait changer de nature.

La guerre tardait trop, au gré du père des fidèles; il attendait, réclamait l'effusion du sang. Dans ce but, il envoie au jeune empereur François II *le vénérable* abbé Maury. Il le prie, le sollicite de tirer l'épée. Le 8 août 1792, il le remercie de ce qu'enfin il va ouvrir la campagne.

Celle du pape était ouverte dès longtemps dans nos provinces d'Ouest. Il guerroyait à sa manière par la diffusion des lettres et des bulles qu'il adressait aux évêques. Ses lettres au roi, moins publiques, étaient cependant connues du clergé qui les divulguait ; de confidence en confidence, la Bretagne, l'Anjou, la Vendée, étaient parfaitement instruits des injonctions du pape au roi. La foudre pontificale tonnait dans toutes les chaires de l'Ouest. L'hiver, aux veillées des chaumières bretonnes, sans mystère et sous les yeux du Français qui ne comprend pas, le prêtre prêche la guerre civile dans le sombre idiome qu'on dirait la langue des morts. Il commente la dernière bulle, l'instruction suprême du cardinal Zelada, tirée en nombre innombrable, jetée par ballots sur les côtes par des chaloupes anglaises.

Nous avons dit les premiers résultats : août 1792, la sanglante bataille de Châtillon et Bressuire; octobre, la petite affaire du Morbihan, petite, mais sauvage, hideuse, où l'on vit des femmes, aliénées de fureur et comme ivres de la peur qu'on leur faisait de l'enfer, se ruer contre la mort, à la bouche des fusils ; la mort devant, l'enfer derrière : la mort était encore ce qui leur faisait moins peur.

Ce fut pendant tout l'hiver un silence formidable, une résistance d'inertie extraordinaire; plus d'impôts, plus de levées d'hommes ; tout magistrat impuissant, toutes les lois suspendues. Les prêtres empêchaient spécialement le recrutement de la marine. L'homme aurait voulu partir qu'il ne l'aurait pu. La femme se pendait à lui, s'accrochait à ses habits. Le spectacle de nos côtes était déplorable. Nos ports, nos arsenaux, étaient déserts. La trahison générale de nos officiers de marine, qui tous étaient sortis de France, nous livrait à l'ennemi. Ah! quiconque a du souvenir, quiconque se rappelle la situation où la France resta deux cents ans, tant que les Anglais possédèrent Calais, intervenant dans nos affaires, pillant la contrée, pillant le détroit, celui, dis-je, qui s'en souvient, croira ne pouvoir trop maudire les fous criminels qui, par leur désertion, ouvraient nos ports aux Anglais.

Qui donc défendit la France? La Bretagne républicaine; que ce soit sa gloire immortelle. Oui, quelques centaines de bourgeois des villes, des paysans (spécialement ceux du Finistère), allèrent d'eux-mêmes servir les batteries des côtes, marchèrent en fortes patrouilles le long de la mer, attendant chaque nuit les descentes de Jersey, ayant derrière eux tout un peuple de sauvages fanatiques, devant eux les voiles anglaises. La France les oubliait, l'Angleterre les menaçait, l'émigration revenait, le sol tremblait sous leurs pas : ils restèrent debout et neutralisèrent un monde, de leurs bras prêts à frapper, de leurs regards héroïques.

Comment les Anglais ne profitaient-ils pas d'une telle situation? Qui pouvait sérieusement les empêcher de débarquer? Les émigrés de Jersey les en priaient à genoux. Charette les en pria bientôt; on le voit dans les *Mémoires* de Mme de La Rochejaquelein.

M. Pitt, pour débarquer, voulait absolument un port, Lorient ou La Rochelle. Il trouvait d'ailleurs son compte à attendre, voulant voir comment, et en Angleterre et en France, irait la marée montante du fanatisme contre-révolutionnaire.

On travaillait la légende, on ornait de cent fictions le supplice du roi martyr. On montrait le mouchoir sanglant; quelques-uns même ont assuré qu'il fut arboré à la Tour de Londres. On répandit le mot fameux : « Fils de saint Louis, montez au ciel[1]. »

Mais ce qui servit le mieux dans l'Europe la contre-révolution, ce furent les récits exagérés, amplifiés, qu'on fit partout des pillages de Paris. Vers la fin de février, la création récente d'un nouveau milliard d'assignats, sans autre gage que la vente future des biens de l'émigration, ébranla la confiance. La monnaie de papier baissa de valeur. L'ouvrier dont la journée n'était pas augmentée se trouva recevoir dans l'assignat de même titre, une valeur réellement moindre, insuffisante à ses besoins. Il recevait moins, et le boulanger, l'épicier, lui demandaient davantage. Sa fureur se tourna contre eux, contre tout le commerce, contre l'*accaparement*. Tous demandaient que la loi imposât au marchand un *maximum* des prix qu'il ne pourrait dépasser. Ils ne songeaient pas qu'une telle mesure,

---

[1]. Le confesseur lui-même a imprimé un mot tout différent. — Pour le mot inventé, un de mes amis, fort jeune alors, l'a vu et entendu faire. Les pavillons qu'on voit à l'entrée des Champs-Élysées étaient encore occupés par un restaurateur. Deux journalistes, pour assister à l'exécution, allèrent y dîner. « Qu'aurais-tu dit à la place du confesseur? dit l'un des deux à son ami. — Rien de plus simple; j'aurais dit : *Fils de saint Louis, montez au ciel!* »

arrêtant la spéculation, amènerait la pénurie, la disette de toutes choses, et par là, infailliblement, enchérirait les denrées. Marat, non moins ignorant et non moins aveuglé, souffrant aussi (il faut le dire) de l'extrême détresse du peuple qu'il voyait de près, formula avec une violence furieuse les colères de la multitude. Chose étrange ! et qui peint la mobilité de son caractère, il avait montré, le 12 février, une modération remarquable. Avec Buzot et la Gironde, il avait réprimandé énergiquement les signataires d'une pétition anarchique, qui voulaient dicter à la Convention une loi sur les subsistances, tirer d'elle un *maximum*. Et, le 23 février, il imprime ces paroles : « Le pillage des magasins, à la porte desquels on pendrait quelques accapareurs, mettrait fin à ces malversations... » Le lendemain 24, on pille. La foule, docile à son apôtre, enfonce les portes des boulangers, force les magasins d'épiciers, se distribue, en les taxant au prix qu'elle croit raisonnable, le savon, l'huile et la chandelle, des denrées même de luxe, le café et le sucre. Le désordre eût été peut-être plus loin, sans l'intervention des fédérés de Brest, qui étaient encore à Paris. Marat, accusé à la Convention, montra la sécurité, l'aplomb d'un fou furieux. La Gironde obtint, pour l'honneur national, que les tribunaux fussent chargés de poursuivre « les auteurs et instigateurs du pillage ».

Belle occasion pour les étrangers de définir la France un peuple de brigands et de voleurs.

Quelque triste que fût l'affaire, il faut dire pourtant que la conscience nationale la ressentit vivement. Plusieurs de ceux qui y trempèrent en restèrent inconsolables. J'ai sous les yeux un procès-verbal de la section de Bonconseil (Archives de la police), où l'on voit un citoyen qui vient avec larmes avouer *qu'il a eu la faiblesse de recevoir du sucre* à la distribution qui s'en faisait; il a suivi le torrent, il se repent, il craint de rester indigne du titre de citoyen.

Ces violences déplorables n'étaient pas toujours, on le voit, les témoignages certains d'une profonde immoralité. Encore moins pouvait-on supposer que ceux qui accomplissaient de tels actes étaient imbus de doctrines anti-sociales. La France d'alors était naïve, emportée, aveugle, bien plus que celle d'aujourd'hui... Elle n'en prêtait que mieux le flanc aux furieuses accusations des contre-révolutionnaires. Abandonnée peu à peu des sympathies de l'Europe, de moins en moins visitée des étrangers, elle devenait une espèce d'île sur laquelle on pouvait mentir à l'aise, entasser les fictions, comme les géographes du Moyen-âge sur les régions inconnues. La bruyante trompette irlandaise que louait M. Pitt à deux mille francs par mois, Burke, avait donné à nos ennemis la formule qu'ils développèrent, définissant la Révolution française par ce vers de Milton : « Monstre informe, enfanté du chaos et de l'enfer. » Monti amplifia ce texte dans le poème où il célèbre l'assassinat de Basville. La Convention pour lui est le Pandémonium; à son nom il entend mugir *la tartarea tromba.*

Notre ambassadeur, quittant Londres, y laissait un homme dont la vie a été un mensonge continu, Talleyrand. Talleyrand et Dumouriez, un traître et un traître, s'entendaient et correspondaient. On va voir les résultats.

Dumouriez, au 1er janvier, était venu à Paris voir comment tournait le vent. Il y fit un personnage tout extraordinaire. Au lieu de se mettre franchement, loyalement, aux ordres de la Convention, de se montrer à face ouverte, comme il convenait au plus glorieux serviteur de la République, il se tint enveloppé de mystère, retiré le plus souvent dans une petite maison de Clichy. De là, sous différents costumes, peu reconnaissable, il s'en allait tantôt au faubourg Saint-Antoine pour tâter Santerre, Panis, les amis de Robespierre, tantôt il essayait, au comité diplomatique, de tromper Brissot et les Girondins. Il eut lieu de voir bientôt que personne ne le croyait. Que fit-il alors? Il essaya une machine, qui, si elle eût bien joué, eût fait de Dumouriez le pivot de la politique, le centre de l'action générale, et, pour ainsi dire, l'arbitre du monde.

Un homme qui appartenait à Dumouriez et lui devait tout, le ministre français à La Haye, vient dire à Paris que la Hollande et l'Angleterre ne demandent qu'à rester neutres, mais qu'elles ne veulent point traiter avec la Convention ni avec le ministère, qu'elles négocieraient volontiers avec une seule personne, le général Dumouriez. Même assurance donnée par un agent de Talleyrand, qui était resté à Londres et semblait parler de la part de Pitt, tandis que Pitt le méprisait et ne daignait pas le voir.

Il y avait dans le conseil deux honnêtes gens, fort crédules, les ministres des affaires étrangères et de la justice, Tondu-Lebrun et Garat. Ils mordirent à cette amorce. Mais les trois autres ministres, le Girondin Clavières, les Jacobins Pache et Monge, virent parfaitement que tout ceci était l'œuvre de Dumouriez ; il donnait pour une ouverture des Anglais ce qu'il avait lui-même demandé, sollicité à La Haye, à Londres. Le nom seul de Talleyrand, l'un des émigrés constitutionnels, caractérisait assez la trame et le plan des associés. Dumouriez faisait croire aux puissances qu'il fallait ménager en lui le seul homme qui pût rétablir un roi en France, avec quelque semblant de constitution.

Ce beau plan fut reçu fort mal au comité diplomatique, où dominaient Brissot et la Gironde. Il confirmait ce que Brissot avait écrit déjà dès la fin de 1792, que Dumouriez était un homme très suspect, dont il fallait se défier. Brissot avait en pensée un tout autre général, honnête et incorruptible, son ami personnel et celui de Pétion; nous en parlerons tout à l'heure (page 343). Mais comment substituer cet inconnu à Dumouriez? Comment briser l'homme de Valmy et de Jemmapes, celui en qui seul l'armée avait confiance? On ne pouvait y songer. Si la

Gironde l'eût tenté, elle n'eût fait que jeter Dumouriez dans les bras de la Montagne. Elle en eût fait une idole populaire, une glorieuse victime, un Bélisaire persécuté par la tyrannie, outragé sous ses lauriers... Quel beau texte de déclamation! Dumouriez, du reste, en homme prévoyant, prenait ses précautions du côté de la Montagne. Non seulement il pratiquait les amis de Robespierre, mais il caressait la Commune et les hommes de septembre.

Ne pouvant briser Dumouriez, il restait à l'employer de façon qu'il fût forcé de suivre la droite ligne révolutionnaire, le lancer, malgré lui, lorsqu'il voulait négocier, dans la guerre et dans la gloire. L'opinion générale qu'on avait de son indifférence politique faisait croire que, ne tenant fort à aucun parti, il pouvait entrer encore dans une voie qui était réellement celle de son intérêt aussi bien que de l'honneur. Telle fut l'opinion des Girondins; opinion hasardeuse sans doute. Mais enfin que faire? Danton était, en ceci, de l'avis de la Gironde. Robespierre même, le 10 mars, et Marat, le 12, avouèrent que, quel que fût Dumouriez, on ne pouvait faire autrement que se fier à lui. « Qu'il était lié par son intérêt au salut public. »

Un seul homme lui fut invariablement contraire. Cambon avait toujours dit avec un ferme bon sens que Dumouriez était un malhonnête homme, un traître, né pour livrer la France.

La foi immense qu'avaient les Girondins à l'infaillible progrès de la Révolution leur fit mépriser ces augures. Ils la voyaient déjà, en esprit, marcher à travers l'Europe, comme une invincible trombe. Ils croyaient que les individus, bons ou mauvais, fidèles ou non, emportés d'un tel tourbillon, seraient bien forcés d'aller droit. Dumouriez, bon gré mal gré, irait comme l'épée fatale de la liberté, dirigée d'en haut. Brissot n'était pas seulement fanatique, il était dévot à la Révolution, et, comme tout dévot, croyait aux miracles; il croyait d'une ferme foi qu'avec ou sans instrument, avec ou sans moyens humains, sa divinité vaincrait... De grands signes lui semblaient apparaître à l'horizon; l'Angleterre était en fermentation; la Tour de Londres branlait... L'Irlande, exhumée du sépulcre, jetait son linceul. Des *bataillons nationaux* se formaient sous le double emblème de la harpe et du bonnet de l'égalité. L'aimable et jeune Fitz-Gerald, qui venait à Paris fraterniser avec la France, jurait qu'au premier signal l'Irlande allait se soulever. L'Angleterre, attaquée derrière par les Irlandais, devant par la France, ne verrait plus qu'ennemis.

Plusieurs historiens assurent que M. Pitt, jaloux de mettre les premiers torts de notre côté, fit tout pour mystifier le crédule Brissot et lui faire proposer la déclaration de guerre. C'est ignorer tout à fait la France d'alors et la Gironde. La pensée nationale, et le plan des Girondins, dès longtemps arrêté d'avance, était de prendre partout l'offensive, de lancer par toute la terre la croisade de la liberté. Cela était audacieux, mais cela était raisonnable; au lieu d'attendre l'attaque, il fallait aller au-devant, mettre tous les peuples en demeure de revendiquer leurs droits.

L'offensive universelle fut prise par Louis XIV dans la succession d'Espagne; il n'attendit pas l'Europe, il alla à elle. Et la France aurait attendu, quand elle pouvait avancer avec la force d'un principe, avancer sous son drapeau, le drapeau des libertés du monde!

La déclaration de guerre à l'Angleterre fut proposée par Brissot, votée unanimement le 1er février.

Elle finit cet état douteux qui n'était ni paix ni guerre, elle posa la France dans une situation hardie et loyale, elle tira le fil de la politique des mains équivoques qui essayaient de le saisir, et coupa la mauvaise trame que croyait filer Dumouriez.

CHAPITRE III

TRIPLE DANGER DE LA FRANCE. — LYON, BRETAGNE, BELGIQUE
(MARS 1793).

Dumouriez refuse de marcher sur le Rhin, décembre 1792. — Il ménage et flatte les Belges. — Il ne veut pas exiger leurs secours. — La Gironde se fait scrupule de forcer les Belges. — Dumouriez croit tromper l'Europe, est trompé lui-même. — La Gironde eût voulu substituer Miranda à Dumouriez. — Vie de Miranda. — La Gironde est forcée de maintenir Dumouriez. — La Gironde voulait frapper l'Autriche, l'Italie, l'Espagne. — Plan romanesque de Dumouriez. — Les Autrichiens forcent nos lignes, 1ᵉʳ mars 1793. — Fuite des patriotes liégeois, 4 mars. — Mouvement de Lyon, février-mars. — Les royalistes de Lyon se disent Girondins. — Irritation générale contre les Girondins, que l'on accuse du danger de la France. — Leur respect de la légalité augmentait le péril de la situation. — La Commune arbore le drapeau noir, 9 mars 1793.

De tous les hommes de la Révolution, celui qui, devant l'histoire, portera la responsabilité la plus pesante, c'est sans contredit Dumouriez. La France eut sujet de regretter amèrement d'avoir confié la croisade et l'apostolat de la liberté à un homme de police [1].

Il fit deux choses en trois mois. Il laissa fondre dans sa main l'héroïque armée de Jemmapes ; il

---

[1]. Agent de la diplomatie secrète de Louis XV, disciple (il le dit lui-même) d'un personnage des plus immoraux, du roué Favier.

annula notre conquête de Belgique et s'y prit si bien que, quand l'ennemi se présenta, le pays était déjà perdu pour nous.

Le contre-coup fut tel que la France, au même moment frappée dans le dos du poignard de la Vendée, n'échappa qu'en se contractant, en pratiquant sur elle-même l'effroyable opération de la Terreur, qui la sauva pour un moment, la perdit dans l'avenir, et en même temps les libertés du monde pour un demi-siècle.

La Belgique ne devait être qu'un passage pour Dumouriez. L'armée, en y arrivant, tout émue de sa victoire, jeune, enflammée d'espérance, croyait marcher vers le Rhin. Le général l'avait dit lui-même. « Je serai le 20 novembre à Liège, le 30 à Cologne. » Il ne dépassa pas Aix-la-Chapelle, et le 12 novembre, quoi qu'on pût lui dire, il prit ses quartiers d'hiver.

Custine, qui avait perdu Francfort, mais qui était toujours dans Mayence, lui écrivait lettres sur lettres pour obtenir qu'il se mît en mouvement. Le conseil exécutif (où les Girondins dominaient alors) lui en donnait l'ordre précis. Pour mieux l'encourager, on avait mis l'armée de Moselle (intermédiaire entre Dumouriez et Custine) sous le commandement de Beurnonville, ami de Dumouriez. Rien n'agit sur lui, il déclara qu'il donnerait sa démission plutôt que faire un pas.

« Que pouvais-je? dit-il dans ses *Mémoires*. On avait laissé l'ennemi s'établir dans le Luxembourg.

Il était entre moi et Custine. Je l'aurais mis derrière moi; j'aurais compromis mon armée... »

Oui, mais en n'avançant pas, vous compromettiez la Belgique elle-même, l'événement l'a prouvé. En ne secondant pas Custine, vous compromettiez nos amis du Rhin, qui s'étaient compromis et perdus pour nous. — Vous dites que vous fûtes lâche, et je n'en crois rien.

« Qu'aurais-je fait? dit-il encore, je n'avais ni vivres ni fourrages; mes chevaux mouraient de faim. On ne m'envoyait rien de France. » On voit cependant par un autre passage des mêmes *Mémoires* qu'on envoyait au moins la solde. On ne pouvait rien de plus.

Mais c'est justement ici qu'est le fond de la dispute, ici que Dumouriez est pris en flagrant délit.

Il était bien entendu qu'il n'avait aucun moyen d'agir et d'aller en avant, s'il ne mettait une main forte sur la Belgique, s'il n'empoignait la Belgique comme une arme pour délivrer l'Allemagne. La Belgique devait être pour lui l'instrument de la guerre, en fournir tous les moyens. Il devait, comme avant-garde, pousser devant lui la vaillante et patriote population de Liège, qui ne demandait pas mieux. Et pour le Brabant, les Flandres, il devait y organiser la révolution, de sorte que tous les biens des prêtres, des nobles émigrés, des créatures de l'Autriche, hypothéquant l'assignat, alimentassent l'armée de la délivrance commune.

« Et de quel droit, dira-t-on, disposer des ressources des Belges? » — Du droit du sang qu'on venait de verser pour eux à Jemmapes, du droit de l'émancipation de l'Escaut, accomplie par nous au prix énorme, effroyable, de la guerre contre l'Angleterre. Cette cause fut la principale que Pitt assigna, et celle en réalité qui mit l'Angleterre contre nous ; elle ne put voir sans terreur la résurrection d'Anvers, le drapeau de la Révolution en face de Londres.

Non, quand la France entreprenait pour la Belgique et pour le monde la guerre qui lui a coûté, de 1793 à 1815, dix millions de ses enfants, les Belges, en vérité, devant cette terrible effusion de sang français, auraient eu mauvaise grâce de calculer l'effusion d'un peu d'argent belge. Il fallait accepter d'un grand cœur ce mariage, faire *au dernier vivant* avec la France, et, les yeux fermés, se lancer dans cette carrière de sacrifices dont le but inestimable était la conquête des libertés humaines. Cela était assez beau pour ne pas tant marchander. Liège le sentit, quand, sur dix mille votants, dix mille (moins quarante) demandèrent la réunion à la France. Et dans le pays liégeois, où les votants étaient vingt mille, il n'y eut que quatre-vingt-douze voix contre la réunion.

L'âme de la Belgique et son vrai génie, tout autant que de la France, fut dans l'âme de Danton, lorsque, par deux fois, le 22 janvier, le 1er février, il demanda à la Convention la réunion des deux peuples. Il n'exprimait pas seulement le vœu des Liégeois et de la Belgique française, mais tout autant celui de la côte maritime, celui d'Ostende et des ports, celui du grand fleuve délivré par nous ; si l'Escaut eût parlé, il eût parlé comme Danton.

Dumouriez fit obstacle à tout. Dès son arrivée à Bruxelles, quand il pouvait demander aux Belges le prix du sang versé pour eux, il les flatta lâchement, les priant de se gouverner eux-mêmes, c'est-à-dire apparemment de choisir entre la Révolution et la tyrannie.

Il maintint la Belgique en pleine désorganisation, évitant de se décider, tenant je ne sais quelle balance entre les aristocrates et les patriotes, entre l'ami et l'ennemi. Les patriotes, nombreux à l'est, à l'ouest, à Liège et sur le littoral, étaient faibles au centre. Il fallait les fortifier en acceptant le secours de nos gardes nationaux qu'on lui envoyait des départements du Nord, toute une émigration française, ardemment républicaine. Dumouriez les renvoya.

De quel œil les Girondins voyaient-ils ceci ? C'étaient eux qui gouvernaient alors dans les comités de la Convention. Ils se montrèrent scrupuleux, il faut le dire, mais singulièrement incapables. « Que faire, disaient-ils, si les Belges ne veulent pas marcher avec nous? Ils attestent la souveraineté du peuple ; ils sont souverains comme nous... A cela que faire? »

Que faire? Il fallait apparemment défaire ce qu'on avait fait à Jemmapes ; il fallait que la France eût dépensé en vain et ses millions et le sang de ses enfants ; il fallait que le veto d'un million ou deux de Flamands arrêtât tout court la révolution du monde, que le cri dissonant des Belges, qui ne pouvaient s'entendre entre eux, prévalût sur l'unanimité de trente peuples, qui, du fond de leur esclavage, appelaient la France !

Le décret du 15 décembre, cette puissante machine d'action, n'est lancé qu'au moment où Dumouriez signifie qu'il n'agira plus. On proclame la croisade révolutionnaire, l'appel universel aux peuples, et Dumouriez rentre dans ses quartiers d'hiver (12 décembre).

Cet homme, beaucoup trop fin, croyait tromper tout le monde. Il écrivait de tous côtés mémoires sur mémoires, mensongers, fallacieux. Sa vanité de diplomate aveuglait complètement sa prudence politique. Il s'imaginait avoir endormi la Prusse par ses mémoires adressés au roi, à Brunswick. Après Jemmapes, au moment d'entrer en triomphe à Bruxelles, que fait-il ? Il écrit, sous main, à l'Autrichien Metternich qu'il ne prend rien que pour rendre, que les Pays-Bas restitués à l'Autriche pourront devenir le gage d'une solide amitié. Plus tard, au moment d'envahir la Hollande, il prend un moyen indirect de négocier avec les Anglais. Tous font semblant de croire ; tous l'amusent et se préparent... Il va être tout à l'heure surpris, forcé, honteusement balayé de la Belgique.

Rien n'honore plus la Révolution, la candeur, la sincérité des partis révolutionnaires, que l'injurieux tableau qu'en fait Dumouriez. Nous l'avons vu à Paris, il négocia avec tous, fut mal accueilli de tous.

Il ne put duper personne, justement parce qu'ils étaient simples, droits, loyaux. Il n'y avait nulle langue commune.

Il n'eut nulle prise sur Cambon, nulle sur les Jacobins. Les Jacobins voulaient partout le gouvernement révolutionnaire : Dumouriez n'était pas leur homme. Les Girondins voulaient la propagande révolutionnaire, la croisade universelle : Dumouriez n'était pas leur homme [1]. Il leur fallait un général enthousiaste, convaincu comme eux, qui calculât moins prudemment les moyens matériels et crût aux victoires de la foi, un noble don Quichotte de la Révolution. Et il était tout trouvé : c'était l'ami de Pétion, de Brissot, un lieutenant de Dumouriez, ex-volontaire de Washington, Miranda de Caraccas.

Qu'il nous soit permis de dire un mot à la gloire de l'infortuné Miranda, à la gloire du caractère espagnol, dignement représenté par lui dans sa vie et

---

[1]. Les Girondins sont ici justifiés invinciblement, et du côté le moins attendu. Ils le sont par l'homme qu'ils ont traité avec le plus de dureté et de mépris, par Garat. Et ils le sont, d'autre part, par Mallet du Pan, royaliste haineux, qui insulte leur cendre encore tiède, et, sans le savoir, prouve cependant leur innocence. Garat dit dans ses *Mémoires* :

« Les liaisons anciennes de Dumouriez avec Brissot et la Gironde *étaient depuis longtemps remplacées par des ressentiments* que couvraient à peine les égards qu'un général devait à des législateurs, et que des législateurs devaient à un général par qui triomphait la République. » — La défiance de Brissot pour Dumouriez et sa préférence pour Miranda sont parfaitement exprimées dans ce passage d'une lettre de Brissot à un des ministres, que cite Mallet du Pan : « Incendiez les quatre coins de l'Europe, notre salut est là. *Dumouriez ne peut nous convenir. Je me suis toujours méfié de lui. Miranda est le général de la chose;* il entend le pouvoir révolutionnaire; il est plein d'esprit, de connaissances. » — « Voilà ce qu'écrivait Brissot, vers la fin de l'année passée (1792). » (Mallet du Pan, *Considérations sur la nature de la Révolution de France*, p. 37.)

dans sa mort. Cet homme héroïque, austère, né noble et très riche, sacrifia dès sa jeunesse son repos et sa fortune au triomphe d'une idée, l'affranchissement de l'Amérique espagnole. Il n'y a pas d'exemple d'une vie si complètement dévouée, systématisée tout entière au profit d'une idée, sans qu'un seul moment fût donné jamais à l'intérêt, à l'égoïsme. Dès son enfance, il fait venir à grands frais, près de lui, en Espagne, les premiers maîtres, les hommes et les livres, malgré l'Inquisition. Il s'en va étudier par toute l'Europe, aux États-Unis, sur tous les champs de bataille. Mais il lui faut une armée. Il la demande à l'Angleterre, à la Russie, qui l'accueillent; 1789 a sonné, il se donne à la France. Nous allons voir le sort qui l'y attendait [1].

Dumouriez, qui l'a indignement calomnié, est obligé pourtant d'avouer le mérite rare et singulier du général espagnol. Personne n'avait plus d'esprit; personne n'était plus instruit. Quant au courage, s'il n'avait pas la brillante initiative de nos militaires français, il eut au plus haut degré la fermeté castillane, et cette noble qualité était fondée sur une autre, bien glorieuse, la force et la profondeur de sa foi révolutionnaire. Dans la malheureuse panique de l'armée de Dumouriez, quand les fameuses Thermopyles de l'Argonne, dont il disait être le Léonidas,

1. Il se trompa en Vendémiaire, combattit la Convention. Mais il concourut à la délivrance de l'Amérique, tout vieux qu'il était, combattit près du jeune Bolivar. Par le plus cruel acharnement de la fortune, au moment de la victoire, il fut livré à l'Espagne par une faction américaine, et mourut lentement, en quatre années, dans les cachots de Cadix.

furent surprises, forcées, et que l'armée, presque débandée, fit une retraite rapide et confuse vers Sainte-Menehould, Miranda fut à l'arrière-garde, montra un sang-froid admirable et fit face à l'ennemi. Cette froideur héroïque, quelque peu altière, était médiocrement en harmonie avec le caractère français. Miranda, avec sa brune face espagnole, avait l'air hautain et sombre, l'aspect tragique d'un homme appelé au martyre plus qu'à la gloire ; il était né malheureux.

Dès la fin de 1792, Brissot, Pétion, auraient voulu substituer Miranda à Dumouriez, mettre l'honnête et solide Espagnol à la place du Gascon. A cela, nous l'avons dit, il y avait d'infinies difficultés. Miranda était étranger, à peine connu en France. Il n'avait encore rien fait d'éclatant. Le substituer à Dumouriez comme général en chef, c'eût été étonner et scandaliser tout le monde, donner beau jeu à la Montagne. Pas un des lieutenants de Dumouriez n'aurait voulu obéir.

Les Girondins avaient encore la majorité dans le ministère, dans les comités ; la principale responsabilité des événements extérieurs pesait sur eux. Quelque suspect que leur devînt Dumouriez, et par la faveur qu'il donnait en Belgique aux aristocrates, et par ses liaisons jacobines et terroristes à Paris, il leur fallait le subir. Que dis-je? il leur fallait l'appuyer en public, fortifier de leur assentiment l'homme qui portait l'épée de la France, et qui, à l'entrée d'une nouvelle campagne, allait la tirer.

Dans les réunions qu'ils eurent ensemble chez eux et chez lui, ils le trouvèrent en opposition complète avec leurs idées. Il voulait la défensive sur le Rhin, l'offensive en Hollande. Eux, tout le contraire. Il prétendait qu'il aurait le temps d'escamoter la Hollande avant que les puissances se fussent éveillées. Eux, ils croyaient avec raison qu'il serait prévenu par la Prusse et par l'Autriche, qu'il serait forcé sur la Meuse. Ils lui refusèrent trois mois cette invasion de Hollande, qu'il ne pouvait faire qu'en divisant ses forces, en découvrant la Meuse et Liège, c'est-à-dire en perdant tout, comme il arriva.

Pendant longtemps, Brissot voulut ménager l'Angleterre. Il connaissait très bien l'histoire de ce pays et savait combien le peuple anglais est resté dupe, en réalité, de sa fausse révolution[1]. Il eût étouffé, ce peuple, si l'aristocratie ne lui eût donné le change en lui ouvrant toutes les mers. Brissot croyait, selon la raison, selon la logique, que les Anglais saisiraient l'occasion de la Révolution de France pour accomplir enfin la leur. Il raisonna parfaitement, et il se trompa.

Un autre raisonnement de Brissot, fort spécieux, était celui-ci : « Les peuples qui ont eu le bonheur de faire déjà la révolution religieuse ne peuvent être ennemis de la révolution politique : donc les Anglais,

---

[1]. Brissot a été accusé d'être admirateur des Anglais. Rien n'est moins exact. Il disait à chaque instant, en parlant de telle ou telle institution funeste : « Et voilà ce qui a perdu l'Angleterre. — Sous quelle latitude s'est-elle perdue? » lui répondit-on. (Ét. Dumont, *Souvenirs*.) — Un bon mot n'est pas une raison.

Hollandais, Prussiens, tous les peuples protestants, sont nos amis naturels. C'est contre les catholiques, contre le fanatisme du midi, l'Autriche, l'Italie, l'Espagne, les colonies espagnoles, que nous devons tourner nos armes. »

Rien n'était plus logique, spéculativement. En fait, rien n'était plus plus faux[1].

Brissot et les Girondins auraient voulu frapper trois coups, sur le Rhin, en Italie, en Espagne. L'armée d'Espagne, il est vrai, n'existait encore que sur le papier. L'armée d'Italie existait, aussi nombreuse peut-être que celle de Bonaparte en 1796, mais malheureusement bien moins aguerrie. Kellermann, qui la commandait, n'en avait pas moins bon espoir ; en quittant la Convention, il avait dit : « Je vais à Rome. »

Quant au Rhin, le refus absolu de Dumouriez de coopérer avec Custine forçait de tout ajourner. Il arracha l'ordre d'envahir la Hollande et s'y engagea dans le fol espoir de brusquer l'affaire, et de revenir à temps pour soutenir l'armée désorganisée qu'il laissait à Liège et Aix-la-Chapelle.

---

1. Il serait long d'énumérer les politiques qui ont péri pour avoir trop bien raisonné, pour avoir supposé que le monde se menait par la raison. L'un des plus frappants exemples, c'est celui de Jean de Witt, qui de même, en 1672, ne put jamais croire que la France ferait l'énorme sottise d'attaquer la Hollande, son alliée naturelle contre l'Angleterre. Ce grand homme voyait dans l'avenir l'Angleterre maîtresse des mers, et l'intérêt profond que la France et la Hollande avaient de rester unies. Il vit très bien l'avenir et ne vit pas le présent, l'ineptie de Louis XIV, qui se jeta sur la Hollande, la lia avec l'Angleterre, et par ce mariage forcé, fonda la grandeur anglaise. Brissot raisonnait de même. Il croyait, selon la logique, ce qui était tout à fait faux : que les peuples protestants devaient être amis de la Révolution.

Il avait vu les Prussiens partir le 30 janvier, entrer dans le pays de Clèves. Il avait vu les Autrichiens, forts sur le haut et le bas Rhin, forts dans le Luxembourg, appeler un quatrième corps d'armée au secours de la Hollande. Une mauvaise petite rivière, la Roër, les séparait des Français. Ceux-ci, dispersés, divisés, n'ayant nulle place derrière eux, en petit nombre d'ailleurs, devaient, au premier coup, retomber sur Liège. Dans l'absence de Valence (l'homme de Dumouriez, qu'il avait emmené à Paris), il avait laissé le commandement à Miranda, sans indiquer seulement où les corps divisés se réuniraient en cas d'attaque ; il avoue lui-même son imprévoyance. Il l'avait laissé sans autre instruction que de prendre Maëstricht, qui ne pouvait, disait-il, manquer de se rendre à la troisième bombe. Miranda en jeta cinq mille. On peut croire, sans faire une conjecture trop hardie, que Dumouriez, connaissant la partialité des Girondins pour le général espagnol, n'était pas fâché, s'il y avait quelque échec à recevoir, que Miranda le reçut, qu'il fût humilié, déconsidéré, devînt impossible.

Le 1er mars, pendant que Dumouriez, en toute sécurité, s'occupe sans distraction de l'invasion de Hollande et ramasse des bateaux, le torrent des Autrichiens a débordé sur nos lignes, les hussards hongrois en tête, avec le jeune prince Charles, qui faisait ses premières armes. Du premier coup, on est obligé de se rejeter sur Liège. Tout le monde l'avait prévu, excepté le général, qui se fiait à ses négociations souterraines, aux bonnes paroles, dont, selon toute apparence, l'avait amusé l'ennemi.

Cette retraite précipitée était bien cruelle. Elle découvrait un peuple qui s'était terriblement compromis pour nous. La vaillante population liégeoise, qui, depuis deux mois, demandait des armes, cette héroïque cité dont Dumouriez n'avait rien fait, elle était abandonnée, nos meilleurs amis livrés à la vengeance de l'Autriche. Les patriotes liégeois étaient obligés de fuir. Mais comment? Rien n'était prévu. Point d'argent ni de voitures; des femmes, des enfants en larmes qu'on ne pouvait laisser, qu'on ne pouvait emmener. Le temps était épouvantable, beaucoup plus froid qu'en hiver; la neige tombait à flots. La nuit vient (nuit du 4 mars), on apprend que la ligne de la Meuse est forcée, que l'armée française évacue toujours et recule vers Saint-Trond. Dès lors, pas un moment à perdre. En pleine nuit, sur la neige, hommes, femmes et enfants, dans une procession funèbre, prennent la route de Bruxelles, la route de l'armée française, misérable colonie, sans ressources pour l'avenir, que l'aumône de la France.

Toute cette histoire de Liège est bien dure à raconter pour un Français. Moi qui l'ai reprise et suivie depuis le quinzième siècle, qui, dès Louis XI, ai dit tout ce que ce peuple a fait et souffert pour la France, je sens comme un pesant remords. Oui, je me sens, comme Français et représentant de mes pères, douloureusement responsable et tristement solidaire des maux de cette pauvre ville, immolée si souvent pour nous. Elle périt deux fois, trois fois, pour avoir cru à la parole de nos rois, qui la mettaient en avant, comme un bouclier, sur le cœur de la France en péril, puis, blessée, déchirée, sanglante, la laissaient là pour périr. Hélas! les Liégeois n'eurent guère davantage à se louer de la République. Son général, Dumouriez, n'avait pris aucune précaution pour les soutenir; il ne se souciait pas même d'employer leur vaillante épée... Pourquoi? Ils étaient trop Français.

Ce malheur et cette honte, ce premier revers de la France, cet abandon de nos amis, toutes ces mauvaises nouvelles, furent connus ici du 5 au 10 mars. Paris, il faut l'avouer, n'était pas insensible alors. Le contre-coup fut senti avec une extrême violence; il y eut la honte d'abord et le rouge au front, puis le sang au cœur, avec une convulsion d'indignation patriotique.

Il n'y eut jamais de mouvement plus national que celui du dimanche 10 mars 1793, où les Girondins n'ont cru voir qu'une petite conspiration. Un reproche éternel pèserait sur la France et sur Paris, la conscience de la France, s'il n'avait ressenti la honte, la douleur d'un tel moment.

Ce qui se mêla d'artificiel à ce mouvement naturel, nous le dirons tout à l'heure. Comment les partis, dans leur étrange acharnement, dans leur patriotisme même, exploitèrent ce mouvement, nous l'expliquerons. Et, tout cela analysé, il n'en restera pas moins que le mouvement fut spontané, un naïf élan du cœur de la France.

En huit ou dix jours, une grêle effroyable des plus sinistres nouvelles vient comme écraser Paris.

Le branle commence par Lyon ; on apprend qu'un grand mouvement vient d'y éclater. De tout temps, cette ville immense avait caché, favorisé la contre-révolution. Dans ces hautes maisons noires des quartiers industriels, entassées à dix étages, dans les longues côtes désertes qui montent à Fourvières, au fond des mystérieux repaires du monde ecclésiastique, les plus dangereux agents de l'émigration se cachaient à l'aise. Là, profitant commodément des relations du commerce, ils faisaient signe aux Alpes, à Paris, aux révoltés de Jalès, à la Bretagne, à la Vendée. Le coup du 21 janvier ne fit que les fortifier ; tout un peuple de prêtres réfractaires, de nobles déguisés, de religieuses exaltées, vint comme s'engouffrer dans Lyon, le travailla profondément de son fanatisme. Nul moyen de les saisir. Le grand Lyon industriel et commerçant, qui travaillait peu et ne vendait plus, était en connivence avec le Lyon aristocrate. Les marchands avaient été, se croyaient encore Girondins ; ils devenaient royalistes. Le parti républicain, qui diminuait chaque jour, était comme enragé de sa nullité et de son péril. Il avait la loi de son côté et ne pouvait rien. Deux ex-prêtres, disciples ardents de Marat, Laussel et Chalier, menaient la commune ; le vertige d'une situation si terrible les poussait à la folie ; seuls pour ainsi dire contre un monde, toutes leurs paroles étaient des invocations à la mort, des appels à la guillotine; et par là ils servaient parfaitement leurs ennemis. Ils royalisaient la ville mieux que n'auraient jamais fait tous les prêtres et tous les nobles. Les choses en vinrent au point que les bataillons fédérés qu'on appelait *Fils de famille*, insultèrent les municipaux, leur arrachèrent leurs écharpes, pilorièrent honteusement à l'arbre de liberté les effigies de la *Liberté* et de *Jean-Jacques*, qui ornaient la place Bellecour; ils brisèrent tout dans les clubs. Révolution fort obscure. Au profit de qui tournerait-elle? On ne le savait. Elle était masquée de girondinisme. Mais si les émigrés de Turin avaient passé la frontière, n'auraient-ils pas trouvé tout ouvertes les portes de Lyon?

La Convention n'avait aucune force à envoyer. Elle fit une chose antique, ce qu'aurait fait Sparte; elle envoya un homme, mais pur et honnête, le boucher Legendre. Cet homme, en réalité très bon sous son air furieux, et qui avait la République dans le cœur, se montra modéré, impartial, héroïquement intrépide. Il parla comme s'il eût eu cent mille hommes derrière lui. Il frappa à droite et à gauche, mit en prison le candidat girondin à la mairie, qu'appuyaient les royalistes, et de même emprisonna le Marat lyonnais, Laussel, jusqu'à ce qu'il eût éclairci une comptabilité douteuse. Les prétendus Girondins croyaient l'effrayer d'une pétition factieuse; il leur déchira leur papier et leur dit : « Qu'on m'en fasse autant... On m'enverra mort, coupé en quatre-vingt-quatre morceaux, aux départements... La France saura votre infamie. »

Une étrange fatalité frappait la Gironde.

Ces royalistes de Lyon qui, les armes à la main, fermaient les clubs républicains, insultaient les magistrats, menaçaient l'envoyé même de la Convention, ils se proclamaient Girondins.

Dumouriez, dont on apprenait les premiers revers, avait été, était soutenu par la presse girondine. Les Girondins, qui avaient encore la position gouvernementale, dans le ministère, dans les comités, ne pouvaient pas ne pas défendre l'homme nécessaire, le général unique, qu'ils n'auraient pu remplacer. Les Montagnards, qui n'avaient pas cette responsabilité, qui exprimaient à l'aise leur défiance pour Dumouriez, ne manquaient pas de crier qu'ils avaient prévu les revers, *la grande trahison du général girondin.*

Donc tout accusait la Gironde.

La dispute éclate le 5. On exige que les nouvelles de Belgique soient communiquées. On demande que les fédérés de Brest et autres qui restaient à Paris soient envoyés à l'armée. La Gironde se divise. Il y avait quelque honte, dans ce grand danger public, à retenir ici, pour sa sûreté, un corps qui pouvait être si utile à la frontière. Une partie des Girondins, en tête le jeune Fonfrède, se fient à la loyauté de Paris. Advienne que pourra, ils consentent à l'éloignement des fédérés. La Gironde reste désarmée.

Quelle sera la fermeté de la Convention pour la défendre, pour se défendre elle-même, quand l'émeute viendra rugir à ses portes? La question suprême de la liberté du seul pouvoir qui reste en France se trouve engagée ici.

La situation était effrayante à observer, dans Paris, dans Lyon, dans Liège, dans toute la Belgique, où notre armée, poussée par l'ennemi, pouvait être égorgée par les paysans. Et avec tout cela on ne savait que la moitié du danger. Le 3 se leva le voile qui enveloppait la trame immense et ténébreuse des insurgés de la Bretagne. La Vendée éclata le 10. On ignorait encore à Paris ces nouveaux périls.

Manifestement la France enfonçait. Et le plus terrible, c'est que la Convention, selon toute apparence, la laisserait enfoncer. Elle ne savait pas agir, elle ne savait pas vouloir. Elle avait pris depuis quelque temps, sous l'influence sournoise de Sieyès, Barère et autres eunuques, une déplorable habitude, c'est que si elle votait les mesures que demandait la Montagne, elle en confiait l'exécution à ceux qui avaient combattu ces mesures et ne voulaient pas les exécuter, je veux dire aux Girondins. Les votes étaient énergiques, les résultats nuls. L'Assemblée, moins la langue, devenait paralytique. La Montagne criait, la Gironde plaidait, Barère pérorait, Robespierre prêchait. Rien ne se faisait.

La France avait en elle un ennemi terrible, qui la menait à la mort. Cet ennemi, c'était la loi.

La loi avait été faite partout en haine et défiance

du pouvoir exécutif, qui alors était le roi, en haine de toute action. De sorte que chaque fois qu'on voulait agir, faire un pas, on heurtait infailliblement, on rencontrait une pierre..... Cette pierre, c'était la loi.

Et à côté de la borne, pour empêcher de la franchir, on trouvait la résistance éloquente, sincère, et d'autant plus obstinée, des enthousiastes amis de la loi, des avocats girondins. « Périssons légalement! » c'était toute leur recette, tout le secours, le réconfort qu'ils donnaient à la France.

Les lois de 1791, à peine modifiées en 1792, faites pour un autre temps, je dirais presque pour un autre siècle, méritaient-elles ce sacrifice et ce fanatisme? On pouvait vraiment en douter.

La Gironde était le véritable obstacle de la situation. Elle le devint surtout lorsque, dans la crise même, lorsqu'une heure, une minute de retard pouvait tout perdre, la presse girondine nia le danger, soutint qu'on exagérait nos revers, entrava, autant qu'il était en elle, le salutaire élan du peuple.

Tel fut le déplorable état où Danton, arrivant de Belgique, trouva Paris et la Convention.

Le 8 au matin, la glace est cassée. Danton et Lacroix, commissaires de Belgique, entrent dans l'Assemblée. Lacroix, comme militaire, prend le premier la parole, accuse le ministre Beurnonville de cacher les choses; il a tout vu; l'Assemblée veut-elle qu'on publie les détails? — Oui. — Il fait alors le déplorable récit. Il faut que tous, volontaires et soldats, rejoignent l'armée, dans le plus court délai, à raison de sept lieues par jour. Décrété unanimement.

Danton ajoute que la loi de recrutement sera trop lente encore. Il faut que Paris s'élance... Dumouriez n'est pas si coupable; on lui a promis trente mille hommes de renfort, et il n'a rien eu... Il faut que des commissaires parcourent les quarante-huit sections, appellent les citoyens aux armes, les somment de tenir leurs serments.

— Et il faut aussi, dit le Jacobin Duhem, que les journalistes se taisent, qu'ils n'égarent point l'esprit public.

— Eh quoi donc! s'écrie Fonfrède, vous allez rétablir la censure et l'inquisition?

— Non, nous ne le ferons jamais, répond, de la Montagne, le fanatique, mais honnête Jean-Bon Saint-André. La Convention seulement pourrait fermer son enceinte aux pamphlétaires qui l'avilissent.

Même scène, au soir, à la Commune. Une violente proclamation est adressée aux Parisiens. S'ils tardent, tout est perdu. Toute la Belgique est envahie; Valenciennes est la seule ville qui puisse arrêter un instant l'ennemi. C'est aux Parisiens surtout qu'il en veut. Qu'ils arment, qu'ils se défendent, qu'ils sauvent leurs femmes et leurs enfants. On arborera à la Ville le grand drapeau qui annonce que la patrie est en danger, et sur les tours de Notre-Dame flottera le drapeau noir.

CHAPITRE IV

MOUVEMENT DU 10 MARS 1793. — TRIBUNAL RÉVOLUTIONNAIRE.

Mouvement national de Paris aux 9 et 10 mars. — Que voulaient les meneurs révolutionnaires? — Ils voulaient neutraliser la Gironde et non l'égorger, 9 et 10 mars 1793. — Desseins violents du comité de l'Évêché, de Varlet, Fournier, etc., 9 mars 1793. — Tort de la presse girondine, qui nie le danger. — Triple danger de la France connu le 9 au matin, mars 1793. — La Convention décrète, en principe, le tribunal révolutionnaire, 9 mars 1793. — Les imprimeries girondines sont brisées le soir du 9 mars 1793. — Les briseurs essayent d'entraîner les sections et la Commune, 10 mars 1793. — Ils poussent le peuple aux Jacobins. — La Convention au 10 mars. — Discours de Danton, élan généreux, menaces. — Organisation du tribunal révolutionnaire, demandée par Cambacérès, proposée par Robert Lindet. — Résistance de Cambon et des Girondins. — Insistance de Danton. — La Gironde menacée s'absente de la Convention. — La Commune n'appuie point les projets de meurtre. — Le tribunal révolutionnaire est organisé dans la séance du soir.

Un mouvement sans nul doute devait avoir lieu le 9, pour sauver ou perdre la France, pour la vie ou pour la mort. Ce mouvement serait-il un grand élan militaire? On n'osait trop l'espérer. Paris semblait amorti. Les assemblées des sections étaient à peu près désertes. Les clubs se dépeuplaient. *Peu ou point d'enrôlements*. Ce dernier point est constaté, déploré par les journaux de l'époque (le 4 mars encore). Qu'était devenu l'élan du départ de 1792 ? Était-ce le même Paris ? Et y avait-il un Paris ? Tout l'hiver, l'absence absolue de commerce et de travail, le froid, la faim, toutes les misères, avaient miné, énervé cette population infortunée. Chose plus grave ! Septembre avait porté un coup à l'âme. Toutes les alternatives du procès du roi, le plaidoyer intérieur qui s'en faisait dans chaque famille, les gémissements des femmes, avaient atteint le moral d'un bien grave ébranlement.

Le 9 pourtant au matin, quand de tous les points de la ville on vit aux tours de Notre-Dame le sinistre drapeau noir ; quand, à la maison commune, on vit se déployer au vent l'étendard déjà historique du *Danger de la Patrie*, l'étendard des volontaires de Valmy et de Jemmapes, Paris se retrouva encore. Il y eut un souffle encore dans les poitrines maigries, une larme dans les yeux creusés. Ceux qui n'avaient pas mangé se trouvèrent rassasiés, et ceux qui n'avaient pas bu se trouvaient comme ivres. L'attitude du faubourg Saint-Antoine fut admirable, héroïque. Le faubourg ne descendit point dans Paris, ne fit point de cris inutiles. Loin de participer aux troubles, il offrit le 11 mars une garde à la Convention. Il s'occupa uniquement du danger public ; il avait le cœur à la frontière, et son unique pensée fut d'armer en hâte. Recevoir les noms qui s'offraient en foule, équiper les volontaires le moins mal qu'on le pouvait, tous les petits arrangements de famille que cause un brusque départ, les adieux, les poignées de mains, les larmes des mères : ce fut tout le mouvement.

Les choses se passèrent autrement aux Halles. Il fut résolu entre ceux qui partaient le lendemain et leurs parents, leurs amis, qui allaient les perdre, que le soir du dimanche (10 mars), ils mangeraient encore ensemble, rompraient le pain encore. Sombre départ de 1793 ! Pour revenir quand ? Jamais. — Ils allaient commencer cette course de Juif errant qui les a portés par toute la terre et n'a trouvé son repos qu'aux neiges de la Russie. Peu, bien peu ont eu le malheur d'atteindre 1815, pour rentrer chez eux, mettre bas l'uniforme, ruines d'hommes courbés, défaits, mutilés, travailler du bras qui restait, voir ici l'armée des Cosaques et la joie de l'émigré !

Ces pauvres gens firent d'eux-mêmes leur repas d'adieu, un vaste repas civique où siégeaient des milliers d'hommes sous les piliers des Halles. Chacun descendait ses vivres, ceux du moins qui en avaient ; qui avait du pain apportait du pain, et qui n'avait rien mangeait tout de même. Celui qui avait quelque argent régalait et payait le vin. Pourquoi aurait-on ménagé dans cette circonstance ? Y aurait-il un lendemain ? L'ennemi était en France, disait-on, on le voyait déjà à Valenciennes, tout à l'heure devant Paris... Mais ce qui troublait les têtes encore plus, c'étaient les récits terribles, exagérés certainement qui circulaient dans le peuple sur la catastrophe de nos amis de Liège, qui s'étaient perdus pour nous. On croyait que la ville avait été saccagée de fond en comble; on allait jusqu'à dire que les Autrichiens avaient eu l'atrocité d'égorger les chirurgiens qui auraient soigné les blessés français... La sensibilité fut extrême pour les Liégeois fugitifs; ils furent reçus avec cordialité, une effusion admirable qui honore à jamais l'âme de la France. La maison de Ville devint leur maison; on y reçut leurs archives; le transport qui en fut fait à travers Paris fut une solennité touchante. C'était Liège elle-même, avec tout son droit antique, qui venait s'asseoir au foyer de la grande ville. On fonda, pour la recevoir, la fête de la Fraternité.

L'émotion du banquet du 10 mars fut profonde et forte, non passagère, non de celles qui s'évanouissent après le repas, avec la fumée du vin. Une seule section, la Halle-au-Blé, l'une des moins misérables, parce que son commerce est fixe, celle peut-être qui avait le moins de bras inactifs, donna le dimanche *mille* volontaires qui, le soir, défilèrent aux Jacobins. Ces hommes forts, pour qui les paroles sont des actes, réalisèrent à l'instant par le dévouement et le sacrifice ce que le cœur leur dictait pour le salut de la France, pour la vengeance de Liège, pour la cause des libertés du monde. Les *porteurs* spécialement, ou, comme ils s'appelèrent eux-mêmes dès ce jour, les *Forts pour la Patrie*, s'en allèrent, laissant leur famille, laissant leur métier, leurs salaires honnêtes, pour souffrir, combattre avec une armée sans pain.

Voilà le mouvement populaire des 9 et 10 mars 1793,

tout semblable aux plus beux moments de 1792. Seulement il y eut ici moins d'élan que d'héroïsme voulu, moins de jeunesse et d'espérance.

Maintenant quelle était la pensée des meneurs révolutionnaires? Comment entendaient-ils profiter de ce mouvement pour tirer de la Convention les mesures fortes et terribles que réclamait le danger public? C'est ce qu'il faut examiner.

La pensée de la Montagne, la pensée de la Commune, ici tout à fait identique, fut que la France était perdue si la Convention ne sortait de son système timide de légalité, si elle ne *concentrait tous les pouvoirs* dans sa main, *y compris le pouvoir judiciaire*, qu'elle exercerait par un tribunal à elle, siégeant à Paris, sous ses yeux, au cœur même de la Révolution.

Cette opinion avait été exprimée d'abord par les Girondins eux-mêmes. Ils avaient avoué plus d'une fois qu'au milieu de l'immense conspiration royaliste où la Révolution était comme enveloppée, il fallait un tribunal spécial, une action rapide, efficace, un *Tribunal révolutionnaire*. Les tribunaux ordinaires n'avaient aucune action; ils faisaient la dérision des ennemis publics. Lorsqu'ils renvoyèrent absous un contre-révolutionnaire déclaré, un homme de Louis XVI, Lacoste, ministre de la marine, Buzot déplora cet acquittement, avouant qu'en vérité, avec cette faiblesse et cette impuissance, c'en était fait de la Révolution.

D'autre part, les Girondins, par une noble inconséquence, en demandant un tribunal spécial ne voulaient pas qu'il fût nommé par la Convention, mais directement élu par le peuple. Ils frémissaient du monstrueux pouvoir que l'Assemblée, en nommant ces juges, allait concentrer dans sa main. Ils voulaient bien faire des lois, des lois répressives, mais non pas les appliquer par un tribunal à eux, par une commission dépendante. Toucher au glaive de justice, de législateurs se faire juges, bien plus, faire et défaire des juges, qui seraient de purs instruments de la puissance politique! cela leur faisait horreur. Ils auraient cru, en ceci, abdiquer toute la Révolution, remonter plus haut que la monarchie, jusqu'aux tyrannies de l'Antiquité. Une fois sur cette pente, on irait bientôt, disaient-ils jusqu'aux proscriptions d'Octave, jusqu'aux tables de Sylla.

Noble résistance, glorieuse! Il était nécessaire à l'honneur de la France que le principe fût ainsi défendu... Cependant le péril était imminent, immense... Et que proposait la Gironde? Rien que de vague et d'éloigné.

Ceux qui ont vu un homme se noyer, qui savent tout ce que fait en ces moments l'instinct de la conservation, de quelle prise, de quelles étreintes terribles, de quelles mains de fer cet homme saisit tout ce qu'il trouve, fût-ce un glaive à deux tranchants, ceux-là comprendront la fureur que les Girondins inspirèrent, dans cette noyade de la France.

Un remède brutal, exécrable, venait à quelques esprits. « Si les Girondins sont l'obstacle, il n'y a rien de plus simple : égorgeons les Girondins. »

Autrement dit : « Dans le moment où nous voulons l'unité, où nous attaquons la Gironde comme ennemie de l'unité, nous allons en l'égorgeant, commencer la guerre civile. »

Cette abominable folie, il faut le dire, ne peut être reprochée en mars à aucun des grands meneurs révolutionnaires : ni à Danton, ni à Robespierre ou aux Jacobins, ni à la Commune, ni à Marat même. Le soupçon de la Gironde à ce sujet est véritablement injuste. Ils ne voulaient nullement qu'elle pérît ; ils voulaient qu'elle fût neutralisée, qu'elle ne pût faire obstacle à l'absolue concentration des pouvoirs, à la création du tribunal révolutionnaire.

Marat a dit que, dans ces jours d'émotion, il avait averti les sociétés patriotiques, essayé de les contenir : « J'aurais, dit-il, couvert de mon corps les représentants du peuple. » Je ne crois pas qu'il ait menti. Le plus simple bon sens indique que le meurtre des Girondins eût alors perdu la Montagne, l'eût à jamais empêchée de prendre le gouvernail de la Révolution.

Mais Marat était encore le meilleur des maratistes. Ce nom odieux d'*homme d'État* qu'il donnait aux Girondins, ses disciples et imitateurs le lui donnaient à lui, Marat. Ils prenaient en pitié sa modération, ses ménagements politiques.

Les hommes de la Commune, Hébert et Chaumette, n'étaient point d'avis qu'on versât le sang. On verra qu'ils éludèrent les instances de ceux qui voulaient une exécution.

Il y avait dans Paris une assemblée irrégulière de délégués des sections qui se tenait le plus souvent à l'Évêché[1]. Nous l'avons vue, dès octobre 1792, dès l'ouverture de la Convention, prendre la plus violente initiative. Nous avons vu aux Jacobins Couthon (c'est-à-dire Robespierre) essayer de neutraliser cette violence par l'autorité de la grande société. De temps à autre, il y eut, sous divers prétextes (surtout pour les subsistances), de nouvelles réunions à l'Évêché. Un foyer d'insurrection couvait toujours là. Les chefs étaient fort obscurs. En octobre, c'était l'Espagnol Gusman. En mars 1793, on ne voit aucun chef proprement dit. Les plus violents de l'Évêché se réunissaient souvent la nuit après l'heure des clubs et des sections, avec tels des Cordeliers, tels hommes de la Commune (par exemple Tallien), tels Jacobins (Collot d'Herbois). Le point de réunion était le café Corazza au Palais-Royal. Ces Cordeliers, ces Jacobins, grands aboyeurs, prédicateurs de sang, de meurtre et de ruine, n'étaient pas des hommes d'action. Ceux de l'Évêché, au moins trois ou quatre,

---

1. Aucun dépôt public, à ma connaissance, n'a conservé les procès-verbaux du comité central de l'Évêché et de la section de la Cité. Ceux de la section, divisés entre les Archives nationales et celles de la Police, présentent une vaste lacune, précisément pour l'époque la plus importante. Perte regrettable qui laisse beaucoup d'obscurité sur ce moment si curieux de la Révolution.

étaient plus impatients, plus prêts à frapper. Il y avait le jeune Varlet qui s'ennuyait de ne tuer encore qu'en paroles ; les lauriers de septembre ne le laissaient pas dormir. Il y avait Fournier l'Auvergnat, ce dur planteur d'Amérique, qui, de nature et d'habitude, aimait à frapper [et à verser le sang. Quelques autres se joignent à eux, moins pervers, mais follement furieux, comme le Polonais Lazouski, qui avait brillé au 10 août, et qui chaque matin voulait un 10 août. Bel homme à belle chevelure noire et frisée d'elle-même, il était le héros, l'idole du faubourg Saint-Marceau, et, pour soutenir ce rôle, il ne désenivrait guère.

Cette trinité de sages résolut d'agir quand même, sans faire attention aux remontrances, aux faiblesses de Marat, ni aux ménagements de la Commune. Ils paraissent avoir cru que, si le samedi soir, ils mettaient le peuple en train par quelque scène violente (brisant des presses, par exemple, avant de briser des hommes), il y aurait, le dimanche, de nombreux rassemblements qu'on pourrait électriser ; que le grand repas civique, le vin, les chants patriotiques, pourraient griser cette foule, qui envahirait, peut-être entraînerait les Jacobins. D'autre part, il suffisait qu'on remuât une section, une grande et populeuse section, les Gravilliers, les Cordeliers : on emporterait la Commune, on lui ferait, bon gré mal gré, prendre le pouvoir. La Commune obéissante épurerait la Convention. Les Girondins seraient chassés ou tués... La patrie était sauvée.

Ils étaient portés à croire que Danton et Robespierre ne mettraient aucun obstacle. Le 8 au soir, Robespierre était allé à la section Bonne-Nouvelle, avait invectivé violemment contre la Gironde. Pendant son discours, un des siens, qui l'attendait à la porte, disait qu'on devrait massacrer non les Girondins seulement, mais tous les signataires des fameuses pétitions : « les huit mille et les vingt mille. »

Tout le monde se disait, le samedi 9 au matin : « Il va se passer quelque chose. » On savait qu'il y avait des hommes résolus d'agir. On était infiniment loin de deviner leur petit nombre. Beaucoup par bonne intention, d'autres aussi pour effrayer, avaient dit aux femmes qui d'habitude allaient à la Convention : « N'y allez pas aujourd'hui. »

Ce matin donc, vers neuf heures, à l'ouverture de l'Assemblée, Fonfrède, qui, de la Gironde, s'entendait assez avec la Montagne, va trouver Danton, lui demande ce qu'il sait du mouvement : « Ah! bah! ce n'est rien, dit-il avec une jovialité bizarre qu'il avait dans les grands troubles; il faudra bien seulement leur laisser casser quelques presses. »

Il savait parfaitement que tel était le plan des furieux. Ceux-ci, dans leur petit nombre, n'avaient qu'une chance d'entraîner le peuple : c'était d'exploiter sa légitime indignation contre la presse girondine. Elle s'obstinait à dire, le 8, et le 9 encore, « qu'il était impossible que l'ennemi se hasardât de pénétrer dans la Belgique, que Liège pouvait être évacué, mais n'était pas pris. » Et les commissaires de la Convention arrivaient pour témoigner du désastre! et les Liégeois eux-mêmes arrivaient, tout nus, perçant le ciel de leurs cris, invoquant la vengeance de Dieu, la parole de la France !

Fonfrède, peu rassuré par l'insouciance de Danton, insista et lui demanda : « Il y a donc un complot?... — Oui, oui, dit encore Danton, il y a un grand complot royaliste... »

Les Girondins entendaient ce mot de Paris, Danton parlait de la France.

Il y avait réellement, en France, un grand, un immense complot royaliste. La coïncidence des dates montre assez que les mouvements divers qui éclatèrent sur des points si éloignés de la France ne furent point des hasards d'insurrection populaire. Lyon, la Bretagne, la Vendée, éclatèrent en même temps. En Bourgogne, en Auvergne, dans le Calvados, il y eut aussi des mouvements. Et tout cela ne vint pas uniquement de la résistance à la réquisition, comme on l'a tant répété. L'affaire de Lyon n'y eut nul rapport et se produisit avec d'autres caractères. Le mot de toutes ces énigmes, le signal de ces mouvements se trouve au camp des Autrichiens; c'est l'attaque de nos lignes, l'invasion de l'ennemi. Tous les mouvements intérieurs ont attendu pour éclater que l'armée austro-prussienne s'ébranlât vers Liège.

Le vertige vient, en vérité, quand on songe à la multitude des coups terribles et mortels qui frappaient à la fois la France. La jovialité de Danton le 10 au matin, le tragique sourire par lequel il répondit aux demandes de Fonfrède, indiquaient suffisamment que le péril était au comble. Tel il était dans les situations extrêmes et quasi désespérées. Tel il avait été au 10 août et au moment de l'invasion prussienne. Au 10 mars 1793, le danger était plus grand.

Voyons tout ce que Danton savait le 9 au matin.

Il savait que Lyon, ne pouvant faire encore un maire ouvertement royaliste, en avait fait un girondin ; que les bataillons des *Fils de famille* s'étaient emparés de l'arsenal, de la poudre et des canons ; que l'intrépide Legendre, envoyé par la Convention, sans force et sans troupes, n'ayant rien en mains que la Commune révolutionnaire, lui avait laissé faire la démarche audacieuse d'arrêter ce maire, dans la nuit du 4. — Qu'adviendrait-il de cette audace ? On ne le savait pas encore. Le 10 peut-être, Legendre, on pouvait le croire, était massacré, le drapeau blanc à Fourvières, les Sardes en marche sur Lyon.

Danton savait parfaitement le tragique événement qui, le 3 mars, fit trembler toute la Bretagne, décida l'insurrection... L'agent de Danton, Latouche, venu d'Angleterre, avait révélé, transmis à l'agent spécial de la Convention le fil fatal de la grande trame qui enveloppait la presqu'île. Celui-ci, Morillon-Laligant, devait recevoir un corps de sept mille hommes. Des sept mille il n'en vint pas un. Morillon eut le courage d'entrer seul, de sa personne, sans appui que quelques gardes nationaux, dans ces sombres manoirs où se tramait la révolte. Il trouva, il exhuma, avec le cadavre de La Rouërie, la liste des conjurés, qu'on avait mise en un bocal et cachée au fond de la terre. Toute la Bretagne noble était là, et elle fut prise. La liste, ouverte et publiée, jetait dans la révolte armée tout un monde de nobles forcés de combattre ou de périr. Ils attendaient un nouveau chef, le vaillant Malseigne, la meilleure épée de l'émigration. Ils attendaient une flotte qui leur apporterait les émigrés de Jersey. Un secours plus sûr encore leur venait de la réquisition qui devait commencer le 10, et qui, d'avance, le 4, avait déjà fait couler le sang à Cholet, dans la Vendée. Morillon, seul et perdu dans une mer de paysans furieux, montra un courage indomptable. Il arrêta de sa main vingt-trois prisonniers, les recéleurs de la liste, et, avant le 10, les jeta dans Saint-Malo. — Mais le 10 même, au matin, qui le savait à Paris? Il était bien plus à croire que Morillon en Bretagne, Legendre à Lyon, avaient péri, que la contre-révolution avait vaincu aux deux extrémités de la France.

La situation, on l'a vu, était terrible en Belgique. On avait à craindre non pas seulement la retraite, mais l'anéantissement de l'armée. Elle eût eu lieu sans la lenteur du général Cobourg, qui ne sut profiter ni de ses troupes légères, les terribles hussards hongrois, ni de l'irritation des Belges, qui, dans le Brabant surtout, s'ils eussent été appuyés de cette avant-garde, seraient tombés sur les Français. Quel espoir dans un tel péril? Le retour de Dumouriez engagé dans la Hollande. Mais que croire de Dumouriez lui-même? Personne ne se fiait à lui, et pourtant tout le monde, à la nouvelle du désastre, dit que lui seul pouvait encore apporter remède au mal. Telle fut l'opinion, non seulement des Girondins et de Danton, mais de Robespierre, de Marat. La France, au bord de l'abîme, obligée de le franchir, n'avait que cette planche pourrie qui lui craquait sous les pieds...

Telle était l'horreur de la situation, telle la tempête de nouvelles effrayantes, qui se trouvait, le 9 au matin, dans la tête de Danton. Il n'en eut ni peur ni trouble, et prit tout d'abord son parti. La Montagne voyait bien les maux; mais elle était trop émue pour s'entendre sur les remèdes. Le côté droit, préoccupé du mouvement parisien, qu'il croyait artificiel et prenait pour une émeute, n'était pas assez frappé des événements éloignés qui causaient ici ce mouvement. Étaient-ils sourds, aveugles, ces hommes de tant d'esprit? Ils étaient dans les comités, savaient parfaitement les nouvelles; la France s'abîmait sous leurs yeux : ils ne voyaient que Paris!

Il fallait rompre cette stupeur, cette paralysie fatale, que la droite communiquait à toute la Convention. Les violents prétendaient qu'elle ne s'éveillerait pas sans le tocsin, le canon d'alarme, la voix foudroyante de Paris. Les politiques, spécialement Danton, Pache et la Commune, virent très bien qu'avec ces moyens on risquait de rendre le mouvement tout aveugle, tout fortuit, de le détourner de son but. Ils ne repoussèrent pas les moyens de terreur, les employèrent et les continrent, arrachèrent de la Convention les mesures révolutionnaires qu'elle n'eût jamais accordées, et il n'en coûta pas une goutte de sang.

De bonne heure, le maire et le procureur de la Commune étaient à la Convention. Ils demandaient deux mesures, une de grâce, une de justice : « des secours pour les familles de ceux qui partaient, un tribunal révolutionnaire pour juger et contenir les traîtres, les mauvais citoyens. »

Les volontaires qui partaient et qui avaient obtenu de défiler dans la salle donnaient à cette demande son commentaire naturel : « Pères de la patrie, disaient-ils, nous vous laissons nos enfants. »

« Nous n'enverrons pas seulement à la frontière, leur dirent les représentants, nous irons nous-mêmes. » — Il fut résolu, sur la proposition de Carnot, qu'une partie considérable de l'Assemblée (quatre-vingt-deux membres) se transporterait aux armées.

Les députés qu'on avait chargés de visiter les sections exposèrent qu'elles insistaient pour la création du tribunal révolutionnaire. « Sans ce tribunal, disaient-elles, vous ne pourrez jamais vaincre la dureté des égoïstes qui ne veulent ni combattre ni aider ceux qui se battent pour eux. »

La demande fut appuyée par Jean-Bon Saint-André, formulée et rédigée par Levasseur, dont la rédaction fut adoptée, votée par la Convention.

Le seul nom de ces deux hommes qui parurent avec tant de gloire dans les missions militaires, indique assez que le tribunal fut voté comme arme de guerre; ce n'était pas seulement un glaive de justice qu'on forgeait, c'était une épée. Ceux qui forcèrent en quelque sorte la Convention de saisir cette arme terrible, c'étaient ceux qui se sont le moins ménagés eux-mêmes. Il n'y a jamais eu d'hommes plus dévoués que Levasseur et Saint-André, ni plus intrépides. Devinaient-ils l'usage qu'ils seraient contraints eux-mêmes de faire de ce glaive? Non, à coup sûr, non. C'étaient des héros et non des bourreaux. Le sang qu'ils voulaient verser pour la France, ce fut surtout le leur même. Quels étaient ces hommes? Levasseur, un médecin; et une telle foi fut en lui qu'envoyé à une armée en pleine révolte, il lui suffit, pour la dompter, d'un mot, d'un regard. Jean-Bon, un pasteur protestant; et une telle foi fut en lui qu'il créa en un moment ce qui s'improvise le moins, une marine, et la lança, et lancée, il la monta, la mena à l'ennemi.

Le principe fut voté à peu près sans réclamation, dans des termes généraux. Jusque-là, peu de difficulté. La Gironde elle-même avait semblé reconnaître peu auparavant l'indispensable nécessité d'un tribunal exceptionnel.

Restait à régler l'organisation de ce tribunal. Ici

commençaient les difficultés pour vaincre les répugnances de la Convention, Danton crut qu'il fallait un supplément de terreur.

Il fit à l'Assemblée une proposition significative qui pouvait lui faire entendre qu'un massacre était possible, et que l'organisation rapide du tribunal pourrait l'éviter. On se rappelle qu'en septembre on sauva les prisonniers pour dettes en leur ouvrant les prisons. Danton, ce jour du 9 mars, fit la demande qu'on les élargît.

Et cela en éloignant toute idée d'intimidation, sous la forme noble et digne de la consécration d'un principe : « Consacrez, dit-il, ce principe que nul ne peut être privé de sa liberté que pour avoir forfait à la société. Plus de prisonniers pour dettes, plus de contrainte par corps... Abolissons la tyrannie de la richesse sur la misère... Que les propriétaires ne s'alarment point, ils n'ont rien à craindre... Respectez la misère, elle respectera l'opulence... » L'Assemblée comprit à merveille tout le sens et la portée de cette philosophie; elle se leva avec empressement, et d'un mouvement unanime convertit en loi le vœu de Danton.

La bande dont on craignait les violences ne s'était pas portée aux prisons. Elle agit plus directement. Elle alla rue Tiquetonne, aux principales imprimeries girondines, chez Gorsas et chez Fiévée, brisa les presses, brûla le papier, dispersa les caractères. Gorsas, le pistolet à la main, traversa tous ces brigands, et trouvant la porte gardée, il passa par-dessus un mur dans la cour de la maison voisine. De là, intrépidement, il alla à sa section. Tout finit là. La bande, qui n'était pas de deux cents hommes et qui ne grossissait pas, crut devoir s'en tenir à cette expédition et prudemment se dispersa.

La nouvelle, apportée le soir dans la Convention, produisit un sinistre effet. Gorsas était représentant. La Convention fut blessée, effrayée de l'atteinte portée à l'inviolabilité. Elle semblait prête à prendre une mesure vigoureuse. Elle se borna à décréter que désormais on aurait à opter entre la qualité de représentant et celle de journaliste. Cette mesure frappait à la fois Gorsas et Marat; Gorsas, déjà suffisamment frappé par l'émeute, se trouvait puni encore. Justice étrange, en vérité!... La Convention se montrait faible et, dans sa faiblesse même, elle en voulait à la Montagne, qu'elle accusait (à tort) d'avoir voulu la violence. On pouvait parier que l'organisation du tribunal révolutionnaire ne passerait pas le lendemain.

Dans quelle mesure Danton, la Commune, les grands meneurs révolutionnaires, laisseraient-ils agir le dimanche la bande du comité d'insurrection? C'était une question terrible, quand on se rappelait les commencements des massacres, au dimanche 2 septembre. Une chose est pour nous évidente, c'est qu'ils voulaient uniquement faire peur à la droite, entraîner la Convention. Toute effusion de sang allait au delà de leurs vues et pouvait les perdre.

Dès quatre heures du matin, en pleine nuit, Varlet

et les siens courent aux Gravilliers. La section en permanence était peu nombreuse, endormie. « Nous sommes, disent-ils hardiment, les envoyés des Jacobins. Les Jacobins veulent l'insurrection, et que la Commune saisisse la souveraineté, qu'elle épure la Convention. » — La section des Gravilliers n'agissait guère que par l'impulsion d'un prêtre, Jacques Roux (celui qui mena Louis XVI à la mort). Roux était de la Commune, et celle-ci ne voulait rien précipiter; elle attendait l'effet du repas civique qui aurait lieu vers le soir. La section, poliment, doucement, mit à la porte les prétendus Jacobins.

Éconduits, dans la matinée, ils s'adressèrent à une section moins nombreuse encore, à celle des Quatre-Nations, réunie à l'Abbaye. « Nous sommes, disent-ils cette fois, envoyés des Cordeliers; c'est le vœu des Cordeliers que nous apportons. » Avec ce nouveau mensonge, ils obtinrent l'adhésion de quelques gens intimidés, qui faisaient dans ce moment toute l'assemblée de la section.

Armés de cette adhésion, ils vont à la Ville, vers l'heure du repas civique; ils y avaient leurs agents et ne désespéraient pas d'entraîner la foule. Prenant justement cette heure, ils arrivaient à la Commune, non seulement comme porteurs de l'adresse des Cordeliers et des Quatre-Nations, mais comme organes du peuple, de ce grand peuple attablé qui ne savait pas un mot de ce qu'on disait en son nom. Le maire, Pache, plus effrayé que flatté de la dictature insurrectionnelle qu'on offrait à la Commune, trouva je ne sais quel prétexte pour les faire attendre. Hébert aussi les amusa. Il fallait bien voir le tour que prendrait le repas civique.

Il finissait. On propose à tout ce peuple échauffé, aux volontaires de la Halle, qui allaient partir en grand nombre, d'aller fraterniser « avec nos frères des Jacobins ». Accepté, et de grand cœur. On suit la rue Saint-Honoré avec des chants patriotiques, surtout le cri : « Vaincre ou mourir !... » — Plusieurs, un peu échauffés, avaient le sabre à la main. Ils entrent. Un des volontaires, non Parisien, mais du Midi, dans un patois exécrable, demande à faire une motion. La patrie ne peut être sauvée que par l'égorgement des traîtres ; cette fois, « il faut faire maison nette, tuer les ministres perfides, les représentants infidèles... » — Cette proposition de meurtre n'allait pas aux Jacobins ; l'un d'eux se lève : « Faisons mieux ; arrêtons d'abord les traîtres... » La proposition ainsi amendée allait être mise aux voix. Heureusement la Montagne était avertie. Un député montagnard (très probablement envoyé par Danton et Robespierre), Dubois-Crancé, entre à ce moment et demande la parole. C'était un homme de taille colossale, de grande énergie militaire. Il parla très hardiment ; il dit qu'en voulant sauver la patrie ils allaient la perdre. Les voilà changés tout à coup : « Il a raison », disent-ils. Ils sortent des Jacobins. La plupart, en longues colonnes, s'en allèrent, traversant la Seine, fraterniser aux Cordeliers. Quelques-uns, des plus acharnés, allèrent à l'hôtel de la guerre et poussèrent des cris de mort contre le ministre Beurnonville, dont la trahison avait causé, disaient-ils, tous les revers de l'armée.

La scène des Jacobins avait eu un témoin bien propre à recevoir et propager une vive impression de terreur. C'était la femme de Louvet, qui, demeurant près de là, avait entendu le bruit et s'était précipitamment glissée dans une tribune. Elle entendit la motion de massacre, et de suite, sans entendre Dubois-Crancé, sans connaître la tournure pacifique que l'affaire avait prise à la fin, elle courut avertir Louvet; Louvet avertit tout le côté droit.

Il faut dire dans quel état se trouvait la Convention. La séance de ce jour (dimanche 10) au matin s'était ouverte par un éclat de la droite. Elle avait dénoncé le propos d'intimidation (Que les femmes ne viennent pas). Barère prêcha le courage et la dignité, n'ayant rien à craindre lui-même. Il dit de fortes paroles : « Que craindre pour les têtes des députés? Est-ce qu'elles ne reposent pas sur l'existence de tous les citoyens? Est-ce qu'elles ne sont pas posées sur chaque département de la République! Qui donc oserait y toucher?... Le jour de ce crime, Paris serait anéanti. » On passa à l'ordre du jour.

On lut les lettres de Dumouriez, et Robespierre, contre toute attente, dit que, sans répondre de ce général, *il avait confiance en lui*. Parole très politique, vraiment patriotique aussi; le plus grand danger était d'ébranler la foi de l'armée dans l'homme qui avait en mains le salut public. Robespierre ajouta très bien que le moment demandait un pouvoir un, fort, secret, rapide, une vigoureuse action gouvernementale. Il ne pouvait toutefois sortir de son caractère pour se passer d'accusation. Il se mit à remâcher ses éternelles dénonciations de la Gironde, disant que, depuis trois mois, Dumouriez demandait à envahir la Hollande et que les Girondins l'empêchaient.

« Tout cela est vrai, dit Danton ; mais il s'agit moins d'examiner les causes de nos désastres que d'y appliquer le remède. Quand l'édifice est en feu, je ne m'attache pas aux fripons qui enlèvent les meubles, j'éteins l'incendie... Nous n'avons pas un moment à perdre pour sauver la République... Voulons-nous être libres ?... Si nous ne le voulons plus, il nous faut périr, car nous l'avons tous juré. Si nous le voulons, marchons... Prenons la Hollande, et Carthage est détruite ; l'Angleterre ne vivra que pour la liberté. Le parti de la liberté n'est pas mort en Angleterre, il se montrera... Tendez la main à tous ceux qui appellent la délivrance, la patrie est sauvée et le monde est libre. »

« Faites partir vos commissaires ; qu'ils partent ce soir, cette nuit. Qu'ils disent à la classe opulente : « Il faut que l'aristocratie de l'Europe succombe sous « nos efforts, paye notre dette, ou que vous la payiez ; « le peuple n'a que du sang, il le prodigue. Allons, « misérables ! prodiguez vos richesses. » (Vifs applaudissements.) — Voyez, citoyens, les belles destinées qui nous attendent !... Quoi ! vous avez une nation entière pour levier, la raison pour point d'appui, et vous n'avez pas encore bouleversé le monde!... (Les applaudissements redoublent.) Il faut pour cela du caractère, et la vérité est qu'on en a manqué. Je mets de côté toutes les passions; elles me sont toutes parfaitement étrangères, excepté celle du bien public. Dans des circonstances plus difficiles, quand l'ennemi était aux portes de Paris, j'ai dit à ceux qui gouvernaient alors : Vos discussions sont misérables; je ne connais que l'ennemi, battons l'ennemi!... (Nouveaux applaudissements.) Vous qui me fatiguez de vos contestations particulières, au lieu de vous occuper du salut de la République, je vous répudie tous, comme traîtres à la patrie. Je vous mets tous sur la même ligne. »

A cette révélation complète de la pensée de Danton, il y eut un soulèvement général d'admiration et d'enthousiasme; chacun s'oublia, s'éleva au-dessus de lui-même; les partis semblaient disparus... Mais il connaissait trop bien l'esprit mobile des assemblées pour s'en tenir là; il assura, appuya le coup, en enfonçant dans les âmes un aiguillon de terreur : « Je leur disais encore à tous : Eh! que m'importe ma réputation! que la France soit libre, et que mon nom soit flétri!... Que m'importe d'être appelé buveur de sang? Eh bien, buvons le sang des ennemis de l'humanité, s'il le faut; combattons, conquérons la liberté... »

Personne, à ce mot sauvage, ne douta que Danton ne fût en intelligence complète avec ceux qui voulaient du sang. Le contraire était exact. Lui-même fit avertir sous main les Girondins qu'on en voulait à leur vie.

L'Assemblée eût bien voulu s'en tenir à une petite mesure, l'arrestation de deux généraux suspects, lorsqu'un membre, qui parlait rarement et s'effaçait volontiers, s'avança ici et prit une grande initiative. Il dit sans emportement qu'il fallait des moyens plus généraux, *qu'il fallait, séance tenante, décréter l'organisation du tribunal révolutionnaire.*

Ce membre était un légiste estimé, collègue de Cambon dans la députation de Montpellier, aussi modéré que Cambon était violent; c'était le premier rapporteur du Code civil (août 1793), plus tard le second consul, l'archichancelier de l'Empire, le grave et doux Cambacérès. Il se rapprochait volontiers des hommes qui avaient au plus haut degré la qualité qui lui manquait à lui-même, je veux dire l'énergie virile. De même qu'il devait à une autre époque s'attacher à Bonaparte, ici, en 1793, dans deux moments décisifs, il se tint tout près de Danton. Seul dans toute la Convention, il appuya Danton, au 9 janvier, dans la proposition qui aurait sauvé Louis XVI; alors il vota pour la vie. Et maintenant, au 10 mars, on peut dire qu'il vota pour la mort, en autorisant de sa parole toujours modérée et calme, toujours agréable au centre, la sinistre proposition du tribunal révolutionnaire. Et il ajouta du même ton : « Tous les pouvoirs vous sont confiés, vous devez les exercer tous ; plus de séparation entre le corps délibérant et celui qui exécute... On ne peut suivre ici les principes ordinaires. »

Ici, une tempête de cris : « Aux voix ! aux voix ! »

Buzot fut alors très beau, éloquent et énergique : « On veut un despotisme plus affreux que celui de l'anarchie. (*Ici, des cris furieux*)... Je rends grâces de chaque moment de vie qui me reste à ceux qui me le laissent encore... Qu'ils me donnent seulement le temps de sauver ma mémoire, d'échapper au déshonneur, en votant contre la tyrannie de la Convention ! Qu'importe que le tyran soit un ou multiple ? Quand vous avez reçu des pouvoirs illimités, ce n'était pas pour usurper la liberté publique. Si vous confondez tous les pouvoirs, si tout est ici, où finira ce despotisme... dont je suis enfin las moi-même ?... »

Lacroix obtint qu'on passât outre. Et Robert Lindet, l'avocat d'Évreux, tira de sa poche le projet tout rédigé. Lindet, surnommé la *hyène*, ne méritait pas ce nom ; c'était un avocat normand de l'Ancien-Régime, modéré par caractère, mais de la vieille école monarchique habituée aux jugements par commissions, et qui appliquait sans scrupule aux nécessités révolutionnaires les violentes ordonnances de Louis XIV, celles surtout qu'on fit pour frapper les protestants. Il trouvait toutes préparées dans le vieil arsenal de la Terreur monarchique les armes de la Terreur nouvelle. Il y avait peu de frais à faire, un mot à changer, effacer le mot *roi* et mettre *Convention*.

« Neuf juges nommés par la Convention jugeront

ceux qui lui seront envoyés par décret de la Convention. Nulle forme d'instruction. Point de jurés. Tous les moyens admis pour former la conviction.

« On poursuivra non seulement ceux qui prévariquent dans leurs fonctions, mais ceux qui les désertent ou les négligent; ceux qui, par leur conduite, leurs paroles ou leurs écrits, pourraient égarer le peuple; ceux qui, par leurs anciennes places, rappellent des prérogatives usurpées par les despotes. »

Vague affreux! cruelles ténèbres, où la loi, les yeux bandés, ira frappant dans la nuit!

Ajoutez des choses puérilement odieuses, d'une ostentation tyrannique : « Il y aura toujours dans la salle du tribunal un membre pour recevoir les dénonciations. »

« C'est l'Inquisition, dit Vergniaud, et pis que celle de Venise. »

« Certainement, dit Cambon, il faut un pouvoir révolutionnaire; je l'ai proclamé cent fois... Mais quoi! si vous vous trompez?... Le peuple s'est bien trompé dans les élections... Vos neuf juges, quelles digues mettrez-vous à leur tyrannie? *S'ils frappent l'Assemblée elle-même?...* »

« Ah! vous voulez des jurés? dit le furieux Duhem. Allez voir s'ils ont des jurés, les patriotes qu'on égorge à Liège!... Ce tribunal est détestable? Tant mieux, il est bon pour des assassins. »

« Prenez garde, dit encore Cambon; avec un pareil tribunal, vous ne trouverez plus d'hommes de bien qui veuillent des fonctions publiques... »

Barère appuya vivement : « Les jurés, s'écria-t-il, sont la propriété de tout homme libre. »

La Montagne, à cette belle parole, parut sentir le coup au cœur. Billaud-Varennes déclara qu'il était de l'avis de Cambon, qu'un tel tribunal serait dangereux, qu'il fallait des jurés et nommés par les sections.

Les Montagnards se divisaient. « Point de jurés », dit Phelippeaux. D'autres Montagnards voulaient des jurés, mais pris à Paris.

Le jury fut obtenu. Seulement la Convention le gardait dans sa main, en s'en réservant la nomination, et elle le tirait de tous les départements.

L'Assemblée levait la séance. Elle voit Danton à la tribune, qui, d'un geste, d'une voix terrible, la cloue à sa place : « Je somme les bons citoyens de ne pas quitter leur poste. »

Tous se rassirent : « Quoi ! citoyens, vous partez sans prendre les grandes mesures qu'exige le salut public. Songez que, si Miranda est battu, Dumouriez enveloppé peut être forcé de mettre bas les armes... Les ennemis de la liberté lèvent un front audacieux; partout confondus, ils sont partout provocateurs. En voyant le citoyen honnête occupé dans ses foyers, l'artisan dans ses ateliers, ils ont la stupidité de se croire en majorité : eh bien, arrachez-les, vous-mêmes, à la vengeance populaire; l'humanité vous l'ordonne... Ce tribunal suppléera pour eux au tribunal suprême de la vengeance du peuple...

Puisqu'on a osé rappeler ces journées sur lesquelles tout bon citoyen a gémi, je dirai, moi, que si un tribunal eût existé, le peuple ne les eût point ensanglantées... Organisons un tribunal, non pas bien, c'est impossible, mais le moins mal qu'il se pourra...

« Cela terminé, aux armes ! Faisons partir nos commissaires, créons le nouveau ministère... la marine surtout. La vôtre, où est-elle? Vos frégates sont dans vos ports et l'Angleterre enlève vos vaisseaux... Déployons tous les moyens de la puissance nationale, mais n'en remettons la direction qu'aux hommes dont le contact permanent avec vous assure l'ensemble et l'exécution des mesures que vous combinez. Vous n'êtes pas un corps constitué, vous pouvez tout constituer.

« Résumons. Ce soir même, le tribunal et le ministère ; demain, mouvement militaire et que vos commissaires partent; qu'on n'objecte plus que tels sont de la droite ou de la gauche.... Qu'alors la France se lève, et qu'elle marche à l'ennemi, que la Hollande soit envahie, la Belgique libre, les amis de la liberté relevés en Angleterre. Que nos armes victorieuses portent aux peuples la délivrance et le bonheur ! Que le monde soit vengé ! »

La séance fut suspendue à sept heures du soir. C'était justement alors que Louvet, instruit par sa femme de la scène des Jacobins, venait d'avertir la droite qu'un parti armé marchait sur la Convention pour égorger une partie des représentants. Ceux que Louvet ne trouva pas à la séance, il courut les avertir de maison en maison. La plupart, fort courageux (il y parut à leur mort), ne jugèrent pas utile de s'immoler le 10 mars, de favoriser par leur réunion les projets des assassins. Le Girondin Kervélégan alla au faubourg Saint-Marceau avertir ses braves et honnêtes compatriotes, les fédérés bretons, qui n'étaient pas encore partis de Paris; le ministre de la guerre, Beurnonville, se mit à leur tête et fit avec eux des patrouilles. On ne rencontrait plus personne. La cohue s'était dispersée, à quoi n'avait pas peu contribué la pluie qui tombait. Un des Girondins avait bien jugé la situation, c'était Pétion; au lieu de chercher ailleurs un asile, il ne daigna pas sortir de chez lui. Quand Louvet, fort échauffé, vint lui dire le péril et qu'il se mît en sûreté, Pétion, froid de sa nature, et qui en quelques années avait déjà vieilli dans l'expérience des révolutions, ouvrit seulement la fenêtre : « Il n'y aura rien, dit-il, il pleut. »

Deux ministres, des moins menacés, Garat et Lebrun, s'étaient chargés d'aller eux-mêmes à cette terrible Commune demander au maire Pache ce qui en était au vrai. Ils trouvèrent Pache absolument aussi calme qu'à l'ordinaire. On criait fort au conseil général; il en était toujours ainsi. Pache leur dit que Varlet, Fournier, le *Comité d'insurrection*, avaient été mystifiés; qu'après avoir longuement attendu à la Commune, parlé à Hébert qui les amusa, ils étaient sortis furieux, disant que cette Commune n'était qu'un repaire d'aristocrates.

Soit timidité, soit sagesse et déférence pour Danton, pour Robespierre et les chefs de la Montagne, la Commune était restée parfaitement immobile. Le maire Pache, hier Girondin, aujourd'hui Jacobin, bien plus, siégeant à la Ville près d'Hébert et de Chaumette, hésitait sans doute encore à autoriser le massacre des amis qu'il quittait à peine, des Girondins, de Roland, qui l'avaient fait (de fils d'un portier qu'il était) ministre et maire de Paris. Hébert, Chaumette et Jacques Roux en voulaient infiniment à l'audace du petit Varlet et de sa bande, qui, sans leur aveu, se masquant en Jacobins, avaient essayé le matin d'entraîner les Gravilliers. Les sections n'avaient pas bougé; on avait seulement dit, à la section Poissonnière, que les choses n'iraient pas bien si l'on n'arrêtait deux cents membres. Celle de Bonconseil, menée par Lhuillier, confident de Robespierre, et qui exprimait presque toujours sa pensée, servit de régulateur et dit exactement ce que Robespierre voulait : « *Qu'on arrêtât* (non pas deux cents membres, mais seulement) *les Girondins.* »

Que faisait le faubourg Saint-Antoine? Son mouvement eût tout décidé; Santerre eût suivi le faubourg, et tout eût suivi Santerre. Le général-brasseur attendit dans sa brasserie. Le soir, voyant que l'honnête faubourg restait paisible à ses foyers, il vint enfin à la Ville, bredouilla un discours inintelligible qui avait au moins deux sens.

Le vent ayant décidément tourné contre l'insurrection, les hommes à double visage, le maire et le général, Pache et Santerre, coururent à la Convention faire acte de bons citoyens. Il était convenu entre eux qu'on présenterait toute l'affaire comme un complot royaliste ; qu'on sacrifierait, au besoin, les enfants perdus, Varlet, Fournier, etc. Santerre présenta ainsi la chose, dit qu'on n'avait pour but que de rétablir un roi, de faire roi Égalité, mais qu'il n'y avait rien à craindre. Il fit valoir avec jactance, comme chose qui lui faisait honneur, la sagesse du grand faubourg.

L'Assemblée, à qui Santerre débitait ces choses, n'était pas nombreuse. Elle était rentrée en séance à neuf heures du soir. Mais un grand nombre de députés n'avaient pas jugé à propos de revenir. On voyait ici et là de grands espaces déserts. On eût pu croire que déjà la faux de 1793 y avait passé. Tout était morne, sinistre. Le centre était mal garni, et de députés debout ; dans ces journées difficiles, il y avait des gens qui ne voulaient pas s'asseoir. Le plus significatif, c'était la profonde solitude de la droite. Elle témoignait assez que l'Assemblée, décimée d'avance, n'avait nulle sécurité. La Terreur, qui allait partir de la Convention, siégeait déjà au sein de la Convention elle-même.

Au point de la droite qu'occupait la Gironde, seul, ou presque seul, on voyait Vergniaud.

Il avait méprisé également les avertissements de Danton et ceux de Louvet. Soit que la sagacité supérieure de son grand esprit lui ait fait comprendre qu'on voulait effrayer et non égorger, soit que son dédain de la vie lui ait fait braver cette chance, il vint sur ces bancs déserts où semblait planer la mort. Il endura patiemment, article par article, la lecture, le vote du terrible projet de Lindet[1]. Il ne dit qu'un mot : « Je demande l'appel nominal ; il faut connaître ceux qui nomment sans cesse la Liberté pour l'anéantir. » L'appel nominal était demandé aussi par un honnête homme, La Révellière-Lepeaux.

Le simple mot de Vergniaud suffisait comme déclaration de la loi mourante.

Un Montagnard voulait qu'il n'y eût pas de jurés. « Non, dit Thuriot, l'ami de Danton, il faut des jurés, mais *qu'ils opinent à haute voix.* » La Convention adopta. La Terreur était dans ce mot, plus que dans tout le projet.

La Convention, ce soir-là, n'ayant ni argent, ni force, ni armée organisée, pour suffire à tout, créa un fantôme.

Évoquée de toute l'Europe contre la France par les royalistes, la Terreur leur fut renvoyée comme un songe sanglant.

L'armée reculait démoralisée, elle rentrait... Elle vit la Terreur à la frontière.

---

[1]. Terrible, mais non absurde, comme il avait été dans la rédaction présentée le matin. Le tribunal ne devait poursuivre *que les actes*, les attentats, les complots. Les municipalités surveillaient, dénonçaient. Mais les dénonciations n'arrivaient au tribunal qu'après avoir été examinées par un comité de la Convention, qui lui en faisait rapport, dressait les actes d'accusation, surveillait l'instruction, correspondait avec ce tribunal et rendait compte à l'Assemblée.

Le trésor était à sec. Nous avions, au 1ᵉʳ février, pour solder la guerre universelle, trente millions en papier. Le milliard voté n'était pas levé. Au fond de la caisse, on mit la Terreur.

Qu'envoyer à Lyon ? Rien. En Vendée, en Bretagne ? Rien. En Belgique ? Rien. A Mayence ? Rien.

Une force restait à la France, la justice révolutionnaire. Il n'en coûta qu'un décret et une feuille de papier.

Plus, le cœur de la France même. La mort des fondateurs de la République, des meilleurs amis de la Patrie, la tête de Danton, de Vergniaud, le sang de ceux qui votèrent et de ceux qui refusèrent, de ceux qui représentèrent la protestation de la Loi et de ceux qui furent la Nécessité.

Nécessité, fatalité!... Ce qui fut libre en 1792, avant les journées de septembre, fut fatal en 1793.

Ce même dimanche, 10 mars, à l'heure où la Convention instituait à Paris son tribunal révolutionnaire, les insurgés royalistes installèrent le leur à Machecoul, entre la Loire-Inférieure et le Marais vendéen. Le massacre, commencé le matin par les paysans insurgés, fut régularisé le soir par un comité *d'honnêtes gens*, qui fit périr, en six semaines, cinq cent quarante-deux patriotes.

CHAPITRE V

LA VENDÉE (MARS 1793).

La Vendée coïncide avec l'invasion. — Premier caractère de la Vendée, entièrement populaire. — La Vendée est une révolution, mais celle de l'isolement et de l'insociabilité. — La Vendée s'est plus tard rattachée à la France. — La propagande des prêtres. — L'homme du clergé, Cathelineau. — Originalité de Cathelineau dans la propagande ecclésiastique. — Premiers excès à Cholet, 4 mars. — Massacre de Machecoul, commencé le 10 mars. — Tribunal des royalistes à Machecoul, mars-avril. — Explosion de Saint-Florent, 11-12 mars. — Cathelineau et Stofflet, 13 mars. — Armée d'Anjou et de Vendée. — Prise de Cholet, 14 mars 1793. — Massacres de Pontivy, la Roche-Bernard, etc. — Martyre de Sauveur, 16 mars. — Suite des massacres de Machecoul. — Combien les Vendéens rencontraient peu d'obstacles. — Leur victoire dans le Marais, 19 mars. — Vaillance des républicains bordelais et bretons. — Énergie de Nantes. — La Vendée n'avait pas encore de chefs nobles.

Regardez à ce moment Nantes, la Loire-Inférieure et les quatre départements qui l'entourent; vous verrez la grande ville entourée d'un cercle de feux.

C'est le dimanche 10 mars que se sont ébranlées partout les grandes masses agricoles, à la sortie de la messe, pour se jeter sur les villes. Le premier acte a été, ce jour même, le massacre de Machecoul.

L'explosion de Saint-Florent eut lieu le 11 et le 12. Les massacres de Pontivy, de la Roche-Bernard et d'autres villes bretonnes se firent le 12 et le 13. Le 13 aussi, le héros populaire de l'insurrection vendéenne, le voiturier Cathelineau, prit les armes et commença le mouvement de l'Anjou.

Les dates présentent ici une signification redoutable.

Le premier essai de la Vendée, l'essai avorté de 1792, avait eu lieu le 24 août, jour de la Saint-Barthélemy, au moment même où l'on sut que les Prussiens avaient mis le pied en France.

La Vendée de 1793 commença le 10 mars. Le 1er, les Autrichiens avaient forcé les lignes françaises, nos troupes reculaient en désordre. Le 10, par toute la France, fut proclamée la réquisition. Partout, l'officier municipal, au nom de la loi, appela les populations, le tambour battit. Qui répondit au tambour ? Le tocsin de la Vendée, la cloche de la Saint-Barthélemy.

Que voulait dire cette cloche ? Que la Vendée, sommée par la France en péril de marcher à la frontière, ne combattrait que la France ;

Que le carême, comme aux Vêpres siciliennes, serait sanctifié par le sang, que Pâques serait fêté par des victimes humaines.

La première période de ce drame sanglant, c'est le carême de 1793, du dimanche 10 à Pâques. Il y eut un entr'acte à Pâques ; beaucoup de paysans rentrèrent un moment chez eux pour faire leurs travaux, pour semer, sarcler.

Ce premier acte n'eut point du tout le caractère

qu'on lui a attribué, celui d'une guerre féodale et patriarcale d'un peuple qui se lève sous ses chefs de clans. Les chefs furent, comme on va voir, un voiturier sacristain, un perruquier, un domestique, un ancien soldat.

Les nobles refusaient encore de prendre part à l'insurrection, ou du moins de s'en faire chefs. Ils ne se décidèrent généralement qu'après Pâques, lorsqu'ils virent le paysan, les travaux de mars finis, reprendre les armes et persévérer dans l'insurrection.

Ce grand mouvement, tout populaire dans ses commencements, eut même, sur plusieurs points, le caractère d'une horrible fête, où des masses du peuple, ivres et joyeusement féroces, assouvirent leur vieille haine sur *les messieurs* des villes. Là, comme ailleurs, le paysan haïssait la ville à trois titres différents, *comme autorité* d'où venaient les lois, *comme banque* et industrie qui attirait son argent, enfin *comme supériorité*. L'ouvrier même des villes, par rapport aux masses ignorantes qui vivaient entre deux haies sans jamais parler qu'à leurs bœufs, c'était une aristocratie.

Tout cela est naturel. Est-ce à dire que dans la Vendée il n'y ait rien d'artificiel?

Le pape, dès 1790, l'avait annoncée et prédite au roi. Le clergé d'Angers, en février 1792, dans sa lettre à Louis XVI, l'annonce encore, la déclare imminente. (Voir plus haut.)

La Vendée éclate deux fois, on vient de le voir, au moment précis de l'invasion.

Quelle part le clergé et la noblesse eurent-ils aux commencements de l'insurrection ?

La noblesse n'en eut aucune[1]. La Rouërie essaya inutilement d'étendre dans le Poitou l'association bretonne. Les nobles étaient abattus, terrassés de la mort de Louis XVI. Beaucoup avaient été à Coblentz, avaient essuyé l'impertinence de l'émigration et revenaient dégoûtés. Rentrés chez eux, les pieds au feu, ils faisaient les morts, heureux que les comités patriotiques des villes voisines voulussent bien ne pas s'informer de leur malencontreux voyage.

Le clergé eut grande part à la Vendée, mais très inégale, grande en Anjou et dans le Bocage, moindre au Marais, variable dans les localités si diverses de la Bretagne. Ni en Vendée ni en Bretagne, il n'aurait rien fait, si la République n'était venue au foyer même du paysan pour l'en arracher, l'ôter de son champ, de ses bœufs, l'affubler de l'uniforme, l'envoyer à la frontière se battre pour ce qu'il détestait. Jamais, sans cela, les cloches, les sermons ni les miracles n'auraient armé le Vendéen.

---

[1]. Les royalistes l'ont dit, *cette histoire est une épopée*, autrement dit, un poème tissu de fictions. Jamais je n'aurais déterré le vrai sous les épaisses alluvions de mensonges que chaque publication à son tour a jetées dessus, si ces mensonges ne se contredisaient. Tous mentent, mais en sens divers. Leurs sanglantes rivalités, continuées dans l'histoire, y jettent à chaque instant plus de jour qu'ils ne voudraient. Souvent, sans s'en apercevoir, ils défont ce qu'ils ont fait.

Les premiers s'évertuaient à montrer que c'était un mouvement vraiment populaire. Les derniers, maladroitement et pour flatter la noblesse, ont rattaché l'insurrection vendéenne à la conjuration nobiliaire de Bretagne, qui n'y a aucun rapport.

La réquisition était l'épreuve et la pierre de touche, le vrai moment pour la Vendée. Sous l'Ancien-Régime, on ne venait jamais à bout d'y faire tirer la milice. Le Vendéen était enraciné dans le sol, il ne faisait qu'un avec la terre et les arbres de la terre. Plutôt que de quitter ses bœufs, sa haie, son enclos, il eût fait la guerre au roi. Tel le Bocage, tel le Marais. L'homme du Marais, qui vit entre un fossé et une mare, à moitié dans l'eau, adore son pays de fièvre. Forcer cet homme aquatique de venir à terre, c'est risquer de le rejeter plutôt dans la mer, le donner aux contrebandiers.

Le clergé parut donner au pays une sorte d'unité fanatique. Mais cette unité apparente tint aussi en grande partie à une passion commune qui animait ces populations diverses, à leur profond esprit local; — passion contraire à l'unité.

Si la Vendée est une révolution, c'est celle de l'insociabilité, celle de l'esprit d'isolement. Les Vendées haïssent le centre, mais se haïssent elles-mêmes. Quelque fanatiques qu'elles soient, ce n'est pas le fanatisme qui a décidé le combat : c'est une pensée d'intérêt, c'est le refus du sacrifice. *Le trône et l'autel*, d'accord; *le bon Dieu et nos bons prêtres*, oui, mais pour se dispenser de marcher à la frontière.

Écoutez l'aveu naïf de la proclamation vendéenne (fin mars) : « Point de milice; laissez-nous dans nos campagnes... Vous dites que l'ennemi vient, qu'il menace nos foyers... Eh bien, c'est de nos foyers, s'il y vient jamais, que nous saurons le combattre... »

Autrement dit : Vienne l'ennemi !... que les armées autrichiennes, avec leurs Pandours, leurs Croates, ravagent la France à leur aise... Qu'importe la France à la Vendée !... La Lorraine et la Champagne seront à feu et à sang ; mais ce n'est pas la Vendée. Paris périra peut-être, l'œil du monde sera crevé... Mais qu'importe aux Vendéens ?... Meure la France et meure le monde !... Nous aviserons au salut, lorsque le cheval cosaque apparaîtra dans nos haies.

Hélas ! malheureux sauvages ! vous-mêmes vous vous condamnez. Ces mots de farouche égoïsme, c'est sur vous qu'ils vont retomber.

Car vous ne dites pas seulement : Que nous importe la France ? Mais : *Qu'importe la Bretagne ?* — Et : *Qu'importe Maine-et-Loire ?* Le Vendéen ne daigne donner la main au chouan. — Bien plus, les Vendéens entre eux, sauf les masses fanatiques qu'une propagande spéciale organisa dans le Bocage, les Vendéens se haïssent, se dédaignent et se méprisent ; ceux d'en haut ne parlent qu'avec dérision *des grenouilles du Marais*. Les Charette et les Stofflet se renvoient le nom de *brigands*.

Non, vous prendriez vos chefs dans un rang plus bas encore, votre révolte serait encore plus populaire, grossière, ignorante, vous n'êtes pas la Révolution. Nous aurions tort de donner ce grand nom à la Vendée.

Car la Révolution, qu'elles qu'aient été ses fureurs et son ivresse, fut ivre de l'Unité.

Et la Vendée, tant démocratique qu'elle ait pu être dans la forme, fut ivre de la Discorde.

Elle professa hardiment qu'elle représentait la discorde antique, les droits opposés des provinces et le vieux chaos.

Ce chaos et cette discorde, qu'auraient-ils été contre la coalition du monde? Rien que la mort de la France.

La discorde vendéenne, c'est la mort nationale. Cela dit, tout est jugé. Nous tenons d'en haut le fil ; nous savons où est le droit. Nous pouvons maintenant raconter ; justement, impartialement, nous dirons ce que firent les uns et les autres, et rendons pleine justice au grand cœur de nos ennemis... Ennemis? Non, c'est la France encore. La coalition, frappée de la bravoure républicaine, n'a pas été moins effrayée de celle des Vendéens.

Cette France égarée de l'Ouest a ouvert les yeux enfin ; elle a vu, bien tard, il est vrai, qu'elle s'était battue pour rien, — que dis-je? pour faire triompher ses véritables ennemis. Charette est mort désespéré, et, mourant, il a lancé le dernier cri de la Vendée, son douloureux anathème. Combien plus en 1815 fut-elle éclairée, quand elle vit rentrer les Bourbons avec ces prudents héros qui ne se hasardèrent en France que derrière un million d'hommes, et qui, pour remerciement, redemandèrent en rentrant leurs droits seigneuriaux aux paysans qui s'étaient fait tailler en pièces pour eux! La scène fut grande, à Auray, quand Madame, visitant cette terre trempée du sang des siens, trente mille hommes qui survivaient, la plupart blessés, mutilés, vinrent là, sous leurs cheveux blancs, sur leurs bâtons, leurs béquilles, au bras de leurs petits-fils, voir encore, avant de mourir, la fille de Louis XVI... Ces pauvres gens tombèrent face contre terre, les yeux pleins de larmes... A travers les larmes, ils regardent... Madame avait les yeux secs ; elle n'avait pu prendre sur elle de pardonner à la France, et pas même à la Vendée... Ils se relevèrent bien tristes, le cœur flétri et amer. La République était vengée... Depuis ce jour, la Vendée appartient à la Patrie.

Le centre politique des prêtres dans l'Ouest, le foyer principal de leurs intrigues, était la ville d'Angers. Là se trouvaient réunis tous ceux qui, dans Maine-et-Loire, avaient refusé le serment. Soumis à la surveillance d'une ville très patriote, inquiets et impatients, ils avaient besoin de la guerre civile. Elle devait avoir pour effet de précipiter sur les villes les masses ignorantes des campagnes soumises à leur influence. J'ai parlé de leur fatale lettre qui, plus qu'aucune autre chose, dut confirmer Louis XVI dans la résistance, et par là indirectement servit à briser le trône. Ils provoquaient la guerre en haut, ils la provoquaient en bas. Leur active propagande s'étendait au nord, chez les chouans du Maine, au midi dans la Vendée.

La propagande fanatique qui travaillait les Vendéens avait son centre à Saint-Laurent-sur-Sèvre, près de Montaigu. De là, nous l'avons déjà dit, par les *Sœurs de la sagesse* et autres dévots émissaires, s'étendait par le pays cette publicité mystérieuse de fausses nouvelles et de faux miracles, qui, circulant sans contrôle dans ces populations dispersées, pouvait faire activement fermenter l'imagination solitaire, préparer l'explosion.

Entre Angers et Saint-Laurent, à moitié chemin, près de Beaupréau, se trouvait au village du Pin-en-Mauges l'homme qui joua le premier rôle dans l'insurrection. Cathelineau était sacristain de sa paroisse, il appartenait au clergé; et le premier usage qu'il fit de ses succès, ce fut, comme on verra, de placer l'insurrection victorieuse dans la main des prêtres, d'exiger la création d'un conseil supérieur où les prêtres dominaient les nobles. Un mauvais prêtre, mais capable, Bernier, un curé d'Angers, gouverna bientôt ce conseil.

Le clergé, ce grand mineur, en poussant sous la terre ses voies ténébreuses, est attentif à effacer sa trace. Il n'a pas tenu à lui qu'on ne crût le mouvement tout spontané, inspiré et venu d'en haut. Artiste habile, il a montré l'œuvre, caché les moyens. On ne sait rien ou presque rien de ses agents, de son homme, Cathelineau. Trois mois de sa vie sont connus, du 12 mars où il prit les armes au 9 juin où il fut frappé à mort, à l'attaque de Nantes.

Rien n'indiquait qu'il dût jouer un rôle si important. C'était un homme d'une figure intelligente, mais sans élévation remarquable, une bonne et solide tête à cheveux noirs, un peu crépus ; beau nez, grande bouche et voix sonore ; une bonne taille ordinaire, pas plus de cinq pieds quatre pouces ; bien sur ses reins, carré d'épaules, et, en tout sens, *carré*, comme on dit populairement, c'est-à-dire réunissant les qualités diverses qui font la force de l'homme, plein de sens, très brave et d'un froid courage, parfaitement équilibré de prudence et d'audace.

Il était d'une famille de paysans ouvriers, fils de maçon, maçon lui-même. Marié et chargé d'enfants, il avait besoin de gagner. *Nécessité l'ingénieuse* lui faisait faire plus d'un métier. Ne maçonnant que par moments, il filait dans les intervalles, lui la laine, sa femme le lin. Il allait vendre tout cela aux marchés, spécialement à Beaupréau, où se trouvaient deux marchands de serge et autres étoffes, qui se joignirent à lui dans l'insurrection. Quiconque sait la vie de province comprendra parfaitement que Cathelineau et ses amis de Beaupréau ne pouvaient faire leurs affaires que par la faveur ecclésiastique ; rien sans les prêtres et les dévots, dans ces petites localités. Cathelineau était dévot et élevait dévotement ses enfants. Il parvint à devenir sacristain de sa paroisse. Un sacristain, marchand d'étoffes, vendait d'autant mieux ; il acheta une voiture, fut voiturier, messager, colporteur. Un tel homme, très discret, très sûr, ferme d'ailleurs et l'air ouvert, devait porter mieux que personne les messages secrets du clergé.

Une chose montre assez combien cet homme remarquable était supérieur à ses maîtres.

Le clergé, depuis quatre ans, malgré sa violence et sa rage, n'entraînait pas encore les masses. Plus furieux que convaincu, il ne trouvait pas les machines simples et fortes qu'il fallait pour atteindre, remuer la fibre populaire. Les bulles proclamées, commentées, n'y suffisaient pas; le pape *qui est à Rome* semblait loin de la Vendée. Les miracles agissaient peu. Tant simple que fût ce peuple, il y a à parier que plusieurs avaient des doutes. Ces fourberies troublaient les uns, refroidissaient les autres. Cathelineau imagina une chose naïve et loyale, qui fit plus d'impression que tous ces mensonges. C'était qu'aux processions où l'on portait la croix, les paroisses dont les curés avaient prêté le serment ne portassent leur Christ qu'enveloppé de crêpes noirs.

L'effet fut immense. Il n'y avait pas de bonne femme qui ne fondît en larmes, en voyant le Christ ainsi humilié, qui souffrait la Passion une seconde fois!... Quel reproche à la dureté, à l'insensibilité des hommes qui pouvaient endurer cette captivité de Notre-Seigneur!... Et les hommes s'accusaient aussi. Ils se renvoyaient les reproches. C'était entre les villages une occasion de rivalité et de jalousie. Ceux qui avaient cette honte de n'oser montrer leur Christ à visage découvert étaient conspués par les autres comme des villages de lâches qui souffraient la tyrannie.

On ne voit pas que Cathelineau ait remué dans

l'insurrection vendéenne de 1792. Elle n'eut pas un caractère suffisant de généralité. Les campagnes n'agirent pas d'ensemble, mais les villes agirent d'ensemble et elles étouffèrent tout. Cholet, entre autres, montra beaucoup d'ardeur et de zèle. C'était une ville de manufactures, grande fabrique de mouchoirs surtout ; les Cambon et autres industriels de Montpellier qui s'y étaient établis occupaient beaucoup d'ouvriers. Au 24 août 1792, quand la Vendée répondit au signal des émigrés, des Prussiens, qui entraient en France, les ouvriers de Cholet, armés la plupart de piques, coururent à Bressuire et punirent cruellement les amis de l'ennemi. Il y eut, dit-on, des barbaries, des mutilations : chose toutefois non prouvée. Ce qui l'est, c'est qu'il y eut fort peu de morts, et que les tribunaux renvoyèrent magnanimement tous les paysans prisonniers, comme gens simples, ignorants, des enfants non responsables, que l'on avait égarés.

Les paysans n'en gardèrent pas moins rancune à la ville de Cholet. Le sang y coula le 4 mars. Une foule immense s'y était portée. Un commandant de la garde nationale entre amicalement dans les groupes, veut causer ; la foule se ferme sur lui, on le terrasse, on le désarme ; de son sabre on lui scie le gras de la jambe.

La loi de la réquisition avait singulièrement irrité encore la haine du paysan contre Cholet, contre les villes en général, les municipalités. Par cette loi, la Convention imposait aux officiers municipaux la charge terrible d'improviser une armée, personnel et matériel, tout compris, les hommes et les choses. Elle leur donnait droit de *requérir* non les recrues seulement, mais l'habillement, l'équipement, les transports. Rien n'était plus propre à effaroucher les Vendéens. On disait que la République allait *requérir* les bestiaux... Toucher à leurs bœufs! grand Dieu!... C'était pour prendre les armes.

La loi de la réquisition autorisait les communes à s'arranger en famille pour former le contingent. S'il y avait un garçon trop nécessaire à ses parents, la municipalité le laissait et elle en prenait un autre. C'est justement cet arbitraire qui multipliait les disputes. Par cette loi imprudente, la Convention se trouva avoir appelé tout un peuple à discuter. Les municipaux ne savaient à qui entendre. Républicains ou royalistes, ils étaient presque également injuriés, menacés. Un municipal royaliste que les paysans voulaient assommer leur disait : « Y songez-vous?... mais jamais vous n'en trouverez qui soit plus aristocrate. »

Ces haines atroces éclatèrent le 10, à Machecoul. Au bruit du tocsin qui sonnait, une énorme masse rurale fond sur la petite ville. Les patriotes sortirent intrépidement, deux cents hommes contre plusieurs mille. La masse leur passa sur le corps. Elle entra d'un flot, remplit tout. C'était dimanche; on venait se venger et s'amuser. Pour amusement, on crucifia de cent façons le curé constitutionnel. On le tua à petits coups, ne le frappant qu'au visage. Cela fait, on organisa la chasse des patriotes. En tête des masses joyeuses marchait un sonneur de cor. Ceux qui entraient dans les maisons pour faire sortir le gibier, de temps à autre, jetaient dans la rue un malheureux patriote; le sonneur sonnait la *vue*, et l'on courait sus. La victime abattue par terre, on sonnait l'*hallali*. En l'assommant, on donnait le signal de la *curée*. Les femmes alors accouraient avec leurs ciseaux, leurs ongles; les enfants achevaient à coups de pierres.

Ceci ne fut qu'une avant-scène. Sur cette hauteur de Machecoul, entre deux départements, les royalistes dressèrent leur tribunal de vengeance, qui fit venir de partout des masses de patriotes, et continua de massacrer, du 10 mars au 22 avril.

Tout cela avait commencé depuis vingt-quatre heures, que rien ne bougeait encore dans la haute Vendée. Elle ne se décida que par l'affaire de Saint-Florent.

La foule des jeunes gens s'y mit en pleine révolte. On essaya d'arrêter un jeune homme, nommé Forest, ex-domestique d'un émigré, qui revenait de l'émigration et prêchait la résistance. Il tire, il tue un gendarme. Ce coup de pistolet retentit dans quatre départements.

On amena le canon. La foule n'en eut pas peur. Elle se jeta dessus, tua les canonniers à coups de bâton.

Saint-Florent est sans importance. Mais il faut remarquer sa situation. De son coteau élevé, il voit devant lui le fleuve, avec deux départements, et il en a deux derrière. Ceux-ci, sombres et muets, sans route alors, sans fleuve navigable, regardaient toujours vers la Loire, la lumière et le grand passage. Saint-Florent, avec Ancenis, est comme une petite fenêtre par où l'aveugle Vendée regardait au carrefour des départements de l'Ouest.

Au canon de Saint-Florent s'éveillèrent peu à peu les cloches de l'Anjou et du Poitou. Déjà, dans la basse Vendée, autour de Machecoul, le tocsin sonnait, depuis dimanche, dans six cents paroisses. En montant vers le Bocage, à Montaigu, à Mortagne, il sonnait dans tous les villages qui couronnent les collines. Il sonnait autour de Cholet et remplissait la ville de terreur. Les communications étaient interrompues; les courriers ne passaient plus. Toute la masse des paysans, cent mille hommes déjà peut-être avaient quitté les travaux. Outre la réquisition, il y avait, pour monter les têtes, les solennités du carême. Pâques approchait. Les femmes remplissaient toutes les églises. Les hommes s'amassaient au parvis, muets... Les cloches assourdissantes ne permettaient pas de parler; elles enivraient la foule, elles remplissaient les airs d'une électricité d'orage.

Que faisait Cathelineau? Il avait très bien entendu le combat de Saint-Florent, les décharges du canon. Il ne pouvait ignorer (le 12) l'affreux massacre qui (le 10) avait compromis sans retour dans la révolte le littoral vendéen. N'eût-il rien su, le tocsin se faisait assez entendre. Tout le pays semblait en mouvement, et la terre tremblait. Il commença à croire que l'affaire était sérieuse. Soit prévoyance de père pour la famille qu'il allait laisser, soit prudence militaire et pour emporter des vivres, il se mit à chauffer son four et à faire du pain.

Son neveu arrive d'abord, lui conte l'affaire de Saint-Florent. Cathelineau continuait de brasser sa pâte... Les voisins arrivent ensuite, un tailleur, un tisserand, un sabotier, un charpentier : « Eh! voisin, que ferons-nous? » Il en vint jusqu'à vingt-sept, qui tous étaient là à l'attendre, décidés à faire tout comme il ferait. Il avisa alors que la chose était au point; le levain était bien pris, la fermentation suffisante; il n'enfourna pas, essuya ses bras et prit son fusil.

Ils sortirent vingt-sept; au bout du village, ils étaient cinq cents. C'était toute la population. Tous bons hommes, bien solides, une population honnête et brave immuablement, noyau des armées vendéennes, qui presque toujours fit le centre, l'intrépide vis-à-vis du canon républicain.

Ils marchèrent gaillardement vers le château de Jallais, où il y avait un peu de garde nationale, commandée par un médecin. L'officier novice avait une petite pièce de canon, qu'il ne savait pas pointer. Il vint à bout cependant d'en tirer un coup, un boulet, qui ne toucha rien. Avant le second, Cathelineau et les siens se mirent à la course, enlevèrent le retranchement et saisirent la pièce.

Grande joie. Ils n'avaient jamais vu ni entendu de

canon. Ils emmenèrent celui-ci, le baptisant du nom de *Missionnaire*, ayant foi dans ses vertus et convaincus qu'à lui seul il convertirait les républicains et leur ferait faire leurs pâques.

Une belle couleuvrine, qu'ils prirent peu après par la même audace, tint compagnie au *Missionnaire* sous le nom de *Marie-Jeanne*. Toute l'armée en raffolait. On la perdit, on la reprit, avec un deuil, une joie qui ne se peut dire.

Sur la route, ils entraînaient tous les paysans de gré ou de force. Des prêtres se joignirent à eux et leur dirent la messe. Le 14, une grosse bande leur vint de Maulevrier. Le chef était Stofflet, un ancien soldat, fils d'un meunier de Lorraine, qui avait servi sous M. de Maulevrier et était son garde-chasse. C'était, comme Cathelineau, un homme d'environ quarante ans, intrépide, mais rude et féroce.

L'armée, grossie jusqu'au nombre d'environ quinze mille hommes, se présenta devant Cholet. Elle poussait devant elle trente malheureux jeunes gens, faits prisonniers à Chemillé, pour essuyer les premiers coups. Un homme se détacha seul et pénétra dans la ville. Il avait la tête et les pieds nus, tenait un crucifix avec une couronne d'épines, d'où pendait un long chapelet. Il tournait les yeux vers le ciel et criait d'un ton lamentable : « Rendez-vous, mes bons amis ! ou tout sera mis à feu et à sang. »

Deux messagers suivirent de près, avec une sommation signée : *le commandant* Stofflet et *l'aumônier* Barbotin.

Les patriotes ne s'étonnèrent pas. Ils étaient trois cents armés de fusils et cinq cents armés de piques, plus cent dragons de nouvelle levée [1]. M. de Bauvau, procureur-syndic, un noble très républicain, était à leur tête. La pluie tombait. La vue des trente prisonniers qu'il fallait fusiller d'abord pour arriver à l'ennemi, refroidissait les patriotes. Dans ce moment d'hésitation, les tirailleurs vendéens commencent. On sut plus tard quels étaient ces tireurs terribles, légers autant qu'intrépides, qui, s'éparpillant aux ailes, au front des colonnes, étonnaient les républicains par la précision meurtrière des premiers coups. Ce n'étaient nullement, le bon sens suffirait pour l'indiquer, de lourds paysans; c'étaient généralement des contrebandiers, de véritables *brigands*, dignes du nom que l'on étendit à tort à tous les Vendéens. L'élite des paysans, moins leste, mais très brave et très ferme, formait un noyau derrière ces coureurs, mais ne couraient pas eux-mêmes, et pour une raison bien simple : la plupart étaient en sabots.

Aux premiers coups, M. de Bauvau tombe, plusieurs grenadiers avec lui. La cavalerie qui chargeait s'effraye, revient, renverse tout. Les patriotes en retraite se jetèrent dans un pavillon du château et tirèrent de là

---

1. J'admire la puissance des historiens royalistes. Ils trouvent des garnisons pour les villes qui n'en avaient pas; ils créent des armées entières pour les faire battre par les Vendéens. Nous avons des détails plus précis dans les historiens militaires. Voir un ouvrage très riche en pièces originales, *Guerre des Vendéens*, par un officier supérieur, 1824, 6 vol. in-8°, et *Dix années de guerre intestine*, par le colonel Patu-Deshautschamps (1840), ouvrage publié avec approbation du ministre de la guerre.

sur la place, où arrivaient les Vendéens. On vit alors avec étonnement ce que c'était que cette guerre. Sur cette place était un calvaire; pas un paysan n'y passa sans s'agenouiller; les mains jointes, chapeau sous le bras, ils faisaient paisiblement leur prière à vingt pas du pavillon, sous le feu le plus meurtrier.

Ce qui faisait leur sécurité, c'est qu'ils étaient bien en règle, confessés, absous. De plus, la plupart, sous leurs vêtements, étaient cousus et cuirassés de petits *Sacrés-Cœurs* en laine que leur faisaient porter leurs femmes, qui devaient leur porter bonheur et « les faire réussir dans toutes leurs entreprises ».

Cette dévotion extrême avait des effets contraires, fort bizarres à observer. D'abord ils ne volaient pas, ils tuaient plutôt. Ils ne firent pas de désordre dans les maisons. Ils demandaient peu ou rien, se contentaient des vivres qu'on leur donnait. Il n'y en eut qu'un petit nombre, non paysans, mais voleurs ou contrebandiers mêlés aux paysans, par exemple leur canonnier, un drôle nommé *Six-Sous*, qui fouillèrent les prisonniers et vidèrent leurs poches.

Dès qu'un prisonnier était bien confessé, les paysans n'hésitaient pas à le tuer, bien sûrs qu'il était sauvé. Plusieurs évitèrent la mort en refusant la confession et disant qu'ils n'étaient pas encore en état de grâce. L'un d'eux fut épargné parce qu'il était protestant et ne pouvait se confesser. Ils craignirent de le damner.

L'histoire a été bien dure pour les malheureux patriotes qu'égorgeaient les Vendéens. Beaucoup d'entre eux montrèrent une foi héroïque et moururent martyrs. On compte par centaines ceux qui se firent tailler en pièces. Je citerai entre autres un garçon de seize ans, qui, sur le corps de son père mort, cria : « Vive la nation ! » jusqu'à ce qu'il eût été percé de vingt baïonnettes. De ces martyrs, le plus célèbre est Sauveur, officier municipal de la Roche-Bernard, disons mieux, la Roche-*Sauveur* Elle eût dû conserver ce nom.

Cette ville, qui est le passage entre Nantes et Vannes, fut attaquée le 16 par un rassemblement immense d'environ six mille paysans. Elle avait à peine quelques hommes armés; il fallut se rendre, et les furieux, sous prétexte d'un fusil parti en l'air, égorgèrent tout d'abord vingt-deux personnes sur la place. Ils foncent dans la maison de ville et trouvent le procureur-syndic, Sauveur, magistrat intrépide, qui n'avait pas quitté son poste. On le saisit, on le traîne. Mis au cachot, il en est tiré le lendemain pour être barbarement massacré. Il essuya je ne sais combien de coups d'armes de toute espèce, surtout de coups de pistolet; on tirait à petit plomb. On voulait lui faire crier : « Vive le roi ! » Il criait : « Vive la République ! » De fureur, on lui tirait des coups à poudre dans la bouche. On le traîna au calvaire pour faire amende honorable. Il leva les yeux au ciel, adora, mais en même temps cria : « Vive la nation ! » Alors on lui fit sauter l'œil gauche d'un coup de pistolet. On le poussa un peu plus loin. Mutilé, sanglant, il restait debout, les mains jointes, regardant le ciel. « Recommande ton âme ! » crient les assassins. On l'abat d'un coup de feu. Il tombe, mais se relève, serrant et baisant encore sa médaille de magistrat. Nouveau coup de feu; il tombe sur un genou, se traîne jusqu'au bord d'un fossé, dans une tranquillité stoïque; pas une plainte, pas un cri de colère ni de désespoir. C'est ce qui portait au comble la rage de ces furieux. Il ne disait que ces mots : « Mes amis, achevez-moi!... » et « Vive la République!... Ne me faites pas languir, mes amis... Vive la nation! » Il confessa sa foi jusqu'au bout; on ne lui imposa silence qu'en l'assommant et l'écrasant à coups de crosses de fusil.

Sauveur n'a pas un article dans les biographies. La Convention avait donné son nom à sa ville. Bonaparte l'a ôté. Les préfets de Bonaparte ont écrit des livres à la gloire des Vendéens... France ingrate, France oublieuse, qui n'honores que ceux qui t'écrasent, et n'as pas un souvenir pour ceux qui moururent pour toi!...

Une différence essentielle que nous avons signalée entre la violence révolutionnaire et celle de ces fanatiques animés des fureurs des prêtres, c'est que la première, en tuant, ne voulait rien autre chose qu'être quitte de l'ennemi. L'autre, fidèle à l'esprit de la férocité sacrée des temps de l'Inquisition, voulait moins tuer que faire souffrir, faire expier, tirer de l'homme (pauvre créature finie) d'infinies douleurs, de quoi venger Dieu!

Lisez les doucereuses idylles des écrivains royalistes, vous serez tentés de croire que les insurgés ont été des saints, qu'à la longue seulement, forcés par les barbaries des républicains, ils ont exercé des vengeances et tiré des représailles. Qu'ils nous disent quelles représailles on avait à exercer sur les gens de Pontivy, lorsqu'au 12 ou 13 mars, les paysans, conduits par un curé réfractaire, martyrisèrent sur la place dix-sept gardes nationaux. Était-ce des représailles qu'on exerçait à Machecoul, pendant six semaines, sous l'autorité régulière du comité royaliste? Un receveur des gabelles, Souchu, qui le présidait, remplit et vida quatre fois les prisons de cette ville. La foule avait, on l'a vu, tué par jeu d'abord, dans sa brutalité joyeuse. Souchu mit ordre à cela; il eut soin que les exécutions fussent longues et douloureuses. Comme bourreaux, il aimait surtout les enfants, parce que leurs mains maladroites faisaient plus longtemps souffrir. Des hommes très durs, marins, militaires, ne purent voir ces choses sans indignation et voulurent y mettre obstacle. Le comité royaliste fit alors ses coups de nuit; on ne fusillait plus, on assommait, et l'on recouvrait à la hâte les mourants de terre.

Selon les rapports authentiques faits à la Convention, cinq cent quarante-deux personnes périrent en un mois, et de quelle mort!... Ne trouvant presque plus d'hommes à tuer, on allait passer aux femmes. Beaucoup étaient républicaines, peu dociles aux prêtres, qui leur en gardaient rancune. Un miracle affreux se fit. Il y avait dans une église la tombe de je ne sais quelle sainte en réputation. On la consulta.

Un prêtre dit la messe sur la tombe, y posa les mains... Voilà que la pierre remue... « Je la sens, criait le prêtre, je la sens qui se soulève... » Et pourquoi se levait-elle? Pour demander un sacrifice agréable à Dieu, qu'on ne ménageât plus les femmes, qu'on les égorgeât... Fort heureusement, les républicains arrivèrent, la garde nationale de Nantes. « Hélas ! leur disaient les gens de la ville qui venaient à eux en pleurant et qui leur serraient les mains, hélas ! vous venez trop tard ! Vous venez sauver les murailles... La ville est exterminée... » Et ils leur montraient la place des hommes enterrés vifs. On voyait avec horreur sortir une main crispée qui, dans l'effroyable angoisse de l'étouffement, avait saisi et tordait des herbes flétries.

« Tout cela, répondent-ils, est de la Bretagne ou du Marais vendéen. Mais les hommes du Bocage... quelle piété ! quelle pureté !... » Nous regrettons que les actes et les pièces authentiques dérangent la belle économie d'une si poétique légende. Le témoignage positif qu'on en tire, dès le premier jour, c'est que la dévotion même des gens du Bocage les rendit faciles à verser le sang. Ces braves gens étaient si sûrs de la vie à venir que la mort leur semblait chose indifférente ; ils la recevaient sans terreur, la prodiguaient sans scrupule. Confessés, absous, repentants, mis en bon état de conscience, les patriotes leur semblaient pouvoir sans difficulté sortir de cette vallée de larmes pour aller en paradis.

Les curés constitutionnels, qui sans doute avaient

à expier davantage, ne passaient à l'autre monde qu'à travers d'affreuses tortures. Les colonnes de Cathelineau, le 16 et le 17 mars, en poussaient deux devant elles en les lardant de coups de pique; on ne sait combien d'heures (ou de jours) dura ce supplice.

Il fallut les plus grands efforts pour empêcher les paysans d'égorger indistinctement les prisonniers de Montaigu. Les nobles s'y employèrent avec beaucoup d'humanité et de courage. Pour les prisonniers de Cholet, il n'y eut aucun moyen de les sauver. Ils furent immolés, littéralement, en sacrifice, dans la semaine de Pâques, en partie le jeudi saint. Ce jour-là, on en tua six, jeunes gens de Montpellier, qui tenaient des maisons de commerce à Cholet. On les lia un à un à l'arbre de la liberté, pour fusiller l'arbre avec eux.

Ces paysans, sans nul doute, étaient braves autant que fanatiques. Leur audace, la décision vigoureuse avec laquelle des masses si mal armées se jetèrent sur les canons, est chose acquise à l'histoire. C'est une glorieuse légende pour la France, et l'on n'y doit pas toucher. Ce n'est pas nous qui par de vaines chicanes essayerons de diminuer ce qui peut faire honneur à la valeur nationale. Il faut convenir toutefois que, depuis qu'on a publié dans les histoires militaires le chiffre exact des troupes qui furent opposées aux Vendéens, le miracle surprend moins. Il reste de quoi admirer, toutefois dans les limites du raisonnable et du possible.

Les hommes d'un vrai courage comme était Cathelineau, d'un sens militaire très vif et très juste comme était Charette, ne se seraient nullement lancés dans la gigantesque entreprise de faire la guerre à la France, si la chose n'eût été vraiment possible en ce moment, si l'on n'eût pu compter que sur des hasards, des miracles, de merveilleux coups d'en haut.

Toute la basse Vendée, toute la côte de Nantes à La Rochelle, *étaient gardées par deux mille hommes*, divisés entre neuf petites villes. Ces deux mille hommes étaient cinq bataillons de ligne, très incomplets, des dépôts composés des hommes les moins valides, que l'on n'avait pas trouvés en état de marcher à la frontière.

Qui gardait la haute Vendée? *Personne, exactement personne.*

Il n'y avait point de troupes à Saumur, point à Angers, sauf un corps de jeunes gens qu'on formait à la cavalerie et qui devait faire le service de dragons. On en envoya une centaine à Cholet, quand elle fut menacée par les insurgés.

Le pays se gardait lui-même. Les villes avaient aux frontières l'élite de leur jeunesse. Leurs meilleurs hommes étaient à Mayence ou en Belgique. Elles n'avaient ni troupes, ni armes, ni munitions.

On pourrait soutenir d'ailleurs que, dans ce pays, il n'est point de villes. Sauf Cholet, Luçon, Fontenay, les Sables-d'Olonne, qui sont de bien petites villes, tout le reste ne peut s'appeler ainsi. Toute la population est dans les campagnes. D'énormes masses rurales furent lancées sur des bourgades sans défense.

On forma à la hâte des bataillons de gardes nationales, et chaque bataillon prit le nom d'armée. Il y eut l'armée de Saint-Lambert, l'armée de Doué, celles de Bressuire, de Parthenay, Niort, Fontenay, Luçon, etc., je ne sais combien d'armées, et point de soldats.

Tout le monde était général ou officier supérieur. Les militaires émérites, sexagénaires, septuagénaires, qui restaient dans le pays, furent les généraux, le vieux Verteuil, le vieux Marcé, le vieux Wittinghof. Tous les autres officiers (négociants, rentiers, médecins) n'avaient jamais vu la guerre, jamais touché d'arme.

Les municipalités mettaient *en réquisition* quelques gardes nationales, population citadine de petits marchands, épiciers, bonnetiers, etc., qui ne savaient point charger un fusil. Le paysan, au contraire, était grand chasseur, appelé souvent aux chasses par les seigneurs mêmes (dit Mme de La Rochejaquelein); depuis 1789, d'ailleurs, il chassait tout seul, sans autorisation et fort librement.

Les gardes nationaux, pères de famille, quittant à regret leurs boutiques, leurs enfants, leurs femmes éplorées, regardaient sans cesse vers la maison et l'heureux moment du retour. Devant l'ennemi surtout, la nostalgie leur venait. Au feu, ils se trouvaient avoir bien moins de bras que de jambes.

Les retenir quinze jours loin de leurs maisons,

c'était tout ce qu'on pouvait faire. Les municipalités n'osaient leur demander davantage. Ainsi ils changeaient sans cesse. A peine commençaient-ils à savoir manier une arme qu'ils partaient ; d'autres venaient tremblants et novices.

Voilà ce que nous lisons dans les aveux désespérés que faisaient les militaires aux autorités, et qui, heureusement pour l'histoire, nous ont été conservés. On ne comprendrait pas autrement comment les mêmes pays se sont trouvés tout à la fois les plus vaillants et les plus lâches de la République. N'est-ce pas des mêmes contrées qui fournissaient ces fuyards, invariablement battus, que sortirent tant d'admirables légions républicaines, spécialement celle de Beaurepaire, l'immortel bataillon de Maine-et-Loire?

En réalité, les premières forces organisées qui parurent dans la Vendée n'arrivèrent qu'à la fin de mai. Le pays était insurgé depuis à peu près trois mois.

Le seul combat sérieux qu'il y eut en mars eut lieu le 19, dans la basse Vendée, entre Chantonnay et Saint-Vincent.

Un certain Gaston Bourdic, perruquier breton (les perruquiers, on l'a vu, étaient la fleur du royalisme), avait entraîné une cinquantaine de jeunes gens qui ne voulaient pas partir. Ils traversèrent la basse Vendée, et sur la route toute la foule des campagnes se mit avec eux. La masse, grossissant toujours, enleva un poste. L'officier fut tué ; Gaston endossa son habit et, sans autre formalité, se fit général.

Le 15 mars, il attaqua Chantonnay et s'en empara.

Au premier moment on crut, et les représentants Carra et Niou écrivirent que le généralissime de la Vendée était le perruquier Gaston. On le crut à la Convention, on le répéta dans toute l'Europe. Tant cette guerre et ce pays étaient peu connus! Dans la réalité, il y avait vingt chefs, tous indépendants. Les plus considérables toutefois dans ces parages étaient MM. de Royrand et de Sapinaud, deux officiers nobles que les paysans avaient forcés de prendre le commandement. Gaston, très probablement, se rallia à eux, et leurs forces combinées se trouvèrent le 19 en face du vieux général Marcé, qui, sans consulter son âge, était parti de La Rochelle avec cinq cents hommes de ligne, auxquels se joignirent sur la route beaucoup de gardes nationaux. Marcé eut son cheval blessé, ses habits et ceux de ses fils tout percés de balles. Il resta presque seul. Une partie de sa troupe s'enfuit et entraîna tout.

Qui empêchait l'insurrection d'être maîtresse absolue du pays? Rien dans la haute Vendée, absolument rien. Dans la basse, un brave officier, le général Boulard, se maintint toujours avec peu de forces, appuyé tantôt des vaillantes gardes nationales du Finistère, tantôt de celles de Bordeaux. Celles-ci avaient montré un patriotisme héroïque. Partis de Bordeaux, à la première nouvelle de l'insurrection, sans se reposer d'un si long trajet, les bataillons de la Gironde attaquèrent partout les Vendéens à la baïonnette, et rien jamais ne tint devant eux.

C'étaient pourtant la plupart des négociants que rappelaient leurs affaires; ils étaient partis pour quinze jours et restèrent trois mois. Il fallut bien, à la longue, les laisser partir, comme ceux du Finistère, que d'autres dangers rappelaient chez eux.

Toutes les administrations, en détresse, criaient au secours. De Nantes, d'Angers, des Sables, de toutes les villes, le ministre de la guerre recevait lettres sur lettres, les prières du désespoir. A peine répondait-il. Le général La Bourdonnais, qui avait le commandement général des côtes, alla jusqu'à accuser le ministre auprès de la Convention. Celui-ci, forcé de répondre, écrivait au général : « Mais que voulez-vous que je fasse ? Comment vous envoyer des troupes ? Comment puis-je ôter un homme à Custine qui bat en retraite ? Comment affaiblir Dumouriez ?... Je vous enverrai cinq cents hommes, les vainqueurs de la Bastille. »

Triste aveu, secours dérisoire. Les patriotes de l'Ouest étaient perdus certainement, s'ils ne se sauvaient eux-mêmes. Leur élan fut admirable (spécialement dans plusieurs des villes de Bretagne), au niveau du fanatisme des chouans, des Vendéens. Elles donnaient toutes au delà de leur contingent. Dol devait seize hommes, et elle en fournit trente-quatre, les autres à proportion. Les sacrifices de Nantes furent illimités. Coupée de toutes parts et sans communications, devenue une île, au milieu d'une mer de troubles, d'incendies, d'assassinats, voyant les feux s'élever de quatre départements, elle prit dans son péril même une vigueur prodigieuse. Elle s'organisa un gouvernement, leva des armées, lança ses vaillantes colonnes par toute la Loire-Inférieure, parfois au delà.

Le 13 mars, tous les corps constitués de la ville s'unirent en un seul, formèrent un corps souverain. Ils mirent les caisses publiques au château de Nantes, créèrent des cours martiales pour suivre les colonnes armées et juger sur les lieux les rebelles pris les armes à la main; ils organisèrent dans la ville un tribunal extraordinaire sans appel, et, pour avertir les royalistes que le moindre mouvement dans les villes serait puni de mort, ils ordonnèrent que d'avance on dressât la guillotine.

Ce qui remplissait Nantes et toutes les villes de l'Ouest d'une mystérieuse terreur, c'est que l'insurrection était anonyme, elle n'avait pour chef aucun homme connu. On ne savait bien d'abord ni les hommes, ni les faits, ni les causes.

Sauf MM. de Sapinaud et de Royrand, sur un point de la Vendée centrale, il n'y avait encore aucun général noble. Sapinaud lui-même arma malgré lui, forcé par les gens du pays. « Mes amis, leur disait-il, vous allez être écrasés. Un département contre quatre-vingt-deux, c'est le pot de terre contre le pot de fer... Croyez-moi, rentrez chez vous. » Charette et M. de Bonchamps firent aussi cette réponse. Ils prirent les armes pourtant, ainsi que M. d'Elbée, et furent malgré eux commandants de petites bandes du voisinage, mais nullement généraux.

Le perruquier Gaston était le seul général connu dans la basse Vendée, Cathelineau et Stofflet dans la haute.

Nous avons là-dessus un témoignage authentique, l'interrogatoire que subit, le 27 mars, le frère de Cathelineau, qu'on avait fait prisonnier. On lui demanda : *Quels étaient les chefs?* et il répondit : Stofflet et Cathelineau. » — Puis : *S'il y avait* des nobles dans l'armée? Il répondit : « *Il y a* M. d'Elbée, et un autre dont je ne sais pas le nom. »

On lui demanda encore s'il y avait d'autres personnes connues : « Oui », dit-il, et il nomma des *sergers* et marchands d'étoffes de Jallais et de Beaupréau.

Caractère vraiment formidable de cette guerre intérieure! la France, attaquée de l'Europe, trouvait en elle un ennemi qu'elle ne pouvait définir. *C'était personne et tout le monde*, un monstre informe et sans nom.

CHAPITRE VI

TRAHISON DE DUMOURIEZ (MARS-AVRIL 1793).

Unanimité de la Convention contre la Vendée. — Grandes mesures sociales. — Dumouriez était mal avec tous les partis. — Il n'avait de rapport intime qu'avec les Orléanistes. — Lettre insolente de Dumouriez à la Convention, 12 mars. — Danton demande que l'on cache la lettre. — Dumouriez hasarde la bataille de Neerwinde, 18 mars. — Ses dispositions au profit des Orléanistes. — Miranda est écrasé. — Dumouriez rejette la défaite sur Miranda. — Arrangement de Dumouriez avec les Autrichiens. — Danger de Danton. — Danton suspect de complicité avec Dumouriez. — Danton accusé par la Gironde, 1ᵉʳ avril 1793. — Sa furieuse récrimination. — La Convention abdique son inviolabilité. — Dumouriez arrête les commissaires de la Convention. — Il passe à l'ennemi.

La nouvelle de la Vendée, tombant sur Paris, y mit une fureur profonde, comme celle d'un odieux guet-apens, la fureur qu'éprouve un homme attaqué de toutes parts, lorsque, déjà serré à la gorge par deux autres, il sent derrière un troisième qui lui plonge le couteau.

C'était pour la seconde fois qu'au moment de l'invasion des ennemis, au jour même où la nouvelle pouvait arriver dans l'Ouest, éclatait à l'intérieur l'invasion des brigands.

Nos lignes forcées sur la Meuse, notre armée du Rhin en pleine retraite, Custine laissant la moitié de son armée dans Mayence et venant se réfugier sous le canon de Landau! voilà ce qu'on savait de l'Est. Nous reculions de toutes parts. Par l'Est comme par le Nord, elle pesait sur nous maintenant, cette grande et lourde Allemagne, elle semblait nous retomber de la masse irrésistible de ses quarante millions d'hommes. La France, succombant sous le poids, appuyait au centre, à l'Ouest, sur quoi? Sur la guerre civile, sur la ruine et sur la mort.

Il ne faut pas s'étonner si, dans de telles circonstances, personne ne songea à poursuivre sérieusement les auteurs du mouvement du 10 mars. On ne voulut voir en eux que de violents patriotes, qui avaient suivi trop aveuglément une fureur, après tout, légitime, contre les endormeurs coupables de la presse girondine. Tout ce que celle-ci avait atténué, nié, était trop réel et se vérifiait jour par jour. Comment d'ailleurs la Convention eût-elle pu rendre justice à la Gironde? Celle-ci, au lieu de préciser ses accusations, de nommer tel individu, y englobait des corps entiers, et la Montagne, et la Commune, et les Jacobins, tout le monde.

La nouvelle de l'Ouest sembla un moment réconcilier la Convention. Elle fut unanime contre les assassins de la France.

La Gironde demanda que les insurgés bretons fussent envoyés au tribunal révolutionnaire. Le Breton Lanjuinais, dans sa loyale indignation contre les traîtres, voulait de plus que l'on confisquât les biens de ceux qui auraient été tués.

L'incendie de la Vendée, qui gagnait si vite, demandait des remèdes encore plus rapides. Cambacérès proposa la justice militaire. On donnait huit jours aux nobles et aux prêtres pour sortir du territoire, après quoi ceux que l'on prendrait seraient (comme meurtriers, incendiaires, instigateurs de révolte) mis à mort dans les vingt-quatre heures, les biens des morts confisqués, toutefois en pourvoyant à la subsistance des familles (19 mars).

Parmi ces nécessités de justice révolutionnaire, la Convention sanctionna de grandes mesures sociales pour rassurer la nation, calmer les craintes des propriétaires, donner bon espoir aux pauvres. Ce fut le comité de défense qui les proposa ; nulle défense plus sûre en effet que d'intéresser toutes les classes au salut de la patrie. 1° *La propriété fut garantie*, la mort décrétée pour qui proposerait des lois agraires ; 2° mais la propriété (territoriale ou industrielle) *devait supporter l'impôt progressif*. Pour d'autres lois populaires, la Convention demanda un rapport, par exemple pour le partage des biens communaux.

Un espoir restait à la France dans sa situation terrible, c'était que le général heureux, l'homme de Valmy et de Jemmapes, Dumouriez, viendrait la sauver. — Il revint, mais ennemi !...

Le jour même où l'on apprend l'explosion de la Vendée, une lettre de Dumouriez arrive, lettre insolente et méprisante, qui défie la Convention, et que l'on aurait crue de Brunswick ou de Cobourg.

Il était parti ennemi en janvier, et la trahison dans le cœur. Lui-même il dit que dès lors il était décidé à émigrer. De là son intrigue avec les agents hollandais, anglais, son audacieuse tentative de se porter médiateur, de régler avec l'étranger les affaires de la France, intrigue déjouée fort à propos par la mesure sage et forte de la Gironde de faire déclarer la guerre à l'Angleterre, sans faire la moindre attention aux beaux discours de Dumouriez.

La coalition vit alors ce qui était vrai, c'est qu'il n'avait aucun crédit en France, que personne ne se fiait à lui. On l'acceptait, on le soutenait, comme un aventurier habile et heureux; voilà tout. Il l'avoue dans ses *Mémoires :* « Je n'avais, dit-il, personne pour moi, dans la Convention. »

Il était brouillé avec tous les partis :

Mal avec les Girondins, qui lui donnaient ce soufflet de la déclaration de guerre à l'Angleterre;

Mal avec les Jacobins, qui le croyaient royaliste, et avec raison;

Mal avec les royalistes, à qui il avait fait croire qu'il pourrait sauver le roi.

Il n'était même pas bien avec Danton et ses amis, qui, par deux fois proposèrent la réunion de la Belgique à la France, la mesure qui renversait tous les plans de Dumouriez.

Il ne lui restait nulle liaison sérieuse qu'avec les Orléanistes.

Leur fortune était justement la même... Ils avaient cela de commun qu'eux et lui étaient perdus s'ils ne faisaient quelque tentative audacieuse et désespérée.

Libre aux Orléanistes de nier l'évidence. Libre à Dumouriez de mentir dans ses *Mémoires*, écrits pour l'émigration, et de dire qu'il ne songeait qu'au rétablissement de la branche aînée.

Dumouriez avait trop d'esprit pour croire que les émigrés eussent jamais pardonné leur retraite de Valmy. Il voulait un roi, sans nul doute, mais non de la branche aînée.

Les Orléans se sentaient délaissés de la Montagne. Elle haïssait Égalité, qui lui nuisait par sa présence, donnait prise aux Girondins. Ce buste mort d'un Bourbon qu'elle voyait sur ses bancs, cette muette effigie qui n'avait desserré les dents que pour la mort de Louis XVI lui était odieuse, importune. Un pressentiment de haine disait aux loyaux Montagnards qu'il y avait là, contre la République, un *en-cas* royal, une royauté possible, et la pire, la royauté de l'argent.

« Dumouriez ne pensait pas au jeune duc d'Orléans. » Sans doute ; sans y penser, il s'arrangea, dans chacune de ses batailles, pour le faire valoir, lui donner le plus beau rôle.

« Il ne pensait point à la maison d'Orléans. » Et on le voit entouré de généraux orléanistes ; son bras droit était Valence, gendre de Mme de Genlis, quasi frère du jeune Orléans.

Qui proposa-t-il à Charette après Quiberon, lorsque le comte d'Artois, déshonoré, semblait rendre la branche aînée décidément impossible? Orléans. — On sait la réponse énergique et méprisante que lui fit le Vendéen. Il aima mieux la République et deux balles dans la tête.

Nous croyons d'après tout ceci que dès janvier 1793, Orléans et Dumouriez, c'était la même personne. Compromis sans retour avec les royalistes suspects à la Révolution, ils n'avaient qu'un salut possible et qu'une chance : se faire rois eux-mêmes.

Cela était difficile. Était-ce impossible? Dumouriez ne le croyait pas.

L'armée aimait Dumouriez; les troupes de ligne du moins lui étaient fort attachées. Elles avaient de l'estime et de la sympathie pour leur jeune compagnon d'armes, *le général Égalité*, qui se faisait comme des leurs, était moins leur chef que leur protégé. Sa royauté eût été celle de l'armée elle-même.

Les puissances auraient-elles vu cet arrangement avec peine? Elles n'avaient pas montré grande sensibilité pour le sort de la branche aînée. L'Angleterre se fût reconnue, eût retrouvé sa propre histoire et ses enseignements dans l'élévation d'une branche cadette. N'a-t-elle pas professé le grand axiome : « Le meilleur roi est celui qui a le plus mauvais titre? »

Et la France qu'aurait-elle dit? Elle était déjà bien lasse. Bien des classes, les riches surtout, eussent accepté, les yeux fermés, un compromis quel qu'il fût. Le prétendant eût montré les deux faces de Janus : *un roi* à droite, mais à gauche un roi *de sang régicide*.

Il fut arrivé, ce jeune homme, au nom de l'humanité, au nom de l'ordre et des lois. « Assez de sang! » eût-il dit. Mot magique, mot infaillible, qu'on lui eût payé en bénédictions. A chaque âge de la Révolution, quelqu'un essaya de le dire. Qui l'aurait dit, sans en mourir, était bien sûr de régner. Danton l'essaya, périt. Robespierre y pensait sans doute avant le 9 thermidor ; la chance qu'il attendait pour être maître absolu, c'était de pouvoir un matin guillotiner la guillotine.

Dans son séjour de janvier à Paris, Dumouriez vit le duc d'Orléans. Quels furent leurs arrangements, leurs projets ? On ne le sait, et l'on n'a aucun besoin de le savoir. Il suffit d'avoir prouvé que l'un et l'autre étaient perdus, qu'ils ne pouvaient se sauver que par cette voie très étroite, sans avoir la moindre échappée ni à droite ni à gauche.

Seulement, pour négocier, pour trahir, pour faire un roi, il fallait d'abord constater sa force. Il fallait imposer et à la coalition et à la France par quelque heureux coup. De là les tentatives hasardeuses, presque insensées, que Dumouriez risqua, d'abord d'enlever la Hollande, puis, l'ennemi lui venant derrière, de se retourner, de hasarder la bataille de Neerwinde.

Suspendu ainsi entre la coalition et la France, n'ayant en mains que la Belgique, qui lui était disputée par l'influence révolutionnaire, Dumouriez se fit Belge, en quelque sorte, prit les intérêts des Belges; il écrivit pour eux un violent manifeste, sous forme de lettre à la Convention. Il l'écrivit, le 12, à Louvain, et il eut soin d'en faire courir des copies.

C'était l'acte d'accusation de la Convention et de la France. Tout ce que disait l'ennemi contre nous était proclamé ici par une bouche française, par notre général même. Comme l'Autrichien, il disait que la demande de la réunion à la France n'avait été obtenue des Belges, arrachée qu'à coups de fusil. Comme la Banque, il disait que Cambon n'avait voulu que ruiner la Belgique, absorber son or, pour des assignats. Comme les prêtres, il se lamentait sur l'argenterie des églises enlevée pour les frais de la guerre, la violation des tabernacles, l'effusion des hosties répandues à terre. Dans ce pieux manifeste, fort bien combiné pour les Belges, le roué montrait dans nos revers une punition de nos crimes : de tout temps, il y a eu une récompense des vertus et une punition des vices, etc. A ce compte il ne fallait pas se battre; c'était tenter la Providence. Le bâton du caporal autrichien était la verge de Dieu.

Cette perfide capucinade arriva le 14 au soir. Le Girondin Gensonné, qui présidait la Convention, fut terrifié et crut d'abord devoir montrer la lettre au comité de défense générale. Bréard, président de ce comité, Barère, le parleur ordinaire, dirent qu'on ne pouvait garder une lettre adressée à l'Assemblée, qu'il fallait la lui porter, lui demander l'accusation, l'arrestation de Dumouriez. C'était l'audace de la peur; cette mesure violente eût eu l'effet de rallier l'armée à son général; elle ne se doutait nullement de sa perfidie; elle l'aurait cru victime des factions, et très probablement elle l'aurait défendu. Cette armée loyale et reconnaissante, qui croyait lui devoir les victoires qu'elle avait gagnées, eut besoin, pour s'arracher de Dumouriez, de le voir en rapport avec l'ennemi, que dis-je? de le voir entouré, escorté des Autrichiens, dans leurs rangs, au milieu des détestés manteaux blancs... Jusque-là on ne pouvait rien. Ou, si les volontaires obéissaient au décret et mettaient la main sur lui, la ligne l'aurait défendu; on eût eu l'affreux spectacle d'une bataille entre l'armée et l'armée, sous les yeux des Autrichiens, qui eussent tombé sur les deux partis.

Un seul membre s'opposa à l'arrestation de Dumouriez, et ce fut Danton : « Que faites-vous, dit-il au comité. Savez-vous bien que cet homme est l'idole de l'armée? Vous n'avez pas vu, comme moi, aux revues, ses soldats fanatiques lui baiser les mains, les bottes!... Au moins faudrait-il attendre qu'il eût opéré la retraite. Comment la ferait-on sans lui?... Il a perdu la tête, comme politique, mais non comme militaire... » Les Girondins du comité avouèrent que

Danton avait raison, que Dumouriez, après tout, était encore, dans cette crise, le seul général possible.

Danton voulait qu'avant tout on essayât de lui faire rétracter la lettre, qu'une commission mixte des deux partis allât le trouver, dans laquelle il reconnût l'unanimité de la Convention, qu'on envoyât par exemple lui Danton pour la Montagne, et pour la Gironde Guadet, Gensonné. Ceux-ci déclinèrent la commission. Ils consentirent à garder quelques jours la lettre au comité, responsabilité déjà assez grande. Mais, pour la démarche hasardeuse d'aller conférer en Belgique avec un homme si suspect et si près de la révolte, ils la laissèrent à Danton, qui n'hésita pas et partit au moment même [1].

La lettre de Dumouriez, terrible le 12, fut ridicule

---

1. Danton était-il complice de Dumouriez pour l'élévation de la maison d'Orléans? Était-il en rapport intime avec cette maison? — Il faut distinguer les dates. Danton, en 1791, était en rapport avec Orléans par une maîtresse commune. En 1792, Orléans était impossible, et peut-être Danton pensa un moment à son fils. Dès la fin de 1792, la République était tout à la fois la raison et la fatalité; Danton avait trop de bon sens pour vouloir des choses impossibles. La maison d'Orléans, assez embarrassée du triste patronage du transfuge Dumouriez, n'a rien négligé pour faire croire, à certaines époques, qu'elle avait eu celui de Danton. Il n'y a pas la moindre preuve, sauf certaines traditions orales, qui n'ont peut-être d'autre origine que les intéressés. Je regrette que M. de Lamartine, dans sa crédulité magnanime, ait si facilement accueilli des choses si peu prouvées. Par exemple, en son livre V, c'est-à-dire *en mars*, il met un grand complot de Danton pour la royauté d'Orléans. Danton, pour envoyer un message au duc, alors absent, emprunte à sa seconde femme (la première est morte le 10 février), Danton emprunte à sa seconde femme 50 louis qu'il lui a donnés pour présent de noces. Or remarquez que Danton *ne s'est remarié que le 17 juin*, lorsque les deux Orléans, l'un parti avec Dumouriez, l'autre en prison à Marseille, étaient devenus l'objet de l'exécration publique et n'étaient plus, à coup sûr, des candidats pour le trône. Le message et le complot sont de pures fictions.

le 18. Dans sa précipitation, il perdit une grande bataille.

Il n'avait que trente-cinq mille hommes en ligne, et déjà désorganisés. L'ennemi en avait cinquante-deux mille, une armée reformée avec soin pendant l'hiver, toute d'anciens soldats, tandis qu'une bonne moitié de ceux de Dumouriez n'étaient que des volontaires. Miranda voulait qu'on couvrît seulement Louvain, dans une position très forte. Là, l'armée se serait raffermie un moment, recrutée de ce qu'elle eût tiré de France. Il est vrai que dès lors Dumouriez eût dépendu de la Convention, au lieu de lui faire la loi.

Il avança jusqu'à Neerwinde et trouva les Autrichiens dans une position dominante, analogue à celle de Jemmapes, moins concentrée toutefois. Leur front s'étendait sur près de deux lieues. Dumouriez s'étendit de même; mais, pour une armée plus faible, s'étendre, c'était s'éparpiller, laisser de vastes ouvertures; les corps ne pouvaient guère manquer d'être isolés les uns des autres. Comme à Jemmapes, Dumouriez avait donné le centre à son pupille, le jeune Égalité; son homme, le général Valence, avait la droite, Miranda la gauche.

De grandes difficultés naturelles séparaient celui-ci de l'ennemi; il lui fallait traverser un terrain coupé qui lui permettait peu de mouvoir librement ses troupes; une artillerie formidable de batteries croisées le foudroyait des hauteurs. Ce qui suffirait pour faire croire que Miranda avait en tête la grande force de l'ennemi, c'est que cette droite autrichienne était commandée par le jeune prince Charles, fils de l'empereur Léopold, qui faisait la guerre pour la première fois. Quand on connaît l'histoire des guerres monarchiques, on peut affirmer hardiment qu'on mit le jeune prince au poste où une écrasante supériorité assurait d'avance que de ce côté les Français n'auraient jamais l'avantage.

Dumouriez fut-il instruit de la présence du prince en face de Miranda? Nous l'ignorons. S'il la connut, son plan fut simple, le même à peu près qu'à Jemmapes. Miranda eut à Neerwinde le rôle de Dampierre à Jemmapes, le rôle d'être écrasé. L'affaire était arrangée pour la gloire des Orléanistes; Dumouriez ménageait à Valence l'honneur de frapper le grand coup. De même qu'à Jemmapes, Thouvenot, vainqueur, vint fortifier Égalité et sauver enfin Dampierre. — Valence, vainqueur à Neerwinde, fût revenu au centre sur Égalité, et tous deux auraient sauvé ce qui restait de Miranda, s'il en restait quelque chose. Cette fois encore, le prétendant eût apparu vers la fin, comme un Dieu sauveur, et Dumouriez eût écrit que pour la seconde fois ce jeune homme avait sauvé la France.

Dans les deux camps, si nous ne nous trompons, l'idée fut justement la même : *assurer la gloire à un prince*. Dumouriez arrangeait la chose pour le duc d'Orléans; Cobourg pour le prince Charles. Celui-ci eut en effet l'honneur de l'affaire et commença à vingt ans sa réputation de premier général de l'Empire.

Le récit de Dumouriez, parfaitement calculé pour obscurcir tout ceci, a été accepté sans débat par Jomini; tous ont copié Jomini. Il n'en a pas moins été démenti, ce récit, détruit et pulvérisé : 1° par les ordres écrits que Dumouriez donna lui-même; 2° par Miranda, un honnête homme, dont la parole vaut beaucoup mieux que la sienne; 3° par un témoin à coup sûr impartial, le général des Autrichiens, Cobourg, qui dans son récit s'accorde avec Miranda. C'est avec raison que Servan et Grimoard, les meilleurs juges des guerres de ce temps, ont préféré le récit conséquent de Miranda à celui de Dumouriez, insoutenable et contradictoire, qui se trompe (volontairement) sur les nombres, les heures, les lieux, les choses et les personnes.

Dumouriez prétend que sa droite garda l'avantage, que Neerwinde, pris et repris, lui resta le soir. Cobourg affirme le contraire. Ce qui est sûr, c'est qu'à la gauche Miranda fut écrasé. Il perdit près de deux mille hommes dans des attaques obstinées qui durèrent sept heures. Le prince Charles eut enfin l'avantage définitif; ses grenadiers avancèrent, et, par une chaussée, firent mine de couper nos volontaires, qui reculèrent en désordre. Il n'y eut plus moyen de les retenir.

Ici s'ouvre un débat entre Dumouriez et Miranda. « Miranda devait m'avertir », dit le premier. Miranda affirme qu'il l'a averti. Il a prouvé, par témoins, au tribunal révolutionnaire, qu'il a envoyé en effet un exprès au général. Ce message peut-être n'est pas arrivé. Mais fallait-il un message? Dumouriez entendait fort bien que le feu avait cessé. S'il eût été, comme il le dit, maître de Neerwinde et vainqueur à droite, il aurait pu se porter au secours de cette gauche dont les feux éteints ne s'entendaient plus. Mais il n'avait pas Neerwinde. Il fut trop heureux de trouver Miranda pour rejeter sur lui la perte de la bataille. Elle était perdue à gauche, mais n'était point gagnée à droite.

Miranda, que Dumouriez accuse « d'avoir perdu l'esprit », couvrit vaillamment la retraite, et, le 22, à Pellenberg, soutint tout un jour l'effort d'un ennemi énormément supérieur.

Dumouriez, dans cette retraite, rencontra Danton qui venait lui demander la rétractation de sa lettre. Il ne la rétracta pas; seulement il écrivit en deux lignes : « Qu'il priait la Convention d'attendre qu'il pût expliquer sa lettre. » Danton repartait à peine que Dumouriez fit un arrangement avec le colonel Mack, envoyé des Autrichiens. Lui-même, sous prétexte d'échanger des prisonniers, l'avait fait venir. On convint que la retraite des Français ne serait point troublée, qu'ils reculeraient à leur aise sans se battre, et qu'ainsi l'Autriche recouvrerait, sans coup férir, tous les Pays-Bas (22 mars).

Il faut l'entendre lui-même exposer sa turpitude. On voit que les Autrichiens ne daignèrent lui donner aucun écrit. Il ne traita qu'avec Mack, et verbalement. De cette façon, il s'engageait et n'engageait pas Cobourg. Les Autrichiens ont avoué (à La Fayette) qu'on amusa Dumouriez de quelque espoir de permettre un roi constitutionnel, mais que, n'ayant rien écrit, l'on n'eût rien tenu.

Mack et Dumouriez, réunis en conférence avec le duc d'Orléans et les Orléanistes Valence, Thouvenot et Montjoie, convinrent : *Que les Impériaux agiraient comme auxiliaires de Dumouriez; qu'il marcherait vers Paris;* que, s'il n'y pouvait rétablir la royauté constitutionnelle, *il les appellerait à lui et deviendrait leur général;* que, non content d'évacuer la Belgique sans combat, *il leur donnerait en France une place de garantie, Condé;* une place pour commencer; *les autres places*, que les Impériaux pourraient occuper plus tard, dans leur croisade pour nos libertés constitutionnelles, *recevraient des garnisons mixtes* d'Autrichiens et de Français.

Un point manque dans ce traité : Quel serait ce roi constitutionnel ? — L'enfant prisonnier au Temple, ou le duc d'Orléans, qui menait si obligeamment les Autrichiens à Paris?

Danton était parti le 16; il revint à Paris le 29, à huit heures du soir. Dans ce temps si court, tout avait changé. Personne ou presque personne n'osait plus révoquer en doute la trahison de Dumouriez. Nulle preuve cependant n'était survenue; sa convention du 22 avec Mack n'était pas connue encore. Et néanmoins le bon sens public, je ne sais quelle voix intérieure disait à tous : « Il trahit. »

Danton se donna une nuit pour bien savoir l'opinion, n'alla ni à la Convention ni au comité. Son rôle de messager auprès d'un homme si suspect était un péril immense. Il avait conseillé le message, il l'avait porté. Danton avait conseillé d'envoyer Danton. Il avait fait prévaloir dans le comité l'avis hasardeux de celer une lettre si importante, adressée à l'Assemblée. N'était-ce pas là un cas de haute trahison? Il avait joué sa tête. Il était fort à craindre que ses complices eux-mêmes, les membres du comité, compromis par lui, ne la demandassent pour sauver la leur.

Danton serait-il, en ce danger, ménagé par la Gironde? Cela était fort douteux. On ne pouvait faire aucun fond sur le parti de la Gironde, parce que ce n'était pas un parti. Le même jour, 1er avril, on louait encore Dumouriez dans le journal de Brissot; et dans l'Assemblée, un autre Girondin, Lasource, dénonçait violemment Dumouriez et son complice Danton.

Les amis de Roland arrivaient exaspérés à la Convention, le 1er avril, au matin. Le comité de surveillance avait pendant la nuit, en lançant des mandats d'arrêt contre Égalité père et fils, ordonné qu'on mît les scellés sur les papiers de Roland. Les amis de celui-ci crurent reconnaître en ceci la main de Danton, l'effort perfide d'un homme qui, se sentant enfoncer, appuyait sur eux, les noyait.

Se trompaient-ils? On ne le sait. Ce qui est sûr,

c'est qu'au matin Lasource salua Danton d'une foudroyante invective, d'une attaque à bout portant, dont, étourdi, effarouché, et terrassé presque, il n'eut d'autre défense que d'étrangler qui l'étranglait.

Lasource était un Cévenol, nature âpre, violente, amère. Le Languedoc protestant avait envoyé à la Convention plusieurs de ses pasteurs, d'un tel caractère. Qui pouvait dire si Lasource était moins amer à la droite que Jean-Bon Saint-André n'était violent à la gauche? La contrée les faisait tels, l'histoire aussi, les malheurs, les persécutions. Ils prêchaient à la Convention comme ils auraient fait dans la guerre des Cévennes *au désert* sous un rocher.

Lasource était très convaincu. Dans sa sombre imagination méridionale, il avait, comme Salles, Louvet et autres esprits malades et romanesques, arrangé tout un poème des trahisons communes d'Orléans, Dumouriez, Danton, des Cordeliers, des Jacobins. Il le lança, ce poème, très habilement arrangé, entouré de vraisemblances qui pouvaient faire illusion. Il demanda une enquête sur le *complot tramé pour rétablir la royauté*, se plaignit de l'inaction du tribunal révolutionnaire; enfin, ne se fiant pas au tribunal, il somma la Convention de faire jurer à ses membres l'engagement de poignarder quiconque essayerait de se faire dictateur ou roi... Le serment fut prêté à l'instant, aux applaudissements des tribunes... Tout le monde regardait Danton.

Un Girondin ajouta qu'au comité de défense, Fabre, l'ami de Danton, avait dit qu'on ne pouvait sauver la France qu'en faisant un roi...

« Scélérats, s'écrie Danton, vous avez défendu le roi, et vous nous imputez vos crimes! »

« Au nom du salut public, dit Delmas, n'allons pas plus loin. L'explication qu'on provoque peut perdre la République. Il faut attendre l'enquête. »

Toute la Convention vota le silence. Danton semblait protégé, épargné; il était perdu...

Il s'élance à la tribune, obtient de parler. Et tout d'abord, répondant à l'attaque qu'on n'avait pas faite, il adjura Cambon de témoigner de l'emploi des cent mille écus qu'on lui avait confiés dans ses missions de Belgique. Cambon témoigna que cet argent avait été strictement nécessaire et couvrit Danton de sa probité.

Celui-ci, fortifié, reprit l'ascendant. Il reprocha à Lasource (qui, comme membre du comité, savait parfaitement les choses) de n'avoir pas dit qu'en offrant d'aller trouver Dumouriez, lui Danton, il aurait voulu que Guadet et Gensonné y fussent envoyés aussi. Il montra que le système de Dumouriez était opposé au sien, Dumouriez voulant l'indépendance de la Belgique et Danton ayant demandé qu'elle fût réunie à la France. Quant à la conduite à tenir avec Dumouriez, il insista habilement sur l'accord parfait de son rapport avec celui de Camus, dont la probité janséniste était connue et respectée.

Couvert de deux honnêtes gens, Camus et Cambon, Danton se jeta dans une récrimination furieuse contre la Gironde, paraissant s'associer aux haines de la Montagne, flattant son orgueil, avouant qu'elle avait mieux jugé que lui et s'accusant de faiblesse... Un tel aveu d'un tel homme jeta les Montagnards dans une véritable ivresse, leur arracha les applaudissements les plus frénétiques... Danton, comme soulevé de terre, porté en triomphe, au moment même où il s'était cru perdu, oublia toute mesure : « Plus de trêve, s'écria-t-il, entre les patriotes qui ont voulu la mort du tyran, et les lâches qui, pour le sauver, nous ont calomniés dans la France! » Parole étrange! imprudente, quand tout le monde se souvenait de son insidieuse proposition du 9 janvier, qui eût fait le salut du roi, proposition si mal reçue qu'elle n'eut qu'une voix dans l'Assemblée, celle du prudent Cambacérès!

« Je demande, dit-il en finissant, qu'on examine la conduite de ceux qui ont voulu sauver le tyran, de ceux qui ont machiné contre l'unité de la République... (Applaudissements.) Je me suis retranché dans la citadelle de la raison, j'en sortirai avec le canon de la vérité, je pulvériserai les scélérats qui ont voulu m'accuser. »

La burlesque violence de ces dernières métaphores, parfaitement calculée pour le goût du temps, porta le succès au comble. Il descendit dans les bras des Montagnards hors d'eux-mêmes. Beaucoup l'embrassaient en pleurant...

« Oui, dit Marat, profitant de l'émotion commune,

hâtons-nous d'examiner la conduite des membres de la Convention, des généraux, des ministres... »

Assentiment de la Gironde. « Marat a raison, s'écrie le Girondin Biroteau, *plus d'inviolabilité.* »

La chose fut à l'instant votée. La Convention décida que, *sans égard à l'inviolabilité*, elle décréterait d'accusation ceux de ses membres qui seraient présumés complices des ennemis de la liberté.

Déplorable résultat des fureurs des deux partis, du triste succès de Danton. Il avait cruellement dépassé sa politique ordinaire, sa pensée, ses sentiments.

« Plus de trêve! plus de paix! » dit-il au 1er avril. — Et, dans la séance du 5, il va dire : « Rapprochons-nous... Rentrons dans la fraternité. »

La tempête ne rentrera pas aux outres d'Éole; elles sont crevées pour jamais. Danton emporté à l'orage, tout est emporté. Le même jour, au soir du 1er avril, le *comité d'insurrection* (les Varlet et les Fournier) avait entraîné la Commune; ils demandaient, obtenaient que les armes fussent partagées entre les sections, et l'artillerie elle-même. Ainsi la dernière autorité qui subsistât à Paris aurait désarmé et livré les armes à qui? A tous, à personne, au hasard, au changement même... Les sections changeaient à chaque heure, et de chefs et d'opinions.

Les Jacobins rendirent un service essentiel. Ils improuvèrent hautement ce comité de l'anarchie. Marat, alors président des Jacobins, voyant entrer dans la salle un des hommes du comité, demandait qu'on l'arrêtât.

Cela rendit courage à tous. Plusieurs sections se déclarèrent; le corps électoral somma la Commune de désavouer le comité insurrectionnel. Barère demanda à la Convention qu'il fût amené à la barre. La Commune elle-même y vint renier, accuser, par la voix de Chaumette, les anarchistes auxquels elle avait tout cédé la veille.

Dans la même séance (3 avril), tout change, la foudre tombe... Dumouriez a arrêté les commissaires que lui avait envoyés la Convention. La chose est constatée, avouée par lui-même dans une lettre aux administrateurs du département du Nord. Et il voulait en effet les gagner, s'emparer de Lille.

Tout semblait perdu. Que faire, si l'armée suivait Dumouriez au crime comme à la victoire, si elle avait pu mettre la main sur les représentants du peuple? On le croyait, et en cela on faisait tort à l'armée. Divisée en corps isolés, elle ignorait généralement le crime du général. Pour l'arrestation des représentants, il avait suffi de quelques hussards.

Lille heureusement était en sûreté, sur ses gardes et en défense. Trois émissaires du ministre Lebrun, envoyés par lui pour connaître les intentions de Dumouriez, avaient averti au retour toutes les autorités de la frontière. Ces émissaires étaient des Jacobins connus, le premier surtout, Proly, ami de Dumouriez, fils naturel du prince de Kaunitz. Ils le virent deux ou trois fois à Tournai, chez le jeune Égalité, ou, pour parler exactement, chez Mme de Genlis. Il n'était pas difficile de le faire parler. Il était dans un désordre d'esprit singulier, étrange ; non qu'il fût troublé de son crime ; il l'était en réalité de voir qu'engagé aux Autrichiens et leur cédant tout sans combat, il n'avait d'eux nul engagement, nulle parole écrite. Il appartenait déjà à l'étranger, à l'ennemi, et ne savait pas ce que ses maîtres feraient et lui feraient faire.

Les trois envoyés du ministre ne purent en rien tirer de net, sinon de vaines bravades : Qu'il allait marcher sur Paris, qu'il était assez fort pour se battre devant et derrière. Entre autres folies pareilles, il leur dit qu'il fallait un roi : « Peu importe qu'il s'appelle *Louis* ou *Jacobus*... — Ou *Philippus* », dit Proly. Dumouriez s'emporta fort d'être indiscrètement deviné.

La Convention, pour sommer Dumouriez de comparaître à sa barre, avait choisi des hommes qui pouvaient le rassurer, le vieux constituant Camus, deux députés de la droite Bancal et Quinette, un seul Montagnard, Lamarque. Ils furent accompagnés du ministre de la guerre, Beurnonville, ami personnel du général et qu'il nommait son élève. Ils avaient ordre de l'arrêter s'il refusait de venir. Commission périlleuse. Dumouriez était aimé. Certains corps lui restaient aveuglément dévoués. Ils commençaient cependant à s'étonner fort, le voyant si bien avec l'ennemi, jusqu'à mettre dans les mains des Autrichiens (pour les mieux garder) des Français qu'il accusait de déclamer contre lui ou de vouloir l'assassiner.

Dumouriez ne refusa pas positivement d'obéir. Il voulut gagner du temps. Il lui en fallait pour s'assurer de Condé, et, s'il pouvait, de Lille. Les envoyés insistèrent. Camus, qui portait le décret, ne s'étonna nullement de l'aspect sombre et sinistre, des murmures menaçants par lesquels les traîneurs de sabre espéraient l'intimider. Le vieux janséniste, qu'on croyait à la Convention peu républicain, se montra dans cette grave circonstance très digne de la République qu'il représentait. Dumouriez, énonçant un refus définitif : « Je vous suspends, lui dit Camus, je vous arrête et je vais mettre le scellé sur vos papiers. » Il y avait là Égalité, Valence, quelques officiers, et les demoiselles Fernig dans leur habit de hussard. « Qui sont ces gens-là? dit l'intrépide vieillard, jetant un regard sévère sur l'équivoque assemblée; donnez, vous autres, tous vos portefeuilles. »

« C'est trop fort, dit Dumouriez; mettons fin à tant d'impudence. » Et il dit en allemand : « Arrêtez ces hommes. » Il ne se fiait plus aux Français, et il avait fait venir une trentaine de hussards qui n'entendaient que l'allemand.

Cette démarche donnait sans retour Dumouriez aux Autrichiens. Il était à leur merci. Il n'avait que des paroles, des mots de Mack, rien de plus; il n'avait pas vu Cobourg. Mais, en eût-il été sûr, ce n'eût été rien encore. Cobourg dépendait du congrès de la coalition qui se tenait à Anvers, occupé là à démembrer la France sur le papier. Il y envoya

Valence, lequel toutefois n'alla pas plus loin que Bruxelles; le congrès, préalablement, lui fit dire d'attendre, ne voulant donner à Dumouriez rien de positif, mais seulement s'en servir, exploiter sa trahison.

Dumouriez avait promis plus qu'il ne pouvait tenir. Il voulait, le 4 au matin, prendre Cobourg et le mettre dans Condé. Il était à une demi-lieue avec le duc d'Orléans; il voit passer sur la route trois bataillons de volontaires qui, sans ordre de leurs chefs, couraient se jeter dans la place, la fermer aux Autrichiens. Ainsi la France, trahie, se défendait elle-même. Il ordonne de rétrograder. Il est assailli par des cris, bientôt par des coups de fusil. Il échappe à travers champs; on lui tue cinq ou six hommes; à grand'peine, il trouve un bac; il se jette aux Autrichiens.

Leur mannequin ordinaire, le colonel Mack, qu'on faisait parler toujours (pouvant le désavouer), écrivit la nuit avec Dumouriez une proclamation trompeuse où l'on faisait dire à Cobourg : « Qu'il ne venait pas en France pour faire des conquêtes, qu'il ne prendrait aucune place qu'en dépôt et pour la restituer. » Dumouriez, qui n'était plus en situation de rien disputer, sacrifia dans cet acte son jeune prétendant; il laissa les Autrichiens écrire autrement qu'ils n'avaient dit. Ils avaient dit le 22 mars : *Rétablissement d'une monarchie constitutionnelle*, ce qui pouvait s'entendre du jeune Orléans aussi bien que du fils de Louis XVI. Mais, le 4 avril, ayant là

Dumouriez rendu à discrétion, fugitif et sans ressources, ils écrivirent dans la proclamation : *Rendre à la France son roi* constitutionnel. Ceci ne pouvait s'entendre que du prétendant de la branche aînée.

Dumouriez, déterminé à périr s'il le fallait pour se relever, étonna fort son ami Mack en lui disant le matin qu'il allait retourner au camp français, voir encore ce qu'il avait à attendre de l'armée. Mack pâlit de tant d'audace et ne le laissa pas partir sans lui donner pour escorte quelques dragons autrichiens. C'est ce qui perdit Dumouriez. Quelques hommes ne servaient de rien pour le protéger; ils servaient à l'accuser, à rendre sa trahison visible et palpable.

Il aurait eu, sans cela, beaucoup de chances pour lui. L'armée avait été émue, indignée de la tentative des volontaires contre Dumouriez; elle l'appelait un guet-apens. Quand elle le vit reparaître, elle fut toute joyeuse de le voir en vie. La sensibilité gagnait. Quoique l'aspect des volontaires fût toujours menaçant et sombre, quoique l'artillerie restât dans la plus fière attitude de réserve, la ligne s'attendrissait. Dumouriez, passant au front de bandière, criait d'une voix frémissante et très enrouée : « Mes amis, j'ai fait la paix! Nous nous en allons à Paris arrêter le sang qui coule... »

Cela faisait impression. Dumouriez était en face du régiment de la Couronne, qui s'était signalé à la bataille de Neerwinde; il embrassait un officier. Un jeune homme sort des rangs, un simple fourrier, un nommé Fichet, de Givet : « Qu'est-ce que c'est que ces gens-là ? dit-il hardiment à Dumouriez, en montrant les Autrichiens. Et qu'est-ce que ces lauriers qu'ils portent... Ils viennent nous insulter ? »

Les Allemands, vainqueurs ou non, aiment à porter, dans le temps des premières feuilles, quelque verdure au chapeau.

« Ces messieurs, dit Dumouriez, sont devenus nos amis... Ils seront notre arrière-garde... — Eh quoi ! s'écria Fichet en frappant du pied, ils vont donc entrer en France ! ils fouleront la terre de France !... Nous sommes bien assez de monde pour faire la police chez nous... C'est une honte, une trahison !... Vous allez leur livrer Lille et Valenciennes ?... » Il répétait, furieux : « Honte et trahison ! »

Ces mots coururent toute la ligne. Dumouriez fut ajusté. L'arme, détournée, fit long feu. Mais un bataillon tout entier eût tiré sur le général. Il tourna bride, voulut aller vers Orchies, c'était trop tard ; — à Saint-Amand, trop tard encore. Dampierre était contre lui, et Lamarlière, peu à peu tous les généraux. Au moment qu'il quitta le camp, l'artillerie avait attelé ; elle partait pour Valenciennes. Et tout le reste suivit, un peu à la débandade, laissant le trésor de l'armée, tous les équipages. Un seul régiment ne voulut pas quitter Dumouriez ; c'étaient des hussards, la plupart Allemands. Trois régiments restèrent en arrière, ne sachant à quoi se décider.

Le jeune duc d'Orléans n'avait pas suivi Dumouriez à sa dangereuse revue. Sacrifié par lui dans la proclamation autrichienne, il ne savait plus lui-même ce qu'il devait faire, s'il trahirait Dumouriez ou bien la Convention. Il vint la nuit tâter les trois régiments arriérés. Quel pouvait être le but de cette mystérieuse visite? Le caractère bien connu du personnage le fera deviner sans peine. Selon les dispositions qu'il leur eût trouvées, il eût essayé de se mettre à leur tête et se fût donné le mérite de les avoir amenés ou d'un côté ou de l'autre. S'il les ramenait en France, un tel acte effaçait d'un coup ses rapports avec Dumouriez, portait sa popularité au comble. Tous auraient dit : « Pendant que la Convention le mettait hors la loi, il rendait l'armée à la France. » Il fût rentré, non pas absous, mais glorieux et par un arc de triomphe, comme le héros du patriotisme et de la fidélité.

L'attitude morne et défiante des trois régiments rendit la démarche inutile. La mise hors la loi sous laquelle était le jeune Égalité les intimida sans doute; assez inquiets pour eux-mêmes, ils n'eurent garde de prendre un chef si suspect. Il ne lui restait que l'exil; il passa aux Autrichiens, non pour suivre Dumouriez ni s'attacher à la fortune d'un homme perdu sans retour, mais seulement pour prendre un passeport, emmener sa sœur et Mme de Genlis, les conduire en Suisse, et lui, s'isoler, se faire oublier pendant quelque temps, se refaire en quelque sorte par l'oubli complet.

Sa meilleure chance était d'attendre les événements, de dénouer peu à peu tous les liens qui l'attachaient à la Révolution, d'opérer tout doucement sa transition, et de faire agréer, estimer son repentir. Libre d'abord de Dumouriez, il ne tarda pas à rompre avec M*me* de Genlis ; il la sacrifie à sa mère, avec qui il avait hâte de se réconcilier à tout prix. Par elle, il se trouvait encore héritier d'une fortune immense. Elle conservait les biens de son père, le duc de Penthièvre, que la Révolution respecta ; elle en recouvra l'usage dès 1794, la jouissance d'un revenu de plus de quatre millions. Pour les biens du duc d'Orléans, confisqués, mais non vendus, ils attendirent 1814 et le retour de son fils.

Le jeune homme, caché en Suisse dans son profond incognito, n'en reste pas moins le plus riche propriétaire de l'Europe en expectative. Dans le siècle de l'argent, un jour, la liberté usée, et la gloire usée, sur les ruines de toutes choses, la propriété suffira pour donner la royauté.

CHAPITRE VII

COMITÉ DE SALUT PUBLIC (AVRIL 1793).

Création du Comité de salut public, 6 avril. — La Convention en exclut les Girondins et les Jacobins. — Les Jacobins machinent contre la Convention. — La machine à pétitions. — Les Jacobins neutralisent les dantonistes. — L'*Histoire des Brissotins*, par Camille Desmoulins. — Réquisitoire de Robespierre contre la Gironde. — Réponse de Vergniaud, 10 avril. — La Révolution par l'amour. — La Gironde obtient la mise en accusation de Marat, 12 avril. — La Montagne défend Marat. — Adresse de la Commune pour la proscription des Girondins, 15 avril. — Fonfrède en déduit l'appel au peuple. — La Montagne désavoue l'adresse. — Danton à la suite de Robespierre. — Il abandonne ses principes. — Dévouement de Vergniaud, 20 avril. — Il prouve que l'appel au peuple sauverait la Gironde, mais perdrait la France. — La Convention condamne la pétition de la Commune contre la Gironde.

On devine quelle terreur se répandit dans la Convention, dans Paris, quand on apprit que Dumouriez avait arrêté, livré les commissaires de la Convention. Tout le monde crut qu'il n'avait point hasardé un tel coup sans bien prendre ses mesures, qu'il était maître de l'armée, qu'il avait de grandes intelligences dans les places fortes, dans Paris, dans la Convention même.

Marat, Robespierre, pour grande mesure de défense, voulaient qu'on arrêtât Brissot.

Le comité de défense, qu'ils appelaient outrageusement *un conseil de Dumouriez*, n'en sauva pas moins la patrie. Les Girondins, les dantonistes, y furent parfaitement d'accord et agirent unanimement.

Ce comité, par Isnard, proposa et fit décréter la création du *Comité d'exécution* ou *Comité de salut public*. Il se composait de neuf membres, délibérait en secret, surveillait, accélérait l'action du ministère, pouvait aussi, au besoin, en suspendre les arrêtés. En cas d'urgence, il donnait ses ordres aux ministres. C'était un roi, en réalité, mais renouvelé de mois en mois, et qui devait, chaque semaine, compte à la Convention. Celle-ci ne gardait qu'une chose hors des mains de ce comité, les clés de la caisse publique; la trésorerie restait seule indépendante, la dictature de l'assignat, la royauté de Cambon.

Cette grande institution révolutionnaire effrayait beaucoup d'esprits. Danton les calma, demanda que, dans une si grande circonstance, « on se rapprochât fraternellement ».

La Montagne suivit cette impulsion avec un véritable patriotisme, désavouant expressément les paroles d'injurieuse défiance que lançait Marat. Elle abandonna sans difficulté Orléans aux Girondins, permit son arrestation.

Toutes les mesures urgentes de la situation furent proposées, obtenues par des membres quelconques du comité de défense, dantonistes ou Girondins.

Lasource : Qu'on garde pour otages les familles de ceux qui suivent Dumouriez.

Fabre : Envoyons de nouveaux commissaires aux armées. — Le premier nommé fut Carnot.

Danton : La justice accélérée et le pain à bon marché. Que le tribunal révolutionnaire puisse poursuivre sans attendre les décrets de la Convention. Que le pain (aux dépens des riches) soit maintenu à bas prix.

Barère : Une armée à Péronne et une armée à Paris. Pour général en chef, Dampierre ; ministre, Bouchotte. — Ce fut aussi Barère qui, par un discours admirable, prononcé le 7, enleva le centre, effaça les défiances, obtint l'indispensable dictature que demandait le danger.

Les neuf membres furent choisis dans un sens fort remarquable, tous républicains très sûrs, ayant voté la mort du roi. La moitié à peu près était du centre ou de la *droite, mais non Girondins*, des députés impartiaux qui souvent votaient à gauche : Barère, Jean Debry, Bréard et Treilhard. D'autre part, des *Montagnards* dont plusieurs votaient quelquefois avec la Gironde : Cambon, Danton, Lacroix, Delmas, Guyton-Morveau.

La Montagne, en minorité dans la Convention, n'avait pas la majorité dans le Comité dictateur, mais elle en avait les grandes forces, les hommes d'initiative, Danton et Cambon. Un comité mené par eux n'eût rien laissé à désirer comme énergie révolutionnaire. Ils contenaient toute la Convention, moins l'esprit de dispute, moins la Gironde, moins les Jacobins.

Cambon, maître à la trésorerie, dans la seule administration qu'on eût soutraite à l'action du Comité de salut public, partageait en outre la toute-puissance de ce Comité. Cette double part au pouvoir indiquait que, plus qu'aucun autre, il était l'homme de l'Assemblée. De la gauche où il siégeait, il agissait sur le centre (à peu près comme Barère), sans hostilité pour la droite; par quoi il représentait l'unité de la Convention, et non pas une unité molle et flottante, mais très énergique.

Le caractère remarquable du Comité de salut public, c'est que, bien que plusieurs membres fussent Jacobins de titre et de nom, l'esprit jacobin y était à peine représenté. Les amis de Robespierre en étaient exclus. Un seul y entra, et encore par la démission de Jean Debry, un vrai Jacobin, Lindet.

La Convention, dans sa composition du Comité dictateur, ne s'était montrée nullement girondine, mais contraire aux Jacobins.

Elle avait paru saisie d'un mot éloquent de Barère, qui voulant la rassurer sur la dictature proposée, lui dit : « On craint la dictature... mais nous en subissons une, *la dictature de la calomnie.* »

Les Jacobins, percés de cette flèche pénétrante, avaient été mis à l'écart. Et pourtant, en bonne foi, pouvait-on se passer d'eux? Contre tant d'ennemis coalisés la Révolution ne devait-elle pas employer la coalition jacobine ?

La société, justement parce qu'elle se répandait, entrait dans les places, dans l'administration, devenait faible à son centre. Elle n'avait plus au même degré l'initiative révolutionnaire. Elle essaya de faire de la vigueur à tout prix, frappa en différents sens. Le 1er, elle prend pour président l'apôtre de l'anarchie, Marat. Le 3, par Marat, elle improuve l'anarchie de l'Évêché. Exclue le 6 du Comité de salut public, elle emploie, du 7 au 15, ces mêmes anarchistes qu'elle vient de réprimer; elle s'en sert pour faire rédiger des pétitions furieuses, elle ne veut plus s'arrêter qu'à la ruine de ses ennemis.

On sait comment se montait cette machine de pétitions. Les délégués des Jacobins, les meneurs des sections, assuraient dans chacune d'elles que la pétition était déjà approuvée de toutes les autres. Si l'on refusait de signer, ils revenaient aux heures avancées de la nuit, où peu de gens s'y trouvaient, fatigués et endormis. Ils en avaient bon marché, leur faisaient décider que la section signerait. Refusait-on le lendemain? « Signez, mauvais citoyens, autrement vous n'aurez point de *certificat de civisme*, point de *carte* pour circuler dans Paris, point de *laisser-passer* pour aller à vos affaires. » Pour établir cette terreur, ils avaient eu la précaution de faire décider qu'on changerait les *cartes civiques*. Avec cette seule mesure, on pouvait tirer des bourgeois terrifiés toutes les signatures qu'on voulait, les résolutions les plus violentes. Les plus timides se trouvaient (au moins pour les résultats) transformés en terroristes.

La machine à pétitions joua d'abord par Bonconseil, le quartier des Halles et des cuirs que gouvernait un cordonnier, devenu homme de loi, Lhuillier, ami de Robespierre et son candidat pour la mairie. Dans les grandes crises (on le voit par les procès-verbaux), la section ne faisait rien *sans consulter M. Lhuillier*. La pétition, dressée très probablement par Lhuillier, contre les *complices de Dumouriez, Brissot, Guadet*, etc., ne fut pas bien reçue dans la Convention. L'ami même de Danton, Lacroix, somma les pétitionnaires de préciser leurs vagues accusations, de donner leurs preuves.

Les Jacobins avaient un moyen de pousser les dantonistes, de les entraîner. Ils déclarèrent qu'ils voulaient épurer la société. Ils firent éprouver à Lacroix une mortification publique. Ils parlèrent de chasser Fabre d'Églantine, homme de plaisir et de luxe, comme Lacroix, suspect, comme lui, d'affaires d'argent. On ajourna la décision ; on le tint sous la menace, non chassé, mais près de l'être.

Danton, nous l'avons déjà dit, avait deux bras en quelque sorte, deux mains, deux plumes brillantes, Fabre d'Églantine et Camille Desmoulins. Celui-ci, léger, colère, autant que Fabre était corruptible et corrompu. La colère perdit Camille. Censuré justement par Brissot, pour l'assistance étourdie qu'il prêtait à des gens indignes, des intrigants, des joueurs, Camille tourna tout à fait à Robespierre, écrivit pour lui le pamphlet terrible qui plus qu'aucune chose a mené les Girondins à la mort, son *Histoire des Brissotins*. Libelle affreux, roman cruel, où l'enfant colère joue sans voir qu'il joue avec la guillotine... Camille l'a pleuré, ce libelle, en octobre 1793, avec des larmes de sang... En vain. C'est la vertu du style : de tels crimes du génie, une fois commis, sont immortels ; l'auteur même n'y peut plus rien ; ils le poursuivent à jamais de leur implacable durée. Qu'il pleure tant qu'il voudra, il ne les effacera point.

L'*Histoire des Brissotins*, bien lue et suivie, n'est que la traduction ardente, inspirée, comique, des discours de Robespierre contre la Gironde. Pour le lien des idées, le fil logique, la recherche ingénieuse des plus faux rapprochements, l'œuvre bouffonne est calquée de très près sur l'œuvre sérieuse, et parfois servilement.

C'est ainsi que les Jacobins, exclus du Comité de salut public, écartèrent momentanément Fabre et Camille de l'influence de Danton, et fixèrent celui-ci dans les voies de la violence où l'imprudente attaque du Girondin Lasource l'avait jeté le 1ᵉʳ avril, et d'où, le 5 et depuis, il aurait voulu sortir.

Une seconde pétition, celle de la Halle-au-Blé, mit tout ceci en lumière. Menaçante et furieuse, elle mettait en cause non plus la Gironde, mais la Convention même, disant *que la majorité était corrompue*, qu'elle était ennemie du peuple, qu'en elle siégeait une ligue *qui voulait vendre la France*. Robespierre avait prévu qu'elle serait accusée, cette pétition monstrueuse, et il avait apporté, pour l'appuyer, tout un volume. Danton devança Robespierre, et, déguisant sa lâcheté sous une apparence d'audace, demanda pour l'œuvre sanglante une mention honorable (10 avril).

On lira, si l'on veut, au *Moniteur* la prolixe diatribe de Robespierre. Elle est telle que ses partisans les plus aveugles n'ont pas eu le cœur de la rapporter. On se demande en la lisant : Comment la haine peut-elle déformer le cœur à ce point, fausser tellement l'esprit ? Fut-il vraiment assez haineux pour croire tout cela ? pour faire accepter de sa conscience tant d'absurdités palpables ? On ne sait vraiment qu'en penser.

Il accuse spécialement la Gironde de ce qui la glorifie à jamais. Premièrement *d'avoir voulu la guerre*, c'est-à-dire d'avoir pensé ce que pensait la France, qu'elle devait étendre au monde le bienfait de la Révolution. Deuxièmement, *de n'avoir pas voulu les massacres* de septembre, les pillages de février. Il appelle ces massacres « la justice révolutionnaire ».

Ce qui n'étonne pas moins que cette absence de cœur, c'est l'ignorance absolue des réalités. Il va accusant au hasard et comme à tâtons, saisissant dans l'obscurité un homme quelconque; il empoigne, par exemple, Miranda pour Dumouriez, les confond, accuse ensemble le calomniateur et la victime. Il met sur la même ligne l'infortuné Miranda avec celui qui le fit presque écraser à Neerwinde, et qui, rejetant sur lui la défaite, l'envoya au tribunal révolutionnaire, le mit à deux doigts de la mort!

La conclusion de ce plaidoyer contre la Gironde, c'est qu'il fallait juger la reine (ceci était inattendu), juger tous les Orléans, les complices de Dumouriez. — Il entendait les Girondins..... Arrivé là, l'émotion de sa haine fut si forte qu'il lui échappa une chose non préparée certainement. Il rit de ce rire contracté qui était cruel à voir. Son visage exprima son nom, le nom terrible qui lui fut lancé un jour : « *L'éternel dénonciateur...* La nature l'y a condamné! »

Il croyait bien tenir sa proie et qu'elle n'échapperait pas. De là cette ironie froide : « Oserais-je nommer ici des patriotes aussi distingués que *Messieurs* Vergniaud, Guadet et autres? Je n'ose dire qu'un homme qui correspondait avec Dumouriez, que *Monsieur* Gensonné doive être accusé... Ce serait un sacrilège... »

A ce réquisitoire immense, laborieusement écrit, Vergniaud répondit avec une facilité, une grandeur admirable, qui témoigne moins encore de son éloquence que de la pureté de son cœur. Partout l'accent de la vertu. Il accepte sans difficulté le reproche que méritait la France, celui d'avoir voulu la guerre et de n'avoir pas voulu septembre. Il écrase d'un seul mot l'accusation insensée qui représentait la Gironde comme *complice de Dumouriez dans son projet de placer les Orléans sur le trône*, lorsque tout le monde avait vu les Girondins, au contraire, demander obstinément l'expulsion, *le bannissement des Orléans*, que défendaient alors Robespierre et la Montagne.

Dans cette mémorable improvisation, Vergniaud constata d'une manière solide et durable son grand titre devant l'avenir, — plus que la gloire du génie, — la gloire de l'esprit de concorde, — éternel piédestal où l'histoire le voit encore.

« Vous nous reprochez d'être modérés. Rendez-nous-en grâce... Lorsque avec autant de fureur que d'imprudence on s'est écrié : *Plus de trêve, plus de paix!*... si nous eussions accepté ce cartel contre-révolutionnaire, vous auriez vu accourir des départements contre les hommes de septembre des hommes également ennemis de l'anarchie et des tyrans..... Vous et nous, nous périssions, consumés de la guerre civile... Nous avons, par notre silence, bien mérité de la patrie... »

Ceci était pour Danton. Pour Robespierre, Vergniaud rappela qu'au comité de défense, chargé avec Condorcet de la rédaction, il avait prié Robespierre de s'adjoindre à eux.

« Nous sommes des modérés, dit-on. Au profit de qui? Des émigrés? Nous avons voté contre eux les mesures de rigueur que commandait la justice. Au profit des conspirateurs? Nous avons appelé sur eux le glaive des lois. On parlait sans cesse de mesures terribles. Moi aussi je les voulais, mais contre les seuls ennemis de la patrie. Je voulais des punitions et non des proscriptions. Quelques hommes font consister le patriotisme à tourmenter, à faire couler des larmes. Je voulais qu'il fît des heureux. Je n'ai pas pensé que, semblables aux prêtres, aux inquisiteurs, qui ne parlent de leur Dieu de miséricorde qu'au milieu des bûchers, nous dussions parler de liberté au milieu des poignards et des bourreaux... La Convention, ce centre de ralliement où regardent sans cesse tous les citoyens, et peut-être avec effroi, j'aurais voulu qu'elle fût le centre des affections et des espérances ! On croit consommer la Révolution par la terreur, j'aurais voulu la consommer par l'amour... »

Ces admirables paroles, si loin de la situation, émurent toute l'Assemblée, l'emportèrent dans l'avenir, l'idéal et l'impossible.

C'était comme un chant du ciel parmi les cris discordants de ce misérable monde. Il n'y eut plus de séance, l'Assemblée se dispersa; chacun s'en allait en silence, plein de rêve et de douleur.

La Convention, sous cette profonde impression, était de cœur à la Gironde. Celle-ci essaya sa force. Guadet lut une adresse incendiaire signée de Marat, demanda, obtint son arrestation (12 avril).

Acte grave, en plusieurs sens. L'adresse n'était point de Marat même; il ne l'avait signée que comme président des Jacobins. C'était ce grand corps qu'on frappait, c'était son meneur, directeur, inspirateur ordinaire; on allait droit à Robespierre à travers Marat.

L'adresse contenait une chose : *La Convention trahit;* et une autre chose : *Il faut exterminer les traîtres.* C'était, en réalité, un appel aux armes contre la Convention, un appel au bras du peuple. Il indiquait un revirement subit dans la politique des Jacobins, un progrès singulier dans la violence. Toutefois était-ce un simple projet ou un acte sérieux qu'on dût répandre, envoyer aux sociétés affiliées ? C'est ce que nous ignorons.

La Convention, le 1er avril, avait abdiqué, en principe, son inviolabilité. Le 4, elle l'avait, en pratique, foulée aux pieds et détruite, en ordonnant l'arrestation de Philippe-Égalité. Marat fut le second de ses membres en qui elle se frappa elle-même.

Le 13 au soir, l'appel de Marat, des Jacobins, à la guerre civile, fut avoué, revendiqué de la Montagne furieuse, avec un aveugle emportement. Les séances du soir offraient souvent de telles scènes. De l'escrime des discours on n'était pas loin de passer aux armes, au plus honteux pugilat. On avait vu, deux jours avant, ce spectacle impie, un Montagnard, un Girondin se menaçant l'un l'autre de l'épée et du pistolet.

« Eh bien, leur dit Gensonné, en réponse à votre *appel au peuple,* nous aussi, nous nous adressons à lui. Que l'on convoque les *assemblées primaires !* »

Un mot déplorable échappa alors à Camille Desmoulins : « Voyez ! dit-il : ils voient leur vaisseau submergé et mettent le feu à la sainte-barbe, *parce qu'ils vont périr !* »

De telles prophéties sont très propres à amener l'événement. Celle-ci fut saluée par les hurlements des tribunes. La Convention, indignée, ordonna qu'on envoyât à toute la France le rapport contre Marat. Elle eût voté certainement la convocation des assemblées primaires, si la Gironde elle-même, croyant gagner encore en force, n'avait demandé, par Buzot, que la discussion fût remise au lundi suivant.

La Convention, en décrétant l'envoi aux départements, avait pris la France à témoin. Le soir même, la société jacobine, d'accord avec la Commune, travailla fortement Paris... Une adresse fut rédigée, sous le nom de la Commune, non vaguement incendiaire contre la Convention, mais précise et dirigée contre les seuls Girondins; pièce vraiment jacobine, très artificieuse et calculée, d'une modération meurtrière, où la violence contenue ne reculait que pour frapper.

Elle reculait, je veux dire, retirait les paroles imprudentes qui avaient fait condamner Marat, déclarant tout au contraire : « *Que la majorité de la Convention était pure*, assurant qu'on ne voulait nullement suspendre l'action de la machine politique », déclinant enfin toute idée d'anarchie.

« Mais *la révocabilité des mandataires* infidèles, n'est-ce pas pour le peuple un imprescriptible droit?... Le temple de la Liberté serait-il comme ces *asiles* d'Italie où les scélérats trouvent l'impunité, dès qu'ils y mettent le pied? »

Les scélérats étaient vingt-deux représentants nommés dans l'adresse. L'énumération de leurs crimes était un abrégé fidèle du long réquisitoire prononcé par Robespierre dans la séance du 10 : fédéralisme, appel à la guerre civile, calomnies contre Paris, connivence avec Dumouriez.

On évitait le reproche d'imposer à la Convention la loi de Paris : on demandait que l'Assemblée elle-même envoyât l'adresse et la liste des représentants accusés aux départements, « afin qu'aussitôt que *la majorité des départements* aurait manifesté son adhésion, ils se retirassent ».

Cet appel aux départements semble bien audacieux. Nul doute que la Gironde n'eût et la majorité des départements et même la majorité dans chaque département. Qu'eût-on fait? On eût pris dans chacun les signatures jacobines. Combien de signatures?... N'importe. On eût dit : *La France le veut*, de même que l'adresse signée de quelques membres de chaque section de Paris prétendait exprimer la pensée *de toutes* les sections, et disait : *Paris le veut.*

Le maire de Paris, le cauteleux Pache, qui jusque-là, en passant aux Jacobins, avait gardé quelque dehors avec ses maîtres et patrons les Girondins, premiers auteurs de sa fortune, Pache fut forcé, cette fois, de se déclarer, de s'associer au coup que frappaient les Jacobins. Le président, rappelant que les pétitionnaires devaient, aux termes de la loi, signer leur pétition, il balbutia d'abord qu'il était seulement chargé *d'accompagner* la pétition. On insistait. Il signa.

Une sorte de stupeur avait saisi l'Assemblée. Fonfrède prit la parole : « Citoyens, dit-il, si la modestie n'était le devoir d'un homme public, je m'offenserais de ce que mon nom n'a pas été inscrit dans cette liste honorable. »

A cette généreuse parole du jeune représentant, l'Assemblée émue se lève, et les trois quarts crient : « Nous aussi ! nous tous ! nous tous ! » Et ils demandaient l'appel nominal, personne ne voulant se cacher dans l'ombre du vote commun, tous offrant leurs noms, leurs vies...

Fonfrède reprit l'adresse avec un à-propos, une vigueur singulière. Il loua les pétitionnaires de leur attachement aux principes, de leur respect pour la volonté des *départements.* « Qu'entendent-ils par ce mot, *les départements ?* S'ils étaient aristocrates, ils entendraient par là telles administrations, *telles sociétés* des départements ; mais ils sont républicains ; ils entendent les *assemblées primaires :* ils savent que là, et là seulement, réside la souveraineté... Je convertis cette pétition en motion, je demande que l'Assemblée l'adopte. »

Grand silence à la Montagne.

Un Montagnard, cependant, hasardant je ne sais quelle vague explication, Fonfrède ajouta ces paroles :

« Qu'arrivera-t-il, citoyens, si vous ne légalisez la mesure que ces pétitionnaires patriotes vous ont ravi la faculté d'improuver ?... Dans d'autres départements, dans la Gironde, par exemple, on se rassemblera aussi, on vous demandera, de même, de rappeler d'autres députés... Par ces différents rappels, par ces listes fatales, la confiance sera perdue, l'Assemblée sera désorganisée. A l'union, si nécessaire pour repousser l'ennemi, va succéder la discorde. On dira que ces idées sont fédéralistes ? Mais qui les a présentées ? Ce sont les pétitionnaires. *On dira que je demande la guerre civile ?* Je ne fais que développer la pétition parisienne. »

Oui, c'était *la guerre civile*. L'héroïque et brillant Fonfrède s'était répondu à lui-même. La Convention ne l'en suivait pas moins; elle allait voter pour lui. La Montagne recula; elle abandonna la Commune et l'adresse jacobine, déclara (par un membre obscur, il est vrai) que l'adresse *lui semblait mauvaise*, du moins superflue, « le procès étant jugé, décidé d'avance contre ceux qui avaient voulu sauver le tyran ».

C'était tout à la fois reculer et avancer. La Commune, le soir même, saisit ce mot, déclara accepter comme sens de la pétition cette sanguinaire absurdité : *qu'elle ne demandait pas les assemblées primaires, mais la punition des traîtres;* c'est-à-dire point de jugement, seulement l'exécution d'un jugement non rendu.

Voilà la situation qui se dévoile toute dans un jour vraiment funèbre. Des deux côtés, *l'appel au peuple*, et demain la guerre civile. L'appel des Girondins, par le jugement des assemblées primaires, aurait très probablement chassé de la Convention Marat, Robespierre, Danton même, les députés de Paris. Et l'appel de la Commune, ne voulant pas de jugement, mais punition sans jugement, était la mort de la Gironde. Guerre civile des deux côtés, pour sauver les uns ou venger les autres.

Il n'y avait pas un homme vraiment homme (sinon Français) qui ne pleurât des pleurs de sang... Quoi ! ce grand, ce malheureux peuple, allait s'égorger ! La glorieuse Révolution où le monde avait son espoir, née d'hier, mourrait demain, d'un effroyable suicide ! L'Europe n'y eût rien pu, la Vendée n'y eût rien pu, la Révolution seule était assez forte pour s'étrangler elle-même.

Les hommes qui ne prenaient point part aux déplorables luttes de vaniteuse éloquence qui perdaient la République sentaient tout cela. Un membre obscur de la droite, Vernier, laissa échapper un cri de douleur : « Eh ! citoyens, si vous en êtes à ce point de défiance que désormais vous ne puissiez plus servir ici la patrie, partons plutôt, soyons généreux les uns et les autres... Partons; que les plus violents dans l'un et l'autre parti s'en aillent, simples soldats, qu'ils donnent à l'armée l'exemple d'une soumission courageuse et marchent à l'ennemi !... »

C'était le 12 avril, le jour où la Montagne signa, dans sa fureur étourdie, la folle adresse de Marat. Plusieurs Montagnards furent saisis du mouvement de Vernier et silencieusement allèrent effacer leurs signatures.

Quelle était dans tout ceci l'attitude de Danton? Déplorable, il faut le dire.

Cette grande force de Danton, que tous les partis auraient dû tant ménager, comme la seule peut-être qui eût sauvé la République, ils l'avaient détruite à l'envi.

Les Girondins l'avaient détruite en le rendant suspect de connivence avec Dumouriez, l'abaissant aux apologies, le jetant aux Jacobins.

Les Jacobins, de leur côté, l'avaient détruite, cette force, d'une manière indirecte, n'attaquant point Danton, mais les amis de Danton, par exemple Fabre d'Églantine.

Danton allait entraîné au mouvement des Jacobins. Il lui donna, le 13 avril, un triste gage de dépendance, lorsque, à la suite d'une motion de Robespierre, il accepta le principe que les Jacobins, champions de la guerre défensive, avaient toujours soutenu : « Que la Convention *ne s'immiscerait point dans le gouvernement des autres puissances*, et ne souffrirait pas qu'une puissance s'immisçât dans le régime intérieur de la République... » Ce n'était pas moins qu'abdiquer le décret du 15 décembre, le décret de la croisade révolutionnaire, avoué si haut de Danton!... La Révolution promet de ne plus se mêler des affaires des autres, d'être isolée, égoïste! Ridicule hypocrisie qui ne pouvait tromper l'Europe! Comment lui faire croire, en 1793, que la

France adoptait déjà le grand principe bourgeois : « Chacun chez soi, chacun pour soi. »

L'adresse jacobine du 15, contre la Gironde, fut lue par un dantoniste, un jeune ami de Danton, Misérable servitude d'un homme qui, le 5 avril, réclamait encore l'union dans la Convention, le rapprochement des partis, la fraternité !

Aussitôt que la Montagne parut improuver l'adresse, les dantonistes prirent courage, l'improuvèrent aussi. Le 16, l'un d'eux, Phelippeaux, dans un discours visiblement inspiré du maître, demanda, obtint qu'on passerait à l'ordre du jour sur la pétition de la Commune. Il répéta avec chaleur ce que Danton avait dit le 10 mars, que les chefs des deux partis étaient l'obstacle de la situation et les destructeurs de la République : L'autre jour dit Phelippeaux, j'entendais dire : *Si Brissot et trois autres s'accordaient avec Robespierre, tout serait sauvé.* Il n'y a donc plus de République !... Si leur discorde la détruit, leur union la perdrait de même ; unis ils seraient nos maîtres... Nous n'avons pas encore la loi salutaire de l'ostracisme ; mais eux-mêmes, s'ils sont généreux, qu'ils se l'imposent, qu'ils se chassent, puisqu'ils sont l'éternel tourment et la calamité de la patrie !... »

La Gironde mise hors de cause et l'accusation écartée, persisterait-elle dans la demande des assemblées primaires ? Ici elle se divisa. Le mot net et franc de Fonfrède (*N'est-ce pas la guerre civile?*) avait fait impression sur la Gironde elle-même.

La demande, reproduite le 28 par Gensonné, fut, au grand étonnement de la Convention, combattue par Vergniaud. Il mit en lumière ces deux choses : que la convocation des assemblées primaires pourrait sauver la Gironde, mais qu'elle perdrait la France, qu'il valait mieux, après tout, que la Gironde pérît.

Grandeur immortelle de 1793 ? temps antique, qui peut, de haut, regarder l'Antiquité !

Les belles lois humaines de 1789, les attendrissantes fédérations de 1790, avaient promis l'héroïsme. Mais, au moment de l'épreuve, les héros seraient-ils là ? On avait donné des mots, des lois, des larmes faciles ; mais, au jour du calice amer, au jour où la France serait appelée à boire son sang elle-même... que ferait-elle ? On l'ignorait.

Un grand souffle était, il est vrai, dans les cœurs, une flamme dans les poitrines. Hélas ! de quoi périssions-nous ? Consumés de cette flamme.

Des villes entières, des foules, donnaient leurs enfants, leur cœur. Bordeaux, sans appel de la Convention, d'elle-même, vole à la Vendée. Marseille a déjà donné des armées ; on veut dix mille hommes encore ; le lendemain, dix mille hommes étaient rangés sur les quais, prêts et le sac sur le dos.

La foi nouvelle commençait à donner des hommes au monde. Un héros, un saint, un simple, La Tour d'Auvergne, partait à cinquante ans, se faisait conscrit pour former nos bataillons, nos grenadiers d'Espagne, qui devinrent l'armée d'Italie.

Irréprochable lumière de la sainteté moderne !

aurore de la grande Légende! actes héroïques de nos premiers saints!... Nous pouvons baiser ici le seuil sanglant du nouveau monde.

L'attendrissante lueur de la religion de Justice qui commençait à poindre au ciel avait paru dans la fête où la France glorifia la pauvre ville de Liège. Nous n'avions rien à leur donner, dans cette extrême misère, à ces Liégeois fugitifs qui s'étaient perdus pour nous. Nous leur donnâmes *l'honneur*... Ils rentrèrent reconnaissants, le soir, les larmes aux yeux. Toute la terre sut combien la France ruinée était riche et comment elle payait.

Tout cela élevait les cœurs, les montait au sacrifice : qui eût encore pensé à soi?... La Gironde aussi s'immola, elle périt résignée, et de la main de Vergniaud.

Elle ne réclama pas, quand il dit ces simples paroles : « Fonfrède n'a demandé les assemblées primaires que pour montrer le danger de la pétition de la Commune. Gensonné n'a appuyé la demande que pour prouver que les membres dénoncés n'ont rien à redouter d'un jugement national. »

La Gironde baissa la tête, personne ne contredit. La Montagne elle-même frissonna d'admiration.

La Gironde, au 20 avril, était maîtresse de son sort. L'Assemblée, au milieu de toutes ses jalousies, ne lui donnait pas moins des preuves d'une confiance invariable, prenant toujours des Girondins pour présidents, secrétaires (et jusqu'au 31 mai). Elle venait, le 12 avril, de se rallier solennellement à eux, en leur accordant l'accusation de Marat, avouant le rapport contre lui et l'envoyant aux départements, comme au jugement du peuple. L'appel aux départements contre la Gironde, fait le 15 par la Commune, avait été saisi vivement par l'Assemblée indignée en faveur des Girondins. Ceux-ci pouvaient le faire voter. Ils le pouvaient le 20 encore, en déclarant que l'opinion de Vergniaud était celle d'un homme, non la leur en général, que la Convention ébranlée ne pouvait se raffermir qu'en se soumettant d'elle-même au jugement des assemblées primaires, en déclarant qu'elle voulait être épurée par le peuple, reprendre au grand creuset la force et la vie. Cette thèse pouvait se soutenir. Seulement, dans la circonstance, cet immense ébranlement eût été d'un grand péril. Les Girondins hésitèrent dans leur conscience, se disant, comme Fonfrède : « N'est-ce pas la guerre civile ? » Ils se turent, n'objectèrent rien, s'associèrent, par leur silence, au dévouement de Vergniaud.

« On vous accuse, dit-il, on demande un scrutin épuratoire... Ce n'est point par l'appel au peuple, c'est par le développement d'une grande énergie qu'il faut vous justifier.

« L'incendie va s'allumer... La convocation des assemblées primaires en sera l'explosion... C'est une mesure désastreuse. Elle peut perdre la Convention, la République et la liberté. S'il faut ou décréter cette convocation ou nous livrer aux vengeances de nos ennemis... citoyens, n'hésitez pas entre quelques hommes et la chose publique... *Jetez-nous dans le gouffre et sauvez la Patrie!*...

« Si notre réponse ne vous a pas paru suffisante, je vous somme, au nom de la Patrie, de nous envoyer devant le tribunal révolutionnaire... Si nous sommes coupables et que vous ne nous envoyiez pas au tribunal, vous trahissez le peuple; si nous sommes calomniés et que vous ne le déclariez pas, vous trahissez la justice. »

Le silence fut absolu. La Gironde ne réclama pas, elle accepta, en échange de la vie, cette déclaration de l'honneur.

La Convention déclara calomnieuse la pétition jacobine.

Mais, en même temps, Vergniaud avait, pour la seconde fois, ouvert pontificalement le gouffre de Curtius, le gouffre où la Patrie en péril précipite, pour son salut, tout ce qu'elle a de meilleur.

Les Girondins s'y précipitèrent, dans cette journée solennelle, pour éviter la guerre civile. Serfs de la loi, liés par elle et peu propres à l'action, ils auraient tué la République. La Convention, pénétrée de douleur, les laissa tomber, périr.

CHAPITRE VIII

TRIBUNAL RÉVOLUTIONNAIRE. — MAXIMUM. — RÉQUISITION
(AVRIL-MAI 1793).

Les victoires de la Vendée donnent la France aux Jacobins. — Le tribunal révolutionnaire dominé par Robespierre. — Fanatisme patriotique de ce tribunal. — Il absout Miranda, Marat. — Le triomphe de Marat, 24 avril. — Robespierre présente une théorie restreinte du droit de propriété, 24 avril. — L'enchérissement des denrées oblige la Convention de décréter le maximum, avril-mai. — Cambon présente la proposition du département de l'Hérault pour rendre la réquisition efficace, 27 avril 1793. — Ce projet est adopté, mais dans un sens tout contraire, par la Commune de Paris. — Pétition menaçante au nom du faubourg Saint-Antoine. — Il la dément et s'offre à la Convention, 1ᵉʳ mai 1793.

La Vendée pouvait rire à l'aise des malheurs de la Patrie. C'est elle qui tuait la France.

Ses succès, appris coup sur coup, furent l'arrêt de mort des modérés. On leur reprocha, on leur imputa les victoires des Vendéens. On crut poignarder en eux la Vendée et le royalisme, et par leur mort on souleva soixante départements.

Les succès des Vendéens sur des armées sans soldats, leurs victoires sur le néant, n'avaient rien qui pût surprendre. On les trouva inexplicables. La Révolution ne voulut jamais croire qu'elle pût être vaincue, sinon par la trahison. Elle tomba dans une maladie effroyable, celle de tout suspecter, de ne voir plus que des traîtres, de se croire traître elle-même. Une sombre nuit commence où la France, de sa main droite, va saisir, blesser la gauche et croit blesser l'ennemi.

Voici, en deux mots d'abord, tout le mois d'avril :

La Vendée n'est plus une jacquerie, une vague insurrection. Elle prend corps, devient une armée. Elle n'a plus dans son sein un seul soldat républicain ; elle se ferme, elle est chez elle.

Et la France, au contraire, est ouverte à l'ennemi. Les Autrichiens, les Anglais marchent sur Dampierre.

Celui-ci, au camp de Famars, devant Valenciennes, n'a plus que vingt-quatre mille hommes... Voilà ce qui couvre la France.

La France, elle se contracte, elle s'impose et subit la plus terrible dictature qui fut jamais, celle de l'arbitraire local ; cinquante mille petits comités révolutionnaires de sections, se saisissent du droit absolu d'*inquisition*, de *réquisition*, du droit de requérir tout homme, tout argent, toute chose.

L'immense majorité voulait la Révolution, mais ne voulait pas assez.

Pour la faire vouloir vraiment et persévérer, il fallut organiser, en pleine anarchie, un gouvernement violent de minorité.

C'est le fond de 1793. Plût au ciel que nous pussions en rester là, sans dire les moyens qu'employa la minorité !

Elle agit par une combinaison violente d'intérêt et de fanatisme. Elle commença par prendre toutes les places pour elle-même.

La société des Jacobins tout entière entra dans l'administration. En avril, elle avait occupé environ dix mille emplois, par elle-même ou ses créatures.

Cela commença par le ministère de la guerre, Pache y fut mis par la Gironde et y mit les Jacobins.

Quelques-uns de ces nouveaux venus qui entrèrent au gouvernement, Monge par exemple, Meunier, de l'Académie des Sciences, en étaient dignes par leurs lumières autant que par leur énergie. C'étaient de rares exceptions. Tous les autres n'avaient pour eux que leur âpre patriotisme; ils étaient parfaitement étrangers aux choses administratives. Tels savaient à peine écrire.

La force d'ascension qui porta invinciblement la société jacobine à toutes les places effaça un moment l'influence girondine. Les Girondins étaient toujours forts à la Convention, honorés d'elle, présidents, secrétaires, membres de tous les comités. Ils n'avaient plus d'agents en bas. Ils restaient en haut, isolés; ils étaient comme une tête qu'on pouvait couper d'un coup.

De tous les pouvoirs publics, celui que les Jacobins saisirent le plus avidement, ce fut la justice.

Les fonctions périlleuses, terribles du tribunal révolutionnaire, qu'on frémissait d'accepter, les Jacobins les sollicitèrent. Comme juges et comme jurés, ils furent tout le tribunal. La nomination dépendant de la Convention, la Gironde eût pu partager, si elle l'avait voulu. Elle s'abstint entièrement et, par là, livra d'avance sa vie à ses ennemis.

Ce tribunal ressemblait à la chambre de Robespierre, où son portrait reproduit sous vingt formes, se voyait partout. Le président, c'était lui, dans le doux Herman, d'Arras, son ami, à qui il confia les prisons de la Terreur. Le vice-président, c'était lui, dans le Franc-Comtois Dumas, qu'il avait fait venir ici et qui devint par lui la colonne des Jacobins. Ceux dont il refit la Commune, quand il la purgea plus tard, étaient là déjà (Payan, Coffinhal). Son fanatique admirateur, le peintre Topino-Lebrun, idolâtre de Robespierre (jusqu'à lui tuer Danton!), siégeait pour lui au tribunal. Sa maison, pour parler ainsi, ses familiers, ses ombres, qui l'escortaient, qu'on voyait toujours avec lui, son imprimeur Nicolas, son hôte Duplay, étaient jurés révolutionnaires.

On voit ici combien Robespierre (avec si peu de courage physique) eut le courage d'esprit. Le poste du plus grand danger, de toute la République, c'était le tribunal révolutionnaire, et il s'y mit tout entier; il en accepta par la présence de ses amis la responsabilité complète, se livrant, lui et eux d'avance, aux échafauds, aux poignards, aux menaces du destin. Qui d'entre eux partant le matin pour le Palais de justice, ayant embrassé sa famille, était sûr de la revoir? Le sang de Lepelletier, de Basville, fumait encore.

Et c'est justement ce qui jeta au tribunal plusieurs des plus enthousiastes amants de la République. Ils demandèrent, recherchèrent ce qui faisait reculer tout le monde, ce pontificat de Tauride.

Nommons en tête de ceux-ci le tribun d'Arles, Antonelle, ancien militaire, noble et riche, qui vivait heureux, retiré en 1789, livré à la philosophie, aux paisibles études grecques, lorsque les révolutions du Midi l'appelèrent à l'improviste à renouveler la violence et les dévouements de la terrible Antiquité.

L'accusateur public fut un parent éloigné de Camille Desmoulins, le trop célèbre Fouquier-Tinville. Le 20 août 1792, il écrivait à Camille : « Je suis pauvre, chargé d'enfants, nous mourons de faim. » Camille, selon toute apparence, le fit accepter de Robespierre, qui ne pouvait aimer cet homme faible et violent, emporté, hors de mesure, mais qui sans doute ne refusait rien à Camille, quand celui-ci écrivait son *Histoire des Brissotins*. Fouquier entra aveuglément dans son rôle meurtrier et devint de plus en plus exécré et exécrable.

Je ne distingue dans la liste qu'un des hommes de septembre, Jourdeuil, devenu adjoint du ministre de la guerre.

Le comité insurrectionnel de l'Évêché, qui va décimer la Convention, a pris poste au tribunal par l'un de ses chefs, Dobsent.

La plupart des noms appartiennent à la petite bourgeoisie, aux professions intelligentes ; plus d'artistes que d'artisans. Il y a trois chirurgiens ou médecins, un

Gascon entre autres, chirurgien-dentiste, l'âpre et le rusé Souberbielle, qui a vécu jusqu'à nous et n'a pas peu contribué à défigurer l'histoire par ses récits intéressés. Il y a trois ou quatre peintres, autant *d'artistes* (comédiens). Nombre de menuisiers et de charpentiers, métier aimé de Robespierre, sans doute en l'honneur de l'*Émile*. Ce ne sont pas des compagnons, mais visiblement, comme Duplay, des maîtres ou entrepreneurs.

Le premier condamné à mort fut un émigré rentré; jugé le matin, il fut exécuté le soir aux flambeaux. Il avouait. La sentence n'étonna personne. Ce qui commença à surprendre, ce fut de voir le tribunal frapper de mort des gens du peuple pour de simples propos, des bavardages royalistes : l'un d'eux en état d'ivresse, l'autre, une femme, une cuisinière, qui avait, dans un café, déblatéré contre la Révolution et la République. Cet emportement de femme fut considéré comme appel à la révolte. Il devint visible que le tribunal, par cette sévérité terrible, voulait décidément faire taire la population de Paris, opposer aux divisions de la France l'apparente unanimité de la capitale, une au moins dans le silence.

Les jurés votant à haute voix, plusieurs faisaient devant le public une apologie de leurs votes, protestaient qu'ils n'avaient accepté leur odieuse mission que pour le salut de la patrie.

Ce qui porterait à croire au patriotisme fanatique, mais très réel et parfois impartial de ces hommes, c'est que, s'ils ont absous Marat qu'ils aimaient, ils n'ont pas moins absous le général Miranda qui n'avait de patrons, de défenseurs que les Girondins, en ce moment perdus eux-mêmes. Ils accueillirent, innocentèrent, honorèrent l'homme même de leurs ennemis, le client de Brissot et de Pétion. Ils dédommagèrent l'infortuné patriote, qui s'était donné à la France, des calomnies de Dumouriez.

Marat n'avait pas même daigné se laisser arrêter, ne voulant pas, disait-il, donner à ses ennemis la facilité de se débarrasser par le poison ou autrement d'une tête sur laquelle reposait le salut du peuple. L'affaire resta là douze jours. Ce fut lui qui pétitionna pour être jugé. Il l'obtint et, pour la forme, passa une nuit en prison; plusieurs membres de la Commune s'y étaient enfermés avec lui pour veiller à sa sûreté. Ils avaient apporté de l'eau dans des carafes cachetées et goûtaient les plats.

Le 24 avril, jour du jugement, toute la foule des faubourgs se mit en mouvement, émue et pleine de craintes pour ce pauvre *Ami du peuple*, cruellement poursuivi par les intrigants, *les hommes d'État*. Tous criaient : « On veut sa vie, on veut le faire périr... Nous ne le souffrirons pas. »

Marat nageait dans les roses ; une vanité délirante était épanouie sur sa large face jaune. « Vous voyez, dit-il modestement au tribunal, le martyr, l'apôtre de la liberté. » Il profita de l'accusation pour débiter une histoire de son héroïque vie, des services qu'il avait rendus au genre humain, depuis l'époque où pratiquant la médecine à Londres, il avait publié les *Chaînes de l'esclavage*. Rien ne manqua à la comédie. On suivit toutes les formes. Le jury se retira, délibéra, puis, rentré, prononça l'acquittement.

A ce moment, il fut près d'être étouffé. Toute la foule voulait l'embrasser. Les soldats se mirent devant et le protégèrent. On lui jeta sur la tête je ne sais combien de couronnes. Il était petit, on le voyait peu. Plusieurs s'élancèrent, le prirent sur leurs bras, le juchèrent sur un fauteuil, le montrèrent un moment du haut du grand escalier. C'était un objet étrange. Son costume, à la fois recherché et sale, était moins d'un homme de lettres que d'un charlatan de place, d'un vendeur d'orviétan, comme il l'avait été en effet. C'était une lévite jadis verte, somptueusement relevée d'un collet d'hermine jaunie, qui sentait son vieux docteur. Heureux choix de couleurs qui s'assortissait à merveille au ton cuivré de la peau et pouvait faire prendre de loin le docteur pour un lézard.

« Il est sauvé! Vive Marat! » Toute la foule déguenillée l'emportait avec violence, heureuse de sa victoire. C'était une fête d'avril ; échappés au long hiver, ces pauvres gens croyaient leurs maux finis par le triomphe du grand empirique qui jurait de tout guérir. Quand il eut passé le Pont-Neuf, par la rue de la Monnaie, par la rue Saint-Honoré, ce fut comme une pluie de fleurs, de couronnes et de rubans. Les femmes des Halles surtout, dans l'effusion de leur cœur, noyaient de bouquets l'homme et le fauteuil, les enchaînaient de guirlandes. Marat se voyait à peine, hâve, étrange, égaré, sous ces fraîches verdures printanières ; la crasse reluisait sous les fleurs. Retardé à chaque instant par des députés de métiers, des harangueurs de sections, il allait agitant la tête d'un mouvement automatique, répondant à tout d'un fixe sourire qui semblait d'un fou. Il ouvrait les bras sans cesse comme pour embrasser le peuple. Il était fort touchant ce peuple (quelque peu digne que fût l'objet de sa gratitude), touchant et par son bon cœur et par l'excès de ses maux. Nul doute que cette bonté n'ait atteint Marat lui-même, qu'un éclair de sensibilité n'ait traversé cette âme, plus vaniteuse encore et furieuse que perverse. C'est à ce moment ou jamais qu'il trouva la belle parole qu'il a répétée souvent : « Je me suis fait *anathème* pour ce bon peuple de France. »

Tout le monde, dès le matin, prévoyait, savait le triomphe. Les chefs de la Montagne attendaient la foule et Marat, pleins de tristesse et de dégoût. Robespierre en jaunissait. Dès le matin, à l'ouverture même de la Convention et sans à-propos, il avait lancé en hâte une théorie de la propriété, qui remontait sa popularité au moins au niveau de Marat. A l'encontre de la définition de la propriété qu'avait donnée Condorcet dans son plan de constitution (*Un droit qui consiste en ce que tout homme est maître de disposer à son gré de ses biens*), Robespierre proposait celle-ci : Le droit qu'a le citoyen de *disposer de la portion des biens qui lui est garantie par la loi.*

On a vu, le 21 septembre, à l'ouverture de la Convention, l'opposition du Girondin Lasource et du Montagnard Cambon, précisément sur ce sujet. Lasource, imbu du droit romain et des vieilles superstitions juridiques du Midi, faisait de la propriété un droit antérieur, supérieur à la loi, à la société, de sorte que la société en péril périrait sans pouvoir toucher à cette propriété sacro-sainte. Étrange respect pour les choses, qui leur immolerait les personnes! Par excès de ménagement pour la propriété, les propriétaires eux-mêmes périraient avec tout le reste dans le naufrage commun.

La doctrine de la Montagne, celle de Cambon et de Robespierre, n'était pas seulement recommandée par la nécessité et le danger public, elle était la plus juste en soi, la plus haute et la plus vraie, considérant la propriété comme l'accessoire de l'homme et de la société, non comme le principal, subordonnant la chose aux besoins de la personne, ne la prenant pas pour un but, cette propriété, pour un instrument exclusif de jouissances individuelles, mais pour un moyen de salut commun.

Cette théorie, juste en soi, allait recevoir toutefois une triste application, celle que Robespierre proposa aux Jacobins. Il s'agissait de salarier tout un peuple sans travail, soit en le payant pour assister aux assemblées de sections, soit en créant à Paris une armée révolutionnaire. Dans la lutte des partis, celui des deux qui prenait une telle initiative entraînait nécessairement cette foule si misérable, n'avait plus aucun besoin de discuter ni de convaincre. Des estomacs affamés, d'avance, étaient convaincus.

Robespierre finit en deux mots, craignant d'être interrompu par la grande scène populaire. Saint-Just vint traîner ensuite un long discours ténébreux, que personne n'écouta. Après on jasa de l'Ouest. Cependant une grande clameur avait commencé du dehors et dominait tout. Un homme entre, à longue barbe, une caricature de sapeur connue. Toujours ce même épouvantail qui avait frappé de la hache les portes du roi le 20 juin, qui depuis (secrètement payé par les Girondins) garda Louis XVI au Temple. Dénoncé, il s'était donné à la Montagne, à Legendre, qu'il accompagna à Lyon pour le protéger de sa hache et de sa barbe terrible. Aujourd'hui 24 avril, le même sapeur Rocher s'était fait bénévolement garde du corps de Marat. Il demande d'un ton menaçant que la foule puisse défiler devant la Convention.

Elle entre, et sur ses bras Marat couronné de lauriers. Toute la salle est envahie, le peuple se mêle aux députés. Marat est à la tribune, les applaudissements l'empêchent longtemps de parler. Il ne dit que deux mots de reconnaissance et de sensibilité pour le peuple. Mais retournant à sa place et se retrouvant en face de ses ennemis, de la Gironde, sa férocité lui revint : « Je les tiens maintenant, dit-il ; ils iront aussi en triomphe, mais ce sera à la guillotine. »

L'effervescence était telle que tous (la Montagne même) étaient dans l'inquiétude. Heureusement la foule ne tenait point Marat quitte; elle le ressaisit et le remporta pour le promener dans Paris. Beaucoup néanmoins restaient dans la salle, ne défilaient point; on craignait qu'ils n'eussent des desseins sinistres. Danton, avec beaucoup d'adresse et de présence d'esprit, les fit écouler, saisissant un mot qu'avait dit Marat lui-même, s'en servant pour rappeler l'inviolabilité de la Convention : « Beau spectacle pour tout Français! de voir les citoyens de Paris respecter tellement la Convention que c'est pour eux un jour de fête le jour où un député inculpé est rétabli dans son sein! »

La prophétie de Marat ne pouvait manquer de s'accomplir; la Gironde, d'elle-même, courait à la mort. Elle se mettait en face du torrent révolutionnaire; elle allait être emportée.

Les jours suivants, elle opposa une opiniâtre résistance à la mesure que le peuple réclamait le plus ardemment, le *maximum* sur les denrées. La multiplication effroyable de l'assignat avait porté les choses les plus nécessaires à la vie à un prix inaccessible. Dans une grande partie de la France, le pain valait dix sous la livre. D'autre part, imposer un *maximum*, forcer le marchand de donner à bas prix ce qui lui avait coûté cher, et de le donner pour cette monnaie de papier qui descendait d'heure en heure, c'était lui faire fermer boutique. Qui voudrait être marchand à de telles conditions? Le fermier allait entasser ses grains sans les vendre et ne plus semer peut-être. Il fallait, à l'appui de cette mesure tyrannique, d'autres plus violentes encore, une police impitoyable sur le commerce des grains, etc. Les Girondins mirent tout ceci dans une admirable lumière. Ils firent valoir surtout que le *maximum* devait profiter aux riches, qui achèteraient tout à vil prix; la loi forçant tout le monde de prendre l'assignat pour sa valeur nominale, les débiteurs de mauvaise foi allaient se libérer pour rien, en ruinant leurs créanciers, etc.

Objections très fondées, auxquelles on ne répondit rien.

La réponse eût été celle-ci, personne n'osa la faire.

Le grand acheteur, c'est l'État; le grand débiteur, c'est l'État, au moment où il lui faut créer tout à coup, organiser, nourrir des armées.

La France se ruine sans doute, et elle ne peut se sauver qu'en se ruinant.

La Convention, au 1ᵉʳ février, a voté un milliard d'assignats; au 7 mai, elle en vote un autre. Tout cela fondé sur la vente des biens d'émigrés, qu'on ne parvient pas à vendre.

Le *maximum* est sans nul doute une mesure détestable. Mais, sans lui, comment arrêter l'enchérissement des denrées, que nous faisons monter toujours en multiplant l'assignat?

Voilà ce que la Montagne pouvait répondre à la Gironde, ce que Cambon aurait dit, s'il eût osé ouvrir l'abîme de la ruine publique. Dans la terrible anxiété où le mettait son impuissance de satisfaire aux besoins de la situation, Cambon était l'associé naturel des sauvages exigences de la multitude. Elle criait le *maximum*, parce qu'elle avait faim. Il criait le *maximum*, pour donner force à l'assignat.

Misérable gardien de la fortune publique, ou plutôt de la ruine, ministre de la banqueroute, il lui fallait, chaque jour, inventer quelque nouveau moyen révolutionnaire de faire face aux nécessités.

Le 27 avril, il apporta à la tribune une proposition de son département (l'Hérault), pour rendre efficace la réquisition, atteindre les hommes, atteindre l'argent.

Les patriotes de l'Hérault remarquent, disait cette note, que la plupart des recrues que vient d'enlever la réquisition ne sont point des volontaires, mais des remplaçants, des hommes salariés. Il faut s'adresser au patriotisme. On ne peut s'en remettre au hasard aveugle. Il faut employer la voie de l'indication, adresser des réquisitions directes et personnelles *aux plus ardents patriotes*, aux hommes braves, aux hommes forts, en afficher la liste dans les sociétés populaires.

« Qui désignera? Un comité de salut public, tiré des corps administratifs du *chef-lieu de département*, — comité *choisi par les commissaires de la Convention*. Ce comité, pour éclairer son choix, consultera les députés des sociétés populaires et des membres de chaque compagnie de vétérans.

« Pour lever ainsi cinq mille hommes par département, on formerait un fonds de cinq millions par emprunt forcé, c'est-à-dire que, si l'emprunt n'était pas fourni en deux jours par les soumissions libres des capitalistes, il le serait par des réquisitions impératives adressées aux riches. Ces fonds seraient affectés aux dépenses militaires et aux secours que réclame l'indigence. »

Ce plan généralisait, systématisait les mesures que la nécessité avait imposées, dans le Nord et dans l'Ouest, sans l'aveu du gouvernement. Marseille et Bordeaux, on l'a vu, par l'élan d'un patriotisme admirable, avaient pris d'elles-mêmes des mesures analogues.

La sagesse de ce plan, c'est qu'il était à la fois, si l'on peut parler ainsi, très local et très central. Il fouillait profondément la localité, la perçait à jour pour en saisir les ressources; il voyait de l'œil local, le seul qui puisse bien voir. Mais la décision ne venait pas de l'autorité locale; elle eût semblé passionnée, faussée par les jalousies, les rancunes, les petites haines. La décision se faisait au centre départemental, et sous l'influence du centre national, je veux dire sous l'influence des commissaires de la Convention.

La réquisition, l'appel de la patrie en péril qui saisit l'homme au foyer et lui dit : « Viens mourir pour moi », pouvait-elle être obéie, si elle avait pour organe une petite municipalité, laquelle souvent n'est qu'un individu, un procureur de village, un homme mésestimé, un voisin jaloux, un ennemi ?... Non, c'est d'en haut qu'elle devait parler, commander, agir. Et plus elle tombait de haut, plus elle tombait avec poids. Nul n'avait de résistance, nul d'indignation, s'il était frappé d'une autorité qu'il croyait impartiale.

La sagesse et la noblesse du projet étaient encore en ceci, qu'on devait adresser la réquisition aux meilleurs citoyens, *aux plus ardents patriotes*, c'est-à-dire à ceux dont la volonté et le dévouement étaient prêts au sacrifice. Beaucoup voulaient et ne faisaient rien, se donnaient de cœur et pourtant restaient. A ceux-là la Loi venait dire, par l'organe d'une haute autorité : « Tu es le meilleur, donc tu es à moi. Tu voulais partir, tu serais parti, sans ta mère ou ta maîtresse... Eh bien, pars, je viens t'affranchir, te venir en aide, trancher de mon commandement ces liens, trop chers, que tu ne peux délier... Grâce à moi, tu seras libre, tu voudras ta volonté !

Ce mélange de nécessité et de volonté était la sagesse même, plus sage que la Gironde, qui ne s'adressait qu'à la volonté, plus sage que la Montagne, qui imposait tout par nécessité.

Ceux qui présentèrent le projet n'étaient point des égoïstes qui voulussent imposer aux autres les charges qu'ils ne partageaient pas. Ce qu'ils proposaient réellement, c'était de partir eux-mêmes. La réquisition qu'ils adressaient, comme autorité, ils y répondaient comme soldats.

Le département de l'Hérault s'appliqua ce beau principe qu'il posait, d'une réquisition éclairée, consentie, adressée surtout à ceux qui voulaient la réquisition, et il en sortit une des gloires de la patrie, l'immortelle trente-deuxième demi-brigade.

La note de Montpellier fut saisie avidement par la Commune de Paris, qui toutefois en changea le sens.

Du 27 avril au 1er mai, on fit courir et signer dans les sections une pétition conforme, disait-on, à cette note de Montpellier. Elle fut portée à l'Assemblée par un homme qui se dit délégué du faubourg Saint-Antoine. Une masse assez forte, qui marchait derrière, vint en même temps, le soir, heurter à la Convention.

La pétition était une caricature révolutionnaire de la note de Montpellier. Elle voulait qu'on fît partir *non les meilleurs*, mais les pires, *ceux qui avaient signé des pétitions contre-révolutionnaires*. Admirable politique! l'honneur de défendre la France devenait le supplice des mauvais citoyens. La patrie, menacée par eux, se chargeait de les aguerrir, leur confiait son épée, comptait sur eux pour son salut.

Par qui les réquisitionnaires seraient-ils désignés? Non par une autorité élevée, centrale, mais par ces passions mêmes, *par les comités révolutionnaires de chaque section*, autorité toute locale, pleine d'emportement et de partialité, poussée souvent à son insu par des haines personnelles, ou du moins suspecte de haine, de sorte que chacun se croirait non désigné par la loi, mais proscrit par son ennemi.

Dans la pétition, comme dans la note, il y avait un emprunt forcé sur les riches, mais avec cette différence que la guerre n'était pas le premier emploi de l'argent : « *La somme sera répartie en portions égales au nombre des nécessiteux* de chaque section... »

Cet article disait tout. Il annonçait naïvement la voie où l'on entra bientôt, celle des distributions d'argent et du salaire sans travail. La proposition était claire. Un parti achetait le peuple, avec ce qu'il extorquait de la Convention. Il crevait la caisse publique, rançonnait l'Assemblée aujourd'hui, pour la décimer demain.

La Convention se taisait. Le président (un Girondin) n'avait fait qu'une réponse triste et digne, nullement celle que la pétition aurait méritée. Un cri enfin révéla l'indignation de l'Assemblée ; ce cri partit de la Montagne et des amis de Danton. Lacroix demanda qu'au moins les pétitionnaires ne fussent pas admis aux honneurs de la séance.

Un député de la droite constata le danger de la Convention, dit qu'elle ne devait pas quitter Paris, mais réunir ses suppléants à Bourges, afin que, si elle était égorgée, il restât une Assemblée pour gouverner la France.

Cependant on s'avisa de regarder de plus près cette terrible pétition ; on vit avec étonnement qu'elle ne portait ni signatures ni pouvoirs. Les meneurs parlaient au nom du faubourg et ne l'avaient pas consulté.

Le dantoniste Phelippeaux se leva alors, et demanda que l'orateur fût envoyé tout droit au tribunal révolutionnaire. Fonfrède demanda aussi son arrestation. Et, ce qui porta l'étonnement au comble, c'est que l'homme des Jacobins, l'homme de Robespierre, Couthon, appuya cette demande.

L'orateur était un tapissier du faubourg, qui avait quitté son métier pour l'état plus lucratif de commissaire de police et d'agitateur de sections. Les procès-verbaux des sections, que nous avons sous les yeux, ne font aucune mention des pouvoirs qu'il aurait reçus. Il avait l'aveu, et le simple aveu verbal, d'une douzaine de meneurs, en rapport avec la Commune et les Jacobins, et comptait qu'une pétition qui demandait des secours serait toujours avouée de la masse du faubourg, réduite alors aux dernières extrémités de la misère.

Il le croyait. Il se trompait. Ces braves gens, sans trop savoir ce qu'était la pétition, croyant seulement qu'il s'agissait d'obtenir de la Convention des moyens *de sauver le peuple*, et comme on disait, *d'en finir*, s'étaient mis à la suite, au nombre de quelques mille. Dans cette très longue colonne, la queue ignorait parfaitement ce que la tête disait. Quand ils surent la chose au vrai, il y eut un vif mouvement d'indignation et d'honneur. La basse insolence de la pétition qui demandait de l'argent, sous peine d'insurrection, présentait le grand faubourg dans l'attitude du mendiant qui mendie au pistolet. La colonne se remua, s'agita, se mit en révolte, mais contre ses meneurs mêmes. Elle fonça, par de grands efforts, jusque dans la Convention, et déclara qu'ils mentaient : « Citoyens représentants, dirent ceux qui purent pénétrer, nous demandons qu'au moins on nous lise la pétition, pour que nous puissions désavouer ce qui est contre les principes... Loin d'être en insurrection contre l'Assemblée, nous voulons la défendre jusqu'à la mort... S'il se trouvait des assassins, c'est nous, ce sont nos propres corps qui vous serviraient de remparts. »

L'arrestation des faussaires qui parlaient sans mission allait démasquer la main qui les poussait par derrière. Les dantonistes vinrent au secours. Quoiqu'il soit assez probable, d'après le premier mouvement d'indignation qui leur était échappé, d'après les exclamations de Lacroix et de Phelippeaux, que les dantonistes n'étaient pas dans la confidence complète de la fausse pétition, ils ne s'en prêtèrent pas moins à l'innocenter, à couvrir ce pas hasardé du parti le plus violent. Thuriot, puis Danton lui-même, demandèrent que la Convention se bornât à improuver la phrase (d'insurrection) que le faubourg désavouait, et passât à l'ordre du jour. Danton se surpassa lui-même en diplomatie révolutionnaire. Il avança, il recula. Il flatta la Convention, lui montrant qu'elle pouvait tout. Il flatta l'insurrection. Il rassura surtout l'Assemblée (précaution indispensable pour une assemblée française) sur la crainte de paraître craindre. Enfin il enveloppa, embrouilla si bien les choses qu'il obtint les honneurs de la séance *pour les pétitionnaires*, sans que l'on sût seulement si c'étaient les hommes de la première pétition ou de la seconde, ceux qui avaient insulté la Convention ou ceux qui voulaient la défendre.

CHAPITRE IX

LE MODÉRANTISME. — LES COMITÉS RÉVOLUTIONNAIRES
(MAI 1793).

La Convention s'établit dans la salle des Tuileries, 10 mai. — Nos revers dans la Vendée. — Dampierre tué à Famars, 9 mai. — La France n'a nulle ressource que la vente des biens des émigrés. — Les administrations girondines entravent cette vente. — Lyon, Marseille, Bordeaux, contre le mouvement révolutionnaire. — Les comités révolutionnaires poussent vivement la réquisition et veulent arrêter les suspects. — Lutte imminente contre la Gironde. — Vues de Danton, de Marat, de Robespierre et des Jacobins. — Violence de l'Évêché. — L'Évêché popularisé par la mort de Lazouski. — Ligue des Jacobins, de la Commune et de l'Évêché. — La Convention crée le comité des Douze, 18 mai. — L'Évêché propose un massacre, 19 mai. — La Commune et les sections en repoussent l'idée. — Pourquoi le Comité de salut public ne fit rien. — Faibles mesures prises par les Douze. — Menace de la Commune. — Anathème d'Isnard contre Paris, 25 mai. — Arrestation d'un juge du tribunal révolutionnaire. — La Convention veut briser les comités révolutionnaires. — Robespierre proclame l'insurrection, 26 mai.

L'invasion libératrice du peuple, qui, le 1er mai, rassura la Convention, n'aurait pu avoir lieu le 10. Ce jour, l'Assemblée quitta les Feuillants et vint s'enfermer dans la salle des Tuileries, salle étroite, obscure, sans accès, sans dégagements, fermée d'avance et captive, par le seul effet des localités ; un cachot ? ou un sépulcre ?

Qu'il soit fermé à jamais[1], ce sinistre palais de Catherine de Médicis ! Malheur aux coupables fous qui croiraient pouvoir y dormir entre deux décapités, Louis XVI et Robespierre !

L'Antiquité consacrait les lieux frappés de la foudre, les dévouait à Pluton, les entourait soigneusement, de peur que quelque insensé ne mît étourdiement le pied sur la place brûlante et maudite, patrimoine du dieu des morts.

Trois dynasties sont tombées là, par un juste jugement ; la noire façade en a la trace. Grâces soient rendues à Dieu !... Mais c'est aussi là qu'au 2 juin 1793 le premier coup fut porté à la religion nationale, la Convention décimée ; là, fut assassinée la Loi.

Le palais n'avait nullement en 1793 ni les abords ni l'intérieur qu'on voit aujourd'hui. Les vastes et libres espaces du Carrousel étaient resserrés par divers constructions. A l'intérieur, on n'allait pas, comme aujourd'hui, de plain-pied, d'une extrémité à l'autre. On montait, on descendait, et pour remonter. La salle, organisée fort bien pour un petit théâtre de cour, faite pour la nuit seulement, pour ne s'éclairer jamais que de lumière artificielle, n'avait qu'un jour pauvre et tiré d'en haut. Toute figure, à ce jour louche, paraissait douteuse, blême,

---

[1]. Fermé ou occupé par la Révolution elle-même, son vainqueur et son seul habitant légitime. Qu'elle l'occupe, ce palais, de ses tragiques ombres, des effigies de ses héros, de celles de ses victimes. Nul autre emploi raisonnable d'un tel lieu. C'est l'idée qui fut proposée (par M. Maurice) en 1848 : établir aux Tuileries le *Musée de la Révolution*.

de ces visages pâles, pour dire le mot de César, *où l'on croit lire des complots.*

Et la foule, comment entrait-elle ? Cette grande foule bruyante, ce monstre à mille têtes, que du dedans l'on entendait, non sans terreur, rugir au dehors, pouvait-elle entrer, cette foule ?

Elle n'arrivait que par effort, par lutte et combat, par élan désespéré. Les escaliers étroits du pavillon de l'Horloge et du pavillon Marsan, les misérables couloirs qui aboutissaient à la salle, de temps à autre y lançaient les plus heureux dans cette lutte, des hommes forts, certainement, ceux qui avaient des épaules, des reins et des coudes pour porter la foule ou pour l'écarter. Ils arrivaient bruyants, vainqueurs, tout émus encore, fiers de leur succès, de leur force. Le passage, spécialement vers le pavillon Marsan et la rue de Rivoli, était difficile en lui-même, difficile par les ruelles qui y amenaient. L'affreux passage Delorme, étroit, infect et immonde, entre les hautes maisons noires qui ne lui montraient que le dos, réceptacle des déjections de la rue Saint-Honoré, était le principal accès.

La Convention n'avait nulle protection militaire. La garde nationale, cachée dans une espèce de cave du pavillon Marsan, quelques gendarmes logés sous la salle de l'Assemblée, ne pouvaient servir de rien. Ils le savaient parfaitement. Aux jours les plus orageux, quelque bruit qu'on fît en haut, n'ayant nul moyen d'être utiles, pas même d'entrer seulement, ils se chauffaient tranquillement et jouaient aux cartes.

On appellerait volontiers un tel lieu un piège à prendre des rois, la souricière aux tyrans.

La Convention savait parfaitement où elle allait. Mais tel était le respect de cet âge pour le peuple, telle sa confiance dans l'honnêteté de la foule, dans la religion de la loi, qu'on eût rougi de montrer une injurieuse défiance. Convenait-il au mandataire de soupçonner le Souverain, de prendre contre lui des mesures de défense?... A lui seul de s'observer, à lui de réfléchir, de ne pas se perdre lui-même.

La Convention, aux Tuileries, y fut saluée coup sur coup par les mauvaises nouvelles : la prise de Thouars, emporté d'assaut par les Vendéens le 6 mai; la mort de Dampierre, tué, le 9, à la tête de l'armée du Nord; et le général en chef de l'armée de l'Est, Custine, offrait sa démission.

Pour comprendre où en était la France, il faut savoir qu'en avril la Convention envoya cinq cents vainqueurs de la Bastille, en mai, sa propre garde, deux cents grenadiers, — contre cent mille Vendéens!

Il n'y eut jamais de position comparable à celle du nouveau Comité public, infortuné pilote de ce vaisseau désespéré. Peu soutenu par les partis, ni girondin, ni jacobin, ce Comité avait reçu tous les pouvoirs, qui étaient alors autant d'impuissances. Sa ressource, devant l'Assemblée, était l'adresse et la langue de Barère, incomparable menteur pour atténuer les défaites, créer des armées possibles, prophétiser des victoires.

Le Comité avait tout au moins fait preuve d'une grande audace. Il avait, à ces armées désorganisées, presque anéanties, ordonné partout l'offensive, enjoint la victoire. La Révolution était l'assaillant universel ; la mettre sur la défensive, c'était la livrer et l'abandonner. Cette offensive intrépide, tout étrange qu'elle parût, ne fut pas sans quelque effet. Les Autrichiens, par exemple, se confirmèrent dans l'idée qu'ils avaient du profond fanatisme révolutionnaire, dans le plan qu'ils s'étaient fait de n'avancer qu'à coup sûr, de ne pas faire un pas sans avoir bien assuré le pas qu'ils venaient de faire, Condé d'abord et Valenciennes ; puis, ces places dûment assiégées et prises, on en viendra à Dunkerque, pour terminer la campagne par la grande affaire de Lille ». Ils restèrent deux mois devant Valenciennes, et c'est ce qui nous sauva.

Nous n'avons pas le temps, ici, de faire encore le détail des petites victoires vendéennes, ni des nobles généraux qui, vers le milieu d'avril, avaient enfin accepté le commandement de l'insurrection. Nous y reviendrons plus tard.

Mais nous ne pouvons passer sans dire un mot de Dampierre, victime du système de guerre ordonné par la Convention : avancer toujours, faible ou fort, et toujours combattre.

Nous entrons dans l'âge de bronze. Dampierre, ce héros de 1793, eût été guillotiné quelques mois plus tard (Couthon le dit en propres termes). Il le sentit parfaitement et, par le plus court chemin, se logea au Panthéon.

C'était une nature sombre et violente, d'une apparence un peu lourde; le dedans était de feu. Né riche, et marquis de Dampierre, il avait cruellement étouffé sous l'Ancien-Régime, cherchant l'action, le péril, et ne trouvant rien. Il laissa tout, jeta tout en 1789 et commença tout d'abord par être un furieux jacobin. Dumouriez, son ennemi, dit que Dampierre était « un fol, audacieux jusqu'à la témérité ». C'est lui, en réalité, qui, à Jemmapes, avec le régiment de Flandre et le premier des volontaires de Paris, eut le premier et décisif succès qui enleva toute l'affaire.

Le voilà, devant Valenciennes, général en chef, mais général subordonné aux commissaires de la Convention. Il avait avec lui trente mille hommes, et, devant, au moins le double d'Autrichiens qui venaient de faire cette campagne heureuse et facile, et pouvaient à volonté se grossir jusqu'à cent mille. Les commissaires le sommaient d'avancer, au nom de la loi. Ces patriotes intrépides, qui, pour la plupart, voyaient la guerre pour la première fois et ne connaissaient nulle difficulté, crurent qu'il fallait tout hasarder et, à tout prix, étonner l'ennemi par cette offensive. Le sort de Dampierre était tout tracé. La Vendée avait vu déjà trois généraux en six semaines tomber du commandement à la sellette d'accusés. Tout le jour du 9, Dampierre lança ses colonnes contre l'immuable camp retranché des Autrichiens; le soir il tenta un dernier, un terrible effort, alla droit à une batterie qui le foudroya à bout portant. Il eut la cuisse emportée et mourut le lendemain.

Le danger était plus grand qu'en septembre 1792. Il n'y avait plus l'immense mouvement populaire que trouvèrent les Prussiens. Nos discordes avaient augmenté. Nos ressources étaient amoindries. Plus de biens d'église à vendre. On arrivait maintenant aux biens d'émigrés, que peu de gens achetaient. Ces biens restant non vendus, les deux milliards d'assignats qu'on venait de fabriquer ne représentaient plus rien, portaient sur le vide; on entrait dans la région inconnue et effrayante de la terreur financière, dans la fabrication d'un papier immense, acceptable par la guillotine.

Toutes sortes de passions, et bonnes et mauvaises, entravaient cette vente des biens d'émigrés. La délicatesse chevaleresque luttait contre le patriotisme. Si l'on avait été sûr que ceux dont on vendait les biens fussent tous dans l'armée de Condé, on eût acheté sans scupule. Mais comment les distinguer? Il y avait certainement deux catégories d'émigrés, les émigrés de la haine et les émigrés de la peur. Tous pourtant ou presque tous avaient pris les armes contre leur pays. Ils étaient précisément la classe militaire de la monarchie; ceux qui n'eussent pas voulu combattre y étaient poussés par le préjugé, par les dérisions des autres. Il y avait, dit-on, vingt-neuf mille émigrés propriétaires, hommes la plupart; les femmes, dans les localités paisibles, restèrent avec leurs enfants. Si l'on déduit des vingt-neuf mille quelques milliers d'individus incapables de porter les armes, il restera à peu près le nombre que formait l'armée de Condé.

Ce chiffre, cette désignation des personnes des émigrés, fut donnée par les municipalités. Quant aux administrations de départements, auxquelles Roland avait demandé la désignation des biens d'émigrés, elles montrèrent une extrême mauvaise volonté; presque aucune ne répondit. Il adressa alors la même demande aux districts, menaçant de nommer à la Convention les districts désobéissants. Il ne fut guère plus heureux ; sur les cinq cent quarante-six districts de la République, il n'y en eut que deux cent dix-sept qui voulurent répondre.

Toutes ces administrations étaient ou se disaient girondines. Elles opposaient une force d'inertie invincible au gouvernement. Elles fermaient l'oreille au cri de la France, qui périssait sans remède, si elle ne mettait la main sur sa ressource suprême, la vente des biens des émigrés.

De même que les maratistes étaient plus violents que Marat, tous ces prétendus Girondins allaient dans le *modérantisme* (le mot fut créé pour eux) bien plus loin que les Girondins de la Convention. Ceux-ci, par Ducos, par Fonfrède, souvent par Vergniaud, se rapprochaient de la Montagne et votaient comme elle pour toutes les grandes mesures de salut public. Les Girondins de province avaient horreur de la Montagne, l'accusaient indistinctement, la croyant gouvernée uniquement par Robespierre et Marat.

La plupart alléguaient pour excuse à leur changement d'opinion l'horreur qu'inspiraient septembre et la création du tribunal révolutionnaire. Ils n'osaient blâmer tout haut le jugement de Louis XVI; mais, peu à peu, ils commençaient à haïr moins les royalistes. Plusieurs le devenaient, les marchands surtout, à mesure qu'ils faisaient de mauvaises affaires. Mille causes avaient tué le commerce, l'émigration, le bouleversement des fortunes, l'inquiétude générale, une cause plus puissante encore, la naissance d'un nouveau commerce, l'agiotage sur les assignats, la vente de l'argent. Tout le monde voulait de l'argent et, pour en avoir, donnait le papier à vil prix. Quiconque avait de l'argent réalisait à l'instant des bénéfices faciles, prenant ce papier au rabais et le faisant recevoir au pair ou par ses créanciers ou par les caisses publiques. La fabrication des petits assignats de cinq francs et au-dessous répandit partout l'agiotage, dans les moindres villages mêmes. Il n'y eut plus d'autre trafic.

Ce n'est pas tout. Le jour où la guerre est déclarée à l'Angleterre, à la Hollande, les banques étrangères se ferment à la France. Nos grandes cités commerçantes, Lyon, Bordeaux, Marseille, frappées au dedans, sont comme murées au dehors, ensevelies pour ainsi dire dans l'excommunication financière de l'Europe.

Tout ceci part du 1ᵉʳ février, jour de la déclaration

de guerre; les effets, déjà sensibles en mars, sont terribles en avril, en mai[1].

Bordeaux, qui avait tant perdu, qui, surtout depuis le désastre de Saint-Domingue, avait vu tarir ce fleuve d'or qui coulait dans ses murs (près de quatre-vingts millions par an!), Bordeaux n'en avait pas moins été admirable, héroïque. En mars encore, on l'a vue, avant toute la France, courir dans la Vendée au secours de la République. Mais, dans ce même mois, la mer lui est fermée. La grande ville étouffe, elle pleure, elle crie à la Convention. Le cri arrive sous la forme d'une pétition girondine, sous le prétexte d'une réclamation pour l'inviolabilité des représentants girondins.

Pour Marseille, ce qui la tua, ce fut l'excès même de son patriotisme, qui fit partir pour la frontière la meilleure partie de sa population et la plus patriote.

1. Il faut ici bien distinguer les dates. C'est le 4 et le 5 mars (et non en mai), c'est sous la menace de l'assassinat, que Vergniaud avait écrit aux Bordelais les lettres qu'on lui a reprochées et que l'on répandit en mai, comme s'il venait de les écrire. Il leur écrit non de partir, mais : « Tenez-vous prêts; *si l'on m'y force*, je vous appelle de la tribune pour venir nous défendre. Si vous développez une grande énergie, *vous forcerez à la paix* les hommes qui provoquent à la guerre civile. » Bordeaux, à ce moment, où ses gardes nationaux, avant Paris, avant toute la France, allaient combattre la Vendée, Bordeaux apparaissait alors comme ce qu'il y avait de plus républicain dans la République. Il n'en fut pas ainsi plus tard. Du reste, l'appel de Vergniaud n'était nullement menaçant : « Vous forcerez à la paix... » L'homme qui, le 20 avril, poussa la crainte de la guerre civile jusqu'à repousser la convocation pacifique des assemblées primaires, avait-il pu, le 5 mars, exprimer le vœu impie d'un conflit à main armée?

Les Jacobins eux-mêmes, quoiqu'ils eussent à volonté une petite armée dans Paris, n'avaient rien négligé pour appeler des forces départementales. Le 17 avril, le Jacobin Desfieux rappelait à la société « qu'elle avait envoyé deux courriers pour appeler des Marseillais, qu'ils étaient en marche pour venir, qu'ils arrivaient au nombre de six mille ».

Le haut commerce restait maître; il était toujours girondin, républicain, et néanmoins entravait les mesures révolutionnaires. Les Commissaires de la Convention, Boisset et Moïse Bayle, essayèrent de dissoudre ce gouvernement marseillais, qui, sans s'étonner, leur signifia de sortir dans les vingt-quatre heures. La Convention ne soutint pas ses commissaires et suspendit leurs arrêtés (12 mai).

Elle porta une décision plus imprudente encore dans les affaires de Lyon. Du sort de cette ville dépendait celui de vingt départements qui avaient les yeux sur elle et devaient la suivre, quoi qu'elle fît. Le salut de la France était lié étroitement à celui de Lyon. Si près de la frontière, elle était le point de départ des opérations de l'armée des Alpes, son magasin, son entrepôt. Qu'adviendrait-il de cette armée, déjà très faible, si elle avait au dos Lyon même pour ennemi? Nulle part la Révolution n'avait besoin d'être plus forte, et elle y faiblissait. Des Girondins aux royalistes, la nuance s'effaçait peu à peu. Il y parut au 29 mai, où des officiers royalistes furent tués dans les rangs girondins. Les révolutionnaires, pour contenir tant d'ennemis et lever la réquisition, n'avaient que la terreur. Ils firent un acte hardi, hautement approuvé des représentants du peuple qui allaient à l'armée des Alpes; ils créèrent un tribunal, arrêtèrent les suspects. La chose est dénoncée le 15 mai à la Convention; le Girondin Chasset obtint d'elle ce décret : « Ceux que l'on voudrait arrêter ont le droit de repousser la force par la force. » C'était décréter un combat; il fut livré bientôt.

On voit, par ce fait grave, comment la Gironde, dans son inintelligence de la crise où la France se trouvait, faisait, sans le vouloir, les affaires de l'ennemi, celles du royalisme, et devenait de plus en plus l'obstacle de la situation.

Elle l'était surtout aux finances. Son ministre, Clavières, était en lutte avec la trésorerie, c'est-à-dire avec Cambon. Les administrations girondines, qui arrêtaient celui-ci dans la vente des biens d'émigrés, le mirent aussi dans l'impossibilité de suivre le beau plan du département de l'Hérault. Ce plan eût associé au pouvoir réquisitionnaire ces administrations, tellement suspectes. On ne put se fier qu'aux municipalités, à leurs comités, violemment, brutalement patriotes, mais sûrs et vrais républicains.

Instrument barbare, maladroit, le seul pourtant qu'eût la Révolution, et qui la fit haïr, la rendant plus odieuse encore par la violence de la forme et la tyrannie du procédé que par la grandeur des sacrifices qu'elle exigeait. C'était avec des cris, des menaces, des injures, de brusques invasions de domicile, à faire évanouir les femmes, qu'on exigeait le tribut, légitime en réalité, que demandait la Patrie en péril. L'emprunt, levé ainsi, donna plusieurs mois à la France l'aspect d'une ville prise d'assaut.

Notez pourtant que cet emprunt n'était levé qu'avec une bonne garantie. On vous donnait en échange une reconnaissance que vous pouviez faire payer en biens d'émigrés.

Telle est la combinaison qu'avait imaginée Cambon pour faire accepter ces biens.

Une autre chose, non moins nécessaire, et qui pourtant sembla fort odieuse, ce fut la réquisition personnelle dont les comités frappèrent tout un monde de jeunes gens qui ne voulaient pas partir, des oisifs, des *agréables*, commis, clercs, etc., une jeunesse bourgeoise qui comptait éluder le service militaire ou bien se faire remplacer. Ces jeunes gens s'attroupèrent, opposèrent résistance. Ils furent soutenus par la majorité des sections, qui ne pouvaient supporter la violence de leurs comités révolutionnaires, surtout leurs demandes d'argent.

Ce conflit eut lieu à Paris, le 3 et le 4 mai. Et les comités révolutionnaires l'emportèrent sur leurs sections, dont les assemblées furent dès lors subjuguées ou presque désertes.

Le résultat fut tout contraire à Lyon; pendant tout le mois de mai, les *modérés*, à main armée, se maintinrent contre la municipalité. Il en résulta, comme on verra, une guerre civile où, derrière les modérés, derrière les Girondins vrais ou faux, se démasqua le royalisme.

La réquisition personnelle adressée par les comités à tel individu choisi, désigné, avait l'inconvénient de laisser croire à chacun qu'on le désignait par haine. La section des Gravilliers et beaucoup de gens de bon sens auraient préféré le sort. Tel était aussi l'avis de Danton, qui se hasarda de le proposer. Un Girondin malheureusement applaudit la proposition. Elle devint impopulaire, suspecte. Danton n'osa insister.

La situation était si pressante que la Convention (le 8) « approuva les mesures adoptées par chacune des sections », sans s'inquiéter si ces mesures étaient différentes. De quelque main que vînt le secours, par quelque bras que se fît la violente exécution, on se résigna.

Fortifier les patriotes, les armer, les solder, s'il le fallait, effrayer les contre-révolutionnaires et les égoïstes, ce fut toute la politique du moment.

Le 8 au soir, Robespierre proposa aux Jacobins, comme chose naturelle et facile, d'arrêter *tous les suspects*.

Le 13, il demanda qu'on soldât une *armée révolutionnaire*, formée de sans-culottes, et qu'on salariât ceux qui assisteraient aux assemblées de sections. La première proposition fut votée, le même jour, par la Commune.

La loi donnait aux comités de sections un droit de surveillance *sur les étrangers* suspects. Le 16, ils hasardèrent le premier essai d'un nouveau pouvoir, celui d'arrêter tout suspect, étranger ou citoyen. Ils arrêtèrent un magistrat, un juge de paix, et la nuit. Le matin, sa section le réclame à la Convention, qui ordonne son élargissement. Le jour même, l'Assemblée, pour mieux faire sentir son mécontentement, nomme président le plus violent des Girondins, Isnard. Choix malheureux. La violence d'Isnard était provocante, colérique, malencontreuse, sans adresse ni mesure.

C'était la guerre.

On pouvait prévoir aisément, avec un tel président, qu'un conflit aurait bientôt lieu, que la Gironde ou la Montagne serait infailliblement brisée.

Cependant la situation n'était pas telle qu'on pût hésiter dans ses vœux. La Gironde était pleine de talents, éloquente, elle comptait beaucoup d'hommes honorables, qu'on était forcé d'aimer; mais enfin elle ne proposait nul remède, nul secours. La France périssait avec elle. Elle était le centre, l'appui du fatal *modérantisme* qui entravait l'action, empêchait spécialement l'action financière, la vente des biens de l'émigration.

Comment écarter la Gironde, si elle ne donnait pas elle-même sa démission? Comment l'écarter, sans armer la vengeance des départements, commencer la guerre civile?

Danton désirait qu'intimidée ou s'avouant qu'elle était l'obstacle au salut de la Patrie, la Gironde se retirât. Il eût voulu que la Convention sanctionnât provisoirement le vœu de Paris à ce sujet, que sa décision fût communiquée aux départements. S'ils adhéraient, la retraite des vingt-deux deviendrait définitive. Il fit présenter la chose sous cet aspect aux Jacobins par son ami Fabre d'Églantine (séance du 1ᵉʳ mai). Cet expédient, quel qu'il fût, avait du moins l'avantage de débarrasser la Convention des Girondins pendant la crise du printemps. C'est tout ce que voulait Danton.

Robespierre ne voulait pas que la Gironde donnât sa démission. Il voulait qu'elle fût jugée. Il croyait qu'elle était coupable, exigeait une justice. Sincère en cela, sans nul doute, il montrait bien peu de sens politique. Quel danger immense de commencer un tel procès dans la situation où était la France! Les Girondins eussent-ils été coupables, il y avait à parier qu'on n'aurait contre eux que des preuves morales, de simples présomptions. Et quand même on aurait trouvé des preuves très certaines et très convaincantes, quel moyen de les démontrer telles aux départements, qui feraient de tout cela une affaire d'orgueil ou d'honneur, et se croiraient toujours offensés dans leurs députés?

Robespierre voulait-il la mort des Girondins? Non, à cette époque. Il ne les voulait pas morts, mais démasqués, déshonorés.

Tel était aussi l'avis de Marat, plus modéré au fond que ses paroles sanguinaires ne l'auraient fait soupçonner... Je croirais même qu'il désirait peu un procès en règle. Que les Girondins fussent écartés, arrêtés, mis hors d'état de conspirer, il ne désirait rien de plus.

La majorité des Jacobins n'avait nulle autre pensée que celle de Robespierre. On serait injuste envers eux, si on les jugeait sur le mot que l'un d'eux, un misérable, Desfieux, écrivait, le 6 avril, aux Jacobins de

Bordeaux : « Qu'heureusement les Girondins allaient être assassinés. »

Ce n'était qu'aux Cordeliers ou dans la réunion de l'Évêché que quelques hommes soutenaient la thèse, très peu populaire, de la nécessité d'un massacre.

Nous avons vu la violence insensée de l'Évêché combattue en octobre 1792, en avril 1793, par Robespierre et Marat. L'Évêché ne fut nullement soutenu par le peuple dans sa tentative meurtrière du 10 mars. Au 1er avril, les Jacobins, le frappant d'une vive désapprobation par leur président Marat, l'empêchèrent de s'emparer des armes de la Commune, que l'Évêché voulait, disait-il, distribuer aux sections.

A la fin d'avril, un hasard, une circonstance imprévue lui donna tout à coup une grande popularité. Ce fut la mort de Lazouski, l'un de ses membres, capitaine des canonniers du faubourg Saint-Marceau. Nous avons parlé de ce réfugié polonais, qui avait brillé au 10 août, et qui, depuis, vivait dans ce faubourg, avec la population la plus indigente de Paris. Envoyé avec Fournier pour escorter les prisonniers d'Orléans, il n'empêcha pas le massacre ; l'eut-il pû ? la chose est douteuse. Nous le retrouvons au 10 mars. Le faubourg ne voyait en lui que le vainqueur du 10 août. Ces pauvres gens avaient pour leur Polonais un engouement extraordinaire ; ils le pleurèrent sincèrement, prétendirent qu'il était empoisonné. La Commune s'associa à ce soupçon, à ce deuil ; elle adopta la fille du mort, ordonna qu'il aurait l'honneur insigne, unique, d'être enterré sur la place même du Carrousel, en face du palais qu'il avait foudroyé. Lazouski, l'homme de l'Évêché, l'homme du mouvement du 10 mars, placé à perpétuité devant la Convention, n'était-ce pas pour celle-ci comme une menace muette? une attente d'insurrection?

L'Évêché fut singulièrement fortifié par cet événement populaire. Les Jacobins, qui avaient souvent condamné sa violence, lui donnèrent la main sans hésitation. Robespierre fit, au sein de la société, un éloge funèbre du grand patriote.

La Commune, à son tour, voyant cette union nouvelle des Jacobins et de l'Évêché, se confia à celui-ci. Elle en fit le centre des comités qui se chargeaient, au nom des sections, de lever l'emprunt forcé. Les comités qui devaient répartir les secours promis aux nécessiteux s'y réunissaient aussi.

Le premier essai de violence contre la Convention fut une émeute de femmes (18 mai). On leur fit croire que la rareté du pain était l'œuvre de la Gironde; elle voulait, disait-on, affamer le peuple, le mater et le dompter par l'excès de la misère; *les Girondins accaparaient le pain pour le jeter dans la Seine.* Les femmes assiégèrent l'Assemblée ; on se battit à la porte et dans les tribunes.

« Vous le voyez, dit Isnard, on veut la dissolution de l'Assemblée... Ceci est un complot de Pitt... » — Marat, à cette folie, répond par une autre; il soutient que la Gironde est amie de la Vendée.

Guadet hasarda alors deux propositions très graves, L'une reproduisait l'idée dangereuse, déjà émise plusieurs fois, de réunir à Bourges les suppléants de l'Assemblée. L'autre demandait que la Convention *cassât toutes les autorités de Paris*.

Il eût fallu, du moins, avant tout, que la Convention désarmât ces autorités, qu'elle leur ôtât le droit de requérir la force armée, qu'elle reprît elle même ce droit, le mît entre les mains de son Comité de salut public.

C'était évidemment sur le courage du Comité de salut public ou d'*exécution* que toute la révolution proposée par Guadet allait reposer. S'il y avait bataille dans Paris, le Comité se trouvait être, en quelque sorte, le général de la Convention. Eût-il accepté un tel rôle? L'idée seule faisait frissonner Barère. Le Comité n'avait pas d'ailleurs l'unité indispensable pour une telle *exécution*.

Barère s'élance à la tribune, écarte du Comité la responsabilité qui allait tomber sur lui. Le svelte et agile orateur y donne l'étonnant spectacle d'une évolution légère qui met tous les chiens en défaut. Il frappe à gauche, déplore les excès de la Commune... La droite commençait d'applaudir. — Barère alors, sans perdre de temps, se rejette contre la droite : « Casser les autorités de Paris! dit-il; si je voulais l'anarchie, j'appuierais cette proposition. (Applaudissements de la gauche.) Il faut créer une commission de douze membres qui examine les arrêtés de la Commune, qui entende les ministres et *prenne des mesures* pour la tranquillité publique. » — Décrété à l'instant même.

Le Comité *d'exécution* avait ainsi, par Barère, décliné l'*exécution*. Que faisait ce nouveau comité des Douze, chargé de *prendre des mesures ?* Que voulait dire un mot si vague ? Était-ce un mot de confiance ? Il fallait alors remettre ce pouvoir de confiance à des hommes imposants par le caractère. Ceux qu'on nommait (sauf deux, Rabaut et Fonfrède) n'avaient nullement le poids nécessaire pour une mission si grave ; c'étaient généralement de jeunes députés de la droite, qu'on aurait pu appeler une Gironde inférieure. Vigée par exemple, Henri Larivière, étaient des jeunes gens hasardeux, aux paroles hardies et légères, qu'on croyait (sans qu'ils eussent fait leurs preuves) gens d'exécution.

Le dimanche 19 au soir, une assemblée des comités révolutionnaires eut lieu, non à l'Évêché, mais à la mairie. Elle fut présidée par les administrateurs de police de la Commune ; on devait y examiner les moyens de saisir et d'arrêter les *suspects*. L'administrateur Marino, peintre en porcelaine (le même qui devint plus tard effroyablement célèbre par les jugements de Lyon), dit qu'il ne connaissait de *suspects* que dans la Convention, qu'il fallait saisir les vingt-deux (plus huit qu'il désignerait), les mettre en lieu sûr, les *septembriser*, les faire disparaître : « Nous dirons ensuite, dit-il, qu'ils ont émigré. » Tout cela froidement, posément ; c'était un homme sérieux, calme, qui semblait rassis. Il y eut quelque silence ;

très peu approuvèrent. Quelques-uns dirent qu'on n'avait pas de local où l'on pût faire secrètement une telle exécution. Un autre, qu'il fallait attendre le plan d'insurrection que Robespierre et Marat présentaient aux Jacobins. Alors un des violents, prenant l'air d'un homme d'État et se posant dans la gravité d'un Machiavel, dit qu'il fallait des mesures promptes : « Coligny, dit-il, était à minuit près du roi ; à une heure, il était mort. »

Cette exaltation à froid fut encore plus odieuse et plus ridicule les jours suivants aux Cordeliers. Le jeune Varlet, jaloux de Marino, qui lui volait son massacre, en proposa un, infiniment plus beau, plus complet, d'un effet plus dramatique. « Il faut faire, dit-il, une insurrection d'un genre absolument neuf... Nous entrerons dans l'Assemblée avec les *Droits de l'homme* voilés de noir, nous enlèverons toute la Plaine, tout ce qu'il y a d'ex-constituants, de nobles, prêtres, robins... Nous exterminerons cette engeance avec les Bourbons », etc. Legendre, qui était là, réclama pour qu'on respectât du moins l'enceinte de la Convention.

Il ne faut pas croire que toutes ces belles choses fussent bien prises dans les sections. La nuit du dimanche au lundi, tous ceux de leurs membres qui étaient en permanence, apprenant la proposition de Marino, témoignèrent une vive horreur. Le maire Pache, qui, le lundi soir, vint présider l'assemblée des comités révolutionnaires, ne permit pas qu'on mît en discussion aucune violence : « Si vous tuez les vingt-deux, dit-il, vous aurez la guerre civile. » Quelques-uns lui reprochant sa tiédeur : « En tout cas, dit-il, ce n'est pas ici qu'on doit discuter de telles choses. » Il les mit ainsi tout doucement à la porte, les laissant parfaitement libres de conspirer partout ailleurs qu'à la mairie.

Dans la réalité, personne ne croyait sérieusement au massacre. Le Paris de 1793 ne ressemblait pas à celui de 1792. Le sang s'était bien calmé. Les provinces, plus tardives, étaient jeunes encore dans la Révolution, mais Paris y était vieux. Il pouvait être témoin de grandes barbaries juridiques, que tout le monde laisserait faire. L'assassinat était possible ; le massacre populaire avait peu de chances.

L'enlèvement, l'arrestation de plusieurs représentants, étaient bien plus vraisemblables. Un rapport de police apprit au Comité de salut public la nouvelle (vraie ou fausse) que Robespierre, Danton et autres, réunis à Charenton, avaient comploté la chose. Le Comité était alors doublement embarrassé. Il n'éprouvait que revers (au Nord et dans la Vendée), il n'avait que de tristes, d'humiliantes nouvelles à donner à l'Assemblée, et il allait lui faire des demandes énormes, réclamer d'elle des votes d'importance infinie, de confiance sans limites. Le 20 mai, Cambon fit proposer par un de ses collègues l'établissement de l'impôt progressif, réglé par les municipalités. Puis, au milieu de la discussion, il introduisit lui-même (comme en parenthèse) une bien autre demande, *l'emprunt forcé de un milliard* à lever immédiatement *sur les égoïstes et les indifférents* (impôt remboursable en biens d'émigrés). Il emporta la chose de haute lutte, et ce fut seulement après (le 23) qu'il annonça le complot d'enlèvement. L'Assemblée l'écouta assez froidement. Elle fit plus d'attention aux harangues des sections qui dénoncèrent les propositions de massacre faites dans les assemblées de la mairie le dimanche et le lundi. La Commune eut peur; elle désavoua ce qui s'était dit le dimanche. Sur la proposition de Chaumette, elle arrêta qu'on inviterait les dénonciateurs à venir lui donner des renseignements « *pour qu'elle pût découvrir les traîtres*, et dès le soir même, les livrer aux tribunaux ».

A toutes ces révélations, l'Assemblée ne remuait pas. Elle se faisait lire les lettres rassurantes du maire et dormait à ce doux bruit. Le 19, le 24, le 27 même, quand la Convention était assiégée, Pache écrivait : « Il n'y aura rien... Il n'y a pas de complot... L'habitude fâcheuse, répandue dans les sections, de parler à tout propos de carnage n'a point d'effet jusqu'ici au delà du langage et de l'imagination. Le cœur est encore humain et sensible. »

La Convention avait mis deux jours pour nommer les Douze. Et les Douze mirent trois jours à faire leur rapport, rapport tout à fait ridicule. Vigée, qui en était chargé, commençait par dire que le danger était extrême : « Encore quelques jours, dit-il, et vous n'étiez plus. » Puis, pour obvier à ce grand péril, il proposait seulement *de fortifier le poste de la Convention ;* chaque compagnie était tenue d'y envoyer deux hommes. Du reste, rien de changé. La Commune restait investie du droit de requérir la force militaire, c'est-à-dire, quand elle voudrait, d'assiéger la Convention.

Le rapport fut adopté, malgré l'opposition de Danton qui dit : « C'est décréter la peur. »

Quelque insignifiante et molle que fût la mesure proposée par les Douze, elle avait ceci de bon, qu'elle respectait Paris, qu'elle se fiait à lui de la sûreté de l'Assemblée. Cette ligne était la seule qu'on pût suivre ; la Convention devait y persévérer. Une fatale imprudence de son président Isnard l'en sortit le lendemain.

Le 24, les Douze avaient ordonné l'arrestation de Varlet, de Marino, l'auteur des propositions sanguinaires faites le soir du dimanche, et celle du substitut Hébert, le trop fameux Père Duchesne, qui, dans son dernier numéro (n° 239), disait que les Girondins, achetés par Pitt, avaient fait faire en février le pillage des épiciers, et depuis, *à plusieurs reprises, enlevaient le pain des boulangers pour occasionner la disette.*

Le 25, de bon matin, la Commune était aux portes de la Convention pour réclamer la liberté de ce grand citoyen, Hébert, de cet estimable magistrat. L'adresse de la Commune, récrimination furieuse, *demandait la mort pour les calomniateurs de Paris*, pour ceux qui avaient dénoncé la proposition de massacre faite à la mairie.

Un frémissement d'indignation parcourut toute l'Assemblée.

Isnard ne se possédait plus. De son siège de président, il laissa tomber un mot déplorable, de ces mots qui lancent les révolutions.

« Vous aurez prompte justice, dit-il aux orateurs de la Commune. Mais écoutez les vérités que je vais vous dire. La France a mis dans Paris le dépôt de la représentation nationale. Il faut que Paris le respecte. Si jamais la Convention était avilie, je vous le déclare, au nom de la France entière... » Et là il leva la main et suspendit l'anathème...

« Non ! Non ! » cria la gauche.

Mais toute l'Assemblée se lève : « Oui, oui, au nom de la France !... »

Isnard alors continua : « Paris serait anéanti !... »

Marat : « Lâche, trembleur, descendez du fauteuil... Vous voulez sauver *les hommes d'État.* »

Isnard, d'une voix lugubre : « On chercherait sur les rives de la Seine si Paris a existé... »

A ce blasphème, plusieurs rugissent d'indignation, et plusieurs de joie, voyant la prise terrible que venait de donner sur lui le malencontreux président. Danton s'élance à la tribune, et, sans abuser contre Isnard de son avantage (il le voyait soutenu de la grande majorité), il défendit Paris avec infiniment d'adresse, de sens et de raison, de modération. Il y rappela tout le monde et finit par emporter les applaudissements de tous les partis.

Isnard avait fait une faute, une grande faute. Il avait été maladroit et injuste. Paris était, en réalité, très favorable à la Convention.

Il n'y avait pas un quart d'heure qu'Isnard avait dit le mot fatal, et déjà il était répandu dans le faubourg Saint-Antoine. On se disait avec horreur : « Le président a demandé l'anéantissement de Paris. »

Ce qu'avait dit Isnard le 25 mai, Barère l'avait dit le 10 mars (sauf la solennité de la forme, sauf le ton lugubre, l'air sinistrement prophétique). Personne n'y avait pris garde.

Ce mot, répété, commenté, à grand bruit, par tout Paris, fit l'effet d'une tempête. On montrait dans le lointain les armées des départements venant démolir la capitale, s'en disputer les débris. Le 25 au soir, les comités révolutionnaires, se prévalant du mot d'Isnard, du sinistre effet qu'il eut dans Paris, firent un essai de leurs forces. L'essai se fit dans la Cité, dont le comité avait près de lui l'assemblée de l'Évêché et le tribunal révolutionnaire. On y arrêta cinq personnes « qui avaient parlé mal de Robespierre et de Marat ». L'ordre était signé du président de la section, Dobsent, juge du tribunal révolutionnaire, et qui semblait, à ce titre, à peu près inviolable.

Le choix d'un tel homme pour faire l'essai dangereux de la tyrannie nouvelle était fort habile. Le tribunal était le centre, le point de ralliement des hommes de 1793, le temple, le lieu sacro-saint des croyants de la Terreur. Elle y siégeait elle-même, et qui y siégeait avec elle se sentait inattaquable, bien plus que la Convention. Quelque opinion qu'on eût en réalité de ce tribunal, on ne pouvait contester qu'il ne fût le glaive de la République, et que, toucher à ce glaive, risquer d'en émousser la pointe, c'était donner aux royalistes une incalculable audace.

A ce moment même, on amenait de Bretagne les royalistes qui avaient recélé chez eux tous les actes du complot, les listes des conjurés. Ces prisonniers qui arrivaient au tribunal révolutionnaire allaient-ils trouver leurs juges poursuivis, prisonniers eux-mêmes? Cela était impossible. Ces juges, en un tel moment, se trouvaient inviolables, impeccables, quoi qu'ils fissent.

Cela n'arrêta pas les Douze. Ils ordonnèrent à Dobsent de leur apporter les registres de la section, et, sur son refus, le firent arrêter.

La Convention suivait les Douze; elle paraissait résolue. Le même jour, 26 mai, sans discussion, sans phrases, elle vota non seulement l'élargissement des cinq personnes emprisonnées sur l'ordre de Dobsent et du comité, mais *la suppression même du comité, la défense à tout comité de s'appeler révolutionnaire, l'ordre général aux comités de se renfermer dans les pouvoirs que la loi leur donnait sur les étrangers.*

D'un vote, se trouvait brisée toute la grande machine de la Terreur.

Qu'y substituait la Convention? Rien. Organisait-elle un nouveau pouvoir, efficace et énergique, pour la répression du royalisme? Nullement. La fin du décret le rendait ridicule. L'Assemblée se remettait de tout au ministre de l'intérieur, le faible, le timide, l'impuissant Garat.

Le décret fut rendu le matin. En réponse, les violents essayèrent l'insurrection. Les fonds accordés aux femmes et mères de ceux qui partaient se distribuant généralement sous leur influence, ils avaient nombre de femmes à leur disposition. Ils les promenèrent dans Paris, par bandes, armées de piques. Ces femmes, avec des tambours, proclamaient l'insurrection. Elle se réalisait déjà dans plus d'une section; les violents y luttèrent contre les modérés, à coups de bâtons, de chaises, les chassèrent des assemblées. Peu nombreux, ils s'entendaient mieux, s'aidaient d'une section à l'autre. Eussent-ils été les moins forts, ils étaient toujours à même d'appeler la force armée, qui, dépendant de la Commune, était à leurs ordres.

Toutefois la singularité d'un très petit nombre agissant ainsi en présence d'un peuple de cent mille gardes nationaux, qui semblaient dormir, rendait l'affaire hasardeuse. Cette épuration à coups de bâtons pouvait réveiller Paris. Il eût suffi qu'il fît un signe pour changer la face des choses. Les furieux de l'Évêché avaient eu l'imprudence de mettre en avant, de prendre même pour président, dans ces jours de crise, un homme trop connu de la population parisienne, dont le nom seul disait beaucoup, qui ne se montrait jamais que dans les jours les plus sinistres, l'homme noir du 5 octobre, la lugubre figure du juge de l'Abbaye.

Les Jacobins ne pouvaient plus rester inactifs. Il fallait qu'ils sauvassent les violents de leur propre violence qui les eût perdus, amenant, non un massacre, mais peut-être quelque assassinat. Robespierre devait d'ailleurs se hâter de rendre à la société l'avant-garde de la Révolution qu'elle se laissait ravir. Lui-même, peu de jours auparavant, il s'était quelque peu compromis par sa modération, défendant la Convention contre l'amère invective d'un juge révolutionnaire qui était venu dénoncer l'Assemblée aux Jacobins. Il fit, le 26 au soir, à la société le discours le plus belliqueux qu'il eût fait jamais. Dans la nécessité de regagner par la violence des paroles le terrain qu'il avait perdu, il sortit de son caractère, dit des choses étonnantes qui confondirent ses amis. Ce fut la colère d'Achille. Il déclara que si le peuple n'était pas en insurrection contre les députés corrompus, « il s'y mettrait à lui seul ». La société ne rit point; elle se leva tout entière contre les députés corrompus et se déclara en insurrection.

Dans ce discours colérique, parfaitement calculé pour la foule des Jacobins, Robespierre trouvait pourtant moyen d'indiquer ses vues véritables, de menacer et d'ajourner. Il s'adressait à l'arme la plus menaçante, à la partie la plus révolutionnaire de la garde nationale, l'artillerie, disant que : « *Si les canonniers qui tenaient la foudre* ne s'en servaient pas *à l'approche de l'ennemi*, il se chargerait lui-même de punir les traîtres, regarderait tout conspirateur comme son ennemi et le traiterait comme tel. »

A l'approche de l'ennemi, ce mot ajournait les choses. Il déclara en effet aux principaux Jacobins que, pour le moment, il suffisait d'une *insurrection morale*.

Toute la difficulté était d'amener l'Évêché, des hommes comme Maillard, Varlet, Fournier, à l'idée d'une *insurrection morale*. Le capucin Chabot se chargea de les prêcher, avec Dufourny et autres, et de les amener aux vues plus sages et plus efficaces de la société jacobine.

FIN DU TOME CINQUIÈME.

TABLE DES MATIÈRES

LIVRE IX

                                                                                             Pages

Chap. I. Louis XVI était coupable. 1

II. Désorganisation apparente de la France (octobre-décembre 1792). 17

III. Recomposition des Jacobins avant le procès du roi (septembre-décembre 1792). 45

IV. Suite de l'histoire intérieure des Jacobins. — Robespierre (fin de 1792). 78

V. Le procès du roi. — Essai de la gauche pour terroriser la droite. — Saint-Just (13 novembre 1792). 92

VI. Le procès. — Essai de la gauche pour terroriser le centre et les neutres. — Lutte de Cambon et de Robespierre (novembre-décembre 1792). 111

VII. Le procès. — Le roi au Temple. — L'armoire de fer (novembre-décembre 1792) 134

VIII. Le procès. — Comparution du roi (11 décembre 1792). 153

IX. Le procès. — Discussion incidente sur l'éducation. — Diversion contre le duc d'Orléans (décembre 1792). 176

X. Le procès. — Défense du roi. — Robespierre et Vergniaud (décembre 1792).¹ 192

XI. Le procès. — Menaces de la Commune. — Tentative pacifique de Danton (décembre 1792-janvier 1793). 215

XII. Le jugement de Louis XVI (15-20 janvier 1793) 241

XIII. L'exécution de Louis XVI (21 janvier 1793). 267

LIVRE X.

		Pages
Chap. I.	L'unité de la Patrie. — L'éducation. — Funérailles de Lepelletier (24 janvier 1793).	284
II.	La coalition. — Meurtre de Basville (13 janvier 1793)	309
III.	Triple danger de la France. — Lyon, Bretagne, Belgique (mars 1793).	337
IV.	Mouvement du 10 mars 1793. — Tribunal révolutionnaire.	357
V.	La Vendée (mars 1793).	390
VI.	Trahison de Dumouriez (mars-avril 1793).	421
VII.	Comité de salut public (avril 1793).	449
VIII.	Tribunal révolutionnaire. — Maximum. — Réquisition (avril-mai 1793).	472
IX.	Le modérantisme. — Les comités révolutionnaires (mai 1793).	492

FIN DE LA TABLE DU TOME CINQUIÈME.

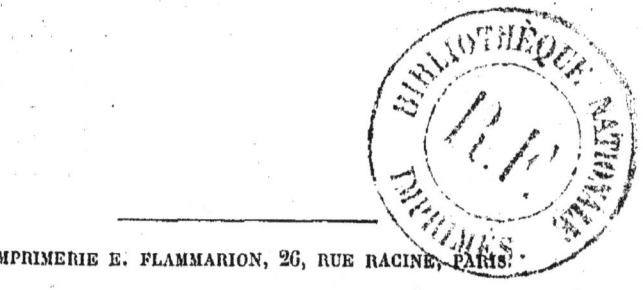

IMPRIMERIE E. FLAMMARION, 26, RUE RACINE, PARIS.

ŒUVRES COMPLÈTES

DE

J. MICHELET

ÉDITION DÉFINITIVE, REVUE ET CORRIGÉE

DÉTAIL DE L'ŒUVRE COMPLÈTE

Histoire de France. *Moyen âge*.	6 vol.
— *Temps modernes* (Renaissance. — Réforme. — Guerres de religion. — Henri IV. — Richelieu. — Louis XIV et la Révocation de l'Édit de Nantes. — Louis XIV et le duc de Bourgogne. — La Régence. — Louis XV. — Louis XV et Louis XVI).	10 vol.
— *Révolution*.	7 vol.
— *XIXᵉ Siècle*.	3 vol.
Vico	1 vol.
Histoire romaine	1 vol.
L'Oiseau. — La Mer	1 vol.
Luther (Mémoires).	1 vol.
Le Peuple. — Nos Fils	1 vol.
Le Prêtre. — Les Jésuites	1 vol.
La Montagne. — L'Insecte	1 vol.
L'Amour. — La Femme	1 vol.
Précis d'histoire moderne. — Introduction à l'Histoire universelle.	1 vol.
La Bible de l'Humanité. — Une année du Collège de France (1848).	1 vol.
Les Origines du Droit. — La Sorcière	1 vol.
Les Légendes du Nord. — La France devant l'Europe.	1 vol.
Les Femmes de la Révolution. — Les Soldats de la Révolution.	1 vol.
Lettres inédites adressées à Mˡˡᵉ **Mialaret (M**ᵐᵉ **Michelet).**	1 vol.
TOTAL.	40 vol.

Prix de chaque volume 7 fr. 50.

(Envoi franco contre mandat ou timbres).

www.ingramcontent.com/pod-product-compliance
Lightning Source LLC
Chambersburg PA
CBHW071606230426
43669CB00012B/1848